버블
:부의 대전환

버블
:부의 대전환

BOOM AND BUST

윌리엄 퀸 · 존 D.터너 지음 | 최지수 옮김

William Quinn and John D. Turner

돈의 미래를 결정하는 지각변동

브라이트

Boom and Bust

경제적 운명을 가를
인사이트가 펼쳐진다!

홍춘욱 (이코노미스트, EAR 리서치 대표)

증권사 리서치 팀장으로 일하고 있던 2007년 여름, 상하이上海와 선전深川 출장을 다녀온 기억은 지금도 생생하다. 중국 증권사와의 협업을 위해 방문한 것이었지만, 협업이 어떻게 진행되었는지는 하나도 기억이 나지 않는다. 반면에 당시 뜨거웠던 중국 증시의 열기는 강렬히 기억되어 잊히지 않는다. 30도를 훌쩍 뛰어넘는 불볕더위였지만 증권사 앞에는 끝도 없는 인파가 몰려들어 있었다. 그곳에 모인 사람들은 서로 정보를 교환하고 자기가 보유한 주식이 얼마나 매력적인지 흥분을 감추지 못하고 설명하기 바빴다.

상하이와 선전 출장에서 만난 중국 사람들은 하나 같이 자부심에 차 있었고 주식 가격이 끝없이 상승해 '모두 부자가 될 것'이라는 꿈에 부풀어 있었다. 그러나 그 꿈은 이뤄지지 못했다. 이 책의 파트 11에서 〈그림 11.2〉이 보여주듯, 상해종합주가지수는 6000포인트를 고점으로 폭락하기 시작해 2008년 한때 2000포인트가 무너지는 지경에 이르렀다. 단 1년 만에 주가 하락율이 −70퍼센트 이상이었으니, 당시 주식시장에 뛰어든 개인 투자자들은 치명적인 타격을 받았을 것이다.

대체 왜 이런 일이 벌어졌을까? 이에 대해 『버블: 부의 대전환』의 저자 존 터너와 윌리엄 퀸은 다음과 같이 지적한다.

> "불의 발생은 산소·열·연료라는 3요소를 활용하면 효과적으로 설명할 수 있다. 이 3가지가 충분히 주어진다면 조그마한 불꽃을 일으키고 곧 큰불도 일으킬 수 있다. 그리고 화재가 시작되고 난 다음에는 이 3요소 중 하나를 제거함으로써 다시 진압할 수 있다. 버블의 발생 역시 3요소를 활용해 설명할 수 있다."

이러한 설명을 기반으로 당시 중국 증시를 보면 '거래의 용이성'이 높아진 것에 주목할 수 있다. 이때 중국 정책당국은 비유통주식의 '유통화' 정책을 적극적으로 펼쳐 나갔다. 비유통주식이란 정부 혹은 정부 관련 기관이 보유한 주식을 의미한다. 이들 주식은 중국증권감독위원회의 승인이 있을 때만 거래될 수 있었고, 2005년만 해도 전체 상장된 주식의 62퍼센트가 비유통주를 차지할 정도로 압도적이었다.

정부와 유관기관들은 비유통주를 팔아서 차익을 실현하고 싶은 마음이 굴뚝같았지만, 비유통주식이 시장에 풀리기만 하면 증시가 폭락했기에 늘 좋은 기회만 노리던 참이었다. 이때 중국 정책당국은 2가지 사전 작업을 시작했다. 첫 번째는 대규모 물량이 시장에 풀리지 않도록 1년 정도의 유예 기한을 두는 한편, 예금금리를 역사상 최저 수준으로 인하함으로써 한 번도 주식에 투자한 적 없었던 사람들을 끌어들이는 데 성공했다. 이 과정을 거쳐, 비유통주식은 높은 가격에 처분이

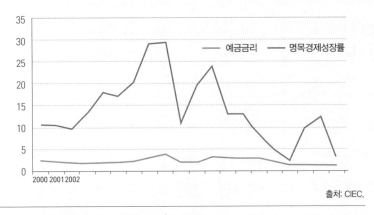

출처: CIEC.

2000년 이후 중국 명목경제성장률과 예금금리(1년)

가능했고 또 개인투자자들은 엄청난 수익을 기록할 수 있었다.

버블을 촉발시키는 두 번째 요소는 바로 연료의 공급인데, 이는 저금리로 충분히 설명된다. 경제성장률이 무려 12%에 도달했지만, 당시 중국의 예금금리는 단 2.35%에 불과했으니 개인투자자 입장에서 주식이나 부동산 등 투자자산에 대한 관심이 높아질 수밖에 없었다.

자산시장에 거품을 만들어내는 세 번째 요인은 바로 '불꽃'에 해당되는 요인으로, 당시 중국 주식시장에서는 '미래에 대한 낙관론'이 강하게 제기되었다. 끝없이 경제성장이 지속되며 '세계 1등 경제'가 될 것이라는 자부심. 더 나아가 베이징 올림픽에서의 놀라운 성적 등이 주식시장으로 투자자금을 유입시키는 기폭제로 작용했다.

팬데믹 사태로 인한 변화의 불씨로 인해 부에 대한 열망과 관심이 뜨겁다. 이런 때일수록 우리는 냉정하게 현실을 인식하고 판단하는 눈이 필요하다. 부자가 되고픈 열망이 강하면 강할수록 더 큰 거품을 만들어 내 결국은 외부 충격에 취약해질 수 있기 때문이다. 버블을 만들어낸 세 요소는 영원히 유지되지 않는다. 특히 이 가운데에서도 '미래에 대한 낙관'과 '유동성'은 언제든지 소멸될 위험성을 내포한다. 2008년 미국에서 발생한 거대한 금융위기, 그리고 걷잡을 수 없이 확산된 인플레이션의 위험을 막기 위한 중국 정책당국의 금리인상은 버블을 붕괴시키기에 족했다.

현재의 상황이 버블인지 아닌지를 두고 전문가들은 물론 개인 투자자들도 의견이 팽팽히 맞선다. 코로나 쇼크 이후의 자산 가격 상승은 과거 주요한 경제적 변화가 촉발됐던 시기들과 어떤 공통점과 차별점이 있을까? 그리고 정책당국자들은 물론 기업인, 개인 투자자들은 어떤 선택을 하고 행동을 취해야 할까?

과거의 경험을 들여다보고 흐름을 추적하며 우리는 이 질문에 대한 답을 내릴 수 있을 것이다. 이 책을 읽은 독자들은 이러한 질문에 대한 답을 스스로 내릴 수 있으리라 기대한다. 거래의 용이함, 유동성, 그리고 미래에 대한 낙관. 이 중에서 어떤 부분에서 변화가 나타날 것인가? 그리고 각 부분의 변화를 점검하기 위해 어떻게 흐름을 추적할 것인가?

고민과 공부 끝에 내린 선택과 판단은 향후 자산과 투자의 결과를 결정하리라. 이에 대해 깊이 고민하고 자신의 길을 선택해 행동한다면 누구나 그 과정에서 새로운 기회를 찾을 수 있으리라 생각된다.

변화의 시기에 유의미하고 귀한 책을 낸 다산북스 관계자 여러분에게 감사하다는 말씀을 전한다. 경제적 운명을 가르는 중요한 판단과 선택에 놓인 수많은 개인 투자자뿐만 아니라 정책당국자들도 이 책을 널리 읽었으면 하는 마음이 간절하다.

　　　　　　　왜 주식과 부동산은 때때로 엄청난 호황과 함께 이어지는 거대한 폭락을 경험하는 걸까? 그리고 그 횟수는 왜 더 빈번해지는 걸까? 『버블: 부의 대전환』은 이 질문의 답을 구하기 위한 여정이다.

　우리는 금융의 역사를 흥미롭게 살펴보고, 경제가 위험을 내재한 채 덩치를 키우다 언제·어떻게 한순간 터져버리는지 들여다볼 것이다. 파리와 런던, 중남미, 멜버른, 뉴욕, 도쿄, 실리콘밸리, 상하이 등 300년에 걸쳐 전 세계에서 일어난 거대한 호황과 폭락의 시대를 방문해보며 그 원인과 결과를 밝혀볼 것이다. 그리고 그 과정에서 누가 이익을 얻고 누가 손해를 입었는지, 권력가·정치인·언론은 어떤 역할을 했는지 들여다볼 것이다.

　이 행보를 따라가다 보면 도대체 왜 시장이 부풀어 올랐다 꺼지는지, 왜 어떤 거품은 긍정적인 효과를 가져다주는 반면 어떤 현상은 재앙에 가까운 수준으로 경제적·사회적·정치적 몸살을 앓게 하는지 이해할 수 있다.

　이 책은 경제 시장에서 이상 현상이 처음 불꽃을 피워내는 시점을 알아보는 데부터 시작한다. 신기술 또는 정치적 이니셔티브에 시장이 어떻게 반응하고 움직이는지 그 과정을 들여다봄으로써 눈앞의 경제적 상황을 판별하는 눈을 키울 수 있을 것이다.

떠오르거나 무너지거나

PART 01

: 버블의 두 얼굴

버블이 만드는 흥망사

PART 02

: 거품의 탄생

PART
01

BOOM AND BUST

떠오르거나 무너지거나

: 버블의 두 얼굴

우리는 300년에 걸쳐 논의되던 버블이라는 주제를 이해하고 예측하는 데 길잡이가 되기를 바라며 책을 집필했다. 금융 경제학자로서 우리는 일반적인 설명으로 이 여정이 끝나기를 바라지 않는다. 원인과 결과를 밝히고, 사건의 규모를 정량화해보기를 원한다.

이 책에서는 버블과 경제를 이해하는 새로운 프레임워크를 제안하고자 한다. 미래의 흐름을 예측하고 앞으로 경제생활을 하는 데 길잡이로서 도움이 되기를 바란다.

01
투자의 운명

누가 마지막에 웃을까?

위대한 작곡가 게오르크 프리드리히 헨델George Frideric Handel과 보이밴드 웨스트라이프의 리드싱어 셰인 필란Shane Filan의 차이점이 뭘까? 헨델은 수많은 오페라를 작곡한 존경받는 클래식 작곡가 중 한 명인 반면, 필란은 1970년대 팝송의 커버 버전을 주로 부른 영국 보이밴드 멤버다. 그런데 다른 차이점도 있다. 바로 둘 중 한 명은 버블로 전 재산을 잃었고, 다른 한 명은 버블이 터지기 전에 빠져나와 훌륭하게 수익을 창출했다는 점이다.

헨델이 서른 살일 무렵, 이전에 발표한 곡들은 헨델에게 꼬박꼬박 돈을 벌어다주었고 헨델의 후원자를 자청한 영국의 앤 여왕 역시 상당한 액수의 연봉을 지급해주었다. 그러던 중, 1715년에 헨델은 자신의 일부를 남해회사South Sea Company 주식 다섯 주를 사는 데 투자했다. 그리고는 1719년 6월 말이 되기 전에 이익을 보고 팔아치웠다. 이때가 바로 주식시장의 거대한 버블이 터지기 직전이었다.[1] 반면, 셰인 필란이 서른이 되었을 때 웨스트라이프는 성공적인 팝그룹이 되었고, 멤버 네 명의 순자산을 다 합치면 무려 3200만 파운드가 넘을 정도로 많은 돈을 벌었다. 거액을 거머쥔 필란은 아일랜드 부동산 시장에 투자해야겠다고 결심했다. 그러고는 되도록 많은 주택을 구입하기 위해 은행에서 큰돈을 대출받았다. 그러나 몇 해가 지난 2012년에 필란은 채권자들에게 총 1800만 파운드가량 빚을 지고 개인파산에 들어갔다.

주택시장 버블이 터져버린 이때 필란만 이런 꼴이 된 건 아니었다. 북아일랜드의 집값은 2002년과 2007년 사이에 3배 이상 올라 정점을 찍었지만 점점 떨어지다가 2012년이 되자 최고점 대비 절반으로 뚝 떨어져버렸다.[2] 대중들은 아주 가까운 곳에서 버블이 초래한 경제적 파국을 두 눈으로 똑똑히 목격했다. 버블은 과잉투자, 과잉고용, 과잉건설로 이어질 수 있고 기업과 사회 전체에 비효율성을 가져올 수 있다는 걸 경험한 것이다.[3]

버블은 자원을 낭비하게 한다. 주택시장 버블이 터지고 나서 아일랜드 전역에 반쯤 짓다 만 주택과 유령 단지가 즐비했다. 노동시장에도 비효율성이 나타났다. 버블이 터지려고 하는지도 모르고 버블에 올라탄 산업 분야에 종사하기 위해 사람들은 교육과 훈련을 받았고 돈을 투자했기 때문이다. 버블이 터져버리자 이들은 곧 실업자가 되었고, 그때까지 투자한 교육과 노력은 헛것이 되고 말았다. 주택시장 버블이 무너진 후, 건축가, 부동산 개발자, 건축업자, 배관공, 변호사 등의 직업을 갖기 위해 교육받던 수많은 사람들은 실업자가 되거나 새

● 채 다 지어지지도 못하고 버려진 아일랜드의 집들. 저금리에 편승한 부동산 투자 붐이 아일랜드를 휩쓸었고 외국에서 조달한 자금으로 은행들은 거품을 키웠다. 그러나 거품이 꺼지면서 부산물인 빈집이 30만 채에 이르렀고 국가 파산에 내몰렸다.

로운 산업 분야를 찾아 옮기거나 일자리를 찾기 위해 해외로까지 나가야 했다.

그중 가장 심각한 경제적 영향은 은행담보대출의 가치가 하락할 때 나타났다. 이는 투자자가 대출을 상환할 수 없는 상황과 은행위기를 동시에 초래하는 조건이 되었다. 2007년 이후에 일어난 주택가격 폭락은 글로벌 금융위기로 이어졌고 미국, 영국, 아일랜드, 유럽의 은행을 몰락의 길로 인도했다. 이로 인해 세계 경제도 장기적인 피해를 입었다.

금융위기는 생각보다 훨씬 파괴적이다. 1970년 이후의 은행위기로 초래된 경제적 손실의 추정치는 연간 GDP의 15~25퍼센트에 이르렀다.[4] 그러나 이마저도 금융위기가 사람들의 심리와 복지에 불러일으킨 막대한 비용은 빼고 산정한 추정치다.[5] 게다가 위기 중 시행된 긴축 정책에 따른 막대한 인적 비용 역시 간과한 추정치다. 대중은 실질임금 삭감, 공공서비스 제공 감소, 복지수당 삭감 등을 직접 경험하거나 목격했다.

버블이 주는 긍정적 이점과 정의

물론 모든 버블이 매번 2000년대 주택버블만큼 파괴적이지는 않으며, 일부는 사회에 긍정적인 효과를 일으키기도 한다.[6]

버블은 3가지 점에서 유용하게 작용한다. 첫째, 혁신을 촉진하고 많은 사람들이 기업가가 되도록 장려함으로써 궁극적으로 미래 경제성장에 기여하도록 한다.[7] 둘째, 버블로 인해 탄생한 기업들이 개발한 신기술은 미래에 혁신을 촉진하는 데 도움이 될 수 있고, 버블이 이 신기술을 다른 산업 분야로 옮겨가기 전까지 활발히 사용될 수 있다. 셋째, 금융시장에서 자금을 조달받을 수 없었던 기술 프로젝트에 새로운 기회를 제공할 수 있다. 역사상 발생한 버블 중 많은 경우가 철도, 자동차, 광섬유, 인터넷과 같은 기술과 관련되어 있다. 닷컴버블 동안에 성공을 거머쥔 벤처 자본가인 윌리엄 제인웨이William Janeway는 버블이 없었더라면 경제적으로 유익을 가져다준 몇몇 기술이 개발되지 못했을지도 모른다고 말했다.[8]

자산가격의 호황과 불황을 버블이라고 부르는 이유가 뭘까? 버블이라는 단어는 17세기 초 윌리엄 셰익스피어가 사용하면서 쓰이기 시작했다. 셰익스피어의 희곡 『뜻대로 하소서 As You Like It』의 유명한 구절 「온 세상이 무대요 All the world's a stage」에서 셰익스피어는 버블이라는 단어를 마치 비눗방울처럼 깨지기 쉽고 공허하고 쓸모없는 걸 뜻하는 형용사로 사용했다. 그 이후 버블은 '기만하다'는 뜻의 동사로도 널리 사용되었다. 그러다 1719년 작가 대니얼 디포 Daniel Defoe 와 조너선 스위프트 Jonathan Swift 가 무가치하고 공허한 데다 실망스럽기까지 한 신규 기업들이 무더기로 설립되고 있다고 지적하면서

● 버블이라는 단어는 언제부터 쓰이기 시작했을까? 연원은 셰익스피어로 거슬러 올라간다. 1623년 출판된 셰익스피어의 희곡 『뜻대로 하소서』 첫 페이지.

버블이라는 단어를 사용하고부터 금융시장에서도 쓰이기 시작했다.[9] 그러다가 시간이 지나면서 점차 이보다는 덜 경멸적으로 사용되었다.

오늘날 버블은 자산 가격이 실제 가치에 비해 너무 높아 보일 때 일컫는 용어로 사용되곤 한다. 그러나 경제학자들 사이에서는 이러한 쓰임마저도 논란거리다. 한 학파에서는 버블이 아예 금융 현상에 관한 설명이 될 수 없다고 보고 있으며, 이보다 더 잘 설명할 수 있는 단어가 없을 경우에만 한정적으로 적용할 수 있는 일종의 호칭에 불과하다고 주장하고 있다.[10]

현대 경험금융학 modern empirical finance 의 아버지 유진 파마 Eugene Fama 는 여기서 더 나아가 버블은 결코 방심할 수 없는 단어라고 표현하면서 버블이라는 용어가 자신을 늘 난감하게 만든다고 불평했다.[11]

유진 파마의 말에 따르면 경제학에서 버블이라는 용어는 공식적으로 정의된 적이 없는, 정확한 의미가 없는 단어이기 때문이다.[12]

이 책에서는 매사추세츠공과대학MIT 경제사학자인 찰스 킨들버거Charles Kindleberger 의 정의를 사용할 것이다. 킨들버거의 정의에 따르면 버블은 '가능한 범위를 뛰어넘는 상향세를 보이다가 결국엔 무너지는 가격 움직임'이다. 다시 말해, 일정 기간 동안 주식 등의 자산 가격이 급격히 상승하다가 다시 급격히 하락하는 현상이다.[13] 일각에서는 가격이 자산의 펀더멘털 가치(fundamental value, 기업의 매출·재무상태·성장성 등을 보고 판단하는 가치-역주)와 별개로 분리되는 양상을 버블이라 정의해야 한다고 주장하기도 한다. 그러나 이러한 정의는 더더욱 버블을 정확히 설명하기 어렵게 만들고, '진짜' 버블인지의 문제를 또 다뤄줘야 한다.[14] 그건 그동안 사용해 온 버블이라는 용어의 쓰임과도 맞지 않다.

반면, 킨들버거의 정의는 버블의 원인이 무엇인가까지는 고려할 필요가 없으므로 이 정의를 따라 버블인지 아닌지만 정한 후, 원인은 각자가 직접 조사해볼 수 있어서 매우 좋다. 킨들버거는 버블은 반드시 버블을 일으킨 사건이 종결된 후에야 그것이 버블인지 100퍼센트 확신할 수 있다고 말한다. 단, 그렇다고 해서 전혀 예측 불가라거나 완전히 임의로 발생한다는 말은 아니다. 이 책에서는 버블의 원인과 결과를 설명할 수 있는 새로운 은유와 새로운 분석 프레임워크를 제안하고자 하며, 향후 버블을 예측하는 데 도움이 되기를 바란다.

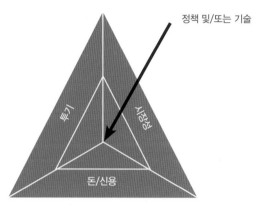

정책 및/또는 기술

투기

신용창조

돈/신용

그림 1.1 버블 트라이앵글

경제를 움직이는 거대한 트라이앵글

경제가 위험을 내재한 채 덩치를 키우다 한순간 터져버리는 현상을 두고 예전에는 버블이 아닌 불에 빗대곤 했다. 실체가 있고 파괴적이며, 누군가 꺼뜨리지 않는 한 영구히 존재할 수 있고, 한번 발생하고 나면 통제하기 어렵다는 이유에서였다. 화재는 심각한 손실을 초래할 수도 있지만 초원이나 침엽수림에 화재가 난 후에는 재생에 기여하기도 하는 등 특정 생태계에 한해서는 유용하기도 하다.

버블도 마찬가지다. 불의 발생은 산소·연료·열이라는 3요소를 활용하면 효과적으로 설명할 수 있다. 이 3가지가 충분히 주어진다면 조그마한 불꽃을 일으키고 곧 큰불도 일으킬 수 있다. 그리고 화재가 시작되고 나서는 이 3요소 중 하나를 제거함으로써 다시 진압할 수도 있다. 버블의 발생 역시 3요소를 활용해서 설명이 가능하다. 일명 버블 트라이앵글은 〈그림 1.1〉과 같다.

버블 트라이앵글의 첫 번째 변, 즉 버블을 일으키기 위한 첫 번째 요소는 바로 시장성이다. 시장성이란 자산을 자유롭게 사고팔 수 있는 용이성을 말한다. 시장성에 영향을 미치는 요소는 매우 많다. 예컨대 자산의 적법성은 시장성에 근본적으로 지대한 영향을 미친다. 전 세계의 수많은 암시장 규모만 봐도 자산거래를 금지한다고 해서 시장성이 없어지지는 않는다는 걸 알 수 있다. 그러나 암시장에선 최소한 사고 팔기가 자유 시장보다는 어려우며, 버블은 특정 금융자산이 합법화되어 시장으로 떠오르면서 생성되기도 한다.

또 다른 요소는 분할 가능성이다. 자산의 일부만 구매해도 된다면 시장성은 높아진다. 예를 들어, 상장기업은 주식을 사고팔아서 기업의 일부를 거래할 수 있다. 이 때문에 전체를 다 사고팔아야 하는 주택보다는 상장기업의 시장성이 더 높은 것이다. 버블은 종종 버블 이전에는 분할할 수 없었던 자산이 분할 가능하게 되는, 예컨대 모기지론이 모기지 담보 증권이 되는 등의 금융 혁신이 일어났을 때에도 발생한다.

또 매도인과 매수인을 쉽게 찾을 수 있어도 시장성이 높아진다. 예를 들어, 금이나 국채 등의 자산에 비해서 예술품은 잠재적 매수인의 수 자체가 매우 적어 시장성이 가장 낮은 투자처로 꼽힌다. 버블은 종종 버블 자산에 대한 시장 참여가 증가해서 잠재적 매도인과 매수인 수 자체가 늘었을 때 일어나기도 한다.

마지막으로 자산을 쉽게 이동할 수 있으면 시장성이 높아진다. 디지털로 손쉽게 이전할 수 있는 자산은 매도인이건 매수인이건 집 밖으로 한 발짝도 안 나가도 하루에 몇 번이고 사고팔 수 있다. 반면, 자동차나 책과 같은 유형자산은 거래를 하려면 새로운 위치로 옮겨야 한다. 어떤 버블은 부동자산을 대신해서 이동 가능한 자산을 사용할 수 있도록 해주는 금융 혁신 덕에 일어나기도 했다. 예를 들어, 주택 거래를 하고 싶으면 집 자체를 옮기지 않고 집문서로 거래해도 되는 식이다. 시장성은 마치 산소처럼 항상 일정 수준을 유지하면서 존재하며, 경제가 돌아가는 데 필수적이다. 하지만 산소 탱크를 모닥불 옆에 두면 안 되듯, 시장성이 너무 커지면 위험할 때와 장소도 분명 있다.[15]

버블 트라이앵글의 두 번째 변이자 버블의 연료가 되는 것은 돈과 신용이다. 버블은 사람들이 어딘가에 투자할 만큼 충분한 자본을 보유하고 있어서 경제 사이클에 돈과 신용이 충분히 돌고 있을 때 생성될 가능성이 높다.

낮은 이자율과 느슨한 신용 조건은 2가지 방식으로 버블을 촉진시킨다. 첫째, 이미 버블이 되어버린 자산을 사람들이 빌린 돈으로 계속 구매해서 가격이 오르는 식이다. 이 경우, 은행이 다른 사람에게서 빌린 돈을 또 다른 사람에게 대출해주기 때문에 대출을 받은 사람들은 결과적으로 다른 사람에게 빚지게 돼서 결국 버블 투자가 실패해 손실이 나면 다 같이 힘들어지는 것이다.[16] 은행 대출이 확대되면 확대될수록 버블에 투자될 수 있는 돈 자체가 시장에 많이 돌게 되고, 결국 버블에 투자하는 사람이 많아져 버블자산의 가격은 높아진다. 그러다가 투자자들이 대출을 상환하겠다고 다시 다 팔아치우기 시작하면 버블자산의 가격은 폭락하는 것이다. 이런 식의 금융 버블은 은행위기로

이어질 수 있다.[17]

둘째, 국채 또는 은행 예금과 같이 전통적인 안전자산의 금리가 너무 낮을 때, 투자자들은 위험자산에 투자해서 고수익을 얻고 싶어 한다. 이럴 경우, 돈은 자연스럽게 버블이 되기 쉬운, 보다 위험한 자산으로 흘러 들어간다. 고수익을 얻고자 하는 투자자들의 성향은 오래전부터 늘 존재했다. 영국 경제 주간지 《이코노미스트The Economist》의 편집자이자 경제·정치학자, 문예비평가인 월터 배젓Walter Bagehot은 1852년에 이렇게 논평했다.

● 영국의 경제·정치학자이자 문예비평가, 《이코노미스트》의 편집자였던 월터 배젓. 《이코노미스트》는 그의 공헌을 기리기 위해 주간 논평에 '배젓(Bagehot)'이라는 이름을 붙였고, 영국 정치학협회는 정부 및 공공행정 분야에서 최고의 논문으로 월터배젓상을 수여한다.

영국인들은 큰 역경은 견딜 수 있지만, 수익률 2퍼센트는 견디지 못한다 … 끔찍한 수익률 2퍼센트를 감수하느니 소중한 예금을 캄차카 운하, 워치트 지역으로 가는 철도, 사해를 살리겠다는 계획 등 말도 안 되는 것에 투자하고 있다.[18]

배젓이 본 바와 같이 투자자들은 안전자산에 투자해서 낮은 이자를 받기보다는 의외의 것에 투자를 감행하는 경우가 많다.

초보 투자자와 전문 투기꾼

버블 트라이앵글의 마지막 세 번째 변, 마치 열기와도 같은 이 요소는 바로 투기다. 투기는 이익을 보겠다는 목적 하나로 나중에 이익을 보고 자산을 매도(또는 재매수)하기 위해서 먼저 자산을 매수(또는 재매수를 위한 매도)하는 것을 말한다.[19] 투기는 버블과 상관없이 늘 어느 정도씩은 행해지고 있다. 미래의 가격 상승을 예측해서 자산을 매수하는 투자자들은 항상 있기 때문이다. 하지만 버블이 진행되는 동안에는 수많은 초보 투자자들까지도 투기꾼으로 변모해 순전히 추진력에 의존해 거래하고 가격이 상승할 때 매수하고 가격이 하락할 때 매도하곤 한다. 화재가 한번 나기 시작하면 밖에서 꺼주기 전까진 불이 스스로 열기를 내뿜으며 퍼지듯, 투기 목적의 투자는 그 자체로 영속적이다. 초기 투기자들은 큰 수익을 내면서 더 많은 투기성 자금을 끌어들이고, 그 결과 가격은 계속 상승하고 투기자들은 계속 수익을 본다. 이런 일련의 과정을 시작하는 데 필요한 초기 투기자본의 양은 정점에서 유입되는 투기자본에 비하면 극히 일부에 불과하다.

버블이 일단 시작되고 나면 전문 투기꾼들은 앞으로 가격이 올라갈 자산을 매수한 후, 큰 이익을 남기기 위해 '나보다 더 바보인 사람'에게 팔아치울 계획을 세운다.[20] 이런 행위를 통상 '버블에 올라타기'라고 한다.[21] 단, 버블에 올라탄 투자자들과 적시에 팔아치울 수 있었던 운 좋은 투자자들을 구분하는 게 어려울 때가 있다. 많은 투자자들이 하방 리스크에 잠시 제한적으로 노출돼 있을 때 투기의 경향은 훨씬 더 강해진다. 채무불이행에도 거의 비용이 발생하지 않거나, 기관 투자자들이 잘못 설계된 유인구조에 걸렸거나, 또는 은행 소유주가 유한 책임을 갖는 경우가 그렇다. 이러한 상황에서는 단기 수익을 노리고 위험자산을 구매하는 게 정말로 매력적으로 보일 수 있다.

반면, 투자자들이 가격 하락세에 뛰어들어 투기하는 경우도 있다. 이 경우엔 보통 나중에 더 낮은 가격에 자산을 다시 사 들이겠다는 생각을 하면서 먼저 매도를 한다. 본인이 자산을 소유하고 있지 않은 경우에는 자산을 빌려서 그걸 판 다음 나중에 가격이 더 내려갔을 때 다시 사서 상환하는 식으로 공매도를 해 단기 매매차익을 보기도 한다. 공매도인은 자산 가격이 중도에 하락할 때 거래를 해서 수익을 올리기를 바라고 있다.

하지만 실제로 공매도는 단순히 매입하는 일보다 훨씬 더 위험하고 어렵다. 단순히 주식을 살 때는 잠재적 손실은 있을 수도 있고 없을 수도 있는 반면, 잠재적 이익은 무한해진다. 그러나 공매도는 완전히 그 반대다. 따라서 공매도는 아무리 잘 판단한 자산일지라도 가격이 예상과 달리 계속 상승해버릴 경우 투자자를 완전히 나락으로 떨어뜨릴 수도 있다. 종종 공매도인에 대한 좋지 않은 시선과 공매도에 대한 법적 규제나 제한이 있는 경우가 있다. 또는 공매도인이 우선적으로 자산을 빌리려면 터무니없이 비싸게 빌려야 할 수도 있다.[22] 그렇다고 규제가 덜한 시장도 위험할 수 있는 것이, 그런 시장에서 공매도는 투자자들로 하여금 공매도로 단기 매각한 주식을 사재기하는 시장 조작자들의 행각에 완전히 노출되게 만들기 때문이다.[23]

● 버블을 일으키는 요인 중 하나는 기술혁신이다. 기술혁신으로 인한 버블은 긍정적인 경제적 효과를 일으키기도 하는데, 엄청난 양의 자본이 경영의 가장 혁신적 분야로 유입되게 한다. 애플이나 마이크로소프트 같은 회사들도 닷컴버블 시기 막대한 투자를 받는 혜택을 입었다.

버블을 발생하게 하는 2가지 요인

버블을 일으키는 불꽃의 정체는 뭘까? 경제학은 버블이 시작되는 시기와 시작된 이유를 설명하는 데 어려움을 겪고 있다. 노벨경제학상 수상자 버넌 스미스Vernon Smith에 따르면 버블을 일으키는 요인은 신비스러움이다.[24] 이 책에서 우리는 스파크, 즉 불꽃이 기술혁신 또는 정부의 정책이라는 두 요인으로 발생될 수 있다고 주장하고 싶다.

먼저 기술혁신 요인은 신기술을 사용하는 기업들이 비정상적인 이익을 창출함으로써 버블을 촉발시켜 주식을 통한 큰 자본을 얻는 것을 말한다. 이는 가격 상승을 유도하므로 기업 주식을 사들이는 모멘텀 투자자들의 관심을 끌게 된다. 이 단계에서 신기술을 개발해 쓰고 있는(또는 신기술을 쓰고 있다고 주장하는) 수많은 신생 기업들은 기업 가치를 끌어올리기 위해 상장한다. 전문가가 볼 때 이 기업 가치가 종종 비합리적으로 높게 나타나기도 하는데, 실제보다 높은 기업 가치는 주로 2가지 경우에 지속된다. 첫째, 기술 자체가 너무나 새롭지만 그에 비해 경제적 영향력은 불확실할 때다. 이는 주식 가치를 정확하게 평가할 만한 정보가 제한돼 있음을 의미한다. 둘째, 신기술을 둘러싼 고조된 관심이 언론의 관심으로 이어져 더 많은 투자자를 끌어들이는 경우다. 이는 종종 신기술이 세계를 변화시킨다는 마법과 같은 희망이 전통적인 평가 지표를 쓸모없게 만들어버리고, 터무니없이 높아진 가격을 정당화시키는 '새 시대'라는 내러티브를 생성해낸다.[25]

또 다른 요인인 정부의 정책 역시 불꽃을 일으킬 수 있다.[26] 항상 그런 것은 아니나, 종종 자산 가격의 상승이 특정한 목적을 추구하면서 설계될 때가 있다. 여기서 말하는 목적이란 정치적으로 중요한 그룹 또는 정치인에게 힘을 실어주는 것이다. 현 정부가 바람직하다고 보는 방식으로 사회를 재구성하려는 시도의 일부일 수도 있다. 실제로 정부가 주택 소유 비율을 높이려고 의도했을 때 주택 버블이 형성된 경우가 종종 있었다. 파트 2에서 설명할 주요 버블 중 첫 번째 금융 버블 역시 공공부채를 줄이고자 정교하게 설계된 계획의 일부였다.

정책 결정으로 불꽃을 일으키는 것 외에도 정부는 버블 트라이앵글 중 하나 이상에 영향을 미치는 다른 정책 수단을 쓸 수 있다. 예를 들면, 정부가 금리를 낮추거나 통화 공급을 늘려 투자할 수 있는 자금을 돌게 만들 수 있다. 또는 금융 규제 완화를 통해 은행이 보다 덜 제한적인 조건으로 더 많은 돈을 대출할 수 있게 해서 대출의 양 자체를 늘릴 수 있다. 또 대출 만기를 연장할 수 있게 해서 더 많은 투자자가 레버리지를 노리고 버블에 뛰어들어 더 많은 투기에 참여할 길을 열어주기도 한다. 금융 규제 완화만으로도 버블 자산을 쉽게 사고팔 수 있게 해서 시장성을 높일 수 있는 것이다.

그렇다면 버블이 꺼지는 이유는 뭘까? 한 가지 확실한 원인은 연료 부족이다. 버블자산에 투자할 돈과 신용은 한정돼 있는데, 금리 인상이나 중앙은행의 긴축으로 인해 신용의 양은 줄어들 수 있다. 이는 투기자들이 투자 목적으로 대출 받는 걸 더 어렵게 만들고, 오를 거라 기대한 버블자산을 일찍이 매각하게 만든다. 또는 신용 시장 긴축이 시작되면 대출 받은 돈으로 버블에 투자한 사람들이 대출 상환 만기를 연장할 수 없게 돼, 결국 자산을 팔 수 밖에 없게 만든다.

투기꾼의 수효도 결국은 한정돼 있기 때문에 이런 상황이 되면 상한가에 도달하기 어렵게 된다. 투기꾼들도 미래 가격이 기대와 같지 않을 거라는 정보를 접하면 겁을 먹고 매도할 수 있다. 예를 들어 버블자산과 관련한 향후 현금 흐름이 예상보다 낮을 거라는 뉴스 발표만 나도 그로 인해 정말로 곧 버블이 터질 수 있다. 투기성 투자자들은 일반적으로 가격이 상승하는 중에도 자산을 매수하기 때문에 약간만 반대로 흘러가도 투자를 유지하려는 열망이 줄어든다. 모멘텀 투자의 효과가 역전되는 것이다. 투자자들은 가격이 떨어지기 시작하면 매도하고, 앞으로 가격이 계속 떨어질 것으로 예상되면 예상될수록 더더욱 매각하는데, 그 결과로 실제로도 가격이 떨어지게 되는 것이다.

02
합리성과 비합리성

버블의 영향력을 결정하는
2가지 변수

어떤 버블은 광범위하게 경제적 피해를 불러일으키는 반면, 어떤 버블은 거시경제에는 거의 영향을 미치지 않는다. 그 이유는 뭘까? 여기에는 2가지 중요한 변수가 있다. 버블의 규모, 그리고 더 큰 경제구조가 갖는 중심성이다. 가장 큰 피해를 내는 버블은 버블 외의 경제 전반에 깊이 통합돼 있는 자산에 상당한 부를 투자하게 만드는 버블이다. 여기서 말하는 깊이 통합돼 있는 자산은 일종의 공급망의 형태일 수 있다.

예를 들어, 기업의 실패가 공급업체의 파산으로 이어져서 또 다른 회사에 대한 지불이 불이행되는 식이다. 이보다 더 흔한 경우는 은행 시스템을 통한 피해 확산이다. 불에 비유해보자면, 은행은 마치 바삐 돌아가는 도심 한가운데에 있는 가연성 석유 장비와도 같다. 은행 또는 대출자가 많은 버블자산을 보유하고 있던 중에 은행이 파산해버리면 지급정지와 채무불이행으로 기업과 일자리, 일반인의 생업 체계가 몽땅 파괴될 수 있다. 최악의 경우 은행 하나가 실패하면 다른 은행들도 파괴적인 결말을 맞이할 수 있다. 은행들은 폭넓은 스펙트럼의 고객들과 거래하곤 하는데, 어쩌면 이 고객들 중 대다수는 은행 파산만 아니었더라면 버블과 상관없이 잘 지내고 있었을 수도 있다. 은행이 붕괴하게 되면 지역 파산과 산업 파산이 같이 일어나 결국 경제 전반의 침체로 발전할 수 있다.

요약하자면 시장성·돈과 신용·투기라는 세 변으로 이루어져 있는 버블 트라이앵글은 버블 발생에 필요한 조건을 잘 설명해준다. 거기에 적절한 기술적 또는 정치적 요소로 불꽃을 일으키면 완벽하게 버블이 형성된다. 우리는 버블 트라이앵글이 버블이 발생할 때의 원인과 심각성, 사회적 유용성을 알아볼 수 있게 하는 좋은 프레임워크라고 본다. 버블이 발생할 가능성이 있는 상황들을 잘 설명해주기 때문에 버블을 예측하는 데 사용하기에도 좋다. 다만 프레임워크의 다양한 요소들을 마치 수학 방정식으로 계산하듯 단언할 수만은 없기 때문에 예측 목적으로 이 프레임워크를 사용하고자 한다면 반드시 별도의 판단 과정을 거쳐야 한다.

버블에 관해 오래전부터 지지를 얻는 설명 중 하나는 바로 개인의 비합리성(또는 광기)과 사회적 유행이 동시에 일어난다는 설명이다. 이 주장을 시작한 사람 중 한 명은 스코틀랜드의 저널리스트이자 작가인 찰스 맥케이Charles Mackay다. 그는 1841년 자신의 저서 『대중의 망상

● 찰스 맥케이의 저서 『대중의 미망과 광기』. 개인의 비합리성과 사회적 유행
이 동시에 일어나 광기에 휩싸이면 사회가 어떻게까지 될 수 있는지 다양한 일
화로 뒷받침된 이론을 펼친다.

과 광기 Extraordinary Popular Delusions and the Madness of Crowds 』에서 이와 같이
표현했다. 출간 당시에도 인기가 많았던 이 책은 많은 시간이 흘렀지
만 아직까지도 출판되며 읽히고 있다. 훌륭한 이야기꾼인 맥케이는 광
기에 휩싸인 사회가 어떻게까지 될 수 있는지 다양한 일화로 뒷받침된
이론을 펼친다. 그러면서 마녀사냥, 유물, 십자군, 점(운세), 연금술 등
주제를 넘나들며 설명한다. 맥케이는 남해 버블, 미시시피 버블, 네덜
란드 튤립 투기를 통해 광기의 보편성을 보여주며 버블은 투자자들의
심리적 실패로 발생한다고 주장했다.

　　그러나 맥케이가 버블을 광기와 비합리성에 연결시킨 최초의 인물
은 아니다. 역사상 가장 훌륭하고 영향력 있는 과학자 중 한 명인 아이
작 뉴턴은 남해회사 버블에 투자해서 재산을 잃었는데, 뉴턴은 투자
손실에 대한 질문을 받자 "사람의 광기는 미처 계산해내지 못했다"라

고 말한 것으로 알려져 있다.[27]

　대중의 광기 가설은 킨들버거, 존 케네스 갤브레이스John Kenneth Galbraith, 그리고 가장 최근에는 노벨 경제학상 수상자 로버트 쉴러Robert Shiller 와 같은 사람들에 의해 점차 뒷받침되고 발전되었다.[28] 쉴러를 포함한 여러 경제학자들은 버블을 행동경제학으로 설명할 수 있다고 주장하면서, 버블은 투자자의 인지적 결함과 심리적 편견으로 인해 가격이 객관적인 가치 이상으로 상승한 탓에 생기는 것이라고 말했다.[29] 예를 들어, 어떤 투자자들은 회사 주식의 미래 실적을 실제보다 과대평가하는 편향적 신망을 가지고 있거나 대표성 편향을 가지고 있어서 일련의 호재가 발표되면 잘못 판단하고 과잉 반응을 할 수 있다는 것이다.[30] 또 어떤 투자자들은 주변 사람들의 행동 또는 스스로의 무지로 잘못 판단하는 사람들을 그냥 따라 하거나 경쟁적으로 모방해서 실패하기도 한다.[31]

　버블이 대체로 비합리성의 산물이라는 이러한 견해는 노벨 경제학상 수상자 유진 파마처럼 투자자의 합리성과 시장의 효율성을 지지하는 경제학자들에 의해 반박되었다.[32] 그래서인지 이 주제를 다루는 최근 연구들은 특정 버블이 합리적이었나 아니었나를 확인하는 데 초점을 맞추고 있다.[33] 그러나 이러한 합리성과 비합리성을 판단하는 프레임워크는 버블 자체를 이해하는 데는 별 쓸모가 없기 때문에 그다지 환영할 만한 현상은 아니다. 일단 정확히 어디부터 어디까지가 '합리적'이라고 할 수 있는지 정의하기가 쉽지 않다. 경제학자의 의견에 따라 여러 일반적인 투자자의 행동까지도 '합리적' 또는 '비합리적'으로 분류될 수 있다.[34] 게다가 더 근본적인 문제는 프레임워크 자체가 너무 제약적이다. 버블 자산 가격은 다양한 정보, 세계관, 투자 철학, 다양한 성향을 가진 투자자들의 행동에 의해 형성된다. 또 이들은 각자 서로 다른 보상을 노리고 있다. 이런 수많은 투자자들을 단순히 '합리적' 또는 '비합리적'이라는 범주로 나누는 것은 현상의 복잡성을 잘 반영하지 못하므로 우리는 이런 구분을 하지 않기로 했다.

전 세계 경제를 뒤흔든 사건

우리는 이 책에서 마치 화재 현장에 파견된 조사관처럼 과거에 있었던 화재(버블)를 다시 살펴보고 그 원인을 이해하기 위해 화재가 남긴 재의 흔적을 훑어보고자 한다. 그런 다음, 알아낸 것을 바탕으로 향후 버블이 발생하거나 사회적 손실을 유발하는 걸 방지할 수 있는 방안을 고안해볼 것이다.

그러려면 먼저 어떤 화재를 조사할 것인지 결정해야 한다. 우리는 두 단계의 기준을 두었다. 첫 번째 기준은 앞서 말한 버블에 대한 킨들버거의 정의에 따라 자산 가격이 크게 상승했다가 크게 하락한 경우를 먼저 추려보는 것이다.

그런데 얼마나 크게 상승하고 하락한 걸 봐야 하는가? 3년 미만의 기간 동안 자산 가격이 최소 100퍼센트 이상된 후, 그 다음 3년 미만의 기간 동안 인상된 가격에서 50퍼센트 이상 폭락된 경우를 보면 된다.[35] 버블이 주식버블인 경우에는 전체 주식 시장이 그렇지는 않아도 된다. 특정 분야나 산업에서만 이런 현상을 보여도 인정한다.[36] 이 기준에 부합하는 버블은 주요 버블에 포함시킬 수 있다. 하지만 우리 또는 이전의 학자들이 가격 데이터를 찾지 못했거나 대조하지 못한 일부 버블은 간과될 수 있음을 밝혀둔다.

두 번째 기준은 위와 같은 자산 가격의 대폭락에 새로운 기업 또는 새로운 재정 보증이 금융시장에 흘러 들어오면서 기업 설립 붐이 동반되는 경우다. 여기에 해당하는 버블은 가격 폭락을 넘어 경제 전반에 영향을 미친 버블이 되겠다. 단, 만화, 곰 인형, 야구 카드와 같은 특정 상품이나 수집품 버블은 제외한다. 또한 부동산이나 건물 버블 역시 주식 시장 버블이 동반되거나 새로운 재정보증 발행으로 촉발된 것만 빼고는 제외한다.

우리는 세계 경제를 뒤흔든 주요 버블을 살펴볼 것이다.[37] 왜, 무엇이 버블을 일으켰으며 어떻게 거품이 커지고 사그라졌는지 들여다볼 것이다. 물론 이 목록은 결코 완벽한 목록은 아니다. 하지만 이 목록에는 주목할 만한 점이 적어도 5가지는 있다. 첫째, 버블 선택의 폭이 주식시장의 탄생 시점부터 최근까지로 확장되었다. 둘째, 4개의 대륙과 9개 국가를 포함하는 글로벌한 범위로 버블이 선택되었다. 셋째, 우리가 살펴보는 버블 중에는 잘 알려진 사건도 있지만 잘 알려지지 않은 것도 있다. 넷째, 우리가 들여다보는 12개 버블 중 6개는 버블이 꺼진 뒤 금융위기가 뒤따랐고, 5개는 심각한 경기 침체가 뒤따랐다. 다섯째, 버블 중 몇 가지는 신기술 개발과 관련돼 있다.

이 목록에서 빠진 것 중 가장 유명한 버블은 1636~1637년에 있었던 네덜란드 튤립파동일 것이다. 튤립파동은 1636년 말에 튤립 구근의 가격이 급격히 상승하다가 1637년 2월이 되자 무려 90퍼센트나 급

● 높은 빌딩이 즐비한 태국 방콕 도심. 금융자유화는 동남아시아 내 대출 붐을 부추겼고 통화위기와 외환위기가 초래되었지만, 그 규모가 기준에 미치지 못하고 기업 설립 붐도 없어 살펴볼 주요 버블에서 제외했다.

락한 사건이다.[38] 하지만 가격 대폭락이 튤립 구근이라는 특정 거래 상품에만 국한되었고, 기업 설립이나 경제에 미친 큰 영향도 없었기 때문에 여기서는 제외했다.[39] 즉, 튤립 광풍은 목록에 포함해서 따로 연구할 가치가 크지 않았다는 뜻이다. 가격의 급격한 변동이 있긴 했지만, 희소하고 특이한 상품, 특히 지위를 나타내는 데 주로 사용되는 상품 시장에서는 그렇게 희귀한 일은 아니다.[40] 튤립 투기로 인한 가격 변동이 선물계약의 법적인 모호성과 결합된 것이었다는 점을 감안하면 어느 정도 일반적인 범주로 설명되는 가격 변동으로 분류할 수 있다.[41]

튤립 광풍의 불명예는 사실 찰스 맥케이로 인한 것이다.[42] 맥케이는 튤립을 두고 발생한 집단 광기에 뒤덮인 사회의 모습을 그렸다. 당시 일부 튤립 구근의 가치는 암스테르담의 호화 주택 한 채의 가격을 능가했을 정도였다. 그는 또한 암스테르담의 일반 시민이 도시 곳곳의 선술집에서 튤립 구근에 투자했다는 점을 들어 거래의 보편성도 있었음을 강조했다. 그러나 맥케이의 이러한 주장은 신뢰할 수 없다. 맥케이가 드는 근거의 출처는 간접적인 설명에 기반하며, 그러한 설명들 역시 튤립 거래를 비판하는 주장을 기반으로 하는 것들이다.[43] 따라서 맥케이 주장 대부분은 객관적으로 입증되기 어렵다.[44] 결국 튤립 투기에 대해 대중적으로 퍼진 내러티브는 사실상 '마치 사실처럼 인용된 선전성 근거에만 기반한 허구'라고도 볼 수 있다. 이처럼 이 책에서 다루는 몇몇 사건들에서 원래는 풍자나 선전용이었던 것이 마치 사실인 것처럼 반복되면서 이야기화되는 비슷한 과정을 볼 수 있다.

목록에서 빠진 또 다른 유명한 버블 중 하나는 1980년대 스칸디나비아와 1990년대 동남아시아에서 발생한 주택버블이다.[45] 두 경우 모두 금융자유화에 따른 신용대출 붐으로 인한 버블이었고, 둘 다 버블 붕괴 후에 은행위기가 따라왔다. 금융자유화는 동남아시아 내 대출 붐을 더욱 부추겼고, 상당한 양의 해외자본까지 유입되어 통화위기와 외환위기가 동시에 초래되었다.[46] 그러나 이 주택버블이 주식시장 버블로 인해 발생한 곳은 태국밖에 없었다. 그리고 태국 주식시장 버블의 규모는 우리가 정한 버블의 규모에 못 미치기도 하고, 태국에서는 기업 설립 붐도 없었다.[47]

어떤 화재를 조사할지 선택했다면, 어떻게 조사해야 할까? 조사를 시작하기 좋은 지점은 이전 조사자들이 해놓은 결과들이다. 우리는 기존의 문헌들을 역사나 경제 이외에도 폭넓게 활용했다.[48] 사건에 대한 기억과 경험은 종종 매우 상이하기 때문에 버블 현장에 있던 사람들의 생각과 행동을 이해하면서 분석하고자 했다.

우리는 버블이 일어나던 시기에 언론인, 정치인, 논평가의 글과 연설 등까지도 광범위하게 조사했다. 버블이 발생하는 동안 그들은 무엇을 말했는가? 문제를 해결하려 했는가, 반대로 문제를 더 키우고 가담하려 했는가? 우리는 권력자의 목소리만 듣고 싶지 않았다. 버블에 휩싸여버린 평범한 사람들에게도 관심을 두었다. 누가 고통을 받았고 누가 혜택을 얻었는가?

우리는 금융 경제학자로서 우리의 분석이 그저 일반적인 설명의 나열로 끝나기를 바라지 않는다. 각 버블의 규모와 그로 인한 피해의 규모를 정량화해보기를 원했다. 잘 알려진 버블의 경우에는 이런 과정이 비교적 간단했지만, 덜 알려진 버블의 경우에는 마치 먼지로 뒤덮인 문서 저장고에 처박혀 있는 오래된 기록을 찾아내듯 발굴하고 재구성하는 작업이 필요했다.

우리는 300년에 걸쳐 논의되던 버블이라는 주제에 포괄적인 개요를 제공하기를 바라며 책을 집필했다. 이야기는 금융 역사에서 중요한 순간인, 1720년 버블의 첫 발생부터 시작된다.

PART

02

BOOM AND BUST

버블이 만드는 흥망사

: 거품의 탄생

상대적으로 적은 금액으로 주식을 구매할 수 있다는 점은 이전에 투자할 수 없었던 사람들에게까지 시장을 확대하는 효과를 낳았다. 평론가들은 버블의 여파로 사회 계층 간 이동이 늘어나 두렵다는 의견을 쏟아냈고, 가난한 사람들이 유복한 정통 엘리트들을 밟고 올라와 엄청난 돈을 벌게 됐다고 비난하기도 했다.

하지만 사실 대부분의 투자는 여전히 슈퍼 리치들의 손에 의해 이루어졌다.

01
시장 관리 **트릭**

전쟁의 대가

스페인 왕 카를로스 2세에 관한 영화는 거의 제작되지 않았다. 아마도 그의 삶이 그다지 유쾌하지 않았기 때문일 것이다. 38년간 숱한 고생을 했고, 그의 죽음과 함께 전쟁이 시작되었다. 카를로스 2세가 속한 합스부르크 왕가는 부와 권력을 강화하기 위해 적지 않은 기간 동안 근친을 했다. 그로 인해 부와 권력은 강화되었지만, 무려 5세대에 걸친 근친의 결과로 수많은 기형 유전자를 물려받은 카를로스는 심각한 육체적·정신적 고통을 짊어졌다. 기형 뼈로 인해 먹거나 말하거나 걷는 것조차 힘들었고, 발작이 잦았다. 학습에도 어려움이 많아 공교육도 받을 수 없었다. 세 살이라는 어린 나이에 왕위에 올랐으나 성인이 되어서도 혼자 힘으로 나라를 다스리기란 사실상 불가능했다.[1]

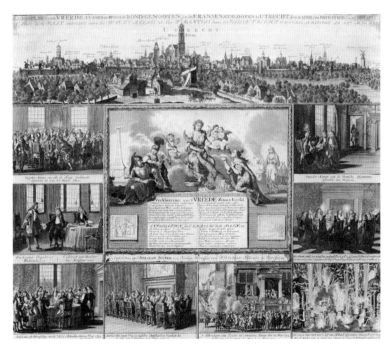

● 「위트레흐트 조약(The Treaty of Utrecht)」, 아브라함 앨 라드(Abraham Allard), 18세기.

카를로스는 두 번 결혼했지만 자식을 낳지는 못했는데, 그로 인해 1700년 그의 죽음은 후계자 갈등을 촉발했다. 카를로스는 자신의 후계자로 프랑스 서부 지방인 앙주Anjou의 공작이자 프랑스 루이 14세의 손자인 필립 경을 지명했다. 카를로스의 조카의 아들이기도 했던 필립 경은 왕위 계승 순위도 가장 높았으나, 필립 경이 스페인의 왕이 된다면 프랑스와 스페인 제국을 하나로 통합시킬 가능성이 농후했다. 이러한 사실은 영국, 네덜란드, 포르투갈, 신성 로마 제국에 큰 위협이었고, 이에 이들 국가는 필립 경 대신에 오스트리아의 찰스 대공을 왕위에 앉히고 싶어 했다. 그 시도는 1702년까지 이어졌으나 결국에는 실패했고 영국, 네덜란드, 오스트리아는 스페인에 전쟁을 선포했다.

이렇게 발발된 전쟁은 무려 13년 동안이나 지속되다가 1715년 위트레흐트Utrecht 조약과 라슈타트Rastatt 조약을 맺으면서 끝이 났다. 조약의 내용은

● 1713년 영국과 스페인 간 위트레흐트 조약(왼쪽). 스페인어로 된 첫 번째 버전과 라틴어와 영어로 된 이후 버전.

간단했다. 필립 경은 스페인 왕위에 오르되, 대신 프랑스 왕위는 포기하도록 한 것이다.

전쟁은 끝났지만 전쟁 때문에 발생한 비용은 상상을 초월했다. 각국은 전쟁자금을 조달하기 위해 과거와는 조금 다른 방식을 택했다. 바로 채무증권을 민간에 발행해 돈을 빌리는 방식이었다. 이로 인해 프랑스, 영국, 네덜란드에서는 전례 없는 수준의 공채가 발행되었다. 1715년 프랑스 공채는 20억 리브르가 넘었다. 이 금액은 추정치로 프랑스 GDP의 83~167퍼센트에 해당했다. 540만 파운드였던 영국의 공채는 전쟁 후 영국 GDP의 44~52퍼센트에 달하는 4030만 파운드가 되었다.[2] 네덜란드의 공채는 전쟁만으로 거의 2배가 되어, 이 자금의 조달에 드는 비용은 네덜란드 총 재정수입의 3분의 2를 웃돌 정도였다.[3]

어마어마한 부채는 이들 국가에 실존적 위협이 되었다. 혹시라도 채권자들이 국가의 부채 상환 능력을 의심하게 되면 전쟁이 벌어졌을

때 자금 조달에 어려움을 겪을 수 있기 때문이다. 프랑스와 영국 정부는 이를 정확히 예상하고 있었다. 1715년 루이 14세가 사망한 후, 일부 새로운 섭정가들의 자문관은 프랑스 의회the Estates General를 재개해서 재앙 수준인 공공재정 상태를 논의해야 한다고 제안했다.

각 나라에서 할 일은 개혁의 리스크와 미래 부채 비용 모두를 최소화하는 방법으로 부채를 줄이는 것이었다. 권력가들에게 추가 과세 비용을 너무 많이 부담하지 않도록 하는 것 역시 중요했다. 또한 보통의 경우라면 일부만 자행되던 채무불이행이 이번만큼은 어떻게든 정당하다고 묘사하면서 채권자들이 수용해주기를 바라며 호소해야만 했다.

문제가 가장 심각했던 프랑스는 과거에 적용했던 온갖 부채 감축 방법을 동원했다. 신임 재무부 장관 드 노아유Duc de Noailles 공작은 채권에 대하여 협상 불가능한 평가절하를 시행했고, 이에 일부 단기부채는 일방적으로 3분의 2까지 평가 절하되었다. 금융가들이 수익을 내면 기소되고 약 1억 1000만 리브르의 돈이 몰수되었다. 또 1701년, 1704년, 1715년, 1718년에는 주화에 함유되는 금와 은의 비율을 낮춰 주화를 주조해 통화 가치를 계속해서 깎아내렸다. 여기에 실질적인 긴축 정책까지 이어지면서 프랑스는 원금으로만 보면 재정 적자를 벗어나는 것 같았다. 1710년에는 부채가 6000만 리브르였는데, 1715년이 되자 4800만 리브르가 되었기 때문이다. 문제는 부채에 대한 단기 이자만 연간 약 9000만 리브르에 달했다는 것이다.[4] 빚 갚는 데 필요한 돈이 더 있어야 했다. 새 전략을 세워야 했다.

새로운 전략가의 등장

프랑스의 이러한 상황은 금융 혁신에 대한 갈망으로 이어졌다. 이때 존 로John Law라는 스코틀랜드 출신 금융가가 등장해 문제를 거의 혼자서 풀어나갔다. 존 로를 '스코틀랜드 출신 금융가'라고 건조하게만 묘사해서는 충분히 설명할 수 없다. 그의 삶은 그 자체로 마치 역사서 같으면서 동시에 일종의 저속한 로맨틱 소설에 영감을 줄 만큼 매력적이기 때문이다.[5]

1694년 스물두 살이던 존 로는 결투에서 상대 남성을 살해한 혐의로 스코틀랜드 법원에서 사형 선고를 받았으나, 교도소에서 탈출해 바다를 건너 대륙에 도착했다. 존 로는 그곳에서 전문가 수준의 도박과 금융서비스, 네트워킹을 통해 부자가 되었다. 그러면서도 경제학 논문까지 여러 편 썼는데, 특히 1705년에 출판된 『화폐와 무역에 관하여Money and Trade Considered』가 유명하다. 존 로에 관한 모든 연구들은 그의 무모한 성격과 천재성을 부각시켰다. 하버드대학 경제학자 조지프 슘페터Joseph Schumpeter는 존 로를 두고 '시대를 막론한 최고의 통화 이론가'라고 말하기도 했다.[6]

존 로는 1715년에 파리에 도착했고, 즉시 의원들을 만나 정부 산하의 뱅크제너럴General Bank(프랑스 최초의 은행) 설립을 제안했다. 추후 프랑스 중앙은행의 전신이 된 뱅크제너럴은 1694년부터 존재했던 영국의 중앙은행인 잉글랜드은행The Bank of England보다 더 야심차게 문을 열었다. 이 은행의 임무는 왕실의 수입을 전부 모아서 주화와 교환할 수 있는 은행권을 발행하는 것이었다. 뱅크제너럴이 설립되고 나서는 은

● 존 로를 풍자한 정치 만화(1720년). "로는 말한다. 바람(wind)은 나의 보물이자 쿠션이며 기초다. 바람의 마스터인 나는 삶의 마스터다. 나의 전매품인 바람은 곧 숭배의 대상이 된다"라는 내용을 담고 있다.

행들이 발행한 은행권 총액 중 일부에 대해서만 주화를 준비해 두면 되었다. 엄청난 양의 은행권이 동시에 전부 지급 요청을 받는 일은 거의 없기 때문이다. 정부는 화폐 공급을 늘리고 싶으면 주화를 준비해 두어야 하는 은행권의 비율을 줄여서 주화가 시장에 더 많이 돌도록 했다.

존 로는 은행에 통화 정책의 통제권을 주면 경제성장을 촉진하고 세수를 늘려서 결국 정부 부채를 전부 상환할 수 있을 거라고 주장했다. 한 개인의 이러한 주장은 처음에는 거부되었으나, 이듬해에는 받아들여졌다.[7] 존 로는 비록 은행이 명목상으로는 사기업이지만 결국에는 정치권의 지원에 의해 성공 여부가 좌우된다는 점을 간파하고 있었다. 그래서 입김이 센 귀족들에게 은행 주식의 상당 부분이 배당되도록 했다. 그렇게 함으로써 귀족들에게 계획의 성공에 대한 확정적 권리를 배분해준 것이다. 초기 단계에 많은 돈을 예치해둘수록 많은 이자를 가져갈 수 있는 구조였다.[8] 이러한 정치적 지원은 정부로 하여금 사실상 성공을 보장하는 법률을 도입하게끔 만들었다.

1716년 10월부터 세무서에서는 은행권을 현금으로 상환할 수 있게 되었고, 1717년 4월부터는 은행권으로 세금을 납부할 수 있게 되었다. 1718년 말에 은행이 국유화된 후, 은행 주식의 초기 인수인들은 연간 35퍼센트의 수익을 얻었고, 이에 후속 벤처기업들은 엄청난 자본 이익을 약속한 존 로의 말을 신뢰하게 되었다.[9] 게다가 은행의 국유화는 화폐를 찍어낼 권한을 정부에 부여하여 버블 트라이앵글의 한 변인 돈에 대한 통제력을 극적으로 높였다.

1717년, 존 로는 미시시피 회사 설립을 인정하는 국가의 설립 인가를 받았다. 미시시피 회사의 원래 목적은 미시시피 강 근처의 땅을 개발하는 것이었다.[10] 그러나 첫 주식 발행 이후, 존 로는 인수 합병을 통해 사업을 확장할 준비를 했다. 초기 자본은 1718년 12월 세네갈 회사를 인수하고 프랑스의 담배 생산을 독점하는 데 투입되었다. 그리고 1719년 6월, 7월, 9월, 10월에 추가로 주식을 발행해서 각각 2750만, 5000만, 15억 리브르를 조성했다. 이 자금은 대부분 프랑스의 해외 무역 수행에 관한 권리, 주화를 주조할 수 있는 권리, 프랑스 수입의 약 85퍼센트에 해당하는 세금 징수를 할 수 있는 권리를 사들이는 데 사용됐다. 그러다가 미시시피 회사는 1720년 2월, 뱅크제너럴을 인수하기에 이르렀다.[11]

이후 이 회사는 정부의 공채 감축에 힘을 썼다. 이들이 택한 전략은 이렇다. 미시시피 주식이 15억 리브르어치 발행되면, 정부의 채권으로만 지불 가능하게 한 것이다. 이 채권의 평균 수익률은 약 4.5퍼센트였다. 미시시피 회사는 정부에 돈을 빌려주었고, 정부는 빌린 돈으로 채무를 갚았다. 대출 금리가 3퍼센트였기 때문에 이렇게 하니 정부 부채의 부담이 크게 줄게 되었다.

그러나 대중은 훨씬 낮은 이율의 정부 부채가 자산의 주를 이루는 회사의 주식을 다시 정부 부채로 거래해야 한다는 걸 납득하기 힘들었다.[12] 이들을 설득하기 위한 존 로의 방책은 주식이 발행된 후에 주가가 반드시 상승할 거라는 자기실현적 믿음을 갖게 하는 것이었다. 미래의 현금 유동성을 고려할 땐 부당한 거래인 것처럼 보일지라도 단기적으로 엄청난 자본 수익을 얻을 수 있다는 전망은 외면하기에는 너무 유혹적이었다.

매력적인 투자처같이 보이는 것

한마디로 존 로는 정부 부채를 버블로 해결한 것이다. 그는 미시시피 회사 주식이 그것을 사는 데 사용될 정부 부채보다 훨씬 더 시장성이 있다고 확신했다. 부채의 대부분이 매우 비유동적이었던 반면, 미시시피 주식은 활력 넘치는 주식 유통시장에서 자유롭게 거래되었다. 물론 선이자 지급의 큰 감소폭을 정당화하기에는 조금 부족했으나, 어찌됐든 유동자산이 더 탐나는 자산이 되어 결과적으로 실제 가치도 올랐다. 그다음으로 존 로는 뱅크제너럴을 이용하여 통화 공급을 확대해, 주식을 구매할 수 있을 만큼 충분한 자금을 유통시켰다. 이때 발행된 은행권 총액은 1719년 6월 2억 리브르에서 그 해 말 10억 리브르까지 증가했다. 다음으로 주식 초기 인수자들에게 10퍼센트 가격으로 사서 시세차익을 크게 볼 수 있게 했다. 신용의 거대한 확장이 일어난 것이다.[13]

마지막으로 존 로는 일련의 시장 관리 트릭으로 미시시피 주가의

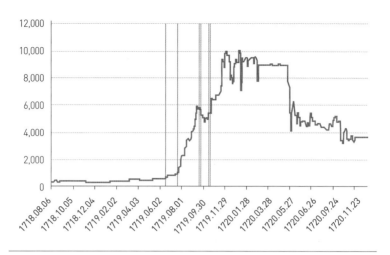

그림 2.1 미시시피 회사의 주가(단위: 리브르)와 주식 인수일

급격한 상승을 이끌어냄으로써 투기꾼들의 주목을 끌었다. 일례로 연속적인 주식 발행을 하려면 그때마다 주식 인수인은 기존 주식을 보유하고 있어야 했는데, 이는 결국 유통시장에서 그 주식에 대한 수요가 증가하는 것 같아 보이는 효과를 냈다. 기존 주식의 가격이 상승하면서 지금 발행되는 주식이 매력적인 투자처로 보이게 한 것이다. 그러다 상승세가 시들해지면 존 로가 투자자들의 잠재적 손실을 제한해주는 파생상품을 사겠다고 공개적으로 약속함으로써 가격선을 지지했다.[14] 또한 그는 당시 정치권으로부터 엄격한 통제를 받고 있던 언론매체를 활용하여 수요를 자극하기도 했다.

존 로는 자신의 약속을 대중에게 알리는 데 언론을 이용하기도 했다. 1718년에 콜 옵션을 살 거라는 존 로의 발언이 암스테르담 관보 Gazette d'Amsterdam에 실렸고, 1720년 2월에는 존 로의 결정을 옹호하는 의견들이 여러 신문에 실렸다. 존 로는 회사의 자산이 실제보다 더 수익성이 있어 보이게 묘사하려는 시도를 반복적으로 했다.[15] 정부를 등에 업은 존 로의 인기는 정부가 언론을 장악하면서 더욱 치솟았다. 이때만 해도 존 로에게 호의적인 분위기였음을 알 수 있다.

점점 커지는 버블의 규모는 1718년부터 1720년까지 미시시피 회사의 주가를 추적한 그래프〈그림 2.1〉[16]에서 확인할 수 있다. 초기에 참여할수록 잠재 이익은 엄청났다. 1717년 140~160리브르이던 주식은 불과 2년 후 1만 리브르 이상의 가치를 갖게 되었다. 나중에 산 사람들까지도 시장에서 잘만 빠져나가면 몇 달 만에 돈을 2배로 불릴 수 있었다.

해결의 실패

프랑스 경제에 미치는 존 로의 영향력은 1720년 1월 존 로가 프랑스 재무부 장관으로 임명되면서 정점을 찍었다. 하지만 정작 존 로는 미시시피 주식의 가격을 영구히 유지할 수는 없다는 걸 일찍이 알아차렸고, 유지를 위한 노력을 거듭할수록 그 사실은 더욱 명백해졌다. 존 로는 미시시피 주주들이 자신들의 수익을 다시 금화나 은화로 바꾸는 걸 막기 위해 주화를 재주조하면서 은행권보다 평가 절하했다. 금과 은을 수출 금지하는 법안이 통과되었고, 2월 27일에는 500리브르 이상의 주화를 보유하는 것과 100리브르 가치 이상을 지닌 상품을 거래할 때 주화를 사용하는 것이 불법이 되었다. 문제는 프랑스 정부가 이 엄격한 조치를 실제로 강제할 만한 능력은 없었다는 것이다. 대다수 국민들은 새 법을 무시해버리거나, 무시하지 않더라도 미시시피 주식을 금과 은 대신 다이아몬드로 바꾸기 시작했다. 그러자 존 로는 다이아몬드에도 유사한 법률을 만들어 제동을 걸었다.[17]

3월 5일, 미시시피 회사의 주가는 25퍼센트 하락했고, 존 로는 뱅크제너럴로 하여금 어떤 주식이든 9000리브르의 가격으로 사도록 했다. 이때 지불수단은 반드시 은행권으로만 하게 했다. 이는 미시시피 주식의 시장 가치보다 훨씬 높았으므로 여기에 불안을 느낀 주주들은 그 제안을 받아들이기로 결정했다. 주주들의 이러한 동향은 존 로로 하여금 은행권 공급을 극적으로 늘릴 수밖에 없도록 만들었고, 그 액수는 3개월 만에 12억 리브르에서 27억 리브르로 증가했다.[18] 그 결과 엄청난 인플레이션이 왔다. 금속주화(금·은)를 은행권으로 대체하는 것과 낮은 이자율을 유지한다는, 존 로의 시스템에서 가장 중요한 2가지 목표를 이루지 못하게 만들었다.

존 로는 미시시피 회사 주가를 5000리브르까지 점진적으로 낮추는 법안을 도입해 이러한 문제를 타개해보려 했고, 주식의 가치와 은행권의 가치를 금화와 은화의 가치에 맞게 재조정했다. 하지만 이는 정치적으로는 재앙에 가까운 조치였다. 왜냐하면 그러기 직전에 그는 은행권 가치에 어떠한 변동도 없을 것이라고 장담했었기 때문이다. 이에 프랑스 의원들은 일주일이 채 지나지 않아 존 로가 자신의 시스템하에서 생긴 문제를 수정할 권한을 박탈시키는 법안을 발효했다. 이로써 존 로는 정치적 권한을 한순간에 완전히 잃게 되었다. 5월 29일부로

● 프랑스령 루이지애나의 관청이 있었던 빌록시(Biloxi)에 위치한 존 로의 캠프(1720년 12월).

재무부 장관직에서 해임되었고, 미시시피 회사의 주가는 5월 31일 기준으로 약 4000리브르를 간신히 넘기는 수준으로 하락했다.[19]

존 로는 금융인으로 돌아왔고, 그 시점에 시장은 일시적으로 회복되었다. 그러나 존 로의 계획이 실패했음이 여실히 드러나기 시작했다. 이후 그가 해야 할 일은 상황이 더 악화되지 않도록 하는 것이었다. 뱅크제너럴은 문을 닫았고, 더 이상 납세에 은행권을 쓸 수 없다는 발표가 이어졌다. 게다가 존 로가 보호해주겠다고 했던 당초 약속과는 달리, 미시시피 투자자들에게는 일련의 징벌 조치가 가해졌다. 자본은 회수되었고, 명목 주가는 축소되었고, 주식을 팔았던 청약자들은 판 주식을 일정 비율로 다시 매수하라는 처벌적 조치에 따를 수밖에 없었다. 미시시피 회사의 세금 징수 권한과 화폐 주조 권한은 철회되었다. 1720년 12월 8일, 프랑스 국왕이 미시시피 주식 거래를 금지하면서 시장성 혁명의 추세는 역전되기 시작했다. 그로부터 9일 후, 존 로는 분노에 찬 투자자들을 피해 해외로 망명길을 떠났다.[20]

이후 프랑스 정부는 존 로가 만들어놓은 엉망진창이 된 통화 및 금융 시스템을 재건해보려고 했다. 일명 '비자Visa'라는 시스템을 마련해서 존 로의 체제하에서 조성된 모든 자산에 관한 정보를 어떻게 조성했는지에 대한 설명과 함께 전부 보고하도록 했다. 이 시스템의 명목상 목적은 존 로의 체제하에서 조성된 자산을 '국법과 공평의 법칙에 따라' 공채로 전환시키는 것이었다.

그러나 실제로는 소규모 자작 농지를 세탁하는 데 사용되었다. 당시 정치적 환경이 너무나 부패하여 정부는 존 로의 시스템하에서 그나마 가능해졌던 채무상환 감축마저 다시 어려움을 겪게 되었다. 비자 시스템이 1724년에 폐지되고 나서 프랑스 정부는 채무상환에 다시 연간 8700만 리브르를 지출해야 했으며, 이 규모는 1717년과 거의 똑같은 수준이었다.[21] 금융을 개혁하고자 했던 프랑스 정부의 야심찬 노력은 완전히 실패했다.

02

왜 그들은
불리한 거래를 했는가?

자본축적 '가능성'만으로 가능했던 일들

　　　　　　　남해 버블은 영국 정부의 부채를 통제해
보고자 한 절망적인 상황에서 시작된 것이라고 볼 수 있다. 스페인 왕
위 계승 전쟁 이후로 몇 년간은 영국 정부가 지불할 이자를 줄이려는
목적으로 의회제정법들이 발의되었다. 그러나 채권자들의 정치적 권
력과 연결돼 있다는 영국 의회의 전형적인 특성상 영국 정부 공채의
차입을 비싼 가격에 논의하기란 매우 어려웠다.

　영국 정부는 1720년 초까지도 어마어마한 부채를 해결하지 못했
다. 거의 100년에 이르는 시간 동안 7퍼센트의 이자를 지불해야 하는
총 1330만 파운드의 장기 부채와 1742년까지 9퍼센트의 이자를 지불
해야 하는 170만 파운드의 단기 부채를 보유하고 있었다.[22] 부채가 채
권자들에게 더 많은 수익을 가져다줄수록 그 부채의 가치를 줄이려는

노력만큼이나 정치적으로 동원해야 할 유인도 많아졌다. 1717년 이 문제를 해결하려는 정부의 시도들은 연금수령자들의 활발한 로비로 인해 결국 실패하게 되었다.[23]

존 로가 프랑스에서 만든 시스템이 성공할 것이라는 전망이 영국의 국가 비상사태 상황에 부채 부담까지 더하는 결과가 되었다. 1720년 1월, 과거 영국 정부의 재정 문제를 해결하고자 도왔던 노예무역 회사인 남해회사의 책임자들은 의회에 여러 재정 솔루션들을 제안하였다. 그들이 낸 안의 핵심은 많은 부분 존 로의 아이디어에서 나왔는데, 회사가 민간에게 정부 부채를 갚아주는 대신 회사의 지분을 제공한다고 설득하자는 것이었다. 그러면 회사는 부채 이자를 낮은 이율로 받고, 결국 정부의 재정비용을 줄여주는 효과를 내게 된다는 것이다.

거기다 이 계획을 수행하게 해주는 대가로 정부에 400만 파운드의 수수료를 주고, 부채가 얼마나 많이 전환되느냐에 따라 추가로 360만 파운드의 수수료까지 줄 수 있다는 것이다. 주저하는 의원들에게 전략적 뇌물을 준 결과 이 제안은 의회를 통과했다.[24] 채권자들이 남해회사 주식으로 부채를 지불할 수 있는 부채 청약은 1720년 4월 말, 7월 중순, 8월 초에 각각 시행되었다. 이는 4월, 5월, 6월, 9월에 금전 청약과 함께 진행됐다. 이때의 금전 청약은 회사에 의해 결정된 가격으로 주식을 구매할 수 있는 청약이었다.[25]

정부가 누릴 혜택은 분명했다. 정부는 현금 지급을 받게 되고 부채 자금 조달 비용을 줄일 수 있는 것이다. 사실 정부 입장에선 너무 좋기 때문에 이런 제안이 의회에서 통과되기 위해 많은 정치적 공작이 필요했다는 게 놀라울 정도다. 반대로 남해회사 측에서 누릴 수 있는 혜택은 그리 명확하지도 않았고, 과거에는 이 문제에 관한 논의도 많았다.

애덤 앤더슨Adam Anderson 의 꽤 그럴듯한 설명에 따르면 당시 남해 회사 책임자들은 아마도 '잉여'주식의 매도를 통해, 즉 공채를 청산하는 데 필요한 금액보다 더 많은 주식을 매각함으로써 현금을 보유할 수 있었을 것이라고 한다.[26] (앤더슨에 따르면) 이 계획의 메커니즘상 결국은 시장 가격이 높을수록 잉여 주식을 더 팔 수 있었기 때문에 남해 회사 책임자들이 버블을 생성하면 할수록 자신들에게 상당한 이익이 돌아가는 구조였다는 것이다.

그러나 이 이론은 앞뒤가 맞지 않는다. 잉여 주식의 매도는 추가로 부채를 떠안는다는 뜻이고, 이는 추가 자산을 상쇄하는 것이니, 결국 남해회사 책임자들의 주머니엔 남는 게 없다.[27] 그보다는 1721년 하원에서 주장된 것처럼 책임자들이 내부 정보를 활용해서 버블에 올라타고자 했을 가능성이 있다.[28] 하지만 이런 일도 사실 벌어지기는 쉽지 않으며, 전체 계획에 동참할 동기가 되기에는 정보가 충분히 많이 퍼지지 않았다. 따라서 마지막으로 남은 가능성은 책임자들이 잉글랜드 은행과 경쟁할 만한 수익성 높은 회사를 설립하고자 하는 진정성 있는 의도를 가지고 시작했을 거라는 것이다.[29]

혼동되는 건 수많은 채권자들이 거래에 동참한 동기다. 프랑스의 미시시피 회사는 비록 주가를 정당화하기에는 충분치 못했더라도 최소한 어느 정도의 부를 창출할 수 있는 정도는 자산을 보유하고 있었다. 그러나 영국의 남해회사는 부를 창출할 수 있을 만한 자산 규모도 아니었다. 물론 말로는 중남미와 노예를 교역할 수 있었다고 하지만, 그렇게 할 수 있는 권리는 스페인에 의해 제지되었다. 역사가들은 이

자산이 정말 실제로도 가치가 없었는지, 아니면 가치가 없어질 운명일 뿐이었는지를 논하곤 했다.[30]

채권자들은 부채의 이자율을 낮추겠다는 약속 말고는 아무것도 없는, 게다가 정부에 현금 지급을 약속하며 엄청난 추가 부채를 만든 한 회사의 주식과 정부 부채를 거래한 것이다. 어쩌면 존 로 이전이었다면 이러한 거래에 동의하도록 설득하기란 불가능했을지 모른다. 결국 미시시피 버블은 자본축적 가능성이 투자자들로 하여금 불리한 거래도 수용하게 만들 수도 있다는 걸 보여준 셈이다.

의도적으로 버블을 만드는 사람들

남해회사 책임자들은 버블을 만들어내기 시작했다. 남해회사 주식은 매입에 사용될 수 있는 부채와 비교하면 매우 시장성이 높았다. 주식을 자유롭게 양도할 수 있는 데다가 유통시장 자체가 매우 활발했기 때문에 매수인이나 매도인을 찾기도 쉬웠다. 책임자들은 여러 가지 방법을 통해 대출을 늘렸다. 투자를 원하는 사람들에게 자금을 직접 대출해주어서, 1720년 남해회사에서만 200~300명에게 돈을 빌려주었다. 이 주식은 시세차익 비율이 높았고, 주식 자본의 일부만 회수되었다. 나머지에 대한 회수는 장기간에 걸쳐 예정되었으므로 투자자는 추가 불입을 하기 이전에 주식을 재판매할 충분한 기회를 가지고 있었다. 또 이 불입 자체도 신용으로 지불될 수 있게 만들어두었다. 이는 고위험·고수익을 추구하는 투자자들에게 좋은 투자처로 보일 뿐 아니라 나머지 자금력을 다른 데 더 자유롭게 쓸 수 있도록 만들어줌으로써 투자자들이 잉여 자금으로 더 많은 주식을 사들이는 데 쓰게 했다.[31]

상대적으로 적은 금액으로 주식을 구매할 수 있다는 점은 이전에 투자할 수 없었던 사람들에게까지 시장을 확대하는 효과를 낳았다. 물론 추후에 수많은 문제가 입증되기는 했다. 평론가들은 버블의 여파로 사회계층 간 이동이 늘어나 두렵다는 의견을 쏟아냈고, 버블에 올라탈 수 없었던 가난한 사람들이 유복한 정통 엘리트들을 밟고 올라와 엄청난 돈을 벌게 됐다고 비난하기도 했다.[32] 하지만 사실 대부분의 투자는 여전히 슈퍼 리치들의 손에 의해 이루어졌다.

평균 인수자들은 최초 인수에서 4600파운드, 두 번째 인수에서 3400파운드, 세 번째에서 8600파운드, 네 번째에서 4600백 파운드에 해당하는 주식을 사들였다. 이 정도 규모는 중산층의 능력이라고 볼 수는 없다. 당시 통상적인 육군 장교의 연봉이 약 60파운드였기 때문이다. 정치인들이 이 계획에 깊이 관여했고, 국회의원의 4분의 3과 그들의 주변인이 관여했다. 이 사람들만으로도 이미 주식 최초 인수자의 14퍼센트를 차지했다. 흥미롭게도 수익성이 매우 낮은 세 번째와 네 번째 인수 시에는 각각 9퍼센트와 5퍼센트만을 차지했다. 이는 기존 부자들이 일반 투자자들보다 투자를 더 잘하는 사람들이었음을 보여준다.[33]

시장성 증대와 신용 확대를 통해 남해회사 임원진들은 투기를 부추겼다. 미시시피 때처럼 주식 인수는 '트랑쉐(분할 차입)'로 나눠 하게 되었고, 첫 예시로 주식의 극히 일부만을 나눠 발행했다. 이러한 조치는 유동성을 유지하기에 충분히 규모가 크면서 동시에 임원진들이 비교적 적은 비용으로 마음대로 조종하기에는 또 충분히 작아 매우 바람직했다. 초기 인수자들은 어마어마한 양의 수익을 손에 넣었고, 이러한 현상은 더 많은 분할 차입 투자자들의 주목을 끌었다. 주식 인수가 진행됨에 따라 거래 가능한 수령증 발행이 지연되고 주식유통시장에서 주식 공급이 줄어들어 일정 수준으로 희소성도 유지되었다.[34]

● 《데일리 코란트》 첫 번째로 발행된 호의 첫 페이지. 《데일리 코란트》를 비롯한 《런던 저널》, 《이브닝 포스트》 등 경쟁 신문사들이 여럿 등장해 금융 주제에 대해 상당한 양의 글을 실었고 지역 카페에서 사람들에게 읽혔다.

왜 언론은 실체를 말하지 않았을까?

국가를 등에 업고 언론을 장악한 존 로와 달리, 남해회사의 임원진은 자유롭고 역동하는 언론과 협업해야 했다. 1695년 《런던 관보London Gazette》의 독점계약이 만료된 후, 《위클리 저널Weekly Journal》, 《런던 저널London Journal》, 《데일리 코란트Daily Courant》, 《이브닝 포스트Evening Post》와 같은 경쟁 신문사들이 여럿 등장했다.[35] 신문사들은 금융 주제에 대해 상당한 양의 글을 실었으며, 이 글들은 증권거래 덕에 거의 2배로 많아진 지역 카페에서 사람들에게 읽혔다.

신문들은 어째서 투자자들에게 계획의 실체에 대해 알리지 않은 걸까? 원인의 일부는 이 신문사들을 완전히 신뢰할 수 없다는 데 있었다. 대니얼 디포는 독자들에게 주가 조작의 목적을 가지고 쓰인 '가짜 뉴스'를 조심하라고 경고했다.[36] 실제로 가짜 뉴스는 투자자들 사이에서 팔리고 있었다. 마치 작은 배가 암스테르담에 갈 것처럼 잉글랜드 항구를 떠난 후, 한 바퀴 빙 돌아 다시 잉글랜드 항구로 돌아와서는 그럴듯한 가십거리를 만들어 투기꾼들에게 가짜 뉴스를 팔아대는 것이다. 물론 아주 노골적인 가짜 정보를 몰아내는 데는 이런 금융 뉴스들이 어느 정도 합리적인 선에서 효과적으로 작용한 것으로 보인다. 디포는 잘못된 루머는 대부분 하루가 지나면 그저 흩어 없어질 뿐이라고 말하면서, 루머가 가격 상승과 관련된 중요한 요인이라는 주장에는 어떠한 근거도 없다고 주장했다.[37]

더 큰 문제는 대부분의 언론인과 작가들이 이 계획에 대해 잘 알지 못했다는 데 있었는지도 모른다. 부채를 다른 형태로 전환해서 막아보겠다는 계획은 사실 난해하기 때문이다. 특히 남해회사가 노예무역 권한에 관한 잠재적 가치를 실제와 다르게 발표했을 때, 회사의 주식 가치를 적절하게 평가하는 데 필요한 능력을 갖춘 사람은 거의 없었다.

그래서 당시 이 회사의 주식 가치를 평가하는 의견은 매우 다양했다. 허치슨 경Lord Hutcheson은 현금 흐름 분석을 통해 마지막 청약 회차에서 주식의 가격이 실제 가치에 비해 높게 매겨졌다고 했다.[38] 반면, 《플라잉 포스트Flying Post》의 한 악명 높은 기사에서는 '투자자들이 남해회사 주식을 청약으로 산 가격이 높을수록 그 주식 거래는 잘한 것'이라는 주장을 펼치기도 했다.[39] 당시 제대로 된 재무 분석 전문가가 없었기 때문에 올바른 정보가 뭔지 모르는 투자자들은 누구의 평가가

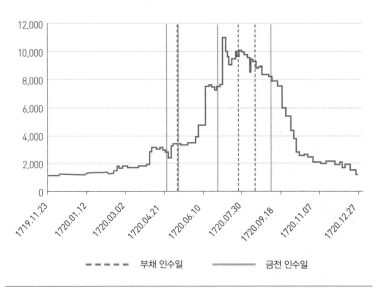

그림 2.2 남해회사의 주가와 주식 인수일(단위:파운드)

정확한지 확신할 수 없었다.

　버블로 이룩한 남해회사의 성공은 〈그림 2.2〉[40]에 잘 나타나 있다. 남해회사의 주식 가격은 1720년대 초 126파운드에서 그해 7월 중순에 신고가를 갱신하며 1100파운드가 되었다. 반면, 주가 폭락 역시 대칭적인 그래프를 그리며 10월부터 가속돼 그해 말에는 126파운드까지 떨어졌다. 하지만 그땐 이미 정부의 가장 중요한 목표는 달성된 후였다. 만기 전에 상환청구를 할 수 없는 연금의 80퍼센트가 남해회사 주식으로 전환되었기 때문이다. 1720년 12월에 재개된 의회 회의에서 의회가 취한 첫 번째 행동은 전환이 무효화될 가능성을 없애버리는 것이었다.[41]

분노한 투자자들을 달래는
정부의 당근과 채찍

● 계획을 주도했던 존 아이슬래비. 심판을 원하는 대중의 분노를 해소하기 위해 6명의 책임자가 공직에서 해임되었고, 하원의원 4명은 의회에서 쫓겨났다. 존 아이슬래비는 의회에서 쫓겨나 런던타워에 투옥되었다.

분노한 투자자들의 손실이 어떻게든 정치적 반발을 유발하지 않도록 관리해야만 했다. 그만큼 그 결과들이 가져올 심각성이 컸다. 딕슨P.G.M.Dickson은 1720년대 후반의 대중의 분위기가 혁명을 일으킬 만큼 충분히 나빴다고 주장했다.[42] 정부의 해결책은 당근과 채찍을 같이 주는 것이었다. 당근은 인수자들에게 부분적으로 위로를 주는 정책이었다. 1721년 8월에 통과된 '공공 신용 회복에 관한 법률Act to restore the publick Credit'로 남

해회사 자본을 줄이고 정부에 돈을 지불하기로 동의한 총액을 줄이는 것이다.[43] 8월 채권 청약 인수자들을 5월 인수자들과 거의 동일하다시피 만듦으로써 버블의 정점에서 매수한 사람들의 손실을 줄여주었다. 그럼에도 불구하고 모든 인수자들은 주식 가치의 큰 낙폭을 감수해야만 했다.[44]

채찍은 남해회사 책임자들에 대한 조치로, 심판을 원하는 대중의 분노를 해소해주기 위함이었다. 1721년 1월, 총 6명의 책임자가 공직에서 해임되었고, 하원의원 4명은 의회에서 쫓겨났다. 또한 모든 책임

자가 의회에 개인 재산 목록을 제출해야 한다는 내용의 법안이 통과되었고, 정부 인사들에 대한 부패 혐의를 조사해 기소하였다. 정부 측 계획을 주도했던 존 아이슬래비John Aislabie는 유죄 판결을 받고 의회에서 쫓겨나 런던타워에 투옥되었다. 그해 7월에는 모든 책임자의 자산을 전부 몰수하는 법안이 통과되었다.[45]

행정부가 남에게 책임을 전가하는 이러한 행위는 대중의 분노를 보다 편리한 대상으로 향하게 만들었다. 계획한 주체가 아니라 그 계획을 실행에 옮긴 개인들에게 대가를 치르게 하면서 영국 정부는 이러한 상황을 결코 반복하지 않을 것이며 다시 이런 일을 시도하는 정치인들은 처벌받고 명예를 잃게 될 것이라며 투자자들을 안심시켰다. 그러면서 합리적인 이자율로 채권을 발행할 수 있는 정부의 능력은 보존했다. 남해 계획이 정부에 가져다준 큰 이득은 이 계획 덕에 감소하게 된 부채는 그대로 감소된 채로 있게 됐다는 점이다. 영국 의회는 인상적인 공적을 남기며 이 해프닝을 마무리했다. 기존의 부채에 대해서는 부분적으로 불이행하면서 미래 차입 비용은 증가시키지 않는 데 성공한 것이다.

기업 설립 붐이 일다

프랑스에서는 없었던, 영국에서 발생한 남해버블의 특징 중 하나는 새로운 회사들이 우후죽순으로 생겨나는 기업 설립 붐이 있었다는 점이다. 줄리안 허빗Julian Hoppit은 약 190개

그림 2.3 잉글랜드은행, 로열아프리카회사, 올드이스트인도회사의 주가(단위: 파운드)

의 영국 주식회사가 1719년과 1720년 사이에 설립되었으며, 이들의 초기 자본금 총액은 약 9000만 파운드에서 3억 파운드에 달한다고 말했다.[46] 그러나 이때 설립된 회사들 중 대부분이 1720년 반버블법으로 발동된 규제와 회사를 대상으로 행해진 기소로 인해 빠른 속도로 문을 닫았다. 런던 보험London Assurance 과 로열 익스체인지 보험Royal Exchange Assurance 만이 장기적인 성공을 거두었는데, 이마저도 영국 의회에서 이들에게 부여해준 독점권 덕분이었다.[47] 〈그림 2.3〉[48]에서 볼 수 있듯이 기존 기업들도 남해회사의 운명과 비슷하게 호황과 폭락을 경험했다. 1719년 9월부터 1720년 6월 사이에 로열 아프리카 컴퍼니Royal African Company 의 주식은 1719년 9월 13파운드에서 1719년 9월 정점을 찍으며 180파운드를 기록했고, 올드 이스트 인도 회사Old East

India Company 의 주가는 이 기간 동안 189파운드에서 420파운드가 되었다.

네덜란드는 공채가 상당했음에도 미시시피나 남해 계획과 같은 부채 전환은 하지 않았다. 비슷한 안건이 상정되기는 했으나, 불필요한 것으로 간주되었다. 네덜란드의 빚이 이미 유통시장에서 비싼 값에 거래되고 있었기 때문에 네덜란드 정부는 프랑스나 영국보다 훨씬 더 싼 값에 차입할 수 있었다.[49] 1720년 네덜란드 버블은 주식회사 설립 붐과 주가 역전 현상이 발생하면서 생겼다. 1720년 6월에서 10월 사이 40개의 주식회사들이 설립되었고, 이때의 명목 자본은 8억 길더(네덜란드 구 화폐단위-역주), 즉 네덜란드 공화국 총 GDP의 3배가량이었다. 이 회사들 중 거의 대부분이 투기를 부추기도록 납입자본의 비율을 매우 낮게 잡았다. 대부분은 순수 보험 회사이거나 또는 보험이 주력 상품 비중을 차지하는 회사였다. 40개 회사들 중 6개 회사만이 완전 조업이 가능했고, 유일하게 슈타드 로테르담Stad Rotterdam 만이 장기적인 성공을 거머쥐었다.[50]

네덜란드 주가지수는 《라이체 커런트Leydse Courant》에서 보고된 바와 같이, 〈그림 2.4〉[51]에 나타나 있다. 이 데이터는 출처를 완전히 신뢰할 수 없다는 단서조항을 가지고 발표되었다. 가격은 종종 주식이 발행되기 전에 표시되었고, 그 가격이 주식을 구매할 권한을 부여하는 인증서의 가격인지 아니면 비공식적인 사전 청약 거래 가격인지, 아니면 단순히 회사의 이사진이 조작한 가격인지는 불분명하기 때문이다.[52] 그럼에도 불구하고 발표된 이 가격 데이터를 통해 그나마 네덜란드 주가가 얼마나 오르고 떨어졌는가에 대해 가장 잘 추정해볼 수 있다. 이 데이터에 따르면 1720년 네덜란드 주가 지수는 봄과 여름에 거

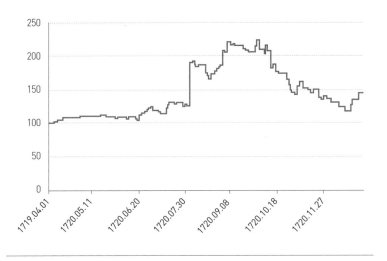

그림 2.4 네덜란드 주가지수

의 2배로 올라 10월 1일에 정점을 찍고 12월에는 거의 절반으로 떨어졌다는 걸 알 수 있다.

　네덜란드의 주식회사 설립 붐과 주가 변동 현상은 미시시피와 남해 계획이 일그러지면서 네덜란드로 흘러 들어간 투기의 영향 탓도 있었다.[53] 거래율 변화를 봐도 알 수 있긴 하지만, 다른 요인을 봐도 알 수 있었다. 주가 변동 원인의 대부분은 시장 조작, 위조, 오도된 가격 정보, 슈타드 로테르담 사 비즈니스 모델에 가해지는 규제의 대응에 대한 우려 등이었을 수 있다. 신규 설립 주식회사들 중 지극히 적은 회사만 청약을 다 받을 수 있었다는 점도 당시 투기성 자금이 매우 많았다는 사실과 상반되는 현상이다. 오스카 겔더블롬 Oscar Gelderblom 과 유스트 용커 Joost Jonker 는 네덜란드의 버블을 두고 '물에 홀딱 젖은 폭죽'에 비유했다. 버블이 있긴 있었지만 프랑스와 영국에 비해 경제적·정치적 또는 문화적 영향력은 미미했다는 것이다.

다른 유럽 국가에서도 미시시피에서 영감을 받은 계획들이 등장하기도 했다. 스페인, 포르투갈, 피에몬테, 덴마크, 스웨덴에서 부채-자본 전환(스왑) 전략이 고려되었고, 러시아, 비엔나, 시칠리아에서는 식민지 무역 회사 설립이 제안되었다. 이들의 동기는 대체로 비슷했다. 스페인의 부채-자본 전환 계획은 부채를 '눈에 띄지 않게 갚기 위한 수단'으로 둔갑시켜 왕의 마음을 샀고, 러시아 토지 은행을 만들겠다는 제안은 차르Tsar가 전쟁자금을 조달할 수 있게 해줄 것이라고 소리를 높였다. 함부르크, 베네치아, 스페인, 포르투갈은 금융호황을 맞이했는데,[54] 그 이유는 당시 영국과 프랑스 외의 국가 또는 지역에서 영국과 프랑스만 한 대규모 버블이 발생하기에는 금융시장의 시장성 자체가 그리 크지 않았던 덕도 있다.

소수의 사람들이 의도적으로 만든 사건

1720년 버블은 최초의 문서화된 금융 버블이기도 하지만, 소수의 사람들에 의해 매우 명시적이면서 의도적으로 생성된 버블이다. 존 로와 남해회사의 책임자들이 모두 정부의 부채 부담을 완화하겠다는 구체적인 목표를 가지고 버블 트라이앵글의 세 변을 직관적으로 이해해서 전문성 있게 운영했다.

이들이 처음 시작한 활동이자 그 핵심은 바로 유동적인 부채를 유동적인 자본으로 전환함으로써 시장성을 높인 것이었다. 이를 통해 사고팔기 힘들었던 금융 자산이 사고팔기 매우 쉬운 자산으로 대체되었다. 이는 유통시장에서 가격의 변동가능성을 열어두었고, 그 결과로 투기의 장을 만들 수 있었다. 그러나 여기에는 정부의 승인이 필요했기에, 궁극적으로 프랑스와 영국 정부의 승인이 없었더라면 이러한 초기 시장성 증대는 불가능했을 것이고, 버블을 만드는 일 또한 불가능했을 것이다.

그 다음 그들은 신용과 레버리지를 빠른 속도로 확대해 투자자들이 버블 회사의 주식을 구입하게 만들었다. 남해회사는 분할 차입과 함께 분할 불입 주식을 활용했으며, 개인들이 회사의 주식을 매수하기 쉽도록 직접 회사에서 돈을 빌려주기도 했다. 프랑스에서도 이러한 방식이 사용되었고, 통화 공급을 실질적으로 확
대해서 이를 보완했다. 존 로가 뱅크제
너럴을 장악했다는 건 결국 그가 프랑스
의 통화정책을 버블을 일으키는 쪽으로
좌지우지할 수 있었다는 뜻이다.

금방 이익을 볼 수 있겠다는 전망 덕
분에 열등한 조건에도 불구하고 채권자   ● 남해회사의 초기 상표.
들이 전환을 기꺼이 수락하도록 유도할

수 있었다. 그러므로 투기성 투자를 자극하는 것은 이 두 계획의 핵심
이었다. 이는 허치슨이 말한 '도박 정신 교묘하게 건들기'로 더욱더 불
이 지펴졌다.[55] 일부 투자자, 특히 외국인 투자자들은 투기에 능숙해서
큰 수익을 거뒀다. 다른 일반 투자자들은 대부분 도박이었고, 결국 큰
손실을 입었다.[56] 하지만 가격 상승세를 유지하기 위해 투기성 투자를
마다하지 않는 버블 생성자들에게 남들이 어떤가는 별로 중요하지 않
았다.

사실상 능숙한 투자자들은 버블이 터지는 것에도 베팅하면서 반대
상황에 투자하기도 했다. 옵션거래에 관한 특별한 법적 제약이 없었기
때문에 투자자들은 수개월 내로 오늘 가격으로 주식을 팔겠다는 거래
를 하고 그 주식을 매수하기 전에 주가가 떨어지기를 기다렸다.

그러나 남해회사 주식의 공매가 정보를 알고 있는 투자자들에게 실
행 가능한 대안일 수는 없었을 것으로 추정되는 2가지 이유가 있다.
첫째, 주가가 예상과 달리 더 상승할 위험이 존재했다.《화이트홀 이브
닝 포스트The Whitehall Evening Post》는 1720년 3월 자 신문에서 이런 식으

로 10만 파운드를 잃은 한 유대인 증권 중개인에 대해 보도했다.[57] 둘째, 앞서 언급했듯이 미시시피 회사와 남해회사는 둘 다 자기 주식의 공급을 어느 정도는 통제했다. 가격변동에 영향을 줄 정도로 큰 규모의 공매는 자칫 회사에 대한 공격으로 보일 수도 있기 때문에 자사주 사재기로 시선을 돌리게 만들었다. 즉, 회사가 자사 주식을 왕창 사들여서 주가를 올릴 경우에는 공매도인들도 주식을 사게 된다는 것이다. 이 시나리오로 갈 때 공매도로 인한 손실은 매우 커질 가능성이 있다. 아마 이 2가지 요인으로 공매는 거의 권장하지 않았을 것이다. 허치슨은 이 계획에 매우 회의적이며 이러한 시나리오의 가능성 자체를 언급하지도 않았다. 수많은 투자자들 역시 이러한 계획은 전략으로 택하지 않았던 것으로 보인다.[58]

버블 트라이앵글의 세 변의 조건이 모두 갖춰진 상태에서 버블은 그저 작은 불꽃만 일어나면 바로 커질 준비가 되어 있다. 그럴 땐 초기의 가격상승만 있으면 가만히 두어도 투기가 진행될 수 있다. 이는 존 로의 선동, 일시적 공급 제한, 시가보다 높은 가격으로 주식을 매수해주겠다는 약속이 더해지면서 더욱 강화되었다. 초기 주식 매수자들이 엄청난 양의 자본 이득을 경험하고 나서는 자동으로 열기가 더해져 이러한 약속들도 필요가 없어졌다.

익히 알려진 가설의 오류

남해 계획의 경우, 분할 차입 주식을 연속

적으로 더 높은 가격으로 발행함으로써 그걸 지켜보는 사람들이 더욱 선동되었고, 앞으로도 주가가 상승할 거라는 기대를 갖게 만들었다. 그러나 버블을 만들어낸 사람들조차도 1720년 여름만큼 그렇게까지 높은 가격을 만들려는 의도는 없었을 것이다. 버블이 좀 덜 했더라면 대부분의 정부 부채도 전환했을 테고, 버블을 만든 당사자들에게 돌아올 처벌 역시 덜했을 것이다.[59] 그러나 불이라는 것이 원래 일정 수준 이상으로 번지고 나면 아무도 손쓸 수가 없다.

투기의 수준이 이 버블에서 가장 눈에 띄는 측면이었고, 너도나도 이 투기에 대해 설명을 내놓았다. 그중 가장 영향력 있는 설명은 1841년에 처음 세상에 나온 찰스 맥케이의 저서 『대중의 미망과 광기』다. 여기서 맥케이는 어리석고 탐욕스러운 투자자들이 도박의 광기에 뛰어들었고, 결국 스스로 꾀에 빠져 파멸하고 말았다는 내러티브를 전개했다. 빅토리아 시대 중산층들은 금융 사태의 책임 문제에 관해 깔끔한 도덕적 메시지를 듣기를 좋아했고, 따라서 이 책은 매우 잘 팔렸다.[60] 이 책이 지속적으로 인기를 끌었던 요소 중 하나는 바로 투자자들의 어리석음을 설명하는 일련의 다채로운 일화들이다. 그중 가장 인기 있던 일화는 아마도 '큰 수익을 내기는 하지만 아무도 모르는 기업'이라는 제목을 단 100만 파운드 규모의 사업 이야기로, 주식 청약이 하루 만에 다 팔렸으나 경영자가 사라져버린 일화일 것이다. 대니얼 디포와 조너선 스위프트가 버블에 대해 매우 훌륭하게 쓴 비평적 설명이 맥케이의 일화를 뒷받침하는 데 사용되었고, 풍자 글들은 재출간되었다.[61]

그러나 맥케이의 설명에는 2가지 오류가 있다. 첫째, 버블의 발생

● 「남해 버블(South Sea Bubble)」, 에드워드 매튜 워드, 19세기 중반, 테이트갤러리.

에 대한 설득력 있는 인과관계를 제시하지 않고 그저 자발적 광기가 폭발했다고만 설명하고 있다. 둘째, 맥케이 주장의 대부분은 허구에 가깝다. 그가 말하는 일화를 입증할 수가 없다. 물론 풍자를 문자 그대로 해석하면 안 되지만, 맥케이는 문화적 맥락으로도 제대로 해석하지 못했다. 예컨대 맥케이는 1720년 이후로 도덕적 타락으로 인해 발발한 종교 운동이 남해 버블을 두고 사회문제가 실체화된 것으로 묘사했다. 이 운동의 성격상 버블이 탐욕의 결과였음을 과장하는 것은 어쩌면 당연한 귀결이었을 수 있다.[62] 그 결과 버블 뒤에 존재하는 정치적 성격은 무시한 채 그저 '독특한 대중적 망상'이었다는 심플한 내러티브로 버블의 개념이 알려지게 되었다.

우리는 피터 가버Peter Garber의 유명한 가설 역시 잘못되었다고 주장하고 싶다. 그의 주장은 버블 가격은 미시시피와 남해회사의 예측 불가능한 변동성으로 완전히 설명 가능하며, 가격 변동을 유발하는 투기는 실상 그다지 주요한 역할을 하지는 않았다는 의견이다. 가버의 가설에 의하면 미시시피의 높은 주가는 존 로가 펼친 금융 개혁의 결과로 촉발된 경제적 활동의 잠재적 증가를 반영한 것이라는 해석이 된다. 반면, 가버는 남해회사를 두고 '금융 우선finance-first'이었다고 특징 지었다. 이는 신용 자금을 축적하고 의회의 지원을 받아서 일단 돈 문제를 해결했다는 것인데, 그렇게 따지면 남해회사는 결국에는 수익성 있는 투자처를 찾았을 가능성도 있다는 이야기가 된다.[63]

가버 주장의 문제는 그 주장이 허위인지 아닌지를 입증할 방법이 없다는 것이다. 형성될 수 없는 가격 수준이란 이론적으론 없다. 전통적인 자산 가치 평가 방식은 어떤 것의 가격을 불확실성과 유동성을 고려한 현금 흐름과 비교하는 것이다. 이는 존 로도 사용한 방법인데, 이 방법으로 계산하면 미시시피 회사의 최고가는 매우 낙관적으로 봐도 2퍼센트를 차감할 경우에만 미래 현금 흐름 추정치와 일치한다. 프랑수아 벨데François Velde는 다양한 시나리오를 검토한 후 '이 회사의 가치가 실제보다 과대평가되었다는 사실을 부인할 수 없다'고 결론 내렸다.[64]

허치슨의 분석에 따르면, 최고가인 1100파운드일 때 남해회사의 자산 가치는 그보다 훨씬 낮은 주당 557파운드였으며, 이마저도 비현실적이리만큼 낙관적으로 가정했을 경우다.[65] 그리고 가버의 주장과는 달리, 남해회사의 책임자들이 초과 자본을 위한 새로운 수익성 있는 판로를 찾기 위해 노력했다는 증거도 찾을 수 없다.[66] 미시시피와 남해회사의 최고가는 가격 변동을 일으킨 투기의 존재를 인정하지 않고는 설명할 수 없다.

잃은 자는 시끄럽고
번 자는 입을 다물었다

미시시피 버블은 프랑스에 3가지 부정적인 결과를 가져다주었다. 첫 번째는 짧지만 치명적인 경기 불황이다. GDP에 미친 영향이 신뢰할 만하게 추정되지는 않긴 했지만, 그럼에도 불구하고 확인할 수 있는 경제 데이터들은 이로 인해 프랑스에 경제적 타격이 있었음을 질적으로 충분히 설명해주고 있다. 예를 들어, 파리의 물가 수준은 1721년 38퍼센트로 떨어졌다. 이는 미국이 경제 대공황을 겪은 때보다도 더 심각한 디플레이션에 해당한다.[67]

두 번째 부정적 결과는 잠재적으로 이익을 가져다줄 금융 개혁이 지연되거나 존 로의 활동으로 인해 중단되었다는 점이다. 예를 들어, 지폐는 경멸적인 용어가 되어버렸고, 1789년 유동성 위기 때 지폐를 재도입하고자 하는 시도는 대중의 신뢰를 얻기에 역부족이었다. 마지막 부정적 결과는 3가지 중 가장 부정적인데, 이 계획으로 인해 프랑스의 공채 개혁이 실패했음이 여실히 드러나서 이후부터 계속 공채 금리가 높은 수준을 유지했다는 점이다. 이는 국가의 경제발전을 저해할 뿐 아니라 향후 국가 간 갈등에서 프랑스에 치명적인 단점으로 작용했다. 간접적이기는 하지만 결국 이런 점들이 프랑스 혁명으로도

연결되었고, 나폴레옹의 궁극적 실패와도 관련이 아주 없다고는 할 수 없다.[68]

영국의 남해 버블도 마찬가지로 경기 불황을 동반하긴 했다. 1721년에 작성된 자료에 따르면 이 사건으로 인해 국가가 심각한 경제적 혼란 속에 있었다고 한다. 당시 신문과 책자에는 남해 계획을 비난하는 풍자와 시가 넘쳐났다. 돈을 잃은 사람들의 집단행동이 조직되는 시도도 있었고, 버블로 인한 손실이 자살로 이어지기도 했다.[69] 1721년 버블을 조사하던 하원에서는 다소 공격적인 단어를 써서 경제가 천천히 죽어가고 있다는 대중의 청원이 수도 없이 쇄도했다.[70]

그러나 이들 자료를 보면 속 보이는 계획이 있다는 걸 알 수 있다. 신문과 팸플릿들은 잘 팔기 위해 과장된 표현을 동원했고, 버블의 탐욕과 과함을 비판하는 도덕적 운동에 참여하기도 했다. 또한 당시 월폴Walpole 정부가 이 계획들을 조사하는 과정에서 청원서들이 속속 제출됐는데, 이는 돈을 잃은 사람들을 대신해 정부가 꾸민 캠페인으로도 보인다.

그러나 사실 버블의 경제적 여파는 그리 엄청나지는 않았고, 국지적이었다. 버블의 명백한 영향은 그레이터 런던 지역(Greater London, 영국의 수도를 중심으로 한 대도시주)에서 파산이 증가했다는 것밖에 없었다. 국가의 수출 수준도 크게 흔들리지 않았고, 농산물 가격도 정상 범위 내에서 변동했고, 환율 변동은 원래 경제 위기나 금융 위기를 판단하는 지표가 아니다. 산업 생산과 GDP 추정치로 보아도 변화가 그렇게 크지 않았다.[71]

또한 남해 계획으로 돈을 잃은 사람들의 불행을 다루는 수많은 글

	프랑스	영국	네덜란드
부채 전환 계획	있음	있음	없음
기존 회사의 주식회사 발기와 버블 패턴의 유무	없음	있음	있음
분할납입주식과 차익 대출	있음	있음	있음
버블과 은행 시스템 연관성	있음	없음	없음
공채의 자금 조달 비용 감소세 유지	없음	있음	있음
경제적으로 부정적인 실질 타격	있음	없음	없음

표 2.1 프랑스, 영국, 네덜란드를 휩쓴 최초의 금융버블 비교

이 나오긴 했지만, 그렇지 않은 사람들도 있었다. 즉, 수많은 다른 투자자들은 이 계획으로 엄청난 돈을 벌 수 있었고, 그런 사람들은 자신이 돈을 벌었다고 떠벌리지 않았다. 계획의 특수 내부자들만 그랬던 것도 아니다.

부자가 아닌 사람들도 옳은 결정을 내려 돈을 벌었고, 이들은 금융계의 중심 밖에 있으면서 계획에 대해 더 냉정한 시선으로 지켜보았다는 기록이 있다. 투자자의 20퍼센트를 차지한 여성들 역시 잉글랜드은행과 로열 아프리카 회사 주식 투기에서 남성보다 더 큰 수익을 거뒀다고 추정되고 있다. 또한 유태인 투자자들 역시 폭락 직후 주식을 싼값에 사들임으로써 일반 사람들보다 더 나은 성과를 거뒀으며, 위그노 교도들도 비교적 훌륭한 성과를 냈다고 알려져 있다.[72]

반면, 미시시피 버블로 인해 프랑스에 조금이라도 긍정적이었던 점을 찾기란 좀 어렵다. 개선되고 있던 프랑스의 공공 재정 상태는 다시 악화되었고, 어쩌면 경제 상황을 개선할 수 있었을지도 모를 존 로의

금융개혁은 전부 쓰레기처럼 버려졌다. 그러나 남해 계획은 영국에 긍정적인 영향을 미쳤다. 정부의 부채 부담을 크게 줄였고, 관리 가능한 범위 내에서 단기적인 경제 여파만을 미쳤다. 또한 네덜란드 버블 역시 새롭고 혁신적인 보험 비즈니스 모델이 출현한 것으로 인한 경제적 결과 외에는 큰 영향이 없었다.

왜 유독 한 나라만 경제적 타격이 컸을까?

최초의 금융버블에 관한 대부분의 이야기는 그 결과가 부정적이라는 가정에서 출발해왔다. 일반적인 논점은 주로 어디를 더 비난해야 하는지, 그리고 현대 정치 입안자들은 비슷한 일을 겪지 않기 위해 어떻게 해야 하는지 등의 문제였다. 보다 통찰력 있는 접근 방식을 취하는 경우에는 이 세 국가의 버블을 동시에 비교하면서 어째서 같은 버블이라도 프랑스가 가장 큰 타격을 받았는지에 대해 논의하곤 한다. 각 버블 사건에 대한 주요 내용을 〈표 2.1〉[73]에 정리해놓았다. 영국은 기존 회사 주식의 호황과 폭락을 동시에 겪으면서 대규모 부채 전환 계획을 실행에 옮겼고, 네덜란드의 경우에는 후자만을 해냈다. 분할납입주식과 차익대출의 형태로 된 개인(민간) 부채는 세 나라 모두 증가했다. 그럼에도 불구하고 역시 프랑스가 가장 큰 경제적 타격을 입었다.

왜 프랑스만 심각한 경제적 타격을 받았는지, 그 이유를 2가지로 요약해볼 수 있다. 첫째, 미시시피 버블이 한 나라의 통화를 정비하고

● 1700년대 프랑스 동전 주화. 버블 발생 당시 유독 프랑스에만 경제적 타격이 심각했던 이유 중 하나는 프랑스 은행 시스템이 버블 형성과 유지에 훨씬 더 깊이 관여했기 때문이다.

자 한 직접적인 의도와 연관돼 있었던 탓에, 훨씬 더 많은 사람들을 계획에 끌어들였기 때문이다. 1720년에는 단순히 금, 은, 보석 또는 은행권을 소유하고만 있어도 존 로의 계획에 노출되기 매우 쉬웠다. 남해 버블은 미시시피보다는 훨씬 덜 야심 찼고, 당시 너무 가난해서 투자를 하기 어려웠던 사람들 대부분은 거의 영향을 받지 않았다. 네덜란드 주식회사 붐의 경우에는 남해 버블보다도 더 참여할 수 있는 사람의 수가 적었다. 영국과 네덜란드는 둘 다 돈을 잃은 사람들 대부분은 경제적 여유가 있던 사람들이었고, 파산 규모 역시 본격적인 금융위기를 초래할 만큼 채무불이행이 발생하지는 않았다.

둘째, 프랑스 은행시스템이 버블의 형성과 유지에 훨씬 더 깊이 관여했기 때문이다. 그 결과 버블이 터졌을 때 이를 수습하려는 존 로의 시도가 지폐의 과다 발행과 높은 인플레이션으로 직결되었고, 결국 급격한 디플레이션과 신용 하락으로 이어졌다. 이러한 금융 문제는 프랑스 사회 전 계층에 영향을 미치는 심각한 경제적 손실로 연결되었다. 이와는 대조적으로 잉글랜드은행과 스코틀랜드은행은 버블과 거의 상관이 없었으며, 1721년에도 두 은행 모두 신용 흐름을 유지하고 통화 안정성을 유지하기 위한 은행으로서의 노력을 멈추지 않았다.[74]

버블로 인한 마지막 영향은 세 국가에 공통되는 내용인데, 바로 합자회사의 수가 줄었다는 점이다. 〈표 2.1〉과 같은 자료만 봐도 프랑스가 버블의 타격을 가장 많이 받은 결과, 이후로는 자금 대출에 종교적으로 엄격한 잣대를 적용하던 초기 금융 시스템으로 퇴보해버린 것은 어쩌면 당연해 보인다. 프랑스 금융기관과 금융시장은 한 세기를 넘어가도록 침체된 상태를 유지했고 비효율적이었다.[75]

남해회사로 골머리를 썩던 영국은 1720년에 반버블법The Bubble Act을 통과시켰다. 반버블법은 의회의 승인 없이 어떠한 합자회사도 설립할 수 없게 한 법이다. 사실 이 법의 중요성은 실제 중요성에 비해 너무 과장되어오긴 했다. 당시 합자회사는 원래 관습법상 불법이었기 때문이다. 그렇긴 하지만 그래도 이 법 덕인지 남해회사 붕괴 이후로 합자회사는 거의 설립되지 않았다.[76] 네덜란드는 이런 종류의 법을 만들지는 않았지만, 흥미롭게도 합자회사는 사라졌다.[77] 그 결과, 네덜란드에서도 전환 가능한 주식으로 이루어진 회사는 찾아볼 수 없게 되었고, 버블 트라이앵글의 한 축인 시장성 역시 줄어들게 되었다. 이에 1720년 이후 한 세기가 넘도록 대형 버블은 발생하지 않았다.

버블로 인해 누가 고통을 받았고, 누가 혜택을 얻었는가? 버블이 커지는 동안 언론인, 정치인, 권력가들은 무엇을 말했는가? 문제를 해결하려 했는가, 반대로 문제에 가담했는가?

우리는 권력자의 목소리만 듣고 싶지 않다. 버블에 휩싸인 평범한 사람들에게도 관심을 두었다.

PART

O3

BOOM AND BUST

넘쳐나는 유동성이 몰려간 곳

: 최초의 이머징마켓 버블

경기부양으로 인한 잉여 자금이 증가하자 투자자들은
수익성 있는 투자처를 찾았다. 이런 회사들의 비지니스
모델은 주로 현지 주민들이 잘 모르고 있는 수익의 기회
를 노려 이용할 수 있다는 가정에 기반을 두고 있었고
사람들은 돈을 투자했다. 수많은 합자회사들과 이를 대
상으로 한 대출이 생겼다.

왜 평범한 사람들조차 한 번도 가본 적 없는 나라에 막대한 돈
을 투자한 것일까?

01
해외로 향하는 **자본**

전쟁이 끝나고
넘쳐나는 유동성이 몰려간 곳

　　　　　　최초의 이머징마켓 붐은 나폴레옹 전쟁 때로 거슬러 올라간다. 영국이 나폴레옹 군대를 꺾고 승리하긴 했으나, 승리의 비용은 크게 치러야 했다. 1815년 6월, 워털루 전쟁 당시 영국의 국가부채는 7억 8830만 파운드로, 22년간 전쟁을 치르면서 이 부채는 약 5억 3600만 파운드 더 증가했다.[1] 1720년과 달리 영국 정부는 이 막대한 부채를 상환하는 데 드는 비용을 줄이기 위해 정교하게 전략을 짤 필요가 없었다. 그때와 달리 회계 조작이 가능해져, 부채를 회수하고 낮은 비용으로 다른 신규 차입으로 변제하면 될 일이었다. 게다가 마침 경기부양으로 인한 잉여 자금도 증가하여, 1822년 이후 투자자들은 자신의 자금을 맡길 보다 수익성 있는 투자처를 찾게 되었다.[2] 이를 틈타 중남미 광산을 비롯한 수많은 합자회사들과 이를 대상으로 한 대출이 생겼다.

이때는 식민지 지배하에 있던 중남미 국가들이 독립을 선언하던 시기였다. 나폴레옹 전쟁은 이베리아 세력이 중남미를 지배하는 힘을 약화시켰고 그 결과, 1810년 즈음부터 중남미 지역에서는 독립을 향한 무장 투쟁이 계속 발발했다. 1820년대 초에는 많은 중남미 국가들이 스페인과 포르투갈로부터 독립을 선언했다. 영국은 스페인과 스페인으로부터 독립하려고 하는 식민지 사이에서 중재하려던 입장을 바꿔, 식민지가 독립하면 국가로 인정해주자는 입장을 취하기 시작했다.[3]

군대에 투입할 자금을 조달해야 했던 신생 독립국들은 영국 금융가들의 적극적인 구애에 이끌려 런던으로 건너갔다.[4] 1822년 첫 중남미 대출은 콜롬비아, 칠레, 페루, 그리고 중앙아메리카의 허구의 나라 포야이스Poyais에 발행되었다. 포야이스는 스코틀랜드의 탐욕스럽고 자기애가 높은 사기꾼이자 모험가인 그레고르 맥그레고르Gregor MacGregor가 만들어 '통치' 중이던 허구의 나라였다. 맥그레고르는 투자자들로 하여금 자신에게 20만 파운드를 투자하라고 유도했을 뿐 아니라 수많은 스코틀랜드인에게 하루빨리 포야이스로 이주해야 한다고 설득했다. 이에 설득되어 배 두 척에 약 250명의 사람들이 올라탔고 대부분은 말라리아가 창궐하던 알지도 못하는 국가에 도착한 직후 사망해버렸다.

맥그레고르의 사기가 밝혀지자 1824년 1월 23일 포야이스 장기채권은 무가치해졌다. 그러나 포야이스 사기 사건에도 불구하고 투자 붐은 끊이지 않았고, 브라질, 콜롬비아, 멕시코는 1824년과 1825년에

● 맥그레고르는 존재하지도 않는 가상의 나라 포야이스를 만들어 사람들에게 투자하도록 만들었다. 맥그레고르가 만든 가상의 나라 포야이스의 모습(위)과 포야이스 지폐(아래).

계속해서 채권을 발행했다.

　중남미 채권 붐은 1824년과 1825년 중남미 광산주 버블로 가는 길을 닦고 있었다. 투자자들은 마음속으로 국가와 지역을 그리며 투자했고 장기 채권은 높은 수익률을 냈다. 중남미 광산에 대한 투자자들의 관심은 신생 독립국에 방문해본 여행자들에 의해 더욱 자극되었다. 여행자들은 영국 시민들에게 새로운 지역이 가진 경제적 잠재력에 대해 설파했다. 그중 한 명이 바로 1821년 영국인 여행자 윌리엄 불록William Bullock 이다. 불록은 멕시코가 독립한 후 처음으로 멕시코

● 윌리엄 불록은 멕시코 여행에서 공예품과 장식품들을 가지고 돌아왔고 영국에서 대성황을 이룬 전시회를 열었다.

를 방문하고 돌아온 영국인이었다. 그는 여행에서 돌아와 여행 중 경험했던 기록들을 발표했는데, 1824년에는 런던에서 대규모 멕시코 공예품과 동물도감 전시회를 열기도 했다. 이 전시회에는 유료 고객만 5만 명이나 방문했다.[5] 불록은 자신의 저서에서 멕시코에 버려져 있는 은광이 가진 잠재력을 강조하기도 하고 멕시코에 영국 공산품을 팔 수 있는 거대한 시장이 있음을 강조하기도 했다.

주식시장에 최초로 상장된 멕시코 광산 회사는 앵글로 멕시칸 광산 회사와 유나이티드 멕시칸 광산 회사였다. 둘 다 1824년 초에 설립되었고, 웨텐홀Wetenhall 의 〈증시동향Course of the Exchange〉 리스트에 1824년 7월까지 올라 있기도 했다. 이후 1825년 말까지(《표 3.1》 참고) 총 74개의 중남미 광산 회사 사업설명서가 발행되었으며, 이들 중 44개 기업은 1826년 말까지도 운영되었다.

중남미 광산을 둘러싸고 전개된 내러티브는 중남미 광산 회사들이

	회사 수	명목자본	주식 수
살아남은 회사	127	102.8	1618.3
폐기된 회사	118	56.6	848.6
예정된 회사	379	212.7	3494.4
합계	624	372.1	5961.3
살아남은 광산	44	27	359
폐기된 광산	16	6	98
예정된 광산	14	6	80
합계	74	39	537

표 3.1 1824년부터 1825년까지의 합자회사 (명목자본 단위: 100만 파운드, 주식 단위: 1000개)

발행한 수많은 사업설명서에 지겨울 정도로 똑같이 쓰여 있다. 그 내용은 이렇다. 첫째, 1810년 은광이 버려진 것은 은광이 다 소진되어서라기보다는 정치적 대변동 때문이며, 다시 그것을 취할 수만 있다면 막대한 부를 얻을 수 있다는 것이다. 둘째, 스페인 법원은 광산을 비효율적으로 운영했음에도 불구하고 그 광산 덕을 많이 봤다는 것이다. 즉, 광산을 제대로 다 쓰지도 않은 상태라는 말이다. 이는 약간 거만한 발언인데, 바꿔 말하면 '영국의 더 풍부하고 더 발전된 자본·기술·경험·기계를 도입한다면 광산 개발에 드는 비용을 대폭 줄일 수 있으면서 동시에 자원은 훨씬 더 많이 채굴할 수 있을 것'이라는 뜻이다.[6] 셋째, 중남미에 금과 은이 풍부하다는 맹목적인 믿음을 강조했다. 예를 들어, 임페리얼브라질광산협회Imperial Brazilian Mining Association에서 발행한 사업설명서에는 이미 거기서 많은 양의 순금이 발견되었다고 쓰여 있었고, 제너럴남아메리카광산 협회General South American Mining Association에서 발행한 사업설명서에는 금, 은, 수은, 구리가 무한히 매장돼 있다고 쓰여 있다.

현지인을 이용해
한몫 챙기려는 시도와 결과

중남미 광산 주식회사 설립 붐과 마찬가지로 다른 업종에서도 주식회사 설립 붐이 있었다. 〈표 3.1〉[7]에서 볼 수 있듯, 624개 회사가 1824년과 1825년 사이에 발기되었다. 그러나 1826년 말에는 이들 중 고작 127개 회사만 살아남았다. 살아남지 못한 회사들은 폐기되거나 도산하거나 아니면 사업설명서 발행을 하지 못했다. 624개 회사들의 총 명목자본의 합은 3억 7201만 파운드로 어마어마한 양이었지만, 이 중에서 고작 1760만 파운드만이 실제로 조달되었다.[8]

〈표 3.2〉[9]에서는 1824년 초반 시작한 주식회사 설립의 흐름이 후반부에 얼마나 강해졌는지 보여준다. 이 숫자는 1825년에 엄청나게 증가해서 한 달 만에 65개 주요 회사들이 발기설립되기도 했다. 중남미 광산에 더해서 가스등 기업 같이 지역공공재를 제공하는 회사를 비롯해 교량, 수로, 부두, 철도 등을 취급하는 급수시설 및 인프라 회사, 그리고 수많은 보험과 연금 회사들이 발기설립되었다. 이러한 분야의 회사들은 대부분 살아남았고, 이들의 주가는 큰 폭등과 그로 인한 폭락을 겪지 않을 수 있었다.[10]

버블 기간 동안 대략 200~300개 회사들이 발기설립되었다. 1827

	기업 수	하원의원 또는 귀족이 이사진으로 있는 기업 수	자본	주식 수
1824년 2월	5	1	6360	38
1824년 3월	4	0	6630	69
1824년 4월	10	7	1만 1220	197
1824년 5월	4	3	9250	188
1824년 6월	4	2	2330	28
1824년 7월	8	3	5000	65
1824년 8월	9	3	4670	69
1824년 9월	4	1	2000	41
1824년 10월	4	0	3425	54
1824년 11월	15	2	1만 4711	167
1824년 12월	16	6	1만 4015	153
1825년 1월	65	15	5만 6551	873
합 계	148	43	13만 6162	1만 9421

표 3.2 1824년 2월부터 1825년 1월까지 설립 예정된 주요 기업

년 헨리 잉글리시Henry English가 과거의 호황들을 연구하면서 이들 회사를 갖가지 하위 분류를 통해 분류했는데, 대체로 해운, 농업, 상업, 토지 개발, 제조, 무역 및 섬유 등이었다. 이 중 거의 절반은 해외 사업이었다. 광산과 마찬가지로 이런 회사들의 비즈니스 모델은 주로 영국인이 현지 원주민들이 잘 모르고 있는 수익의 기회를 노려 이용할 수 있다는 가정에 기반을 두고 있었다.

하지만 그런 회사들은 대부분 현지 사정을 무시한 경우라서 실패했다. 아르헨티나에서 있었던 일을 목격한 프랜시스 헤드 대위Captain Francis Head는 부에노스아이레스 원주민들에게 빵과 함께 먹을 수 있는 치즈를 공급할 목적으로 세워진 현지 버터공장 사례를 언급했다. 시장

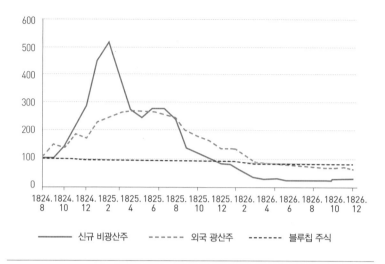

그림 3.1 주식수익률지수(1824~1826)

신규 비광산주 ——— 외국 광산주 ------ 블루칩 주식 ------

의 틈을 발견한 영국 사람들은 스코틀랜드의 여성 착유노동자들을 한 트럭이나 배에 실어 급히 부에노스아이레스로 보냈다. 이를 두고 헤드 대위는 다음과 같이 설명했다.

> 하나 그들은 힘든 상황에 처하게 됐습니다. 가만히 서서 기다려주는 가축에 고개를 기댄 채 세 발 의자에 앉아서 일해보기만 한 젊은 여성들은 착유를 하기는커녕 아예 가까이 가지도 못했습니다. 그곳에는 너무 사나워서 도저히 제어가 안 되는 야생 동물들밖에 없었습니다. 그런 놈들한테서 젖을 짜다니요! 하지만 현지 카우보이들은 곧장 소에게 달려들어 가죽 끈으로 다리를 묶었고, 소들이 잠잠해지자 부에노스아이레스의 상점들은 말 그대로 버터 냄새로 가득하게 되었죠.

하지만 이 이야기의 쓸쓸한 교훈은 따로 있습니다. 힘들게 문제를 극복한 후에 보니까, 글쎄 버터를 만들어도 유지할 방법이 없었던 겁니다! 게다가 부에노스아이레스의 현지인과 카우보이들은 우유 버터가 아니라 오일 버터를 더 좋아하더군요.[11]

당시 풍자 작가들은 주식회사 설립 광풍을 조롱하는 차원에서 가짜 회사 사업설명서를 만들어 공개했다. 주간 정기 간행물 《존 불John Bull》은 바다에서 해군이 접전을 펼치고 있는데 그 옆에서 해저에서 철 포탄을 뽑아 올리는 사업설명서를 실었다.[12] 《런던 매거진The London Magazine》은 항공에서 돼지 털을 깎는 합자상업회사와 농업회사를 세워서 달에서 돼지 털 사업을 하겠다는 허풍쟁이의 사업설명서를 실었다.[13] 또 다른 풍자적인 사업설명서에는 이집트인들이 이스라엘 사람들을 쫓아가는 동안 흘린 금과 보석을 회수한답시고 홍해 바닷물을 모조리 빼버리겠다는 계획을 담고 있었다.[14]

〈그림 3.1〉[15]에서는 외국 광산주와 신규 소형 주식회사들에서 나타나는 전형적인 버블 패턴을 볼 수 있는데, 놀랍게도 우량주 지수에서는 그 패턴이 전혀 없다. 만일 투자자 한 명이 1824년 8월에 외국 광산주에 100파운드를 투자했다면, 그 돈은 버블의 정점인 1825년 2월에 511파운드가 되었을 것이다.

02

누가 내러티브를
형성하고 확장하는가?

주식시장을 커다란 패닉에 빠뜨린 발언

1825년 2월 초, 대법관 엘든 경Lord Eldon이
의회 개회식에서 기립해 국왕 개회식 연설을 읊었다. 이 연설은 당시
의 분위기를 반영해 경제 전망이 낙관적이라는 점을 강조했다.[16] 이때
는 주가지수 그래프가 가장 크게 상승하고 동시에 회사의 주식회사 발
기설립이 가장 빈번하게 일어나던 시기였다. 자랑스러워할 것도, 낙관
할 것도 많았다. 국왕의 개회 연설을 다 전달하자마자 엘든 경은 좌중
을 한 번 둘러본 후, 커져만 가던 당시 주식시장 버블을 터뜨리는 연설
을 했다. 아직 정식 회사가 되지 않은 회사, 즉 왕실이나 의회의 승인
을 받지 않은 회사의 주식거래를 확인하겠다는 법안을 의회에 제출할
것이라는 연설이었다.

대법관의 이러한 발언은 주식시장에 큰 패닉을 불러일으켰다.[17]

《타임스》는 대법관의 발언 후 며칠 동안 매매 자체가 매우 힘들어졌고 주식 보유자들이 계속 보유 주식을 팔아치우려고만 해서 가격하락이 지속되었다고 보도했다.[18]

다음 날, 애보트Abbott 대법원장은 반버블법을 발동시켰다. 양도 가능한 주식을 보유하고 있다는 이유로 (존 '버블' 월크스가 발기인이자 회사 사무변호사로 있었던) 에퀴타블 은행 융자 회사Equitable Bank Loan Company를 불법이라고 규정하는 바람에 주식시장은 다시 한번 더 휘청거렸다. 당시에는 이자를 최고 3퍼센트까지 받을 수 있었는데 비해 이 회사는 8퍼센트라는 고리대금을 청구했기에 더욱 악질이라는 것이다.[19]

엘든 경의 발언에 이은 대법원장의 조치로 의회에는 청원이 빗발쳤다. 완전한 법인설립을 위한 법안을 원한다거나 소유자가 소송이나 집단 소송을 제기할 권한을 축소하는 법안을 원한다는 청원이었다. 1825년 의회 회기에만 사私법안 청원이 439건 들어왔고, 이들 중 206건은 통과했다.[20]

그러나 3월 말, 엘든 경은 극적으로 한 번 더 킨더Kinder 대 테일러Taylor의 재판에서 판결을 내림으로써 못을 박았다. 그 사건은 레알 델 몬테Real del Monte라는 회사의 설립을 둘러싼 법적 분쟁이었다. 멕시코 최초의 광산 벤처기업인 레알 델 몬테는 법인이 아닌 회사인 상태로 운영을 이어갔다. 즉, 의회의 승인을 거친 후 설립한 것이 아니었다. 하지만 회사의 형태를 갖춰 대부분의 법적 활동을 할 수는 있었다. 엘든 경은 이 재판에서 의회의 승인을 받지 않은 회사는 회사의 형상을 하고 있더라도 성문법상이나 관습법상으로 불법이라고 판결하여 분쟁 당사자들을 놀라게 했다. 이 판결이 주는 시사점 중 하나는 반버블법이 향후 법령문에서 삭제가 되더라도 관습법상 발동되어 '통제되지 않은 투기와 카오스로의 휘말림'을 막을 것이라는 점이다.[21]

이러한 개입이 초래한 부수적 여파로 4월 말까지 외국 광산주 주가가 50퍼센트 하락했고 신규 소규모 상장사들의 주가도 오도가도 못한 채 정체되었다(〈그림 3.1〉 참고). 거래 활동과 가격에 브레이크는 걸 수 있었는지는 몰라도, 시장에 나오거나 의회의 승인을 원하는 신규 사업계획들의 등장을 막을 수는 없었다.[22]

버블을 터뜨리려는 시도에 대응해 입법적 간섭에 반대하고 특히 중남미 광산 회사들을 지지하는 내용의 의욕적인 팸플릿이 만들어졌다. 팸플릿 작성자들 중에는 21세의 변호사 사무원이던 벤저민 디즈레일리Benjamin Disraeli도 있었다. 그는 그로부터 정확히 43년 후 영국의 총리가 된 인물이다. 디즈레일리는 1825년 3월과 4월에 두 개의 팸플릿을 작성했고, 그해 말에 세 번째 팸플릿을 출간했다. 그의 목표는 중남미 광산 투기와 남해 버블이 평행선을 걷고 있다는 의견에 반박하는 것이었다.

디즈레일리는 다음과 같은 전략으로 중남미 광산 회사들이 가진 이점들을 부풀렸다. 일단 각 중남미 광산 회사에 대해 상세하면서도 일상적인, 그리고 언뜻 보면 꽤 정확해 보이는 개괄적 정보들을 제공하는 데 상당한 시간을 쏟았다. 그런 후 중남미 광산에 금과 은이 풍부하다는 이유로 '문명화된 전 지구의 자산 가치가 갑자기 떨어졌다가 이제 엄청난 통화 팽창이 일어나려고 하고 있다는, 당시에 회자되던 의견'을 언급했다.[23] 그는 멕시코 광산에서 금과 은이 난다는 걸 알면 멕시코가 금화나 은화를 모조리 달라고 요구할 것이라고 주장하며 이러한 의견에 냉담한 입장을 표했다. 마지막으로 그는 설립 중이었던 국내 합자회사들을 중상모략하면서 의회가 이들을 통제할 필요가 있을 거라고 말했다.

엘든 경은 결국 약속한 입법안을 의회에 가져오지는 않았지만, 그날 고등법원 상법부에 계류 중이던 레알 델 몬테에 대한 최종 판결을 내렸고, 하원의원은 반버블법을 폐지하기 위해 의회로 갔다. 이는 1825년 7월에 종결된 사건이지만, 레알 델 몬테 사건에 대한 엘든 경의 판결은 관습법상 아직 법인이 아닌 회사의 형태에 적대적이었다는 걸 알 수 있다.[24]

반버블법을 폐지했어도 주식시장과 기업발기설립 호황을 되살리지는 못했다. 6월에 금리가 3.5퍼센트에서 4퍼센트로 올랐고, 이는 투기꾼들이 남은 분할 불입금을 지불하기 더 어렵게 만들어, 이전 상환을 지불하기 위해 가격 상승에 의존하게 만들었다.[25] 게다가 투자자들은 상환 청구는 즉각적이고 긴급한 데 반해 수익 전망은 더 멀고 불확실해졌다는 걸 알게 되었고, 수익 보장에 대한 의구심도 갖게 되었다.[26] 6월부터 거래는 줄어들었고, 여름을 지나면서 주가는 가파르게 하락했다.

3가지 실패의 원인

9월에는 광산 및 기타 신생 기업들의 시장 악화가 장기화되는 국면을 보였다. 많은 중남미 광산 국가들 중 가난한 나라들에 대한 정보가 런던 시장으로 흘러들었고, 중남미 시장에서 제조한 상품들이 기대했던 것만큼 좋지 않다는 사실이 밝혀졌다. 많은 주주들이 상환 요청에 불입하길 거부했고, 주식을 팔아치우기 시작했으며, 런던 시내 카페에 모여 돈을 더 잃고 망하기 전에 기업을 해산시킬 방법에 대해 의논했다.[27] 주식시장의 패닉은 11월까지 이어졌고, 그 여파는 12월경 단기금융시장으로까지 옮아갔다. 은행 시스템은 심각한 위기를 겪었다가 1826년 1월 잉글랜드은행이 특별히 개입하고 나서야 잠시 숨을 골랐다.

뉴스에서는 홍수가 나서 광산 운영에 방해가 됐다며 피해 규모를 보도하면서 멕시코의 광산에 들어가는 비용이 올랐다는 내용을 내보내기 시작했다. 1826년 5월 《타임스》는 광산 회사의 주식은 더 이상 판매할 수 없다고 보도했다. 브로커든 중개상인든 아무도 사려는 사람이 없었기 때문이다.[28] 1826년 말, 대부분의 중남미 광산 회사들은 문을 닫았다. 〈그림 3.1〉에서 외국 광산주 주가 지수를 보면 1825년 2월에 511이었던 것이 1826년 말에는 27로 떨어져 있는 걸 알 수 있다. 그나마 살아남은 회사들도 1826년이 지나고는 투자자들에게 수익을 거의 되돌려주지 못했다.[29]

영국군 공병대 장교이자 리오플라타광산협회(Rio Plata Mining Association의 전前 매니저였던 프랜시스 헤드 대위는 1826년 가을에 그들의 실패에 대해 통렬한 설명을 내놨다. 그는 실패의 원인이 3가지라고 말했다.[30] 첫째, 기계, 인력, 식량, 자재를 멀리 떨어진 곳의 광산으로 가져가는 물리적 어려움 때문이다. 즉, 도로가 약하고 강은 건널 수 없는 경우가 많으며, 광산은 보통 항구에서 아무리 가까워도 수 킬로미

● 멕시코 레알 델 몬테 지역에 있는 광산 유적.

터씩 떨어져 있다. 콜롬비아광업협회The Colombian Mining Association 의 수석 엔지니어이자 로켓 기관차(기관차 이름-역주)로 유명했던 로버트 스티븐슨Robert Stephenson 은 스팀 엔진을 비롯한 다른 기계들의 크기 자체가 원시적인 도로와 산길에서 노새로 운반하기에는 너무나 크다고 말했다.

둘째, 인력의 문제가 컸다. 현지 사람들은 일을 하려고 하지 않았고, 계약사항을 잘 안 지켰다. 콘월 지방 노동자들 대부분은 허구한 날 술에 취해 있었고, 광산 관리인이 광산의 수익금을 손쉽게 횡령할 수 있을 정도로 광산은 관리가 잘되지 않았다. 특히 멕시코의 경우에는 임금 분쟁도 발생했다. 멕시코에서는 현지 인력들이 기존 임금 지불 단위인 팔티도partido 로 임금을 지불 받기를 원했다. 팔티도는 고정 일당을 정해두고 거기에 수당을 더해주는 체계다. 하지만 뜻대로 되지 않아 장기적이고 폭력적인 파업이 단행되었다.

셋째, 중남미 신규 독립 국가들은 정치적 불안정을 겪었다. 정치인들에 의한 재산 몰수, 빈약한 계약서의 강제이행 등으로 고통받고 있었다. 여행자나 공무원들이 쓴 보고서에서도 신생 독립 국가들의 경제적 어려움뿐 아니라 불안정과 부패에 대해서 지적하고 있다.[31] 정치적 불안정은 채권 소지인으로 하여금 상환받을 희망이 거의 없다는 걸 깨닫게 했고, 1827년 말까지 모든 중남미(브라질 제외) 채권이 채무불이행이 되는 상황을 초래했다.[32]

신문도 최초의 이머징마켓 버블에서 한몫했다. 한편으론 일부 신문 사설들이 회의적인 입장을 취한 덕에 기업들의 수많은 주식회사 발기가 언론에 의해 '버블' 또는 '비현실적인 계획'으로 묘사된 것도 있었다.[33] 《타임스》는 독자들에게 환상과 같은 사업설명을 내세우는 신규 회사들의 무분별한 발기에 대해 경고하고 '상상력에 속는 얼간이가 되지 말라'고 조언했다.[34] 《타임스》가 원체 주식회사 형태에 반대했고 주식 투기에 대한 내용을 오랫동안 다뤘기 때문에 신생 기업들의 사업설명서에 반대한 건 사실 놀라운 일은 아니다. 1824년 초부터 《타임스》는 독자들에게 새로 나오는 사업 계획에 대해 1720년 남해회사의 광기와 유사하다고 하면서 신중하라고 경고했다.[35] 버블이 터지고 나자 한 남성은 모든 '사기로 가득한 투기'를 폭로해줬다면서 《타임스》를 찬양했고, 몇몇 독자들은 《타임스》의 편집장에게 합자회사에 대한 '광기'를 경고해줘서 고맙다는 서신을 보내기도 했다.[36]

반면에 버블을 부추긴 신문들도 있었다. 일부 저널리스트들은 허무맹랑한 사업계획서를 부풀려주는 대가로 돈을 받기까지 해서, 《모닝 크로니클Morning Chronicle》의 편집장은 그런 글을 실어준 편집장들의 진실성을 의심하기도 했다.[37] 그러다 버블이 시작되고 나자 신문의 역할은 더 교묘해져갔다. 신문이 주식거래의 여건에 대해 매일같이 일간 기사를 냈기 때문에 그로 인해 시장을 휘어잡고 있던 버블 심리를 더 부추기고 확산시켰을 것이다.[38]

1825년 1월에는 23일과 24일 이틀간 신문들이 (돈을 받고) 신규 회사들의 엉터리 사업설명서를 실어주었는데, 이때 《타임스》와 《모닝 크로니클》도 35개 회사들의 사업설명서를 실었다. 당대 주요 일간지였던 《타임스》와 《모닝 크로니클》마저도 투자 가능성을 강조하면서 중남미 이슈에 대한 글을 꽤 많이 실었고, 멕시코에 귀한 광물이 있다는 꾸며진 이야기도 그대로 실었다. 심지어는 당시 사설과 오피니언 섹션이 채권발행을 앞두고 중남미 국가들을 좋아 보이게 만들 목적으로 돈을 받고 꾸려진 거라는 주장도 있었다.[39] 이렇듯 당시 신문들은 대중이 중남미 회사에 투자하도록 장려하는 내러티브를 형성시키고 확장하는 데 도움을 주었다.

모르는 척하기에는 너무나 유혹적인 미끼

버블을 잡으려던 애보트 대법원장의 시도는 일부 도박과 분별없는 투기 행태를 보고 자극을 받아 이뤄진 것일 수도 있다. 다시 팔았을 때 단기 차익을 얻을 수 있다는 단순한 희망 때문에 주식을 사는 수많은 투자자들을 대법원장은 목격했던 것이다. 당시엔 일반인들도 버블 기간 동안 투기의 분위기가 고조됨을 강하게 느꼈다. 《타임스》는 구독자들에게 '도박 정신 발동' 초기 단계를 경고했고, 주식을 팔아서 돈을 벌고자 하는 단순한 목적으로 매수해대는 '도박꾼 무리'에 대해 경고했다.[40] 이러한 견해는 당시의 시사 논평에서도 찾아볼 수 있다. 예를 들어, 시사 논평 저자 중 한 명은 아래와 같이 비판했다.

> 너무나 많은 사람들이 온갖 종류의 사업계획에 참여하고 있지만, 결코 그 회사가 생산해내는 걸 고려하거나 그 회사의 자본 조달에 기여하고자 하는 의도는 없이 그저 주가를 가지고 노는 게임처럼 여기며 참여하고 있다.[41]

조셉 파크스Joseph Parkes는 1824년부터 1825년까지 있었던 일들을 모두 경험한 경력 있는 기업 사무변호사였다. 파크스는 1844년 의

회선정위원회parliamentary select committee 에 증거자료를 하나 제출했다. 1824년과 1825년에 발생한 대규모 투기를 전국적 유행병에 비유하면서 주식이 거래되는 현장에서 질서를 유지시키기 위해 경찰공무원들이 어떻게 고용되었는지에 대해 위원회에 소상히 고했다.[42]

1832년, 유니버시티 칼리지 런던University College London 최초의 경제학 교수인 존 맥컬로치John McCulloch 도 1824~1825년의 투자 분위기를 묘사했다.

> 주식을 좇아 열정을 불태우는 대부분의 사람들은 주식을 산 후 기대한 대로 주가가 오르면 자신보다 더 우둔하고 대담한 타인에게 되팔아 수익을 보겠다고 작정하고 짧게 며칠이나 몇 주 동안만 가지고 있고 싶어 했다. [43]

잉글랜드은행 이사 존 프랜시스John Francis 도 이 전국적 투기 광풍을 직접 경험한 사람이다. 프랜시스는 버블 기간 몇 달 동안의 증권거래소 입구 풍경을 이렇게 설명했다.

> 일부 젊은이들… 그들이 걸친 온갖 잡다하고 화려한 장신구들을 보면 마치 헌옷 시장에 들락거리는 사람들을 보는 것 같다. 거기 온 사람들은 마치 오합지졸 폭도들 같았다. 온갖 종류의 모습과 연령대에, 더러운 의복을 입고, 비참한 가난이 묻어나며, 음울한 악행이 서려 있었다. [44]

프랜시스는 성가시게 입구를 막아대는 사람에게는 5파운드의 벌금이 부과됐을 정도라고 당시를 회상했다. 프랜시스가 묘사하는 상태에 정확히 일치하는 한 청년이 있다. 바로 벤저민 디즈레일리다. 1824년에 자기 이름으로 된 재산이 고작 52파운드에 불과했던 그는 광산주에 투기해서 일확천금을 얻겠다는 작정으로 큰돈을 빌렸다.[45] 1825년 봄에 버블이 꺼진 후 정신을 차려보니 자신이 대규모 광산회사 주식을 회사별로 전부 보유하고 있다는 걸 깨닫게 됐다. 빚을 갚기까지는 수년이 걸렸다. 하지만 1849년 말까지도 그의 주식 중개인은 여전히 1200파운드와 이자를 받으러 왔다고 전해진다.

《타임스》는 이 거대한 투기가 남해 버블과 똑 닮았다고 주장했다.[46] 남해 버블과 가장 유사한 것은 바로 신생 기업들이 발행한 분할납입주식이 매우 광범위하게 이용됐다는 사실이다. 이런 경우 주식이 처음 발행됐을 때 소량의 금액만(거의 5파운드 이하) 있으면 살 수 있기 때문에 적은 주가 상승 폭으로도 큰 수익을 낼 수 있다는 게 특징이다. 적은 돈만 걸고도 크게 수확할 수 있다는 가능성은 '모른 척하기엔 너무나 유혹적인 미끼'가 되어 대중을 주식의 장으로 홀려들게 만들었다.[47] 19세기 불경기와 상업 위기를 기록하던 한 역사 기록가는 이 시기의 분위기를 두고 이렇게 말했다.

> 남녀와 노소, 부유하고 가난한 사람, 고귀하고 단순한 사람, 모두가 하나가 되어 군중 속으로 빨려 들어갔다.[48]

공매도도 있긴 했지만, 사실상 1820년대 런던 증권거래소에서는 이미 행해지던 일이었고, 버블 기간 동안 주가 상승을 막는 데 유용하기도 했다. 그러나 사재기와 시장가격 조작이 생기면서 신생 기업의 이사들이 자사 주식을 사재기해 공매도인들이 계약을 이행하기에 힘든 환경을 만들어버렸다.[49] 이는 1720년의 상황과 똑 닮았다. 공매도 자체가 도덕적으로 질 나쁜 행위로 간주되었기 때문에 금융시장에서는 시장가격 조작이 있다는 걸 알면서도 비관적이고 기회주의적이던 공매도인을 좌절시킬 수 있다는 사실에 오히려 좋아할 정도였다.

시장성과 통화량

최초의 이머징마켓 버블 기간 동안 버블 트라이앵글의 세 변 중 두 번째 변인 시장성을 살펴보면, 기업가들이 회사를 법인으로 자유롭게 설립하고 주식을 자유롭게 양도할 수 있게 되면서 시장성은 크게 증가했다. 또 이들의 주식은 보다 작은 단위로 발행될 수 있어서 일반적으로 기존 기업의 주식보다 훨씬 시장성이 컸다. 1825년 운하 회사에서 1주당 평균 가격은 271파운드였고, 신규 상장 회사의 경우는 10파운드였다.[50]

이를 당시의 물가와 비교해보자면, 평균적으로 노동자 한 명이 연 50파운드, 교사가 연 70파운드 정도 벌면 괜찮은 수준이라고 할 때였다. 또한 기존에 있던 종목과 달리 광산주와 신생 기업 주식은 미불입 자본금이 많았다. 즉, 대부분 50~100파운드 정도였던 높은 액면가인 주식도 10파운드도 안 되는 돈으로 누구나 살 수 있었다는 것이다.

● 경제학자 토머스 투크. 투크는 버블을 불에 빗대며 잉글랜드은행이 화염이 유지되고 확산되도록 기름을 뿌려댔다고 지적했다.

1825년 증권가의 시장성 증대는 점차 주식 및 채권 시장의 전체 유동성을 높이다가 1844년 다음 버블이 도래하기 전까지 사상 최대를 기록했다.[51]

버블 트라이앵글의 세 변 중 마지막 변인 통화량 조정과 신용 확대도 이때 있었다. 정부는 국가의 장기부채를 매입해 지속적으로 경제에 돈을 투입했으며, 1823년과 1824년에는 장기 이자율을 낮추기 위해 부채전환 계획을 실행에 옮겼다.[52] 정부의 압력으로 잉글랜드은행은 처음이자 마지막으로 1822년 6월 5퍼센트에서 4퍼센트로 금리를 내렸다.[53] 그뿐만 아니라 정부가 해군과 군인 연금을 지급하기 위해 만든 고정 비중 연금Dead Weight Annuity을 매입함으로써 공개시장조작에 개입했다. 물론 투자자들에게 파는 데는 실패했다.[54] 이러한 일련의 활동의 결과로 잉글랜드은행의 화폐발행량은 1825년 2월까지 3년간 25퍼센트나 올랐다. 잉글랜드 전역의 지방 은행들도 1823년부터 1825년 사이에 화폐발행을 50퍼센트 늘렸다.[55]

1825년 이후, 이 통화팽창은 결국 버블을 발생시키는 데 기여한 주요 원인으로 지적되었다. 경제학자 토머스 투크Thomas Tooke는 불의 트라이앵글에 빗대어 이렇게 말했다. '잉글랜드은행은 불을 직접 지피지는 않았다. 하지만 화염이 번지는 걸 막기는커녕 오히려 유지되고 확산되도록 기름을 뿌려댔다.'[56] 투크에 따르면 화재는 정부의 채무자 자금 조달 계획으로 시작된 것이고, 잉글랜드은행은 이러한 정부의 만행에 대응하여 1824년에 화폐발행을 줄였어야 마땅했으나 되레 늘렸다는 것이다.[57] 게다가 그는 은행들이 정부의 담보를 취급한 것이 투기의 불꽃을 더욱 타오르게 만들었다고도 지적했다.[58] 투크 외의 다른 여러 사람들도 통화와 신용 완화에 대한 책임이 은행과 정부에 똑같이 있다고 주장하곤 했다. 하지만 은행은 전혀 생각이 달랐다.[59] 1832년 잉글랜드은행 설립인가에 관한 비밀위원회Committee of Secrecy on Bank of England Charter 에 참여한 사람들 대다수의 견해는 주식시장 투기를 만든 책임과 자산 가격 상승의 원인이 모든 지방 은행들에 골고루 있다는 것이었다.[60]

통화 및 신용 완화는 투자자들이 수많은 신규 상장회사 주식의 미불입 자본금을 활용해 레버리지를 증대시킬 수 있게 하여 상황을 더 악화시켰다. 또 벤저민 디즈레일리와 같은 대부분의 투자자들은 적은 금액으로도 투자가 가능한 주식을 먼저 찾아 헤맨 후, 찾고 나면 그걸 가능한 한 많이 사들이기 위해 큰돈을 빌렸다.[61] 성공할 경우 시세차익은 배 이상 뛰었으므로 자신의 명의로 된 자산이 조금밖에 없을지라도 주식시장에 진입할 기회를 얻은 것이다.

초기 불꽃과 결정적 도화선은 무엇인가?

투기의 불길을 일으킨 초기 불꽃은 역시나 중남미 국가 및 기업에 대한 정부 정책의 변화였다. 중남미 국가들이 스페인으로부터 속속 독립을 하게 되자, 영국은 처음에는 양측을

화해시키는 정치적 입장을 취했다. 그러나 1823년 런던, 리버풀, 맨체스터에서 온 상인 조합들이 의회에 상품과 시장을 보호해달라며 국가의 공식 인정을 청원하기 시작했다. 1822년부터 1827까지 영국의 외무장관을 지낸 조지 캐닝^{George Canning}은 이러한 상인 조합의 주장에 공감은 했지만, 왕을 비롯한 주변 정치인들의 반발에 부딪혔다.

그러다 1823년에 캐닝 장관은 부에노스아이레스, 콜롬비아, 멕시코에 담당자를 파견해 신생 국가와 시장을 인정하자고 촉구하는 내용을 담은 연설을 각 국가의 하원에서 하도록 지시했다. 1824년에는 광산 회사들에 대한 수많은 사업설명서에 영국 정부의 노력으로 신생 국가들의 독립이 곧 인정될 것 같으니, 이제 신생 국가들의 국내 정치 상황은 안정세를 되찾을 것이라는 전망을 내놨다.[62] 1824년 12월, 캐닝 장관이 드디어 중남미 국가들의 독립을 공식적으로 인정했고, 이는 곧 기업발기인들에게는 엄청난 기회였다. 이러한 정치적 변화는 즉각적으로 광적인 주식회사 발기설립 붐으로 이어졌고, 이러한 붐은 투자자들이 중남미 광산 기업을 비롯해 풍부한 거래 기회를 가져다줄 여타의 중남미 기업들에 빠르게 집중하면서 매우 빠른 속도로 주가변동에 반영되었다.[63] 캐닝 장관의 행보 뒤에 깔려 있는 이데올로기는 결과적으로 투자자들로 하여금 새로 독립된 식민지의 광산을 재건하는 데 자금을 조달함으로써 '신생 국가의 초보적 자유와 자유주의 원칙의 수립을 선진국으로서 후원한다'는 일종의 후원자 역할에 심취하게 만들어 마케팅 도구로 사용된 셈이다.[64]

하지만 이때까지도 아직 버블을 일으킬 정도는 아니었다. 두 번째 정책 변화가 진짜 도화선이었다. 바로 정부에서 법인설립과 주식거래에 관대한 태도를 취하기 시작한 것이다. 1824년과 1825년에 일부 하원의원들은 전례 없는 수의 법인 설립을 인가해주는 법안을 내기도 했고, 상장되지 않은 회사들에도 집단 소송을 제기하거나 또는 소송을 당할 수도 있는 권리를 부여해줄 것을 요청하기도 했다.

이렇게 낸 법안들은 의원들이 이미 손에 쥐고 있던 이해관계의 장점 덕에 매우 쉽게 통과했다.[65] 첫째, 의원들은 자신이 주주로 있는 회사의 법인 설립을 검토하는 검토 위원회에 참석할 수 있었다. 예컨대 위원회 참석 의원이 16명이었는데, 16명 전부 검토 전에 이미 그 회사의 주식을 보유하고 있는 식이다. 둘째, 하원의원들은 종종 이러한 신생 회사의 이사로 임명된 후, 하원의원이 회사의 이사로 있다는 정보를 퍼뜨려 기업 가치를 올리곤 했다.

존 윌크스와 같은 사람들은 하원의원들에게 일단 상장되기만 하면 큰 수익을 확실히 내줄 회사의 주식을 선물하면서 언제고 이득을 본 후 자유롭게 팔 수 있다고 꼬드겨 이사직을 수락하게 했다. 헨리 잉글리시가 작성한 중남미 광산 회사들 이사 중 하원의원이 278명이었고, 그 외 회사들 중에서도 주요 회사의 약 3분의 1이 하원의원 또는 상원 귀족이 임원 또는 창립이사를 맡고 있었다. 또 31명의 하원의원은 3개 이상의 신규 설립 회사의 이사직을 동시에 맡고 있었다.[66] 런던 시장도 리스트에 이름이 있었는데, 자신도 회사의 이사가 되어 달라는 요청을 하루에 5~6건씩 받곤 했었다고 나중에 회상했다.[67]

은행 시스템의 주요한 변화를 만들다

버블은 1825년 초여름까지 서서히 꺼져갔다. 은행들은 주가와 물가의 상승세에 한껏 취한 투자자들과 상인들에게 상당한 금액을 빌려준 터라 하락세에 매우 취약한 상태였다.[68] 그해 가을까지 잉글랜드 서부지역 여러 은행들이 파산했고, 단기금융시장과 잉글랜드은행은 불안정해졌다.

1825년 12월 초, 위험도가 높은 담보에 투자한 런던의 큰 은행인 폴, 스로튼 앤 컴퍼니Pole, Thronton and Company가 대량 예금인출 사태를 겪고 파산했다. 이를 시작으로 영국의 지방 은행들도 속속들이 파산했다.

은행의 공황은 1825년 12월 14일에 극에 달했고, 이날은 공포의 날로 기억되었다. 수많은 런던 시내 은행과 지방 은행이 문을 닫았다.

> 지방 은행이 문을 닫지 않았거나 또는 아직 문을 닫지 않았더라도 한 시간 간격으로 두려움에 떨고 있는 은행이 없는 지역이 없었다.[69]

《타임스》는 이 공포의 날 다음 주에 잉글랜드와 웨일스 전역의 은행들이 전부 심각한 예금인출 사태를 겪었다고 보도했다.[70]

12월에 문을 닫았던 은행들 중 많은 은행들이 나중에 다시 문을 열긴 했다. 그렇더라도 1825년 12월에 영국 내 은행 중 30곳이 파산했고, 1826년 제1분기에 33개 은행이 추가로 파산했다.[71] 도합 18퍼센트의 영국 은행시스템이 무너진 것이다.[72] 하지만 파산한 은행의 숫자조차도 당시 위기의 심각성을 다 나타내주지는 못할 정도였다. 거의 모든 영국의 은행들이 잉글랜드은행으로 찾아와 어떻게든 유동성을 회복해보려 했다. 아무 데서도, 심지어 국채 담보로도 더 이상 돈을 빌릴 수가 없었기 때문이다.[73]

영국 상공회의소 소장이었던 윌리엄 허스키슨William Huskisson은 당시의 잉글랜드 상황을 두고 '물물교환이라도 해야 할 판국'이었다고 묘사했다.[74] 1832년 의회 위원회에서 1825년 12월에 전체 은행 및 신용 시스템이 거의 며칠 안에 완전히 붕괴해버릴 수 있다는 얘기가 나온 것으로 보면, 허스키슨의 말이 과장이 아니었을지도 모른다.[75]

결국 잉글랜드은행은 12월 14일부터 최종대부자(아무도 은행에 돈을 빌려주지 않을 때에 빌려주는 대출자) 역할을 맡음으로써 은행 공황을 종식시켰다. 잉글랜드은행은 '불행을 완화시키기 위해 최선을 다했으며, 가능한 한도 내에서 최대한 수익을 얻지 않고 도왔기 때문에, 어쩌면 국가의 신임을 받을 자격이 충분히 있었다'.[76]

왜 속수무책으로 무너졌는가?

1825년 버블에 무참히 무너질 만큼 영국의 은행시스템은 왜 그렇게 취약했을까? 당시 영국의 은행들에는 은행 설립 시 조합으로 조직돼야 한다는 제한이 있었고, 화폐를 발행할 수 있는 은행이 되고 싶으면 (당시엔 대부분의 은행에서 발행할 수 있었다) 조합원이 여섯 곳보다 많으면 안 되었다.[77]

그 결과, 영국의 조합은행의 수는 매우 적었고, 3가지 이유로 취약해졌다. 첫째, 다른 조합원의 자산에 무리가 가면 손실을 복구하기 위한 노력의 일환으로 위험한 자산에 은행의 돈을 투자하려고 했다. 둘째, 조합원의 수가 적어서 은행의 자산이 수익을 충분히 내지 못하면 거기서 오는 손실을 메꿀 만한 대안 역시 적었다. 셋째, 확장 제한이 있어서 은행들은 지리적으로 각자가 위치한 곳으로 운영이 제한될 수밖에 없었고, 은행의 자산과 책임을 충분히 분산시키기 어려웠다.

따라서 은행 시스템의 취약성은 결국 은행의 규제 구조 때문이었으니, 결과적으로 1825년 영국 은행 시스템의 붕괴는 그러한 제한을 걸어둔 정부 정책에서 원인을 찾을 수 있다. 정부에 자금을 조달한 데 대한 보상으로 잉글랜드은행에는 단독 설립허가를 부여했으나, 다른 은행들은 그걸 얻고 싶어도 정부에 자금을 조달할 능력이 없었으므로, 결과적으로 나머지 은행들은 그저 조합으로만 운영될 수 있다는 걸 의미했다. 당시 정치 엘리트였던 귀족과 상류 지주 계층은 이러한 규제를 지지했다. 규제 덕에 자신들의 권력을 유지시켜 주는 존재이자 사회적 통제력을 쥘 수 있게 해주는 존재인 소작농들에게까지 신용이 확대되는 일을 막을 수 있었기 때문이다.

최초의 이머징마켓 버블에 이어 발생한 은행 위기가 경제에 미친 영향은 매우 컸다. 첫째, 현금 공급이 현저히 줄어서 수많은 은행들이 문을 닫게 했다. 둘째, 상인과 기업인이 자금 조달을 받기가 거의 불가능하다는 걸 깨달았다. 살아남은 은행들도 대출을 줄이고 어음 할인을 거부했기 때문이다.[78] 은행들의 줄도산은 계속 이어져 1825년 영국(UK)의 실질 GDP는 5.3퍼센트가 하락했다.

이 수치를 이해하기 위해 비교해보자면, 1800년부터 2010년까지 1826년의 GDP 하락보다 더 큰 하락폭은 딱 3년밖에 없었다. 심지어 이러한 영국의 피해가 영국에서만 끝나지 않고 중남미로도 번져갔다. 영국인들이 중남미 국가에 다시 투자를 시도하기까지 장장 약 50년은 걸렸기 때문이다. 영국은 그저 투기를 했을 뿐이었지만, 결과적으로 중남미 국가로 향하는 자금 조달을 완전히 막아버리고 투자를 위축시켰기 때문에 중남미 국가들의 독립 이후의 경제 불안정성에는 이어지는 세기 내내 영향을 미쳤을 수 있다.

금융 시스템에 가져온 2가지 변화

최초의 이머징마켓 버블은 2가지 중요한 변화를 금융 시스템에 가져왔다. 첫 번째 변화는 바로 은행 시스템의 자유화다. 은행 시스템의 자유화는 이전에 조합으로만 조직 가능하던 은행을 무한책임 합자 회사의 형태로 자유롭게 세울 수 있게 해주는 법이 1826년에 의회를 통과했을 때부터 시작되었다. 이러한 개혁을 통해 생겨난 은행 시스템은 국가의 통화 및 신용의 필요를 충족시켜주면서 안정성의 본보기가 되었다.[79] 두 번째 변화는 반버블법의 폐지다. 이는 향후 영국 내 기업 법인 설립에 관한 법의 완화로 이어졌다.

그 결과 기업가들은 자본을 끌어들여 영국을 변화시킬 대기업을 더 쉽게 세울 수 있게 되었다. 물론 공공시장에서 거래될 수 있는 주식을 발행하기도 더 쉬워져서 펀더멘털Fundamental 시장성이 증대되기도 했다. 그래서 부분적인 영향으로 18세기에 비해 19세기에 버블이 더 많이 발생하게 되기도 했다.

최초의 이머징마켓 버블의 또 다른 중요한 결과는 금융 저널리즘의 탄생이다.[80] 1825년 이후, 신문들은 도시에 관한 칼럼을 발행했고, 기업들의 연차주주총회AGM를 공개 보도했고, 시장 내 움직임과 시장의 동향에 관한 논평을 싣기 시작했다. 또 이때 새로운 금융 전문 언론사들이 생겨나면서 독립적이고 신뢰할 만한 정보와 투자자들에 대한 조언을 제공하기 시작했다. 1824년과 1825년의 일들은 언론으로 하여금 금융 시스템을 감시하다가 언제고 일이 잘못되어 가는 것 같으면 무섭게 짖어대는 감시견과 같은 역할을 맡게 했다.

하지만 언론이 미래에 일어날 버블을 예견하는 데는 얼마만큼 역할을 했을까? 다음에 이어지는 파트 4를 통해 영국 금융 전문 언론들이 실은 일련의 부정적인 사설들이 영국 철도 주식 버블을 터뜨리는 데 중요한 역할을 하긴 했지만, 결코 예방하지는 못했다는 걸 알 수 있을 것이다.

PART
04

BOOM AND BUST

쏟아지는 돈다발

: 투기의 민주화가 시작되다

투자자를 보호하고 버블에 대한 경고의 메시지를 보내기 위해 존재하던 금융 언론들은 새로운 투기 계급이 알아차리기에는 광풍을 너무나 늦게 보도했다. 버블의 결과 만들어진 뒤죽박죽인 네트워크와 장기적인 비효율성은 200년이 흐른 지금도 사회적 저축의 비용으로 남아 있다.

우리가 배울 수 있는 교훈은 결국 투자자가 스스로 조심해야 한다는 것이다. 투자자들은 기본적으로 신중해야 한다. 타인은 대신 책임져주지 않는다.

역사상 **가장 거대한 버블**

세상을 뒤바꾼 혁신 기술의 등장

1825년의 버블이 거래 가능한 주식을 가진 기업들을 합법화해주는 결과를 낳긴 했지만, 유한책임회사의 형태로 사업할 권리를 줄 수 있는 곳은 의회가 유일했기 때문에 시장성은 여전히 제한적이었다. 물론 의회 입장에서는 많은 승인을 내주는 것만으로도 언제고 시장성을 충분히 끌어올릴 수 있는 힘을 계속 갖고 있는 셈이었다. 1840년대 중반, 의회는 정확히 이런 식으로 소위 철도 광풍이 일어나는 동안 수백 개의 철도회사에 회사설립을 승인해주었다.

경제 주간지 《이코노미스트》는 2008년에 철도 광풍을 두고 '역사상 가장 거대한 버블임이 틀림없다'라고 설명했다.[1] 이 말은 과장이 아니다. 찰스 맥케이는 자신의 저서 『대중의 망상과 광기』 제3판에서 철

● 1867년 『자본론』 초판본. 카를 마르크스는 『자본론』
에서 철도광풍을 두고 대대적 철도광기라 칭했고, 《이
코노미스트》는 역사상 가장 거대한 버블이라 말했다.

도 버블이 이전의 그 어떤 버블보다도 컸다고 썼다.[2] 카를 마르크스는 『자본론』에서 철도광풍을 두고 '대대적인 철도 광기'라고 했다. 문자 그대로 직역하면 'The Great Railway Mania'로, 대大 철도 광기다.[3]

이 철도 버블이 있기 20년 전, 새롭고 혁신적인 기술이 등장해 영국 사회를 통째로 바꿔놓고 있었다. 바로 증기기관차다. 증기기관차가 달리는 첫 철도는 1821년 영국 의회에서 세계 최초로 승인되어 철도버블 바로 전 버블이 있었던 해인 1825년에 개통되었다. 토지 소유자들이 철도가 깔릴 곳의 토지를 팔게 만들어 철도 라인에 통합시킬 권한을 얻으려면 의회의 승인이 반드시 필요했다.[4]

다음으로는 1826년 리버풀과 맨체스터 철도가 승인되었고, 곧 1830년 영국 최초의 여객 철도로 개통되었다. 공개 개통식은 거의 난장판이었다. 리버풀 하원의원 윌리엄 허스키슨이 조지 스티븐슨George Stephenson의 기관차 '로켓'으로 인해 영구 부상을 당했기 때문이다.[5] 하지만 비극적인 일들이 아무리 일어난들, 리버풀과 맨체스터 철도라인이 빠른 속도로 성장하는 역사의 흐름을 막진 못했다.

특히 1835년에는 이들 주식의 배당률이 10퍼센트에 달했기 때문에 투자자들의 참여로 더욱 성장했다. 그러나 사실 리버풀과 맨체스터 철도의 초기 성공은 그들이 가진 독점권을 생각해본다면 그리 놀라운 일

● 세계 최초 공공철도를 달린 로코모션(왼쪽)과 화물만이 아니라 승객까지 태우고 이동한 로켓 기관차(오른쪽)

도 아니었다.

리버풀과 맨체스터 철도의 성공은 주식발기인들로 하여금 영국의 다른 도시에 철도를 건설하고자 하는 계획을 의회로 몰려들게 만들었다. 1836년과 1837년 사이에 영국 의회는 무려 59개 철도와 이에 따른 총 2414킬로미터의 선로에 승인을 내줬다. 철도 설립 붐은 철도 주식 버블로 이어져서 철도 주가는 1835년 5월부터 1837년 5월 사이에 65퍼센트 폭등했다가 45퍼센트 폭락했다.[6] 이 사건을 두고 '최초의 철도 광풍'이라 부르기도 하는데, 그 이유는 몇 년 후 일어난 본격적인 '대 철도 광기the Great Railway Mania'에 대한 경고성 역할을 해줬기 때문이다.[7]

철도 주가 폭락 이후, 철도 산업은 소강상태에 빠져들었고, 1838년에서 1843년 사이에 철도 승인 건은 거의 없었다. 1840년 들어서는 승인된 철도보다 버려진 철도의 수가 더 많았다.[8] 1843년, 20년이 넘게 기술이 발전했는데도 불구하고 잉글랜드와 스코틀랜드의 철도 회사는 합쳐서 총 40개를 약간 웃도는 정도에, 선로는 각 선로당 평균 58

킬로미터 정도였다.

그러다 그다음 해, 윌리엄 글래드스톤William Gladstone은 과거에 비해 보다 향상된 경제적 여건을 보고 철도 개발을 다시 일으켜볼 수 있겠다는 기대를 가지고 향후 발생할 수 있는 관련 규제를 고려해 의회의 선택 위원회a parliamentary select committee를 구성했다. 글래드스톤은 미래에 독점할 수 있는 권한을 제한하는 데 집중하면서 한편으로는 불필요하게 중복되지 않는 국영 철도망을 개발하는 데 집중했다. 국영 철도망을 만들면 어쩌면 외부성도 창출할 수 있을지 모르기 때문이었다. 철도 라인이 나라 곳곳에 닿을 수 있게 만들면 시민들도 철도를 더 많이 이용하게 될 것이고, 그렇게 이용 고객을 끌어 모아서 기존 철도에도 수익을 가져다주게 하는 것이다.[9]

이러한 노력의 결과로 탄생한 철도법Railways Act이 1844년 7월 의회를 통과했고, 모든 철도 회사는 하루에 반드시 최소 열차 1대를 운행해 승객을 1마일(약 1.6킬로미터)당 1페니의 운송료를 받고 운송하게 되었다. 또한 정부는 1844년 이후 승인을 받은 철도 라인의 경우, 10퍼센트가 넘는 배당금을 창출해내면 국영화할 수도 있게 했다. 이는 투자자들로 하여금 철도 산업이 다른 어떤 산업보다도 더 큰 배당금을 창출할 수 있는 매우 수익성 높은 투자처라는 신호를 주는 결과를 낳았다.

글래드스톤이 만든 철도법은 철도사업체의 설립 인가 신청을 새로운 방식으로 처리했다. 영국 지방에 기반을 둔 운하나 유료도로 등 기존에 교통의 개발에 적용되던 의회 법안 시스템은 비용 측면에서 국가적 이익은 무시되었기 때문에 철도에는 그다지 효과적으로 작용하지

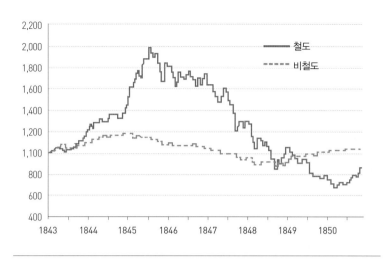

그림 4.1 영국 철도와 비철도 블루칩 기업들의 주별 주가 지수

않았다.[10] 이에 1844년 8월, 건설이 예정된 철도를 면밀히 조사하기 위해 일명 '철도위원회Railway Board'가 설립되었다. 이 위원회의 목적은 통합된 국영 철도망의 계획과 건설 허가를 나눠주는 것이었다.[11]

궁극적으로 이루고 싶은 주목적은 중복 노선이나 경쟁 노선 건설을 방지하는 것이었다. 자유무역과 경쟁을 중요시하는 경제지《이코노미스트》는 신생 철도 회사는 기존 철도 회사와의 경쟁 속에서 설립되어야만 하며, 이러한 사항을 글래드스톤 같은 사람에게 일임해서는 안된다고 주장했다. 그보다는 돈을 투자하는 사람들이 최고의 판단을 내릴 거라고 주장했다.[12]

1844년 상반기 글래드스톤의 철도법에 의해 고조된 분위기는〈그림 4.1〉[13]에서 볼 수 있다. 이 그래프는 철도 주가 지수와 당대 가장 큰 비철도 기업 20개에 대한 수익을 보여주고 있다. 이 시기에는 수많

은 철도 주식회사들이 발기되었고, 1845년 2월부터 7월까지 진행되던 의회의 한 회기 중 신규 철도에 대한 신청이 199개나 논의되었다.[14] 많은 사람들이 신규 철도의 철도망 효과가 기존에 있던 철도를 보다 수익성 있게 만들어줄 거라고 믿었기 때문에 철도 주가는 끝을 모르고 치솟았고, 이를 따라 더욱 더 많은 발기인들이 1846년 의회 회기에 철도 계획을 들고 왔다.

당시 들썩거리던 분위기와 그로 인한 신규 철도 주식회사 붐은 버블이 끝난 후 출간된 풍자적 이야기 『글렌무치킨 철도The Glenmutchkin Railway』에 매우 잘 설명되어 있다.[15] 이야기에는 두 명의 주인공 어거스터스 레지널드 던슈너와 밥 맥컬킨데일이 나온다. 이 둘은 돈이 궁한 친구들이었다. 그 중 맥컬킨데일은 한때 애덤 스미스의 『국부론』을 읽을 정도로 머리가 좋은 편이었다. 1844년, 이들은 신문들이 신규 철도 계획에 대한 글을 매일같이 잔뜩 쏟아내는 걸 보고 재빨리 300파운드를 신규 주식에 청약해 투기의 흐름에 올라타고자 했다. 하지만 6개월간 낮은 사회적 지위로 인해 주식을 인수받지 못했고, 주식 시장에서 일반 철도 주식을 사고팔면서 고작 20파운드밖에 벌지 못했다.

1845년, 성공하지 못해 좌절한 던슈너와 맥컬킨데일은 스코틀랜드의 고지대에 있는 존재하지도 않는 글렌무치킨 계곡에 길이 19킬로미터의 가상 철도를 건설한다는 계획으로 주식회사를 발기설립하기로 결심했다. 이들은 글렌무치킨이라는 허구의 도시를 인구 밀도가 높고 풍요로운 계곡으로 묘사하는 안내 책자를 밤새 꾸며내 작성했다. 가짜 철도위원회 이름도 켈트족 족장이나 스코틀랜드 현지 사람들 이름을 조합해서 지어 붙였다. 또 '먼 거리에서부터 거래의 냄새를 맡을 수 있는' 장로교인들의 돈을 끌어모을 수 있도록 장로교인 사업가를 사장으로 앉혔다. 스코틀랜드 장로교인들을 투자자로 끌어들이기 위해 가짜 안내서에는 일요일 여행에 반대한다거나 가난한 사람들에게 기독교 복음 전도지 1만 2000장을 나눠주고 있다는 내용을 실었다.

철도 회사를 설립하려면 발기인들이 의회 회기가 시작되기 전, 11월에 미리 의회에 세부 신청서를 제출해야 했다. 이 신청서에는 신규 철도의 필요성, 비용 추정치, 운행 및 근로 요금 등이 포함돼 있어야 했다. 또한 기업이 필요로 하는 자본의 75퍼센트를 조달하는 데 공동 참여하기로 약속하고 해당 자본의 5퍼센트를 납입한 개인들의 이름과 정보도 포함해야 했다.

그러면 주식을 할당받고 5퍼센트를 납입한 개인에게 가증권 증서 (통칭 가증권)가 발행되었다. 가짜 글렌무치킨 철도는 각각 20파운드짜리 주식 1만 2000주를 발행했다. 달리 말하면, 이 회사에 투자하고자 하는 초기 주주는 5퍼센트에 해당하는 1파운드만 납입하면 투자가 가능했다. 던슈너와 맥컬킨데일은 이 가증권을 사고파는 게 불법이지만 그렇게 해서라도 큰돈을 벌고 싶었다.[16] 가증권은 무기명으로 발부되었기 때문에 처벌을 두려워할 필요 없이 손쉽게 양도할 수 있었다. 그러나 가증권 증서를 처음 보유했던 사람은 철도가 법인으로 설립될 때까지는 해당 철도에 대한 부채에 대해 법적 책임을 지며, 따라서 가증권을 산 사람이 손실에 대해 발기인을 고소하고 싶더라도 법적 입장 자체가 모호했을 것이다.[17]

철도 신청서를 의회에 내면 의회의 사私법안 통과 절차를 통해 하원 의원들의 지지를 받을 수 있게 된다. 사법안은 의회 위원회가 검토하

● 오늘날 런던의 기차역 모습. 철도 버블 동안 묶여 있던 철도 시스템의 비효율성은 철도 회사의 질 저하로 이어졌고 오늘까지도 영국 철도의 단점인 광범위한 비효율성으로 이어지고 있다.

고 논의할 수 있었는데, 이 때문에 의회를 통해 법안을 통과시키는 데 드는 비용이 극적으로 증가했다. 거기다 글래드스톤이 만든 철도위원회의 승인도 받아야 했다. 승인을 받으면 의회 사법안이 통과되어 철도 건설이 승인되고, 필요한 땅을 매수하고 유한 책임 회사로 설립할 수 있게 된다. 바로 이 단계에서 주식을 보유한 투자자들에게 주권이 발행되는 것이다. 이 주권은 자산 가격이 오를 때 자본에 대한 미래의 상환요구를 충족할 것이라 기대되었다. 따라서 철도 회사들은 추가 자본을 조달하는 데에도 자유로웠다. 글렌무치킨 철도의 설립인가를 받는 데에는 실패했으나, 던슈너와 맥컬킨데일의 신청서가 의회를 통과하는 데 성공했더라면 그들의 사기는 만천하에 드러났을 것이므로 어쩌면 실패한 것이 이들에게는 잘된 일이었을지 모른다.

02
무엇이 **방아쇠 역할을**
했는가?

쏟아지는 광고와 심리를 건드리는 언론 보도

1845년 의회 회기 동안 철도회사 설립 승인 절차와 관련된 중요한 문제들이 명확히 드러났다. 철도위원회는 사실상 아무런 힘이 없었다. 철도위원회에서 권장하던 안건의 35.5퍼센트는 실행으로 옮겨지지 않았을 정도였다.[18] 결국 철도위원회는 1845년 7월 10일까지 점차적으로 해체되었다. 이로 인해 철도 관련 법안은 국가 차원의 고려사항과 별개로 각 지역의 사회적 비용과 이익으로 평가될 가능성이 높아졌다. 하지만 그렇게 되면 노선 중복 등 자칫 낭비일 수 있는 경쟁이 늘어날 가능성이 있었다.[19] 실제로 1846년 의회 회기에는 의회의 인가를 요청하는 철도회사 건설 계획안이 물밀듯이 의회로 쏟아져 들어왔다.

1845년 가을까지 무려 562건이라는 놀라운 숫자의 신규 철도 계획안이 의회에 제출되었다.[20] 이나마도 의회에 제출하는 데 성공한 수이고, 의회에 도달하지도 못한 신청서도 수없이 많았다. 《타임스》에 따르면, 1845년 한 해에만 신규 프로젝트의 수가 1238개에 달했다.[21] 1845년 가을에 있었던 신규 철도 주식회사 홍보 규모는 〈그림 4.2〉[22]에서 볼 수 있다. 당시 주요 정기간행물이던 철도 잡지 《레일웨이 타임스Railway Times》에서 신규 철도회사의 설립을 홍보하는 광고의 단어 수를 집계한 데이터다.

광고가 본격적으로 시작된 건 1844년 가을, 1845년 의회 회기 중에 승인을 받고자 신청된 철도들이 홍보를 하며 자본을 끌어 모으던 때였다. 그러나 이는 1845년 가을에 게재된 광고의 규모에 비하면 아무것도 아니었다. 1845년 9월과 10월 두 달간 투자자를 끌어들이려는 신규 철도 계획의 홍보 물량을 다 담느라 증보판을 3번이나 발행해야 했을 정도였다.[23] 〈그림 4.2〉에서는 이러한 활동의 폭발적인 증가가 정점을 찍었을 때가 철도 주가 지수의 최고점과 일치하는 것을 볼 수 있다.

주가 버블과 회사설립 버블은 철도 전문 정기간행물의 호황까지 동반했고, 1845년에는 철도를 주제로 한 정기간행물의 종류가 무려 16개나 되었다. 이들 중 대부분은 몇 달 정도 발행하다가 문을 닫는 등 오래가지는 못했다. 전체 평균 발행량은 주당 1만 750권에 달했다. 이 중 《레일웨이 타임스》의 주간 발행량만 약 35만 5000권이었다.[24] 《이코노미스트》는 1845년 1월 철도 관련 섹션을 따로 분류하면서 철도 관련 정보를 취급하는 데 뛰어들었다.

이런 간행물들은 주로 철도 시장의 긍정적인 면을 부각시키는 경향

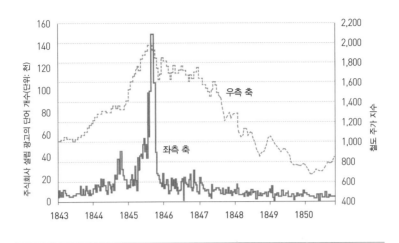

그림 4.2 철도 주가 지수와 철도 주식회사 설립 광고의 주당 단어 수

이 있었으며, 가격의 상승 소식은 바로 긍정적인 언론 보도로 이어지기도 했다. 그러나 의외로 신문은 시장 심리를 부추기지 않은 것으로 보인다. 신문에서도 긍정적인 보도가 있긴 있었으나, 이후의 가격 상승에 반영되는 수준은 아니었다.[25]

철도위원회가 해체되면서 철도 주식회사 발기 건수가 증폭해서 중복 노선이 승인될 수 있다는 우려를 낳기 시작했다.[26] 특히 1845년 7월부터 《타임스》는 신규 철도 계획이 가져올 부정적인 영향에 대해 경고하기 시작했다.[27] 1825년 버블 이후에 생겨난 경제 전문 언론들은 마치 투자자들을 지켜주는 개처럼 문제의 조짐이 보이면 바로 보도를 하곤 했다. 그중에 가장 심했던 건 결코 오래된 언론이 아닌, 1840년대 유통과 영향력 면에서 주요 일간지의 선두주자로 달리고 있던 《타임스》였다.[28] 《타임스》가 내보낸 사설은 철도 주식의 '과한 투기'에

극도로 비판적이었다. 철도 시장의 붕괴가 시작되기 바로 전 주말인 1845년 10월 18일에 발표한 사설에서는 노골적으로 통렬한 비판을 쏟아냈다.

> 사람들의 어리석음이 정점에 달했을 때 철도 투기에 대한 광기 역시 정점에 달했다. 그러나 어리석은 사람들 스스로도 이제는 당치 않다고 생각하고 점점 우스워지고 있는데도 불구하고, 그러한 어리석음이 가진 보편성으로 인해 도덕주의자들이 그러했듯 이제는 정치인들이 다루기에도 딱 좋은 현상이 되어버렸다.[29]

1845년 11월 17일, 《타임스》는 증보판에서 철도 투기가 광기가 되었다는 폭로기사를 냈다.[30]

결정적 역할을 한 4가지 요인

철도주식 주주들을 위한 지침서를 저술한 헨리 터크HenryTuck은 시장 붕괴의 책임을 《타임스》에 돌렸다.[31] 《레일웨이 타임스》는 《타임스》와 그 기자들이 자신들의 이익을 위해 시장을 앞세워 반복적인 거짓말을 쏟아내고 있다고 노골적으로 비난했다. 1845년 10월 18일부터 12월 13일까지 《레일웨이 타임스》의 주요 기사들은 매일같이 《타임스》가 철도 주식시장을 붕괴시키고 있다고 저격한 것으로 보아 《타임스》에 크게 분노한 것으로 보인다.[32]

그러나 철도 주식시장에 대한 부정적인 사설들의 영향에 관한 연구 결과에 따르면, 《타임스》가 시장에 미친 영향은 극히 미미했다.[33] 신문과 여러 언론은 대중이 주목하게 만드는 데 분명히 한몫하기는 했지만, 사실 그보다는 다른 몇몇 요인들이 버블을 터뜨리는 데 기여한 바가 더 컸다.

첫째, 철도위원회가 해체되면서 누구나 뛰어드는 주식회사 설립 열풍이 불었고, 철도 회사들은 잘 짜인 철도망을 통해 창출되는 긍정적인 효과로 이익을 볼 생각을 하기보다는 그저 서로 소모적인 경쟁을 벌였다.

둘째, 잉글랜드와 스코틀랜드의 수확량이 너무 저조했고, 아일랜드에선 마름병이 유행해 감자 수확을 완전히 망쳤다. 10월 중순이 되자 상황의 심각성은 더욱 여실히 드러났다.[34] 1845년 12월, 로버트 필Robert Peel 당시 총리가 곡물 수입에 대한 관세와 제한에 관한 법률인 일명 곡물법Corn Laws을 그의 내각이 지지해주지 않는다는 이유로 갑작스럽게 잠정 사임한 탓에 국내 정치적 위기 상황까지 촉발되었다.

셋째, 수확량 문제로 늘어난 금 수출로 인해 잉글랜드은행은 금리를 10월 16일에 2.5퍼센트에서 3퍼센트로 올리고, 11월 6일에는 3.5퍼센트로 올렸다.[35] 일부 평론가들은 철도의 주가 폭락이 영국 은행의 금리 인상 때문이라고 주장하기도 했다. 실제로 한껏 부풀어 오른 버블을 터뜨리는 데 잉글랜드은행이 기여를 하긴 했다.[36] 그러나 당시 《이코노미스트》의 분석이 좀 더 진실에 가까운 설명일 것이다. 금리 인상은 '주식 보유자들의 대다수가 자신이 가지고 있는 주식을 언제 팔면 좋을지 주도면밀하게 관망하고 있던 차에 팔아야겠다는 결정을

하게 해준 역할을 했을 뿐'이라는 것이다.[37]

넷째, 철도 주가의 급락은 1845년 7월과 8월 의회에서 승인한 철도 주식회사들의 자본이 대량으로 상환 요청되었을 때 발발한 것일 수 있었다. 이런 엄청난 상환 요청은 철도의 건설 작업이 착수한 시점에 발생했다. 그 양은 직전 3년 내내 있었던 모든 상환 요청 금액을 합친 것보다도 훨씬 많았고, 철도 주식에 대한 매우 대규모의, 그리고 잦은 캐피탈콜 레이스의 시작을 알렸다. 직전의 바쁜 몇 달이 지나고 이 사태는 많은 투자자들에게 현실 점검이 되었을 수 있다.

〈그림 4.2〉에서 볼 수 있듯, 1845년 마지막 분기의 침체기 이후 철도 주식시장은 1846년 초에는 그나마 다소 안정되어, 투자자들은 비록 다시 투자하고자 하는 욕심을 낼 수는 없었을지라도 적어도 패닉에 빠지지는 않을 수 있었다. 그런데 1846년 8월부터 주가가 다시 하락하기 시작했다. 1850년 4월에 마침내 주가가 바닥을 쳤을 때, 철도 주식시장은 1845년 여름 최고점에 비해 무려 66퍼센트가 하락했다.

비로소 드러난 미심쩍은 실체

여타의 버블들과 마찬가지로 철도버블이 터진 후에도 미심쩍은 실체가 드러났다. 1848년, 일명 '철도왕'이라 불리던 조지 허드슨George Hudson이 관리하던 철도가 인위적으로 수익을 높여 발표하고 보증한 것보다 더 많은 배당금을 지불하려고 수익이 아닌 자본을 끌어 쓰고 있었다고 주장하는 팸플릿이 발행되었다.[38] 또

1849년에는 주주들이 직접 꾸린 몇몇 진상조사위원회에서 허드슨이 자기 앞으로 가증권을 과도하게 많이 할당했고, 자신이 관리하던 철도들을 둘러싼 내부거래를 한 데다가, 회사의 회계를 조작해서 수익과 배당금을 과장시켰다는 걸 밝혀내기에 이르렀다.[39] 사실 허드슨도 버블이 한창 부풀어 오르는 중에는 수익과 배당금을 거짓으로 과장하지 않았었다. 그는 버블이 꺼질 때 자기 세상을 이전과 같이 유지해보려 발버둥 친 것뿐이다. 허드슨은 자리에서 물러났고 다양한 부채로 인해 고소당했다. 모든 걸 잃고 파산했으나 하원의원 자리를 잃고 나서는 아예 해외 망명을 해버려 미상환 부채로 인한 구금으로부터 법적 보호를 받을 수 있게 되었다.

허드슨의 범죄는 철도버블이 일어나게 된 체계적인 설명을 제공하는 사건은 아니다. 그저 한 개인이 벌인 별개의 사기 사건으로 봐야 한다. 왜냐하면 철도주식 진상조사위원회가 다른 회사에 대해 조사한 내용이나 철도 회사들의 회계를 조사한 의회 보고서에서나 이러한 사기 행각들이 미친 영향에 대한 증거는 찾을 수 없었기 때문이다.[40]

철도 버블이 터지면서 1846년에는 해산법Dissolution Act이 통과되어, 주주들은 의회의 인가를 받지 못한 철도를 철수하도록 회사의 발기인에게 강제성 있는 요청을 할 수 있게 되었다. 인가를 받은 철도 회사들을 위해서는 의회가 1850년에 주주의 60퍼센트 이상이 요구할 경우 철도 사업을 포기하기 용이하도록 해주는 법안을 마련해 통과시켰다.[41] 1845년에서 1847년 사이에 의회의 인가를 받아 설치된 총 1만 3824킬로미터의 철도 선로 중 2511킬로미터는 이 해산법으로 인해 철수되었다. 이후 또다시 4000만 파운드의 자본 가치를 지닌 3289킬

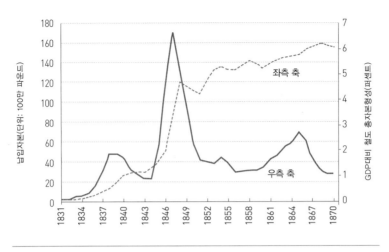

좌측 축

우측 축

그림 4.3 GDP 대비 영국 철도의 총자본형성 및 납입자본

로미터의 선로가 의회의 공식 동의가 채 있기도 전에 철거되었다.[42]

철도 투기 광기의 규모와 철도산업에 가져온 엄청난 영향에 대해서는 〈그림 4.3〉[43]에서 볼 수 있다. 〈그림 4.3〉에서는 1845년부터 1847년 사이에 철도에 투입된 전례 없는 투자 확장과 그 규모를 보여주고 있다. 총자본형성의 상당량(철도, 교량, 기관차 등 물리적 자본의 증가)과 납입자본의 증가가 1845년 이후 있었다는 점도 살펴볼 수 있다. 이는 신규 철도를 건설하는 데 일정 시간이 걸리고, 그러한 철도망 구축 일정에 따라 주주들의 자본을 점차로 모을 수 있었던 덕이다.

철도 광풍의 거대한 규모는 나머지 주식 시장에도 영향을 미쳤다. 1838년 철도 주식은 총 상장 주식의 14퍼센트, 전체 주식시장 가치의 23퍼센트를 차지했다. 그러던 것이 1848년까지 총 상장 주식의 48퍼센트, 전체 주식 시장 가치의 71퍼센트를 차지하게 되었다.[44]

중산층부터 노동자까지, 투기의 민주화가 시작되다

철도 광풍이 부는 동안 시장성은 몇 가지 방향으로 증대되었다. 의회가 철도 회사를 훨씬 자유롭게 인가해줄 수 있게 되면서 수백 개의 회사가 의회의 인가를 얻게 되었다. 인가받기 전부터 발기인들은 가증권 인증서 형태로 시장성 있는 주식을 보유한, 회사의 모양새를 갖춘 조직을 만들어두어야 했다. 이러한 철도회사의 주식은 주식시장에 전례 없던 활기를 불어넣었다.

대부분의 다른 기업 주식과 달리, 철도회사 주식은 버블 기간 동안 매일매일 거래가 이루어졌다.[45] 실제로 철도 보통주의 시장성이 증대되어 투기성 수요를 충족시키기 위해 철도 버블 기간 중 전국에 15개의 증권거래소가 신규로 열릴 정도였다.[46] 물론 버블이 끝나면서 이들 중 일곱 곳은 문을 닫았다.[47]

버블 트라이앵글을 이루는 세 변 중 한 변인 시장성은 그렇게 증대되었고, 다른 두 변인 돈과 신용은 연료나 마찬가지이므로 버블이 커지는 데 필수적인데, 이 조건 역시 충족되었다. 철도 버블이 발생했을 때는 잉글랜드은행이 문을 연 지 150년 이래로 가장 낮은 금리를 내세워 1844년에는 2.5퍼센트까지 떨어졌다. 금리도 인하됐는데, 이는 정부의 주요 채무담보 수익률이 1세기 만에 처음으로 3퍼센트대로 떨어졌다는 걸 의미했다.[48] 《레일웨이 타임스》에서는 낮아진 은행 이자율이 결과적으로 투자자들이 좀 더 높은 수익을 노리고 철도회사 주식으로 몰리게 했다고도 말했다.[49]

하지만 사실상 투자자들이 철도 주식을 사기 위해 대출을 받았다는 증거는 거의 없다. 그 이유 중 하나는 철도 주식이 분할불입이 가능해서 그 자체로 시세차익의 가능성이 포함돼 있었기 때문이다. 투자자들은 단순히 초기 납입금 10퍼센트만 지불함으로써 철도에서 레버리지가 높은 수익을 노릴 수 있었다. 이 레버리지 특성은 버블 기간 동안에 주주들의 수익을 증대시키는 데에 확실히 기여해주었다.[50] 게다가 1844년 2월 의회에서 철도 투자를 장려하기 위해 투자에 필요한 예금 비율을 5퍼센트로 낮춰서 철도 주식의 레버리지 특성을 강화시켰다.[51] 하지만 이러한 조치는 1845년 7월 의회가 준비하던 철도 계획에 대해 차기 분할 발행 증권(트랑쉐)을 준비하던 참에 취소되었다.

돈과 신용이 완화됨에 따라 철도 주가가 올랐던 것처럼, 반대의 사태는 정확히 반대의 효과를 냈다. 금리 인상과 주주들에 대한 캐피탈 콜의 증가는 철도 주가의 하락을 가속화했다. 실제로 철도 버블의 붕괴는 잉글랜드은행의 금리 인상 즈음에 일어났고, 캐피탈 콜(자본금 상환 요청)은 1845년 말에 훨씬 더 많이, 그리고 자주 일어났으며, 이어지는 다음 3년간 계속 증가했다.

아마추어 투자자부터 찰스 다윈까지

버블 트라이앵글의 세 변 중 마지막 변에 해당하는 투기도 이때 있었다. 철도 광풍이 부는 동안 주가가 계속 오르면서 투기성 자금을 주식시장으로 잔뜩 끌어 모았다. 1720년부터 1825년까지 버블에 들어간 투자는 소위 말해 투자금을 잃어도 될 만한 상류층의 일로 국한되었다. 그러나 철도 버블 동안에는 주식의 액면가가 낮은 데다가 분할 불입할 수 있어서 중산층부터 노동자 계층까지 수많은 사람들이 투기 세력에 합류하게 되었다. 실제 상황과 매우 비슷하게 지어낸 허구의 글렌무치킨 철도 이야기를 보면, 투자자들은 초기에 주식을 살 때 달랑 1파운드만 있으면 되었고, 철도가 승인될 때와 철도가 건설될 때 19파운드만이 중도상환을 기다리고 있었다. 이 금액을 당시의 물가로 비교해보자면, 당시 공무원들의 연봉은 연간 약 180파운드, 교사들은 연간 약 80파운드, 노동자들은 연간 약 50파운드 정도였다.[52]

투자 수단이 적었던 수많은 일반 투기꾼들은 철도가 의회의 인가를 받기 전에 또는 상환이 진행되기 전에 주식을 팔아치우고 싶었을 것이다. 분할 불입 주식은 1720년부터 1825년까지 투기꾼들을 유치하는 데 큰 역할을 했다. 하지만 비록 투기꾼이야 늘었을지라도 이로써 중산층이 성장하게 되었고 초기 필요 투자금이 적었던 덕에 결과적으로 이 문제의 분할 불입 주식이 철도 버블에서 투기의 민주화를 이뤄낸 주역이었다고도 볼 수 있다. 또한 이때 『성공적인 철도 투기를 위한 간략하고 확실한 지침서』, 『철도 투기자를 위한 비망록』, 『철도 주식으로

● 『제인 에어』를 쓴 샬럿 브론테(Portrait by George Richmond, 1850, chalk on paper)(맨 왼쪽), 『허영의 시장』을 쓴 윌리엄 새커리(가운데), 생물진화론을 세운 생물학자 찰스 다윈(맨 오른쪽) 등 문학계 거장과 저명한 과학자들도 철도 투자에 뛰어들었다.

돈 버는 법』과 같은 수많은 인기 투자 지침서들이 쏟아져 나왔는데, 이역시 당시 투기가 민주화되고 있었음을 시사하고 있다.

다른 유명한 버블 관련 에피소드들과 마찬가지로 철도 버블에서도 역시 순진하고 아마추어적이며 돈은 없던 개미들의 주식투자에 초점을 맞춘 이야기들이 많다. 일부 당대 사람들은 철도 주식에 대해 떠들고 다니던 아마추어 개미들이 결과적으로 주가를 올렸고, 철도 주가가 폭락할 때에는 또 공포에 떨면서 뛰어들어 폭락세에 힘을 실었다고 주장하기도 했다.[53] 그러나 이런 주장은 대부분 풍자 언론과 당대의 문학에서 주로 나온 주장일 뿐이다.[54]

철도 역사가들의 말에 의하면 가난한 사람보다는 여성이나 성직자와 같이 주식 투자 경험이 없던 투자자들의 투자 참여가 있었고, 특히 중산층을 비롯한 평민 졸부들이 개인투자자의 핵심 축이었다고 한다.[55] 일례로 샬럿 브론테나 윌리엄 메이크피스 새커리와 같은 문학계 거장들, 그리고 찰스 다윈과 같은 저명한 과학자들도 철도 투기에 참여했다.[56] 1845년부터 1846년 의회 회기 이전에 공개된 철도계획에 투자한 청약자 목록을 보면 당대 풍자 언론이나 문학에서 묘사하던 것들의 이면에 있는 진실을 조금이나마 들여다볼 수 있다.[57] 이 목록은 버블 도중에 투자한 대부분의 투기꾼들에 대한 정보보다는 버블이 형성되기 시작할 때 주식을 매수한 초기 청약자들에 대한 정보를 담았다.

단, 당시 발기인들은 자신들의 청약자 목록을 중산층보다는 상류층 사람들의 이름으로 채우기를 선호했기 때문에 사실상 중산층에 대한 정보는 실제에 비해 충분히 반영돼 있지 않다. 그 점을 고려하더라도 이 자료에서 볼 수 있는 청약자 비율은 여성이 6.5퍼센트, 성직자가 0.9퍼센트를 차지하고 있고, 중산층은 13.1퍼센트, 그리고 제조업, 상업, 소매업 등에 종사하는 사람들이 37.8퍼센트를 차지하고 있다. 노동자 계급은 1퍼센트를 차지하고 있다.

1720년부터 1825년까지의 버블 기간 동안에는 금융 긴축과 시세 조작으로 인해 공매도를 함부로 감행할 수 없는 상황에서, 버블의 내부자들이 주식 상품을 쓸어 담았었다. 이번 철도 버블에서도 마찬가지의 현상을 보였다. 이러한 사재기 행태는 사실 증명하기는 어렵다. 보통은 공매도인이나 공매도인이 의뢰한 주식 중개인들이 지불을 하기 싫을 때나 아니면 법정에 가게 될 때에나 일어나는 일이기 때문이다. 하지만 허구의 글렌무치킨 철도를 구상한 던슈너와 맥컬킨데일은 주식 사재기를 통해 돈을 벌려고 했다. 이들이 세운 임시 이사진 임원 중 한 명인 새뮤얼 솔레이Samuel Sawley는 잘나가던 장로교인 관 제작자였는데, 당시 공매도를 통해 주식을 쓸어 담고 있었다. 이를 지켜보고 있던 던슈너와 맥컬킨데일은 주식이 다시 1파운드로 떨어지는 걸 보자마자 살 수 있는 한 모조리 사들였다. 솔레이가 불입을 해야 할 때가 되자 공매도를 했던 주식을 사야 했다. 그러나 거의 모든 주식이 던슈너와 맥컬킨데일의 손에 들어가 있었고, 주가는 며칠 만에 17파운드로 올라 있었다. 그 가격에라도 솔레이는 살 수밖에 없었기 때문에 일주일이 지나도록 문제가 해결되지 않자 결국 던슈너를 찾아가 주식을 좀 팔아주십사 부탁할 수밖에 없었다. 던슈너를 찾아갈 당시 솔레이는 머리부터 발끝까지 장례식 의상을 차려입고는 '사랑하는 아내의 시신을 매장할 때보다 더 슬픈 표정'을 하고 있었다고 한다. 솔레이는 공매도에 대해 고백하면서 '악마가 나를 유혹했고, 나는 과매도를 해버렸습니다'라고 말했다. 그렇게 던슈너로부터 2000주를 사서 솔레이는 필요한 돈을 지불했다.

왜 소모적인 경쟁을 하는 걸까?

글래드스톤의 철도법 제안 및 통과는 버블을 부풀릴 불꽃이 되어 주었다. 이 법을 만듦으로써 사람들은 정부가 향후 국유화를 고려해야 할 정도로 이 철도 산업이 미래 수익성이 매우 높을 거라고 예상한다고 여기게 만들었고, 이는 시장의 이익으로 바로 반영됐다. 그러나 더 중요한 점은 이 법 이후에 철도위원회라는 것이 구성되었다는 점이다. 사실 철도가 아주 새로운 산업은 아니었다. 글래드스톤이 이 법을 만들 때쯤, 여객 기관차가 만들어진지는 이미 15년이 넘었고, 철도 버블 이전에 이미 2253킬로미터가 넘는 철도 선로가 존재했다. 다만 이 철도망이 국가에 의해 통합된 망이 아니었을 뿐이었다. 철도위원회의 설립은 결과적으로 이제 정부가 국영 철도망에 통합되는 신규 철도만 승인하려고 할 거라는 신호를 투자자와 발기인에게 보낸 셈이었다. 이는 기존 철도망의 외부성을 조성해 이용 승객의 수를 크게 늘릴 수 있는 조치이기도 했다.

그러나 영국의 의회 구조 자체가 국영 철도망 구축에 적합하지 않았기 때문에 의회에서 따로 철도위원회를 설치한 것이다. 당시 영국의 하원의원에게는 국익보다는 지역 선거구의 이익을 증진하는 것이 더 중요했다. 따라서 정치는 국익보다는 지역의 이익에 더 초점을 맞추는 경향이 자리 잡게 되었으며, 이러한 점이 결국 국가적 통합 철도망을 구축하고자 하는 국익 차원의 목적보다는 단순히 철도 사업 계획을 따내기 위한 지방 도시 간 경쟁으로 이어졌다.[58] 글래드스톤이 철도위원회에 이러한 지역 이익 추구보다 우선적인 권한을 부여하지 않은 것은 명백한 정치적 실수였고, 그로 인한 철도위원회의 유명무실한 역할과 무기력한 기능은 1845년 여름 철도위원회의 해산으로 이어졌다.[59]

철도위원회의 해산은 국영 철도망 건설 시도에 대한 의회 측의 조정 노력을 끝내겠다는 신호와도 같았다. 그 결과, 1845년 가을, 의회는 신규 철도 사업 신청서로 넘쳐났고, 소모적인 경쟁으로 서로를 파괴하는 수많은 중복된, 그리고 비경제적인 사업 계획서를 마구 승인해주기에 이르렀다. 이러한 소모적인 경쟁이 불러온 시장 황폐화에 대해 당시 신원 미상의 누군가는 이렇게 말했다.

경쟁 중인 새로운 노선을 놓친다는 건 곧 기존 노선의 철폐까지는 아니더라도 확실한 수익 감소로 이어졌어요. 그렇지만 새로운 노선을 확보하는 데 성공하더라도 또 다른 기존 노선들과 어차피 경쟁을 해야 하니 결국은 이것 또한 그리 수익성이 높다고 볼 순 없죠.[60]

이후 철도 주가가 폭락한 걸 보면 이 말이 납득이 간다. 실제로 《이코노미스트》는 시간이 지나 이 철도 버블 중 새로 생긴 노선들이 거의 또는 전혀 이익을 보지 못했다고 지적하기도 했다.[61] 버블 전 요크York 와 노스 미들랜드North Midland 에 있는 철도망의 자기자본이익률이 10.1퍼센트였던 데 반해 버블 기간 동안 구축된 철도망의 자기자본이익률은 -0.3퍼센트였다는 사실도 이 말을 뒷받침해준다.[62] 《레일웨이 타임스》는 '철도 경쟁과 철도 파멸은 거의 동의어나 마찬가지'라고 지적함으로써 상황을 요약했다.[63]

1825년 버블 이후 일어난 한 가지 변화는 바로 하원의원들이 철도가 있는 곳의 선거구 의원으로서 또는 해당 철도 계획서의 검토관으로서 가질 수 있는 기득권적 이익을 가진 채로 계획서를 검토하는 걸 더 이상 할 수 없게 된 것이다. 사실 이렇게 되면 원래는 지역과 중앙 정부의 긴장감이 의회 내에서 감소되는 게 자연스러운 결과다. 그러나 정치인들은 서로 짜고 치면서 상대 의원이 미는 철도 계획서가 통과되도록 찬성표를 던져주는 식으로 교묘하게 빠져나갔다.[64] 저명한 생물학자이자 철학자인 허버트 스펜서Herbert Spencer 는 하원의원들이 이 철도 버블 기간 동안 기회주의자처럼 행동했다고 말했다.[65] 하지만 좀 더 넓게 보면 그렇다고만 볼 수는 없다. 의원들이 기회주의적으로 요리조리 빠져나갔다기보다는 단순히 원래 하던 대로 국익보다 지역 선거구 이익에 민감하게 반응했을 뿐이다. 사실상 이 의원들이 개인적으로 다른 투자자들보다 더 이득을 봤다는 증거는 찾아볼 수 없었다.[66]

같은 시기 다른 나라들의 철도망 건설 사례를 살펴보는 것도 도움이 될 것 같다. 프랑스를 비롯한 다른 대륙 국가들의 경우, 철도망 구축의 목적은 중복 노선과 경쟁 노선이 없도록 하는 것이었다. 이런 목적은 철도망 구축에 국가가 참여(또는 소유)함으로써 달성될 수 있었다.[67] 이는 곧 유럽 대륙은 어떻게 철도 버블을 겪지 않을 수 있었나에 대한 답이기도 하다.

전적으로 민간 기업이 운영하던 미국 철도의 경우, 주 정부가 불필요한 경쟁을 방지하기 위해 철도 사업에 대한 전세권을 효과적으로 잘 나눠서 부여했다.[68] 부여의 범위는 별도로 제한되어 있는 건 아니었으나, 주 정부가 각 지방 정부에서 실행 가능하다고 판단된 철도 노선에 한해서만 자본금을 제공해줌으로써 철도망 건설에 핵심적인 역할을 잘 수행해 문제가 없었다. 이런 식으로 주 정부와 지방 정부가 초기 철도 건설에 필요한 자본의 절반을 제공했고, 이에 1860년 이전에 지어진 미국 주요 노선들은 전부 골고루 정부의 재정 지원을 받을 수 있었다.[69] 철도 노선 건설에 대한 이러한 실질적인 통제가 바로 미국이 철도 버블을 겪지 않은 이유에 대한 설명 중 하나가 될 수 있을 것이다.[70]

지역 차원 대 국가 차원이라는 긴장의 끈은 이전부터 브리튼(영국 본토인 잉글랜드, 스코틀랜드, 웨일스를 합친 지역-역주) 의회 시스템에 존재했는데, 다만 이것이 특이한 방식으로 영국(영국 본토인 잉글랜드, 스코틀랜드, 웨일스에 북아일랜드와 기타 영국령 섬들을 합친 지역-역주)에서 발전되어

온 것이었다. 이와는 대조적으로 다른 나라의 정치적 제도와 장려책들은 대체로 지역 이익보다는 국익에 더 많은 비중을 두고 있었다. 아마 이 때문에 인접 국가들은 철도 버블을 심하게 겪지 않은 것으로 보인다.

의회가 실패한 원인에 대한 또 다른 설명으로는 영국이 민간 기업을 통해 국영 네트워크를 구축하고자 했던 최초의 국가였기 때문에, 말하자면 일종의 선발대의 불운을 겪었다는 설명도 있다. 오랫동안 자리 잡고 있던 의회의 절차가 지역 기업이 운영하던 운하나 유료도로 개발에 적용해도 잘 굴러갔었기 때문에 영국의 의원들은 철도 개발 역시 마찬가지이리라고 지레짐작했던 것이다. 그러나 이들은 망외부성이라는 중요한 요소를 미처 고려하지 못했다. 한편, 당시 의회 회의에서 철도 계획을 검토하면서 기존 절차를 그대로 적용하는 게 위험하다는 일부 의원들의 지적이 없진 않았다.[71]

기존 철도들은 왜 그렇게 소모적인 경쟁을 하게 된 걸까? 우리가 진행한 반사실적 분석에서 동료 중 한 명이 신규 회사들과의 경쟁 위협에 직면한 기존 철도 회사들이 취할 수 있었던 전략들을 조사했다.[72] 조사 결과, 당시 이들이 취할 수 있는 행동 중 경쟁하는 것 이상으로 취할 수 있는 행동이 없었다는 게 밝혀졌다. 이들이 할 수 있는 최고의 전략은 경쟁으로부터 자신을 보호하기 위해 자신의 철도망을 확장하는 것이었다. 그러나 어차피 내가 설치하지 않아도 누군가는 그 부설 노선을 따내서 설치할 것이고, 그렇게 하게 내버려 두다가 내 사업이 뒤처지느니, 결코 손실밖에 가져오지 않는 노선이라 하더라도 차라리 그걸 내가 갖겠다는 전략으로 경쟁할 수밖에 없었던 것이다.[73]

200년 뒤에도 남은
'사회적 저축'의 비용

버블에 뛰어든 투기꾼들은 버블이 꺼지면서 얼마나 큰 고통을 받았을까? 소설가 샬럿 브론테는 버블 기간 동안 철도 투자로 입은 막대한 손실을 곱씹으며 자신의 상황을 철도 주가 폭락으로 인해 엄청난 고통을 겪고 있는 수천 명의 중산층 투자자들의 상황과 비교했다.

> 수많은, 아주, 아주 많은 사람들이 이 기괴한 철도 시스템에 일용할 양식을 빼앗겼다. 미래의 양식만 빼앗긴 이들은 부디 당장 먹을 양식마저 빼앗긴 이들의 한 서린 탄식을 들을지어다.[74]

이전 버블에서는 재산을 잃어도 버틸 만한 투자자들이 참여했지만, 철도 버블에는 잃을 게 거의 없다고 봐도 무방한 수많은 중산층 내지 그 이하의 투기꾼들도 뛰어들었다. 철도 주가가 폭락하면서 수많은 사람들이 고통스러워했으나, 철도 버블이 전반적인 경제에 어떤 영향을 미쳤는지에 대해서는 아직 의문점이 남아 있다.

철도 주가가 최고점을 찍은 지 정확히 2년 뒤인 1847년 10월, 영국에는 금융 위기가 찾아왔다. 1847년 1월부터 잉글랜드은행이 1847년

제1분기에 금리를 무려 4배나 인상하면서 단기금융시장이 어려워졌다. 그뿐만 아니라 어음 대출과 어음 할인을 제한했다. 이는 10월 16일부터 23일까지 이른바 '공포의 주Week of Terror'로 불리면서 혼란이 정점에 달했는데, 이 기간 동안 몇몇 은행들은 지급을 정지했고, 잘 운영되고 있던 은행들도 잉글랜드은행의 도움을 받아야 했다. 단기금융시장 압박은 '공포의 주'가 끝나는 주말에 총리와 재무장관이 잉글랜드은행에 서신을 보내 최근 통과한 영국은행조례Bank Charter Act를 준수하지 않아도 된다고 했을 때 비로소 완화되었다. 그 결과로 잉글랜드은행은 화폐발행을 확대해서 위기를 끝낼 수 있었고, 유동성 장애에 직면한 다른 은행들에 도움이 되었다.

가장 가까이서 찾을 수 있는 위기의 원인은 상인들, 특히 곡물 사업을 하고 있던 상인층의 붕괴였다. 밀 가격은 1847년 상반기에 2배로 뛰었는데, 이는 1846년 수확의 부진 때문이었다. 그러나 밀 가격의 상승으로 밀 수입 역시 많아졌고, 밀 가격은 1847년 여름에 다시 50퍼센트나 떨어졌다. 이는 수많은 곡물 상인들과 투기꾼들의 목덜미를 잡아 결국 도산하게 만들었다. 이러한 상업 실패는 이미 아슬아슬해진 단기금융시장의 어려움을 더 악화시켜서 결국 1847년 10월 공포의 주를 맞이하게 만들었다.

철도 버블이 1847년에 도래한 금융위기의 직접적인 원인은 아니었을지 몰라도, 결과적으로 단기금융시장의 어려움을 간접적으로 악화시킨 건 맞아 보인다.[75] 철도 주주들이 철도 노선이 건설되면서 자본을 전부 분할 불입했다는 걸 보면 1847년에 얼마나 많은 자본 상환 요청이 있었는지를 알 수 있다.[76] 〈그림 4.1〉에서 볼 수 있듯이, 1847년에 철도에 들어간 불입자본금이 엄청나게 늘어났고, 1847년 철도의 총자본형성 규모는 전례가 없는 규모였다. 1847년 내내 상환 요청이 있었다는 건 주주들이 은행에서 현금을 인출하거나 또는 다른 데서 자금을 조달해야 하는 상황이었다는 걸 의미하며, 이러한 상황은 결과적으로 단기금융시장의 큰 어려움을 초래했다고 볼 수 있다.[77]

유용한 시스템의 정착인가, 낭비된 투자인가?

존 이트웰 경Lord John Eatwell 은 철도 버블이 터지고 나서부터는 실제적 사회 가치에 대한 투자가 현격히 줄었던 것으로 봐서, 일단 철도 버블을 유용한 버블이었다고 봐야 한다고 제안했다.[78] 물론 철도 버블의 결과로 등장한 국영 철도망이 변혁적이었다는 데에는 의심의 여지가 없다. 이동에 소요되는 시간과 비용이 대폭 감소하면서 대중은 여행이 가능해지고 중상류층은 여행을 더 편안하게, 더 자주 다닐 수 있게 되었다. 당시 철도 평론가였던 디오니시오스 라드너Dionysius Lardner 는 1835년엔 런던과 에든버러 사이를 매일 다니는 역마차가 고작 일곱 대뿐이어서 왕복하려면 이틀이 걸렸지만, 1850년 즈음에는 여객 기차와 화물 기차가 하루에 여러 대씩 다녀서 같은 구간을 12시간이면 다닐 수 있게 되었다고 말했다.[79] 철도가 가져다준 사회적 이익을 정확히 정량화할 수 있다고 가정하고 철도를 둘러싼 경제적 비용과 이익의 비율을 분석한 결과, 버블을 통해 통합된

최종 철도망은 19세기와 그 이후 엄청난 양의 복지 혜택을 제공해 주었음을 알 수 있다.[80]

철도로 인해 발생한 복지 혜택을 추정해보기 위해 경제사학자들은 '사회적 저축social savings'이라는 개념을 이용했다. 즉, 사회가 철도가 한 일과 같은 일을 철도 없이 할 경우에 드는 비용을 계산해보는 것이다. 한 연구에서는 이렇게 계산한 철도의 사회적 저축의 추정치가 시간과 비용 면에서 1850년까지 GDP의 2퍼센트, 1900년까지 10퍼센트에 달한다고 발표했다.[81] 이는 빅토리아 여왕 시대 영국의 생산성에 주요한 효과로 이어졌다.

그러나 철도를 승인하는 절차와 철도망을 구축하는 절차가 자유방임적으로 바뀌고 즉각적으로 추진되지 않았더라면 사회적 유용성이 얼마나 높았을까 하는 의문을 제기하지 않을 수 없다. 또한 버블이 국영 철도망을 구축하기 위해 꼭 거쳐야만 하는 과정이었는가도 생각해봐야 한다. 철도를 승인하고 철도망을 구축하는 수단 자체는 분명 비효율적이었으며, 불필요하고 중복되는 노선을 포함한 철도망을 얻는 것으로 귀결되었다. 한 연구에 따르면 1914년까지 통합된 약 3만 2167킬로미터의 철도망에는 실제 필요한 양보다 약 1만 1265킬로미터 더 많이 설치돼 있었다고 한다. 결국 같은 사회적 이익을 훨씬 적은 투자로 얻을 수도 있었던 것이다.[82] 철도 버블 동안 묶여 있던 철도 시스템의 비효율성은 철도 회사의 서비스 질 저하로 이어졌고, 오늘날까지도 영국(브리튼) 철도의 단점인 광범위한 비효율성으로 이어지고 있다.[83]

그러므로 버블이 사회에 유용했다고 보기보다는 뒤죽박죽인 네트워크와 장기적인 비효율성으로 가득한 철도 시스템을 만들어낸 걸로 봐야 한다. 게다가 이 차선적인 네트워크를 구축하는 데 너무나 많은 투자가 낭비되었다. 사회적으로 유용하고 장기적인 수익성까지 가져다줄 수 있는 철도망은 철도 버블 없이도 충분히 구축될 수 있었다. 다만 이 시나리오는 의회의 정치적 계산이 지역의 이익과 보다 덜 결합돼서, 불필요한 경쟁과 중복 노선을 줄인 효율적인 국영 철도망을 만들기에 좋은 여건이었을 때 얘기다. 물론 애초에 그랬더라면 철도 버블은 결코 일어나지 않았을 테지만.

철도버블은 투기를 민주화했다. 투자자를 보호하고 버블에 대한 경고의 메시지를 보내기 위해 존재하던 금융 언론들은 새로운 투기 계급이 알아차리기에는 철도 광풍을 너무나 늦게 보도했다. 금융 언론사 기자들에 따르면 글렌무치킨 철도 풍자에서 배울 수 있는 교훈은 결국 투자자가 스스로 조심해야 한다는 것이었다. 투자자들이 기본적으로 신중해야 한다. 타인은 대신 책임져주지 않는다.

철도버블이 막을 내린 후 10년이 채 지나기 전에 영국 내 합자회사에 대한 정부의 모든 규제가 철폐되어, 기업들은 의회의 사전 인가 없이도 회사를 세울 자유를 얻게 되었다. 시장성은 더 이상 제한되지 않았고, 투기는 민주화되었다. 철도 버블 중의 유일한 레버리지 수단은 바로 분할 불입 주식이었다. 철도 버블은 신용보다는 현금이라는 연료에 의해 더욱 압도적인 불길로 커지게 되었다. 당시 투자자들은 자신들의 손에 쥔 돈을 자발적으로 모험에 내놓고 있었다. 그런데 이들이 타인의 돈으로 투기를 시작한다면 어떨까?

철도 버블이 일어나자 중산층부터 노동자 계
층의 수많은 사람들이 투자 세력에 합류했
다. 이때 『성공적인 철도 투기를 위한 간략하
고 확실한 지침서』, 『철도 투자자를 위한 비
망록』, 『철도 주식으로 돈 버는 법』과 같은 수
많은 인기 투자 지침서들이 쏟아져 나왔다.

투자 지침서들의 인기는 당시 투기가 민주화되고
있었음을 시사한다.

PART

05

BOOM AND BUST

타인의 돈을 집어삼킨 사람들

: 부동산 버블

타인의 돈으로 자금을 조달하여 만들어진 버블이 결국
터져버릴 땐 상당한 수준의 경제적 비용과 인적 피해를
초래할 수 있음을 보여준다. 또한 똑똑한 금융인과 금융
시스템이 주택이나 토지와 같은 자산을 투기의 장으로
바꿀 수 있다는 것 역시 보여준다. 이 사례는 결코 역사
의 마지막 사례가 아닐 것이다.

120년이 지난 지금도 세계는 언제고 경제를 송두리째 파괴하
고 민주주의 국가들의 정치적 안정을 훼손하는 버블을 경험할
수 있다.

01
짧았던 영광과
기나긴 아픔

휴머니즘의 비극

19세기 말에 법인 설립의 자유와 소유 지분의 시장화 가능성이 여러 국가에서 열렸고, 투기 가능성은 중산층으로 확대되었다. 그러나 미시시피 버블 이후에 발생한 버블들은 부정적인 경제적 타격을 그리 오랫동안 받지는 않았다. 손해를 보더라도 대부분 감당할 수 있는 사람들이 손해를 보았고, 파산이 지속적이면서도 광범위한 채무불이행으로 이어지지는 않았으며, 특정한 산업 분야가 영향을 받긴 해도 나라 경제가 휘청거릴 정도는 아니었다. 맥케이가 저술한 책의 지속적인 인기가 보여주듯, 버블은 이후 중산층이 오락거리로 읽곤 하던 유머러스한 우화에 불과했다.

하지만 1880년대 호주 부동산 붐은 달랐다. 이 버블의 붕괴는 호주를 역사상 가장 지속적이고 깊은 우울의 늪에 빠지게 만들었으며, 빈

● 1880년 멜버른. 도시 거리의 조직화된 레이아웃을 볼 수 있다.

곤과 노숙자와 기아가 길거리에 즐비하게 만들었다. 도번^{Rev. J. Dawborn}
목사가 전한 한 가슴 아픈 이야기는 1893년 당시 사람들의 궁핍함
을 보여준다.[1] 어느 날, 여섯 명의 아이 어머니가 한 아기를 품에 안
은 채 초췌한 몰골로 멜버른에 있는 그의 집에 찾아왔다. 그녀의 남편
은 석공이었지만 일을 하고 있지는 않았다. 그녀는 3일째 아무것도 먹
지 못했고, 삶아 으갠 브로콜리와 양배추 줄기를 구해 겨우 아이들에
게만 먹이고 있었다. 불과 몇 년 전만 하더라도 그녀와 가족과 멜버
른 전체는 전례 없는 호황을 맞이하면서 부동산 붐을 맞았었다. 멜버
른의 부동산 붐은 완전한 휴머니즘의 비극이었다. 한 역사가는 이 시
기 멜버른을 두고 성서에 등장하는 도시 바벨에 빗대 '경이로운 멜버
른^{Marvelous Melbourne}'이라고 말했다. 바벨은 부유했다가 나중에 금융위
기, 파산, 부의 상실이라는 심판과 재앙을 겪게 된 도시다.[2]

중산층의 아편,
수익률을 향한 열망이 만든 거대 부동산 회사

이 경제적 재앙은 1885년 결혼 붐, 인구 증가, 도시화의 결과로 멜버른과 시드니의 교외 단독주택 수요가 증가하면서 시작되었다.[3] 다수의 멜버른 시민들이 우중충한 산업도시에서 이주해서인지 교외 생활에 대한 동경이 있었다. 한 역사가는 이 시기의 교외주의를 두고 '중산층의 아편'이라고 표현하기도 했다.[4] 수요가 급격히 증가하면서 토지가격은 급등했다. 1884년에 평방피트(약 0.09제곱미터-역주)당 15실링에 팔리던 토지는 1887년에 20배나 뛰었다. 예를 들어 보자면, 멜버른 중심가에서 14킬로미터 떨어진 버우드 Burwood 의 토지는 에이커(약 4000제곱미터-역주) 당 70파운드에서 300파운드까지 뛰었다.[5] 멜버른의 중앙 비즈니스 지구의 토지가격도 몇 달 만에 2배로 올랐고, 주택 판매량 자체도 폭발적으로 증가했다. 1887년 「오스트랄아시아 보험 및 은행 기록 Australasian Insurance and Banking Record 」에 따르면 한 해 동안 일반 노동자부터 부동산 투자 회사에 이르기까지 모든 사람들의 소유자산 대부분이 소유주가 바뀌었을 정도였다고 한다.[6]

부동산 버블에 불을 지핀 것은 해외 자본, 그중에서도 대부분 영국 자본이었다. 호주의 경제성장률이 엄청나다는 말을 들은 영국인들의 투자는 1880년대에 급격히 증가하다가 1888년에는 무려 호주 GDP의 10퍼센트에 해당하는 2280만 파운드를 기록했다.[7] 자본은 초반에는 대부분 증권시장에 투자되었으나, 10년에 걸쳐 점차 토지로 흘러갔다. 이러한 과정은 1887년 1월 총 10개 호주상업은행들의 연합체이자 멜버른에 본사를 둔 빅토리아연합은행Associated Banks of Victoria 이 기준금리를 6퍼센트에서 5퍼센트로 낮추면서 가속화되었다.

이후 1887년 8월에 두 번째 금리 인하가 시행돼 4퍼센트까지로 떨어졌다. 이러한 조치는 「오스트랄아시아 보험 및 은행 기록」에 따르면 78개 주식의 주가를 변동시키고 비즈니스 활동을 자극하는 효과를 낳았다.[8] 그러나 이러한 경기 부양책은 안전자산에 대한 관심을 감소시켜 투자자들이 더 높은 리스크를 추구하게끔 하는 결과를 낳아 긍정적 효과를 상쇄했다. 당시 오스트레일리아 상업은행Commercial Bank of Australia 의 총책임자 터너H.G.Turner 는 이 현상은 예금자들이 금리인하에 따라 보다 나은 수익률을 찾아 나선 것이라고 설명했다.[9]

사람들은 더욱더 수익률이 좋은 투자처를 찾아 헤맸고, 그 열망은 거대한 부동산회사가 출현해 충족해주었다. 이 회사들은 기존의 소규모 중개인이나 건축업자보다 재정적 자원에 접근하기 훨씬 용이했기 때문에 교외의 넓은 땅을 매수해 단일 주거용 건물로 나눠서 사람들에게 팔 수 있었다. 또는 수익을 내기 위해 원하는 개발자들에게 팔거나 자사에서 관리하곤 했다.[10]

부동산 가격이 급격히 상승하면서 이러한 수익구조는 매우 높은 수익률을 냈으며, 이를 본 사람들은 너도나도 부동산 개발 회사를 차리기 시작했다. 〈그림 5.1〉[11]에서 볼 수 있듯, 1887년 빅토리아 주에만 이런 부동산회사가 40개나 설립되었다. 이들 중 많은 회사들이 호주 내 28개 상업은행에서 대출을 받아 필요한 추가 자금을 조달했다. 은행법에서는 당초 투기를 우려하여 부동산 거래를 위한 대출을 금지

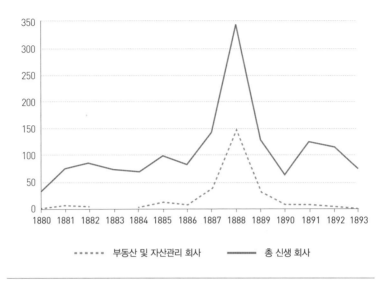

········ 부동산 및 자산관리 회사　　━━━ 총 신생 회사

그림 5.1 빅토리아 주에 설립된 신생 회사

했었지만, 언제나 그렇듯 은행들은 규제를 빠져나가는 방법을 찾아냈다. 그러다 1887년이 되자 왕립은행법위원회Royal Commission on Banking Laws는 이러한 관행을 비공식적으로 인정해주었고, 1888년에는 빅토리아 주 정부가 국영 은행에 한해 이 규제를 아예 없애주는 법안이 통과되기도 했다.

　토지 붐이 가속화됨에 따라 주택금융조합과 부동산회사, 두 형태의 기관에서 부동산 자금 조달과 투기가 대부분 일어나게 되었다. 주택금융조합은 원래는 단독 주택을 사고 싶어 하는 개인에게 자금을 빌려주는 주 공급자 역할을 했었다. 그러나 토지 붐이 일어나면서 신흥 건설업자와 부동산 개발자들에게도 자금을 빌려주는 방향으로 비즈니스 모델을 바꿔나가기 시작했다.[12] 부동산회사들은 부동산 투기, 부동산 투자, 그리고 모기지 뱅킹을 결합한 하이브리드 비즈니스 모델을 만들어 운영했다.

자사 또는 타인의 자산 운영에 자금을 조달하기 위해 느슨한 은행 규제를 이용하여 그림자 은행으로 둔갑한 뒤, 일반인 및 영국 예금자들로부터 자금을 조달받았다. 이들은 아주 유혹적인 이자율을 제시하면서 수많은 타 은행 예금자들을 끌어 모으는 등, 공격적으로 고객을 모았다. 뉴사우스웨일스New South Wales 주에서는 예금을 많이 유치하는 데 성공해 기존 주택금융조합을 밀어내기도 했다.[13]

부동산 시장의 갑작스러운 붕괴

1888년 초, 처음 몇 달간 멜버른 중심부 토지 가치는 약 0.5배 증가했고, 교외지역 부동산 가치는 2배 내지 심지어는 3배까지도 증가했다.[14] 예를 들어, 야라 강Yarra River 남부 지역에 있는 약 7651평의 토지는 당초 10만 파운드에 매입됐지만, 불과 6개월 후 30만 파운드에 팔렸다.[15] 1888년 상반기 교외지역 땅값은 외부 환경의 변화가 전혀 없었는데도 3배에서 4배씩 가격이 뛰었다.[16] 같은 기간, 인기가 많던 중심 비즈니스 구역 땅값은 피트(약 30.5센티미터-역주)당 400파운드에서 1100파운드로 뛰었다.[17] 이런 추세에 따라 이 구역에는 런던 고층 건물들 같은 12층짜리 고층 건물들이 세워졌다. 1888년 9월과 10월에는 멜버른의 주요 신문 중 하나인 《아거스Argus》가 땅 판매 광고를 1.5페이지에서 4페이지로 늘릴 정도로 땅

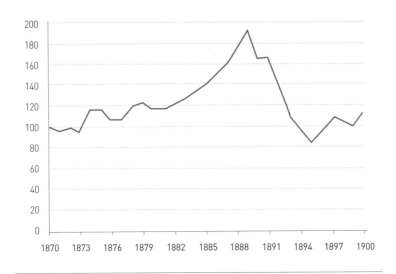

그림 5.2 멜버른 주택가격 지표

투기가 많아졌다. 시드니는 멜버른만큼은 아니었지만, 그래도 시드니 내 한 블록당 땅값은 1888년 기준으로 191파운드에서 304파운드로 올랐다.[18]

　멜버른 토지 투자자 100명을 대상으로 한 교외 토지 거래 가격(분할 분 포함)을 조사한 결과, 1880년대 땅 투자를 통한 평균 연간 수익률은 39.8퍼센트임이 밝혀졌다. 이는 왜 그렇게 많은 사람들이 땅 투자에 열을 올렸는지 충분히 납득하게 해주는 수치다. 토지 가격을 조사한 다른 연구에 따르면, 에이커당 토지 평균가는 1882년 39파운드, 1885년 166파운드였다가 1888년에는 303파운드로 상승했음을 알 수 있다. 하지만 이 가격은 1890년 들어 154파운드로 떨어졌다.[19]

　〈그림 5.2〉[20]는 19세기 마지막 30년간 멜버른 주택가격 변화를 추적한 그래프다. 1880년부터 상승하기 시작한 주택가격 지수는 1887

년과 1888년에 상승세를 유지하다가 1889년에 정점을 찍어서 1870년과 비교하면 거의 2배가 되었다. 그러나 1889년 이후 1895년까지 점차로 하락하다가 결국에는 최고점 대비 56.5퍼센트 하락한 가격을 기록했다. 19세기가 거의 끝나갈 때쯤 가격이 약간 회복되긴 했으나, 그래도 1870년 수준에 불과했다.

1880년대에 시드니 주택가격 상승은 멜버른만큼은 아니었다. 하지만 시드니도 10년간 약 32퍼센트 상승하기는 했다.[21] 물론 멜버른과 달리 1892년까지 끊임없이 하락만 한 것은 아니었지만, 1894년엔 결국 여기도 50퍼센트까지 하락했다. 두 도시의 주택시장 회복은 꽤 오래 걸렸다. 시드니는 1912년, 멜버른은 1918년이나 되어서야 겨우 1889년 수준의 가격을 회복했다. 땅값도 오랫동안 낮은 가격을 유지했다. 1888년 303파운드였던 시드니의 한 블록당 평균 토지 가격은 1907년이 되어서도 123파운드밖에 되지 못했다.[22]

토지와 주택가격의 붐이 일면서 1888년에는 토지 관련 회사의 기업 설립 붐도 있었다(〈그림 5.1〉 참고). 이때, 많은 기업들이 마치 은행 같아 보이고자 이름을 은근슬쩍 '호주 부동산 투자 및 뱅킹 컴퍼니Australian Land Investment and Banking Company' 등으로 짓곤 했다. 부동산 버블회사의 주식은 땅에 바로 투자할 자금은 없지만 호황에 올라타 수익을 내고자 한 일반 개인들에게는 매우 매력적이었다.[23] 당시 파산 기록을 보면 목수, 직물상, 노동자, 목사, 독신녀, 교사, 미망인 등이 부동산 버블회사에 투자했다는 사실을 알 수 있다.[24] 철도 버블이 낳은 투기의 민주화는 43년이나 지났지만 영국으로부터 1만 6093킬로미터 이상 떨어진 이곳에서도 살아 숨 쉬고 있었다.[25]

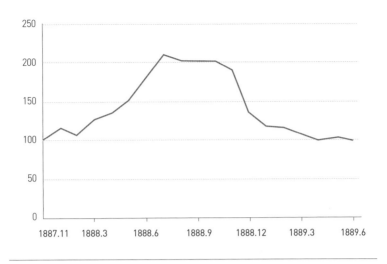

그림 5.3 멜버른 증권거래소에서 거래된 부동산회사 주식의 월별 가격

이 중에는 부동산회사가 시장에 나오자마자 왕창 청약을 해서 바로 다시 프리미엄을 받고 팔려고 한 사람들도 많았다. 한 분석가는 이를 두고 이렇게 말했다.

> 신생 회사가 남해 버블 시기에 만들어진 회사들과 같은 입장에 있으며, 이들의 공통점은 어떤 사업 라인을 해야 할지 정확히 알지 못하더라도 주가는 곧장 프리미엄급으로 올라간다는 점이다.

〈그림 5.3〉[26]에는 멜버른 증권거래소에서 거래된 부동산회사 주가지수가 나타나 있다. 1887년 12월부터 1888년 7월까지 이 지수는 2배 이상 증가했다. 단, 이 그래프는 25개 기업(추측건대 규모 상위 25개)만 포함하고 있으며, 멜버른 내 다른 증권거래소에서 거래되었을 가능

	비광산 회사의 수	부동산 버블회사의 수	총 시장자본	총 납입자본	부동산 버블 회사의 총 시장자본	부동산 버블 회사의 총 납입자본	멜버른 주식거래의 처리 수
				(단위: 100만 파운드)			
1886	85	7	25.0	17.9	1.0	1.3	6만 494
1887	95	8	34.1	20.0	2.6	1.5	1만 4913
1888	153	25	44.1	26.9	8.5	3.5	5만 9411
1889	152	22	47.7	28.8	4.1	3.9	4만 5118
1890	152	18	48.6	29.6	4.1	3.6	7만 7282
1891	154	18	23.9	25.5	2.9	3.9	5만 7018
1892	121	3	23.9	25.5	0.2	0.6	3만 6440
1893	112	3	10.7	23.7	0.0	0.3	해당 없음

표 5.2 멜버른 부동산회사들의 주식거래량

성이 높은, 보다 규모가 작고 더 투기성이 높은 벤처기업의 데이터는 포함하지 않고 있으므로 부동산회사의 실제 주가 상승치보다 적게 나타난 결과일 수는 있음을 밝혀둔다.

멜버른 증권거래소에서 거래되던 모든 부동산회사의 연도별 가치는 〈표 5.2〉[27]에 나타나 있다. 이 표는 부동산회사들의 성장과 부동산 호황 기간 동안 시장 가치와 불입금 가치가 일치하지 않는 현상을 보여주기도 한다. 표에서 보면 멜버른 증권거래소를 통한 거래 건수가 1888년에 3배로 증가했음을 알 수 있다. 거래량 증가 폭이 너무 큰 나머지 거래소의 직원들은 밤늦게까지 사무실에서 야근을 하며 거래를 처리하느라 고군분투했다고 한다.[28]

멜버른 증권거래소는 같은 도시 내에 있던 6개 증권거래소 중 하나였기 때문에 아마 다른 증권거래소의 거래까지 합친다면 거래량이 훨씬 더 많았을 것이다.[29] 비록 나머지 '버블' 거래소들은 토지 호황이 막을 내린 후 사라지게 되었지만 말이다.[30] 거래량의 증가는 브로커들도 바빠지게 만들었고, 브로커들이 활동하는 중개소의 거래장 좌석 가격에도 거래량 증가가 반영되어 1887년 12월 300파운드이던 자릿값이 이듬해 3월에는 1500파운드가 되었다.[31]

빅토리아 주 은행연합에서 부동산 호황이 고조됨과 동시에 금리를 인하한 것과 마찬가지로, 1888년 10월 22일 부동산 호황이 막을 내릴 때에는 반대로 금리는 1퍼센트 인상되었다. 이 금리 인상은 부동산 가격 할인에 대한 신용공급 제한이라는 새로운 정책과 동반되었다. 연합은행들은 1887년에 적용되었던 저금리 정책이 신용의 과잉 확장, 부동산 투기, 부동산회사에의 투기에 기여한다는 점을 알고 있었기 때문에 이러한 단계를 밟은 것이다.[32] 이러한 정책 변동은 부동산회사들의 주가에 거의 즉각적인 영향을 미쳤다. 12월까지 부동산회사의 주가지수는 최고점에서 35퍼센트 하락했다(〈그림 5.3〉 참고). 대출에 대한 압박 역시 부동산 투기의 장을 갑작스럽게 붕괴하게 만들었다.[33]

부동산 버블이 오랫동안 지속된 4가지 이유

「오스트랄아시아 보험 및 은행 기록」에서는 12월에 있었던 이러한 주가 하락 사태에 대해 연합은행이 부동산 사업의 불건전성을 일깨우게 해줬다는 긍정적인 논조를 찾아볼 수 있었다.[34] 거의 즉각적인 반응으로 10개의 소규모 부동산 회사가 부도났

고, 부동산회사의 주식은 지급 정지가 되었다. 하지만 이후 3년간 부동산회사들은 망하지 않았다.[35]

부동산 버블이 왜 그렇게 오랫동안 지속됐는지에는 4가지 이유가 있다. 첫째, 부동산회사 주식의 패닉 셀링을 늦출 만큼 보다 큰 범주에서의 경제적 발전이 있었다.[36] 예컨대 빅토리아의 부동산 호황이 무너져갈 때쯤, 뉴사우스웨일스 지역의 공공 및 민간 투자가 증가했다.[37] 강우량도 충분하고, 수확도 풍성하고, 양모 수확량이 최대치일 때 마침 유럽 내 양모 수요까지 증가해서 빅토리아 주의 전망은 오히려 밝아 보였다.[38]

둘째, 1889년 은광 주식 붐이 일어난 덕분에 일시적으로 잠시 경제가 활성화되었고, 부동산회사들이 처한 위태로운 상황에 주목할 틈이 없었다.[39] 이 붐은 브로큰힐Broken Hill, 정확히는 브로큰힐 소유 컴퍼니Broken Hill Proprietary Company에서 소유한 은광을 중심으로 일어났다. 참고로 이 회사의 주식가치는 1889년에 무려 188퍼센트까지 올랐다.

셋째, 부동산 호황 자체와 직접적인 관련이 없었던 상업은행들은 주택금융조합과 부동산회사들이 직면한 문제가 그저 일시적일 뿐이라고 생각하고 이들에게 대출과 초과인출을 더 많이 해주었다. 이렇게 은행들이 대출을 더 늘렸다는 말은 곧 버블이 붕괴한 지 2년 후인 1890년 말에도 실패한 주택금융조합이나 부동산회사들이 거의 없었다는 뜻이다.[40] 은행들이 초과인출에 대한 상환 요청을 시작한 1891년이 돼서야 많은 주택금융조합과 부동산회사들이 무너지기 시작했다.[41] 1888년, 버블이 붕괴된 후에 아무것도 모른 채 신용을 확대해줬던 수많은 상업은행들은 파멸을 자초한 것이다.[42]

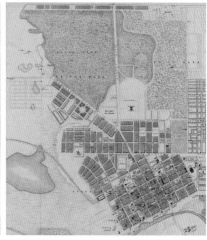

● 1880년대(왼쪽)와 1855년(오른쪽) 멜버른의 잘 정립된 교외 지역을 보여주는 지도.

넷째, 이 이유가 가장 중요한데, 자산 시장이 회복되리라는 희망을 가지고 있던 부동산회사들이 망하지 않기 위해서 살아남는 나름대로의 생존 전략을 구상했다는 것이다. 대부분의 경우 12개월 또는 24개월짜리 정기예금이나 채무증서를 제공했기 때문에 버블이 갑자기 꺼지더라도 일반적인 상업은행에 비해 파산할 위험은 적었다. 그럼에도 불구하고 예금이 속속들이 만기가 되면서 이들 역시 자금 문제에 직면했다. 이를 해결하기 위해 이들은 특히 영국 돈을 유치하려는 노력을 강화했다. 그러기 위해 먼저 런던과 스코틀랜드에 수많은 사무실을 열었다. 일부는 사무실 이름에 굳이 '은행'이라는 단어를 포함시키거나 1889년 9월 빅토리아 프리홀드 뱅크Victoria Freehold Bank가 브리티시 뱅크 오브 오스트레일리아British Bank of Australia로 이름을 바꾼 것과 같이 어떻게든 영국과의 연관성을 강조하기 위해 명칭을 바꿔 설립하기도 했다.[43] 또 스코틀랜드 신문에는 이례적으로 높은 이율을 강조하는 광고들을 가득 내보내기도 했다.[44] 이렇게 어렵게 모집한 예금들은 만기가 돌아오는 또 다른 부채를 갚는 데 사용되었다.[45] 이는 궁극적으로 부동산회사로 하여금 피라미드형 구조를 띤 사기성 계획을 구상하게 만들었다. 몇몇 회사들은 창의적으로 회계조작을 감행했고, 자본금이나 차입자금에서 배당금을 지급한 후 회사의 자금을 활용해서 주가가 떨어지지 않게 만들었다.[46]

물론 이런 깡통 은행이 되더라도 꽤 오랫동안 살아남을 수는 있었다. 실제로 1889년에서 1891년 중반 사이에 파산한 단체는 멜버른 프리미어 영구 주택금융조합the Premier Permanent Building Association of Melbourne 단 하나뿐이었다. 이들은 몰락이 눈앞에 보이자 대차대조표를 조금씩 위조하기 시작했고, 관리자들은 자신들에게 더 많은 권한 자격을 돌려 두었다. 「오스트랄아시아 보험 및 은행 기록」에 따르면 금융 부도덕은 영국 예금주들로 하여금 불안한 나머지 자신의 돈을 호주에서 다시 꺼내가게 만들 거라고 경고했다.[47] 그러나 영국 투자자들은 1890년 11월에 영국의 베어링스은행Barings Bank 이 파산하고 나서야 뒤늦게 호주의 상황을 좀 더 면밀히 검토하기 시작했다. 〈표 5.1〉은 영국 투자금 유입이 1890년에 어떻게 둔화되기 시작했는지를 보여준다. 1891년 7월까지 예금이 만기되고 투자자들이 갱신을 꺼리면서 멜버른과 시드니의 깡통 부동산회사들과 주택금융조합은 마치 도미노처럼 푹푹 쓰러지기 시작했다. 이후 6개월 동안 이들이 쓰러지는 모습은 영국 투자자들의 신뢰를 더욱 잃게 만들었다.[48] 1892년까지 영국 투자 흐름은 수도꼭지가 서서히 잠기듯 점차 느려졌다.

과잉에 대한 대가를 치를 시간

1892년 3월까지 멜버른과 시드니에서만 총 31개의 주요 부동산회사들과 9개의 주택금융조합이 파산했다. 이 40개 단체의 총 자산은 2280만 파운드였고, 예금자산은 총 1270만 파운드였다. 예금주들은 분노했다. 예금액의 약 8분의 1이 전부 손실됐고, 나머지도 오랫동안 묶여 있었기 때문이다.[49] 이들은 아직 청구되지 않은 550만 파운드의 자본으로 겨우 버텨왔던 것으로 추측되며, 사실상 이 금액은 이론상으로는 위기 상황이 벌어져도 투자자들에게 돌아갈 수 있을 만한 금액이다.

그러나 실제로는 예금주들은 이 550만 파운드의 30퍼센트도 채 안되는 돈만 돌려받았다. 이는 대주주들이 책임으로부터 벗어날 수 있는 특권층 엘리트들을 위한 특별 파산 절차인 비밀 '변제조항'을 통해 이미 빠져나간 뒤였기 때문이다.[50] 예를 들어, 1886년에서 1890년 사이 빅토리아 주의 우편국장인 데르함F.T.Derham은 일련의 부동산 버블 거래를 하면서 채권자에게 55만 파운드를 빌렸다. 데르함이 채권자와 맺은 이 특별 변제조항 덕분에 데르함은 1파운드당 1페니만 지불하면 되었기 때문에 파산하지 않을 수 있었다. 당시 원래는 1파운드당 240페니였기 때문에 이 조항은 결국 데르함의 빚을 99.6퍼센트나 청산해 준 셈이었다.

1892년 중반까지는 부동산 버블의 종식이란 불가능해 보였다. 그러나 머지않아 상업은행들은 불행의 낭떠러지 끝으로 몰려 비틀거렸다. 이들은 (우리가 앞으로 살펴보겠지만) 1880년대의 과잉에 대한 대가를 치러야 했다.

호황과 불황이 번갈아 오는 동안 언론은 어떤 역할을 했는가? 호황기에는 주간지 《테이블 톡Table Talk》과 「오스트랄아시아 보험 및 은행 기록」에서 종종 불안감을 표현하기는 했다.[51] 하지만 다른 일간 신문들은 호황에 대해 전혀 의문을 제기하지 않았다. 아마 부동산회사와 예금이 필요한 주택금융조합으로부터 광고비 등의 명목으로 돈을 받았을 것으로 보인다. 실제로 나타니엘 코르크는 런던 은행가들에게서 호주의 금융 상황에 대한 질문을 받았을 때, 호주와 뉴질랜드 방문 시 보관해두었던 《아거스》 신문기사 사본을 내미는 것으로 대답을 대신했다. 광고를 한눈에 보자마자 모든 것을 알 수 있었다.[52] 철도버블과 마찬가지로 신문이 받았을 상당한 광고비만 생각해봐도 갑작스러운 호황에 아무도 의문을 제기하지 않을 만했다.

주류 언론사들은 호주가 파산하고 있는데도 전혀 조사를 하지 않았다. 예외적으로 유일하게 멜버른의 주간 가십 잡지인 《테이블 톡》만이 문제에 관해 논했다. 창립자 모리스 브로츠키Maurice Brodzky가 편집을 맡아 원래 부정부패를 폭로하기로 유명했던 《테이블 톡》은 부동산회사 경영진의 비양심적 행동에 대해 일련의 기사들을 내보내기 시작했다.[53] 영국 언론도 버블이 터질 때, 특히 베어링스은행이 파산할 때 영국 투자자들로 하여금 호주의 금융 시스템의 주요 구조적 취약점들에 주목하게 만들었다는 점에서 중요한 역할을 했다.[54]

땅을 사고팔기만 해도
큰돈을 버는 레버리지

이전 버블들이 시장성 있는 주식을 발행하는 신생 주식회사에 대한 규제 및 규제 철폐로 인해 발생했다면, 호주 부동산 버블은 회사 설립에 진정한 자유가 있는데도 불구하고 발생한 최초의 버블이었다. 다시 말해, 경영자들이 정부 또는 법체제로부터 사전 허가를 받을 필요 없이 시장성 주식을 발행하는 회사를 세울 수 있는 환경이었다.

여기에 회계 조작으로 토지의 시장성도 훨씬 강해졌다. 부동산 버블회사들은 자산과 토지를 사기 위해 주주들과 예금주들의 돈을 끌어모았다. 이들의 주식은 상대적으로 낮은 액면가였고, 적은 돈으로도 살 수 있었고, 잔금도 2~3년에 걸쳐 낼 수 있었다. 호황 중에는 증권거래소가 우후죽순 생겨났기 때문에 투자자들은 동시에 여러 곳에서 주식을 사고팔 수 있었다.

유동성이 증가하고 거래량이 3배씩 늘면서 매수인과 매도인을 찾기도 쉬워졌다.[55] 이전에는 토지에 대한 투기가 토지를 사고팔기 충분한 돈을 가진 부유한 사람들에게 한정돼 있었던 반면, 부동산회사들을 통해 토지 거래량 자체가 늘면서 평범한 투자자들도 부동산회사들이 가진 주식을 간단히 사고팔며 땅 투기에 뛰어들 수 있었다.

	해외 발 예금 (총 예금 당 퍼센트)	자산비율 중앙값 (퍼센트)	유동성 비율 중앙값 (퍼센트)	지점 수
1870	12.0	52.6	12.9	381
1875	10.0	36.1	12.5	613
1880	12.8	32.8	16.7	844
1885	18.6	21.2	10.4	1,159
1888	22.8	22.3	12.6	1,404
1889	24.4	21.7	11.8	1,465
1890	25.5	19.4	13.2	1,543
1891	27.1	19.6	11.3	1,553
1892	25.4	18.3	12.3	1,519

표 5.3 호주 은행 시스템의 취약성 증대

버블 트라이앵글의 나머지 두 변인 돈과 신용도 부동산 버블이 커지는 동안 풍부하게 공급되었다. 신용의 주 출처는 상업은행, 주택금융조합, 부동산회사들이었고, 이들 중 대부분은 사실상 은행 역할을 했다. 1880년대에 상업은행들은 자금 모집과 대출을 공격적으로 확장했다. 〈표 5.3〉[56]에서 볼 수 있듯이, 1880년대에는 상업은행들이 국내 예금을 확보하기 위해 지점 네트워크를 확장했고, 영국의 예금을 더욱 더 많이 끌어오기 시작했다. 일부 은행들은 아예 이 목적을 위해 일해 줄 호객 에이전트를 고용하기도 했다. 1880년부터 1888년까지 이런 상업은행들은 호주발 예금 총액을 이전의 2배인 8850만 파운드로 늘릴 수 있었고, 해외발 예금 총액을 이전의 거의 4배에 달하는 2400만 파운드로 늘릴 수 있었다.[57] 〈표 5.3〉은 이러한 예금액 증가가 자본 증가를 동반하지는 않았으며, 그 덕에 은행들은 훨씬 더 많은 레버리지

를 노릴 수 있었음을 보여준다. 게다가 〈표 5.3〉에서 볼 수 있듯 유동
성 비율은 1888년까지 이들의 예금이 1880년에 비해 대출에 더 기반
하고 있다는 점 역시 보여준다. 수많은 상업은행들로 모인 이 예금들
은 점점 더 자산 투기꾼과 개발자들에게 대출되거나 부동산담보로 대
출되었다.[58]

주택금융조합 역시 1880년대, 특히 1885년부터 공격적으로 확장
하기 시작했다. 1888년까지 이들은 예금을 2배 이상인 530만 파운드
로 늘렸다. 이 기간 동안 부동산 대출도 1887년 250만 파운드이던 신
규 대출 규모를 1888년에는 440만 파운드까지 크게 늘렸다.[59] 주택금
융조합이 늘린 이 신용의 대부분은 기존 차용인보다도 부동산 투기꾼
들에게 많이 돌아갔다. 주택금융조합은 1880년대에 조합의 대출 정책
도 크게 바꾸었다. 상환 기간을 평균 8년에서 12년으로 연장했고, 대
출자들에게 요구하는 담보의 수준도 낮췄다. 두 정책 모두 대중으로
하여금 대출이 매력적으로 느껴지게 만들었다.

돌려막기와 레버리지의 횡행

부동산 붐과 부동산 투기꾼의 입장에서
대출 정책의 가장 큰 변화는 큰 이자 없이 언제고 대출금을 갚을 수 있
게 되었다는 점이었다.[60] 이는 빌린 돈으로 땅을 사고, 그 땅을 세분화
해서 다시 신속하게 수익을 남겨 팔고, 또다시 그 돈으로 대출을 상환
하는 등 돌려막기가 크게 횡행하는 결과를 낳았다.

● 1889년 멜버른 스펜서 거리. 이 시기 멜버른 증권거래소 입구 거리는 즐비하게 늘어서 있는 투기꾼 무리 때문에 건물 안으로 들어가기도 힘들 정도였다.

부동산회사들은 차입 자본으로 투기를 많이 하는 기관에 속했다. 즉, 경우에 따라 국내 또는 영국인으로부터 상당한 양의 예금을 조달했는데, 그 모습이 꼭 은행과도 같았다. 1890년에 빅토리아 주의 부동산 버블회사들은 예금과 채무증서로만 730만 파운드를 보유했던 것으로 추정된다.[61] 그러나 이 돈은 대출자에게 들어가거나 안전담보에 투자되는 대신 부동산 계획에 주로 투자되었다.

부동산 호황이 있는 동안 토지와 부동산 구입을 통한 레버리지의 효과는 거의 2배에 달했다. 먼저 부동산 개발업자 또는 부동산 버블회사들이 땅을 사기 위해 광범위하게 돈을 차입한다. 그리고 산 땅을 구획 분할하여 사람들에게 신용 기간을 연장해서 제공한다.[62] 부동산 버블회사들의 주식매매도 이런 방식으로 돌아갔다. 초기 청약자들은 적은 액수의 초기 납입금만 지불하면 되었고, 이것이 향후 캐피탈 콜의 대상이 되었다. 이러한 방식은 이미 레버리지 비율이 높은 회사의 주식을 또다시 레버리지로 사게 하는 결과를 낳았다.

이전 버블에서와 마찬가지로 당대 일반인들 대부분의 주목을 가장 많이 끈 것은 다름 아닌 투기였고, 투기는 당시까지도 도덕적 취약성의 결과로 인식되고 있었다. 1893년, 한 영국인 저널리스트는 버블이 호주 사람들의 내재적 열등함에서 기인한다고 하면서 '호주 국민들 고유의 도박 정신이 국가에 심각한 취약성 요소로 작용한다'고 말했다.[63] 하지만 사실상 버블에 투자된 막대한 양의 자금이 영국에서 나왔다는 사실이 이러한 설명의 근거를 빈약하게 만들었다. 단, 실생활에서 실제로 호주 내 투기가 성행했다는 증거는 많았다. 영국 은행 전문가인 나타니엘 코르크는 1888년에 호주를 방문해 다음과 같이 관찰한 바를 말했다.

> 증권거래소가 있는 애덜레이드Adelaide 의 거리는 아침 9시부터 흥분에 차 있는 남성, 여성, 소년들이 바글바글하게 모여 있었다. 다들 흥분해서 날뛰는 것 같아 보였고, 책임자 정도 위치에 있어 보이는 일부 남성들은 하루의 절반을 이 흥분의 장에서 보내는 데 일말의 부끄러움도 느끼지 않는 것 같아 보였다. 정치인부터 하녀에 이르기까지 전부 이 소용돌이 속에 들어와 있었다.[64]

상황은 멜버른도 마찬가지였고, 증권거래소 직원들은 매일같이 증권거래소 입구 거리에 즐비하게 늘어서 있는 투기꾼 무리 때문에 건물 안으로 들어가기 어려워했다.[65] 1886년까지 빅토리아 주 총리직을 지낸 제임스 서비스James Service는 나타니엘 코르크의 견해에 동의하며 덧붙였다.

> 부동산 버블을 이용해 큰돈을 벌어보고자 생각해보지 않은 사람은 아마 남녀를 불문하고 거의 없었을 것이다.[66]

특히 단순히 땅을 사고팔기만 하면서 레버리지로 큰돈을 버는 행운과 같은 스토리는 투자자들 사이에서 빠르게 부자가 될 수 있다는 사고방식을 형성하게 했고, 일부 사람들이 자산보다 훨씬 많은 대출을 받아 투기에 뛰어들게 만들었다.[67] 멜버른의 증권거래인들의 스토리는 부동산 호황 시대 투기의 열기가 1880년대로 거슬러 올라가 새로운 금과 은 광산을 발견했던 과거 투기의 역사에 뿌리를 두고 있음을 알 수 있다.[68]

왜 정치인들은 부동산 대출 규제를 철폐하려 했을까?

호주의 부동산 버블을 일으킨 불꽃은 바로 1887년 은행의 부동산 담보대출 제한을 푼 일이었다. 이는 25년 동안 이어진 자유화 과정의 마지막 단계인 셈이기도 했다. 버블이 일어나기까지 호주는 법적인 입국 장벽이 낮고, 규제가 적고, 화폐를 찍어낼 자유를 은행이 가지고 있었으며, 중앙은행이 따로 있지도 않았다. 따라서 영국의 잉글랜드은행처럼 최종대부자 역할을 해줄 곳도 없었기 때문에 말하자면 완전한 자유은행체제의 대표 주자나 마찬가지였다.[69] 1862년, 영국 재무부는 각 식민지의 은행 감독 업무를 각 식민지 내에서 알아서 하도록 했다. 그러나 식민지 국가들은 한동안 영국의 규정을 따랐는데, 그중 가장 중요한 게 바로 은행이 부동산 담보대출을 해줄 수 없다는 규정이었다. 하지만 이후로 식민지 국가들은 점차 영국의 규정에서 떨어져 나와 '은행이 최소한의 법적 제한만 받도록' 하는 쪽으로 점차 움직였다.[70]

이러한 자유방임적 변화의 분위기에도 불구하고 상업은행들은 여전히 부동산 담보 대출을 할 수 없었다. 그러다 1887년 빅토리아 주 정부가 왕립위원회Royal Commission를 구성해 남은 규제의 흔적을 특별히 신경 써서 관리하도록 지시했다. 1887년 7월 제출한 보고서에서 이들은 은행의 부동산 대출이 더 이상 제한되어서는 안 된다고 권고했다. 위원회는 부동산 대출이 영국 은행에서 볼 땐 경솔하다고 할 수 있더라도 호주의 경우 땅 자체의 시장성이 있다고 주장했다.

땅에 시장성이 있다는 것은 결국 땅보다 나은 담보가 없다는 걸 의미한다.[71]

빅토리아 주 정부는 이러한 위원회의 권고사항을 수용해 1888년 12월에 법으로 통과시켰다. 그러나 이유는 알 수 없지만 이 법의 제1

부에서 이 법령을 1888년이 아닌 '1887년 은행 및 통화에 관한 수정 법령'이라고 부르고 있다.[72] 연도가 달리 표기된 것은 아마도 법이 바뀌기 전에 움직인 은행들에 법적 구제 장치를 마련해주기 위한 것일 확률이 높은데, 이는 결국 빅토리아 주 정부에서 1887년 7월에 왕립위원회가 보고서를 발표하기 전부터 이미 해당 권고안을 법률로 통과시키기 위한 법안 초안을 작성한 것으로 해석해볼 수 있다.[73]

왕립위원회의 보고서는 2가지 효과를 가져왔다. 첫째, 토지와 부동산이 양질의 자산이라는 점을 대중과 예금주들에게 알렸다. 이는 돈을 예치하고 부동산에 투자하고자 하는 부동산회사들에 확실히 큰 도움이 되었다. 둘째, 은행들이 부동산 담보대출을 실질적으로 개시하게 되었다. 결과적으로 왕립위원회의 보고서가 부동산 버블이라는 불꽃을 피우는 데 도움을 준 것이다.

정치인들이 부동산 대출 규제를 철폐하고자 한 이유는 뭘까? 일부는 정치인들이 멜버른의 성장세에 취해 있었거나, 필요한 조치를 취하도록 로비를 받았을 거라고 말하기도 한다.[74] 마이클 캐넌Michael Cannon은 부동산 버블을 둘러싼 논쟁과 폭로를 담은 자신의 저서 『부동산 버블의 수혜자들The Land Boomers』에서 정치계 엘리트 인사들에 대해 냉담한 어조를 취했다. 캐넌은 빅토리아 주 의회가 사익을 위해 공직의 권한을 남용하는 일이 흔해진 땅 투기꾼 클럽으로 전락했다고 주장했다.[75] 1886년부터 1890년까지 빅토리아 총리직을 지난 던컨 질Duncan Gilles의 내각 인사 대부분은 부동산회사의 이사직을 동시에 맡고 있었으며, 일부는 버블이 터지면서 파산을 맞이한 투기꾼이기도 했다. 내각 밖에는 온갖 땅 투기꾼과 부동산회사 이사진의 손에 들어간 주택 천지였다. 또 입법부 총회 내 30명이나 넘는 의원들 역시 부동산회사의 이사들이었다.[76] 가장 먼저 파산한 메이저 부동산 버블회사 중 하나인 임페리얼 뱅킹 컴퍼니Imperial Banking Company는 1887년부터 1889년 사이에 멜버른 시장 벤저민 벤저민 경Sir Benjamin Benjamin이 설립한 회사다. 특히나 버블 붕괴 이후 설립된 특별 파산 위원회는 이런 힘 있는 부동산 버블 수혜자들이 빚을 안 갚아도 되도록 만들어진 위원회였다.

부동산 버블 수혜자들이 정치인과 정치 기관에 미치는 영향은 빅토리아 주 의회 전前 대변인 매튜 데이비스 경Sir Matthew Davies을 보면 알 수 있다. 그가 조성한 기업 간 네트워크는 피라미드식 수익 구조를 띠었다. 일명 '데이비스 클럽'에 속한 기업들 중 메인 기업들 수장은 전부 고위급 정치인들이 맡고 있었다. 그러다 데이비스 자신과 그의 기업이 파산에 이르면서 1892년 이 네트워크도 막을 내렸다. 이후 조작한 대차대조표를 공개하고 사기를 쳤다는 내용으로 데이비스 경을 수차례 기소하고자 했으나 기소는 되지 않았다. 오히려 1887년에 그는 왕립은행위원회Royal Commission on Banking의 의장을 맡았다.

금융 시스템이 만든 무대

부동산 버블의 종말은 부동산회사들과 주택금융조합의 붕괴로만 끝나지 않았다. 호주 금융 시스템의 핵심인 상업은행들도 엄청난 대가를 치렀다. 1892년 3월, 호주 상업은행 28곳 중 2곳인 호주상업은행Mercantile Bank of Australia 과 사우스오스트레일리아은행Bank of South Australia 에서 지급을 정지했다. 이에 빅토리아 주 재무부에서는 빅토리아 주 은행연합에 '사태가 발생할 경우, 서로에게 타당하다 인정될 수 있는 만큼의 조건과 범위로 재정적 지원을 하고자 한다'고 공개 선언을 하라고 지시했다.[77] 이 덕에 패닉은 조금 사그라졌다.[78] 하지만 상호 원조에 관한 공식 선언은 1893년 1월, 은행연합 멤버 중 하나인 호주연방은행the Federal Bank 이 문을 닫으면서 아무런 소용이 없게 되었다.

은행연합은 상호 원조의 약속을 선언했더라도 연방은행에서 문을 닫기 전에 먼저 도와달라고 하지 않아서 그랬을 뿐이라고 해명하면서 공신력을 회복하고자 노력했다.[79] 이후 빅토리아 재무부는 1893년 3월, 은행연합의 은행들에 '은행연합에 속한 은행들끼리는 필요할 경우 서로에게 재정지원을 제공하자고 단결을 약속했으며, 이에 빅토리아 주 정부는 기꺼이 협조하기로 했다'고 공개 발표하라는 압력을 또

다시 넣었다.[80] 그러자 오
스트랄아시아은행 Bank of
Australasia 은 '은행이 각자
적합하다 생각되는 방식
으로 서로를 도울 것'이라
는 설명을 넣어 성명을 재
발행해줄 것을 요구했으
며, 빅토리아 총리는 이를
거부했다.[81]

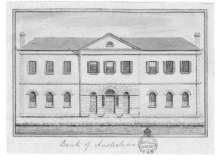

● 1834년부터 1951년까지 운영된 호주은행 오스트랄
아시아은행.

 총리가 요구를 거절하자 대중은 상호 원조에 대한 약속을 더 이상
신뢰할 수 없었다. 이러한 신뢰성에 대한 의심이 정당한 의심이었음
이 1893년 4월 은행연합의 은행들이 호주상업은행의 긴급 재정 원조
를 거절했을 때 입증되었다. 호주상업은행을 필두로 5월 17일에 추가
로 11개 상업은행이 지급 정지(즉, 은행이 문을 닫고 예금주들이 예금을 인출
할 수 없는 상태)를 할 때까지 공황 상태가 이어졌고, 남은 나머지 13개
은행들도 엄청난 뱅크런과 예금인출을 경험해야 했다. 이때 호주의 28
개 상업은행 중 15개 은행이 문을 닫거나 지급정지 상태가 되었다. 이
15개 은행은 그전까지 호주 은행 시스템 내 총 자산의 56.8퍼센트나
관리하고 있던 은행들이었다.

 공황을 수습하기 위해 빅토리아 주 정부는 1893년 5월 1일, 5일간
의 은행 휴무를 선언했다. 그랬더니 상황이 진정되기는커녕 예금주들
의 흥분 상태는 광적인 열기로 변해, 정부가 휴무하라고 해서 그렇지
사실상 은행들이 모조리 문을 닫은 것 아니냐는 성급한 추측으로까지

이어졌다.[82] 이에 소위 말하는 '빅 스리' 대형 은행들을 포함한 몇몇 은행들은 예금주들에게 아직 여력이 있다는 걸 알리기 위해 문을 열기로 결정했다.[83]

빅토리아 주 정부의 잇따른 무능함과는 대조적으로, 뉴사우스웨일스NSW 주 정부는 확실하게 위기에 맞섰다. 이 정부는 뉴사우스웨일스 주에 본사가 있는 은행에만 적용되는 3가지 조치를 단행했다. 첫째는 필요한 경우 뉴사우스웨일스 주 정부가 최후의 수단으로 직접 대출 기관 역할을 할 수 있음을 선언했다. 이러한 법안은 1893년 4월 21일, 대형 상업은행 중 하나인 호주 합자은행the Australian Joint Stock Bank 이 파산한 후에 발표되었다. 둘째는 은행발행법Bank Issue Act 을 발표했다. 이 법으로 인해 은행권은 자산에 대한 첫 번째 지불 수단이 되었고, 뉴사우스웨일스 주지사에게 은행권을 법정 통화로 선언할 권리를 주었으며, 주 정부에 은행을 조사할 권한도 부여했다. 1893년 5월 초, 티모시 코글랜Timothy Coghlan 정부 소속 통계전문가가 뉴사우스웨일스 주에서 영업 중인 다섯 개 주요 은행들이 이 법을 수용하도록 설득하고자 파견이 되었으나, 결과적으로 설득에는 실패하였다.[84] 하지만 뉴사우스웨일스 주 정부는 시드니 상업은행the Commercial Banking Company of Sydney의 폐쇄가 임박했다는 사실을 알게 되고, 이 상업은행의 은행권에 더해서 '빅 스리' 대형 은행들의 은행권도 합법으로 인정해주었다. 그 결과, 이 '빅 스리' 대형 은행들은 문을 닫지 않을 수 있었고, 며칠 내로 예금 대량인출 사태 역시 잡혔으며 위기는 종료되었다. 마지막 세 번째 조치는 뉴사우스웨일스 주 정부가 1983년 5월 말에 통과시킨 최종 법안으로 정부가 지급정지된 은행의 예금주들에게 빚진 금액 총액의 50퍼센트를 법정 지폐의 형태로 지급할 수 있게 했다. 간단히 말해, '현금으로 공황을 막는 전통적인 정책'이었다.[85]

　그렇지 않아도 위기인데 지급정지까지 맞이한 은행들 대부분은 예금 일부를 우선주로 전환하는 방법, 단기 예금을 장기 고정 예금으로 전환하는 방법, 미불입 자본금에 대한 상환 요청을 하고 은행 주주들로부터 신규 자본을 조달하는 방법 등을 써서 재정 재건에 참여하기 시작했다. 이러한 재건 과정은 영국 언론의 질타를 받았으며, 일각에서는 실패한 은행은 문을 닫는 게 맞는다고 비난하기도 했다.[86] 하지만 그건 은행 자산과 담보물을 다 매도할 수는 없었을 것이므로 불가능한 선택지였을 것이고, 재고처분으로 인한 손실액을 고려하자면 굳이 그렇게까지 할 가치도 없었을 것이다.[87] 그보다는 많은 예금주들에게 재건이 가장 좋은 조치라고 다시 믿을 수 있게끔 만드는 것이 최선의 방향이었을 것이다.[88]

은행이 우후죽순 무너진 근본적 이유

　　　　　　　은행위기가 발생한 근본적인 이유는 1880년대 수많은 호주의 은행들이 비규제 환경에서 계속 떠안게 된 리스크 때문에 이전에 비해 많이 취약해지고 망하기 쉬운 상태가 되어서다. 1891년과 1892년 부동산 버블이 꺼지고 나서, 더 위험한 상태에 있던 상업은행들부터 연쇄적으로 문을 닫는 건 어쩌면 시간문제에 불과했다. 위기 중에 문을 닫거나 지급 정지 상태가 된 은행들은 그렇지 않은

● 1932년 멜버른 러셀 거리의 모습. 부동산 버블의 여파가 있던 호주는 전 세계가 1930년 세계 대공황을 겪을 때, 다른 국가들보다 특히 더 길고도 깊은 불황을 겪었다.

은행들에 비해 상태가 더 취약했는데, 주로 이런 이유였다. 첫째, 영국 발 예금에 과하게 의존한 나머지 빠르게 자금이 말라버릴 위험이 있었다. 즉, 개인들의 직접 투자한 비율이 적고, 따라서 대량의 예금 인출을 감당할 능력이 부족했다. 둘째, 레버리지 비율이 높고 유동성이 낮았다. 셋째, 부동산 버블의 진원지인 빅토리아 주에서 대출이 매우 많은 상태였다.[89]

호주 부동산 버블은 수많은 호주 시민들이 교외에서 생활하고 단독주택을 소유하고자 하던 로망을 일정 부분 이뤄주는 데에는 도움이 되었다. 도심의 복잡함, 비좁은 생활환경, 사생활 보호의 부족함 등의 문제에서 잠시 탈출해본 사람들이 많았다. 그러나 많은 경우는 행복한 상태를 오래 지속할 수 없었다. 부동산 버블이 꺼지면서 집주인이 있는 도심의 오래된 집으로 돌아와야 했기 때문이다.[90] 또 부동산 버블

중에 너무나 많은 집들이 지어졌고, 버블이 꺼지고 나서 빈집의 수는 무려 1만 2000채가 넘었다.[91]

부동산 버블로 인한 경제적 비용은 버블이 지속되는 동안 덧없는 한 때의 이익에 너무 많은 가치를 부여한 대가였다.

버블의 후유증으로 1890년대에 기나긴 경기 불황이 이어졌고, 명목 GDP와 1인당 GDP가 지속적으로 떨어졌다. 물론 이 시기에 세계적인 경기침체가 있긴 했지만, 호주의 경기 불황에 비하면 미미한 수준에 불과할 정도였다. 실제로 1890년대 후반이 되어서야 겨우 실질 GDP가 부동산 버블 이전 수준으로 회복되었고, 1900년대 초에 1인당 GDP가 1888년대 수준으로 겨우 돌아왔다.[92] 부동산 버블이 멜버른을 위주로 발생했다는 점을 감안할 때, 빅토리아 주가 뉴사우스웨일스 주보다 훨씬 더 길고 어두운 경기 불황을 겪었다는 점은 어쩌면 당연해 보인다.[93] 또한 1930년대 세계 대공황 때 다른 국가들보다 호주가 특히나 더 길고도 깊은 불황을 겪었다는 점도 마찬가지다.

1890년대 불황이 심각했던 주요 이유는 1893년 금융위기를 들 수 있다. 예금 지급 정지가 된 은행에 돈이 묶여 있었기 때문에 통과공급이 급격히 감소하고 신용경색이 발생했으며, 파산을 면한 은행들도 전부 매우 조심스러운 행보를 보이게 되었다.[94] 게다가 영국에서 유입되던 자금이 말라버렸다. 위기의 역사를 되짚어볼 때, 영국 투자자들은 아마 돈을 호주 은행에 맡기느니 땅에 묻었을 것이다.[95] 1890년대 은행 시스템의 재건 및 자본구조 재조정으로 인해 1900년대 초까지 호주의 신용은 지속적으로 줄었다. 이로 인해 1890년대 대부분의 사업은 무효화되었고, 투자 활동 역시 거의 일어나지 않았다.[96]

다른 심한 경제 불황의 역사와 마찬가지로 단순한 데이터 수치는 그 뒤에 숨겨진 상당한 인간적 어려움을 볼 수 없게 한다. 당시 언론과 그 이후의 역사가들은 노동계층을 비롯해 그 이전에는 잘 살았을 사람들, 영양실조에 걸린 가족들, 파산한 가족들, 매춘에 내몰릴 수밖에 없었던 여성들의 궁핍함에 대해 이야기했다.[97] 부동산 버블이 꺼지고 그에 따라 금융위기가 닥쳐오는 일을 몸소 겪으면서 호주는 수년간 경제적 고난과 인간적 고통을 감내해야 했다. 멜버른은 이제 더 이상 경이로운 도시가 아니었다.

호주의 부동산 버블은 타인의 돈으로 자금을 조달하여 만들어진 버블이 결국 터져버릴 땐 상당한 수준의 경제적 비용과 인적 피해를 초래할 수 있음을 보여준다. 또한 금융 시스템이 토지와 같은 자산을 투기의 장으로 바꿀 수 있다는 것 역시 보여주었다. 호주 부동산 버블이 비록 타인의 돈으로 형성된 최초의 자산버블은 아니었지만, 똑똑한 금융인들이 토지나 주택을 금융시장에서 투기의 대상으로 만들 마지막 사례 역시 결코 아닐 것이다. 호주 부동산 버블의 정점으로부터 120년이 지난 지금도 세계는 언제고 경제를 송두리째 파괴하고 주요 민주주의 국가들의 정치적 안정을 훼손하는 버블을 경험할 수 있다.

PART
06

BOOM AND BUST

창조적 파괴를 일으킨 대유행

: 두 바퀴가 뒤바꾼 세계

편향된 집착에 사로잡힌 언론은 비판적 기사를 다루지 않으려 했다. 칼럼니스트 스스로도 해당 주식을 보유하고 있었는데, 그래서 더더욱 '반등'이나 '세기의 반전'을 기대하며 주식을 보유하고 있으라고 반복적으로 천명했는지도 모른다.

이들은 상장 홍보를 할 때마다 소액 투자자들이 투자해서 하루 아침에 벼락부자가 된 에피소드를 밥 먹듯이 활용했다.

01
놀라운 혁신과
창의적 투기의 만남

불편을 개선하고 대유행이 되다

　　19세기 말 영국에는 풍부한 시장성과 돈과 신용이 있었고, 처음으로 정부의 개입 없이 버블이 형성될 조짐을 보이고 있었다. 흥미를 끌기에 충분한 혁신, 특히 괄목할 만한 초기 성공 사례를 동반한 혁신은 버블을 일으킬 만한 투기를 발생시키기에 충분했다. 버블이 더 자주 발생되게 하는 상황(풍부한 돈과 위험 투자 선호 현상) 역시 비옥한 토지가 되었다. 영국 자전거 버블은 혁신과 투기가 공존했다. 자전거 기술의 비약적인 발달을 가져다준 혁신도 있었지만, 창의적이고 독창적이면서도 윤리적으론 좋지 않은 금융기업가들에 의해 촉발된 투기였기 때문이다.

　　자전거는 19세기 초부터 있었지만, 초기의 자전거 모양은 너무나 실용적이지 못했다. 페니 파딩이라는 초기 자전거는 앞바퀴가 매우 거

● 초기 자전거 형태인 페니 파딩(왼쪽)과 거대한 앞바퀴 없이 변모한 1885년 위펫(Whippet)의 안전 자전거(safety bicycle). 불편을 개선하자 일련의 혁신을 만들어갔다.

대하고, 페달에 바퀴를 돌릴 지레 효과를 주어 자전거를 타는 사람이 빠른 속도를 낼 수 있게 했다. 이런 요소는 자전거를 탈 때 불안정하게 만들었다. 하도 높은 곳에 사람이 앉아 있어서 자전거를 탈 때면 아래로 떨어지기 일쑤였다. 특히 위험했던 건 핸들이었다. 19세기 중반 도로에 많이 있던 포트홀에 걸리기라도 하면 핸들이 확 뒤집어졌기 때문이다. 또 자전거를 만든 재료는 주로 목재와 연철이어서 자전거 몸체의 무게를 받치기에는 턱없이 약했다. 당시 그나마 가장 인기 있던 페니 파딩 모델 중 하나에는 불편한 승차감 때문에 '본 셰이커(털털거리는 고물이라는 뜻-역주)'라는 별명이 붙기도 했다.

　다른 제품들이 일련의 혁신으로 발전해나가는 동안에도 자전거는 1880년대가 되도록 그리 선호하는 교통수단이 되지는 못했다. 그러다 1885년에 페니 파딩 디자인은 '안전한' 모델로 변모하게 되었는데, 일전의 거대하던 앞바퀴 없이도 페달에 지레 작용을 넣을 수 있는 체인을 도입한 것이다. 이 안전한 모델은 금세 다이아몬드 모양의 프레임으로 개발되어 안정성을 좀 더 강화하는 모델이 되었다. 무용접 강철관 제조 기술이 향상되면서 자전거도 더욱 튼튼하고 가벼워졌고, 여기에 던롭J.B.Dunlop이 1888년에 개발한 공기타이어가 더해져 승차감까지 부드러워졌다. 이것은 매우 고무적인 변화였다.[1] 고작 몇 년 만에 구식인데다 비실용적이던 장비가 현재 우리가 쓰고 있는 자전거의 모양새로 탈바꿈한 것이기 때문이다.

영국 자전거 산업은 1880년대 말과 1890년대 초까지 지속적으로 성장해

● 1887년 자전거 타기를 즐기는 사람들. 1895년 여름까지 영국 도심에서 자전거를 타는 사람 수가 눈에 띄게 늘었다. 획기적인 발전은 더 많은 혁신의 문을 열었다.

웨스트미들랜즈West Midlands 주를 중심으로 기반을 형성했다. 버밍엄 (Birmingham, 웨스트미들랜드의 주도이자 공업도시-역주)에 있는 자전거 제조업체 수는 1889년 72개에서 1895년 177개로 증가했고, 코번트리 (Coventry, 웨스트미들랜즈와 같이 잉글랜드 중부에 있는 도시-역주)에 있는 자전거 제조업체 수는 2배 이상 증가했다.[2]

1895년 여름까지 영국의 도심에서 자전거를 타는 사람들의 수가 눈에 띄게 증가하기도 했다. 수많은 당대 작가들은 자전거 타기가 얼마나 흔해졌는지(특히 여성들 사이에서) 유행이 되었다고 묘사하기도 했다.[3] 1880년대의 이러한 획기적인 발전은 더 많은 미래 혁신의 문을 열었고, 자전거 관련 특허는 1890년 595개에서 1896년 4269개로 늘어, 전체 신규 발행 특허의 15퍼센트를 차지했다.[4] 특허를 낸 아이디

어들은 관 또는 체인을 추가로 개발해 강을 건너는 자전거나 세발로 된 소방차 등에 이르기까지 다양했다.[5]

수익률 1138퍼센트,
타이어처럼 부풀어 오르는 주식

처음에는 대부분의 자전거, 관, 타이어 등의 회사가 개인 회사였지만, 1890년대 초에 일부는 보다 큰 기업으로 통합 합병되었고, 이들의 주식거래 대부분은 버밍엄 증권거래소에서 이루어졌다. 그런 기업 중 하나가 바로 던롭의 공기타이어 생산 특허를 보유하고 1892년에 명목자본금 30만 파운드로 설립된 회사인 '뉴메틱 타이어 컴퍼니Pneumatic Tire Company'다. 던롭 타이어는 매우 평판이 좋았기 때문에 이 회사는 자전거 인기가 높아지면 높아질수록 이익을 얻을 수 있는 독보적인 입장에 있었다. 이러한 경제적 잠재성은 어니스트 테라 홀리Ernest Terah Hooley라는 부유한 지역 거물 인사의 눈에 띄었다. 홀리는 이 회사를 매수하고 회사 가치를 더 높인 후에 주식시장에 다시 내놓아 수익을 올릴 계획을 구상했다.

뉴메틱 타이어 컴퍼니의 주주들은 홀리에게 300만 파운드를 요구했다. 이 금액은 회사의 원가치의 10배에 달하고 시장 시세보다 훨씬 높은 금액이었다. 이에 홀리는 대출을 받아 이 300만 파운드를 다 채웠는데, 이러한 홀리의 매수행위는 기업담보차입매수(LBO: 인수하고자 하는 기업을 담보로 금융기관에서 자금을 대출받아 그 돈으로 다시 담보 기업을 매수하는 M&A기법-역주)의 초기 모습이라고도 볼 수 있다.

인수한 기업의 가치를 높이려면 돈이 많이 드는 마케팅 캠페인이 필요했다. 예를 들어 '좋은 명망'을 얻고 있던 사람들에게 돈을 주고 사업 설명서에 이름을 쓰도록 허락을 받는다든가, 여러 신문사들에 돈을 주고 사업에 관한 긍정적인 글을 써 달라고 부탁하는 등의 전략이다.

이러한 노력은 결국 좋은 성과를 내서 1896년 5월에 새로운 이름인 '던롭 컴퍼니Dunlop Company'로 재출범하여 500만 파운드어치 규모의 주식을 성공적으로 발행할 수 있게 되었다.[6] 후에 훌리가 파산법원에서 진술할 때, 이때 자신이 한 마케팅 캠페인에 거의 수익에 맞먹을 만큼 많은 비용이 들어갔으며, 따라서 벤처기업의 특성인 위험도를 고려하면 상대적으로 낮은 수익률인 약 10만~20만 파운드 정도밖에 수익을 내지 못했다고 말했다.[7]

훌리의 인수 제안에 관한 소식은 1896년 3월에 처음 시장에 도달했고, 뉴메틱 타이어 컴퍼니의 주가는 이후부터 오르기 시작해서 1896년 4월 25일 주당 12.38파운드로 고점을 찍었으며, 이때 주식에 청약한 사람들에게는 무려 1138퍼센트의 수익을 안겨주었다.[8] 투자자들은 곧 공공시장에서 거래되는 또 다른 타이어 회사인 비스톤Beeston이 훌리가 주도하는 자본조달 기대에 따라 100퍼센트의 배당금을 지급하게 될 거라는 사실을 알게 되었다.

그러나 던롭과 달리 비스톤의 기업 펀더멘털은 열악했고, 회사가 장기적으로는 성공하지 못했다. 입증된 건 아니지만 꽤 믿을 만한 소식으로, 일각에서는 배당금 100퍼센트라는 돈은 훌리가 시장조작을 목적으로 자체 조달한 것으로도 알려져 있다.[9] 만일 그게 정말 전략이

		설립된 회사의 수	총 명목자본 (단위: 천만 파운드)
1895	제1분기	17	357.5
	제2분기	12	182.5
	제3분기	15	1,624.0
	제4분기	26	1,476.1
1896	제1분기	34	1,641.1
	제2분기	94	13,847.2
	제3분기	96	5,316.6
	제4분기	139	6,454.6
1897	제1분기	156	7,370.0
	제2분기	82	4,763.6
합계		671	43,033.2

표 6.1 자전거 회사의 시가총액

었다면 어찌됐든 성공을 거뒀으니 축하할 일이다. 비스톤의 주가는 4월 7일과 5월 9일 약 한 달 사이에 주당 1.05파운드에서 7.75파운드로 올랐기 때문이다.[10]

뉴메틱과 비스톤 두 회사의 엄청난 자본이득은 자전거 주식시장에 온 나라가 주목하게 만들었다. 《파이낸셜 타임스Financial Times》는 1896년 4월 22일 자전거 주식에 대한 기사를 최초로 보도하면서 자전거 주가 폭등으로 인해 버밍엄 주식시장의 거래량이 '거의 광기 수준'이라고 말했다.[11] 일주일 후 사설에서도 주식이 곧 '타이어처럼 부풀어 오르게 될 것'이라는 전망을 내놓으며 비슷한 맥락의 주장을 했다.[12] 이때의 가격 상승은 단순히 도박 행위의 결과로 치부되었고, 신문에선 자전거 주식으로 얻은 수익을 '몬테카를로의 행운'으로 비유할 뿐이었다.[13]

그러나 이렇게 회의적인 논조에도 불구하고 자전거 주식시장의 변동 소식은 별다른 코멘트 없이 계속해서 보도되었다. 자전거 주식거래가 더욱 횡행하자, 《파이낸셜 타임스》는 자전거 주식에 대한 내용을 계속해서 커버글로 실었고, 급기야 1896년 4월부터는 자전거 주식 시장에 관한 일간 섹션을 아예 별도로 떼어 제공했다. 이러한 매스컴의 관심은 어쩌면 산발적으로 내놓는 신문의 비평글보다 시장에 미치는 영향이 훨씬 컸을지 모른다. 가격은 계속해서 오르기만 했다. 〈그림 6.1〉[14]에서는 자전거 주가 지수가 1895년 12월 31일부터 1896년 5월 20일까지 총 258퍼센트 상승했다는 사실을 알 수 있다.

던롭 컴퍼니가 성공적으로 투자를 많이 유치하는 모습을 본 수많은 기존 자전거 회사들이 속속들이 상장 절차를 밟았다. 〈표 6.1〉[15]에서 볼 수 있듯, 1895년에는 자전거, 관 또는 타이어 회사가 70개나 상장되었다. 1896년에 그 수는 363개가 되었고, 1897년 상반기 동안 238개가 추가로 설립되었다.

홀리의 던롭 컴퍼니 발기설립은 이 당시 기업발기설립의 일종의 패턴이 되었다. 먼저 소형 자전거 회사를 인수하고, 온갖 비현실적인 약속들로 가득한 사업설명서를 발행한 후, 영향력 있는 인물들에게 돈을 주면서 주식상장을 지지해달라고 부탁하고, 돈을 지불한 것보다 훨씬 더 많이 벌게 해주겠다면서 대중에게 호소하는 것이다. 대차대조표상에서 발기인이 불입한 가격과 일반 대중에게 제공되는 가격의 불일치는 특허에 가당치도 않은 정도로 큰 평가액을 매겨 해결하거나 아니면 '고객 호감도'라는 무형자산을 설정해 해결했다.[16] 이러한 행태는 놀라울 정도로 큰 수익을 가져다주었다. 소문에 의하면 한 회사는 연결된 모든 개인 회사에 대해 발기인이 불입한 금액보다 10배나 많은 금액

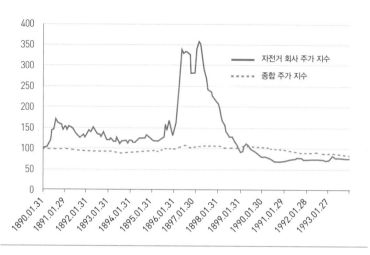

그림 6.1 1890~1903년 월별 종합 주가 지수 및 자전거 회사 주가 지수

으로 대중에게 주식을 발행해주었다고 한다.[17]

기업 발기설립의 방법은 매우 창의적이기도 했다. 버블이 일어나기 몇 년 동안 어클레스 J.G.Accles 는 수익은 나지 않지만 개인적으로 매각할 수는 없는 상황에서 버밍엄의 한 자전거 공장을 운영하고 있었다. 1896년에 그는 이 공장을 '어클레스 유한책임회사 Accles Ltd.'라는 법인으로 설립하고, 타조 털 제품을 교묘한 속임수를 써 제조하던 전직 제조업자 존 석던 John Sugden 을 채용했다.[18] 다음으로 투자자들을 모집하기 위해 석던과 어클레스는 '럼인엄 사이클스 Lum-in-um Cycles '라는 이름의 새로운 회사를 차려서 어클레스사 자전거를 2만 개 주문했다. 그러고는 이 주문량을 어클레스사 사업설명서에 떡하니 눈에 띄게 배치해두었다. 물론 자기 회사의 이름으로 구매했다는 사실은 적지 않았다 (사실 자전거 2만 개는 애초에 생산되지도 않았다).[19]

그러나 이런 전략에도 처음에 노렸던 30만 파운드 중 8만 5000파운드만 유치할 수 있었기 때문에 어클레스사의 발기인들은 또 다른 회사인 '어클레스 암스 제조 유한책임회사Accles Arms Manufacturing Ltd.'를 설립해서 어클레스사의 주식을 10만 파운드어치 매입했다. 이 주식은 유통시장에서 조용하고 점진적으로 팔려나갔고, 1898년 12월까지 성공적으로 전부 팔리게 되었다.[20] 어클레스사가 애초에 자전거를 제조할 의도가 있었는지는 모르겠다. 다만 어클레스사는 첫 17개월 동안 총 71파운드도 벌지 못했고, 이나마도 거래 수수료와 불입 연체 이자를 지불하면 남는 것이 없어, 결국 파산을 신청하게 되었다.[21] 석던도 1899년 파산을 선언했지만, 석던도 어클레스도 자신들의 사기 행각에 대한 형사처벌을 받지는 않았다.[22]

하루아침에 벼락부자가
될 수 있다는 기사가 쏟아지고

당시 신문사에 자기 회사를 추천하는 기사를 내거나 단순히 단점에 대해 입을 다물어달라는 목적으로 돈을 쥐어주는 것이 자전거 회사 발기인들에게는 일상적인 일이었다. 이렇게 쥐여주는 돈은 종종 현금이 아닌 콜옵션 형태이기도 했으며, 그러면 해당 신문사에 첫날 주가를 가능한 한 높게 형성할 수 있다는 인센티브를 제공해주는 격이 되었다. 홀리의 파산 절차가 진행되는 동안 그는 《파이낸셜 포스트》, 《파이낸셜 뉴스》, 《펠 멜 가제트Pall Mall Gazette》,

그리고 경제 전문 잡지《영국 투자자 클럽Corporation of British Investors》을 언급하면서 자신이 던롭 컴퍼니를 발기할 때 뒷돈을 댄 회사라고 진술했다.[23] 또한《파이낸셜 포스트》의 전무 두 명은 금품 선물을 거부했다는 이유로 한 회사에 대해 비방성 글을 써 1898년 1월 명예훼손죄로 투옥되기도 했다.[24] 그러나 이러한 이해갈등은 시간이 지나도 공개되지는 않았다. 단기적인 시야로 봤을 때 그렇게 해야 언론 역시 긍정적인 이미지를 유지해서 신문을 보는 데 정당한 이유를 부여해 (또 뒷돈을 받으면서) 결국 자본이득을 얻을 수 있기 때문이다.

물론 언론이 투자자들에게 정보를 제공해준다는 훌륭한 역할을 하기도 했다.《이코노미스트》는 1896년 5월에 주가를 조작하기 위해 법인 설립에 대한 잘못된 소문과 전략적으로 조작된 뉴스 기사가 나오고 있다고 독자들에게 경고하면서 비판하곤 했다.[25] 언젠가는 한 자전거 회사의 사업설명서 내용이 너무 부실한 걸 보고는《이코노미스트》에서 '투자자들이 별거 없어도 잘 속을 거라고 너무 믿는 것 아니냐'고 비난하기도 했다.[26] 하지만《이코노미스트》역시 순진하지만은 않아 그들의 이름을 거론하지는 않았다.

당시 시장에 대해 그나마 가장 합리적인 분석을 제공하던 매체는 바로 금융뉴스와 투자조언으로 구성돼 있는 주 2회 정기간행물《머니: 비즈니스와 금융 저널Money: A Journal of Business and Finance》이었다.《머니》는 고평가된다고 보이는 자전거 주식시장이 갖는 3가지 특징을 지적했다. 첫째, 벤더들이 자신들이 상장을 지지한 회사의 주식은 거의 보유하지 않는다. 이 사실은 아이러니하게도 그럼으로써 '정직하신 신사분들이 양심적으로 일한다는 믿음을 보여주는 것'이기도 하다.[27] 둘째, 많은 자전거회사들의 수익이 향후 도래할 경쟁 상황에서도 유지 가능할지 알 수 없다. 《머니》는 1896년 초에 한 대에 3파운드인 자전 거를 0.75파운드에 일주일간 대여해주면서 큰 수익을 보고, 그걸 기반으로 빠르게 자본구조 변경에 성공한 한 자전거 대여업체를 예로 들었다. 이 경우, 일시적 자전거 물량 부족으로 수요가 갑자기 급증한 데다, 회사의 이러한 가치가 일단은 무기한으로 지속될 수 있다는 가정 하에 평가가 실시되기 때문에 주로 고평가가 되는 것이다. 셋째, 상장사의 시장성이 훨씬 크긴 했지만, 그렇다고 유동성의 차이가 가치평가의 차이를 다 설명할 수는 없었으므로, 결국 큰 규모의 투기가 일어난 결과일 수밖에 없다.[28]

《머니》는 순진한 투자자들을 이용하고 있다고 판단되는 자들의 이름을 거론하기를 두려워하지 않았다. 홀리의 가까운 동료 러슨Harry J. Lawson이 1896년 5월에 뉴 비스톤 컴퍼니New Beeston Company 상장을 밀어주려고 했을 때, 《머니》는 이를 두고 '러슨 씨의 상장활동으로 말미암은 금융공동묘지의 거대한 무덤'으로 갈 운명이며 '실패할 게 확실하다'라고 말했다.[29]

반면, 굳이 자전거회사에 대해 선동적인 글을 써달라고 뇌물을 줄 필요도 없이 알아서 써주던 매체들도 많았다. 철도버블 당시 《레일웨이 마니아Railway Mania》와 같이 마니아층을 위한 정기간행물들은 버블이 커져가는 데 지속적으로 공헌한 치어리더들이었다. 자전거 전문 잡지 《사이클링cycling》도 주간 금융 섹션을 따로 떼어 주로 긍정적인 방향으로 주식시장을 논하곤 했다. 물론 주요 내용은 최신 금융 뉴스였지만, 주류 금융언론들이 주식 업계를 너무 부정적으로 보고 있다는 비판도 자주 실었다. 《사이클링》은 처음에는 금융언론은 신기술의 혁신성을 제대로 평가하지 못한다고 지적했다.

> 거래 전망이 너무나 밝은 데 반해 가능성은 너무나 제한적이어서 이 거대한 성장이 앞으로 무엇을 가져올지에 대해서는 어떠한 생각도 제대로 할 수가 없다.[30]

버블붕괴가 심화되자, 이러한 간행물들은 부정적인 기사는 시장붕괴를 유도하려는 공매도자들의 행태라고 말하기까지 했다.[31] 편향된 집착에 사로잡힌 이들은 비판적 기사를 다루지 않으려 했고, 《사이클링》 역시 공정한 전달자 역할을 하지 못했다. 《사이클링》의 금융 칼럼니스트 스스로도 자전거주를 보유하고 있었는데, 어쩌면 그래서 더더욱 1897년 봄과 여름에 투자자들에게 '반등'이나 '세기의 반전'을 기대하며 주식을 보유하고 있으라고 반복적으로 천명했는지도 모른다.[32]

기업 상장 전문가들은 전문적인 투자자라고 하더라도 '더 바보인 사람'에게 되팔아 빠르게 수익을 남기는 일이라면 곧잘 매력을 느낄 거라는 걸 잘 아는 사람들이었다. 이들은 상장 홍보를 할 때마다 소액 투자자들이 자전거주에 투자해서 하루아침에 벼락부자가 된 에피소드를 밥 먹듯이 활용했다. 비스톤사의 구조조정에서 떨어져 나오게 된 몇몇 불운한 회사들 중 하나였던 비스톤 타이어 림 컴퍼니Beeston Tyre Rim Company는 《파이낸셜 타임스》에서 '한 배관 청소공이 투자한 돈 0.76파운드가… 최근 345파운드가 되었다'라는 에피소드만 선택적으로 인용해서 밝은 전망을 외치곤 했다.[33] 그런 극적인 수익률이 비록 극히 드문 사례긴 했지만, 거래 타이밍을 귀신같이 잡은 소수의 투자자들은 이처럼 상당한 이득을 볼 수 있었던 것이다.

상장 폭주는 대부분의 경우 매우 큰 자본화를 거쳤는데, 이들은 기존 회사들에 경쟁 압박을 가할 것으로 보였다. 하지만 실제로는 자전거주 가격이 1896년 내내 비교적 높은 수준을 유지했고, 1897년 첫 3개월 동안에는 계속 오르기만 했다. 이 시기에 상장 후에 엄청난 양의 수익을 올리는 일은 매우 흔하게 일어났다. 1897년 3월 중순, 무려 81개나 되는 자전거회사들의 이름이 《파이낸셜 타임스》 신규 상장회사 목록에 실렸고, 이들 주식은 청약가에서 평균 44퍼센트 높은 가격에 거래되고 있었다.[34]

이러한 상황은 주식을 청약으로 인수한 후에 즉시 유통시장에서 되팔아 수익을 올리는 걸 충분히 가능하게 만들었다. 결국 상장사의 초기 오너, 발기인, 귀족들은 이사가 되기 위해, 신문사 사장들은 아첨하는 기사를 싣기 위해, 일부 초기 청약자들은 버블의 혜택을 보기 위해 줄을 서는 것이다. 하지만 붕괴의 순간에 모든 손실은 그 주식을 그때까지 손에 쥐고 있는 사람들에게 돌아갈 것이었다.

망한 기업과
성공 가도를 달린 기업의 차이

자전거버블은 몇 년에 걸쳐 점진적인 하락세를 유지하면서 비교적 느린 속도로 터졌기 때문에 처음에는 한 번에 많이 터지지 않았다. 자전거 주가지수는 1897년 3월부터 같은 해 7월까지 정점 대비 21퍼센트 하락했다. 그러다 7월에 《파이낸셜 타임스》에서 커버글로 시장에 비관적인 글을 실어 발행하자 하락세는 더 빨라졌다. 당시 글에서는 자전거회사들이 매우 인상적인 매출을 보여주고 있음에도 불구하고 아직도 그저 소소한 배당금만 지불 중이라는 점에 주목했다.

그뿐만 아니라 미국 자전거회사들과의 경쟁이 높아질 거라는 전망을 부각시켰고, 업계의 실무 종사자들이 이에 따른 수요 감소 우려를 표명했다는 점도 강조했다.[35] 또 사설에서는 '기업들 대부분이 자본 과다 상태'라고 하면서 '올해 말에 재앙을 보게 될 것'이라는 전망을 실었다.[36] 그런데 이 전망은 현실로 나타났고, 1897년 12월까지 9개월간 주가지수는 40퍼센트나 하락했다. 일각에서는 사업설명서에서 약속된 수준에 훨씬 못 미치는 수익률이 되자 주주들이 소송을 걸기도 했다.[37]

자전거 주식시장은 1898년이 되어서도 여전히 상황이 좋지 않았고, 1897년 정점 대비 71퍼센트나 하락했다. 1900년 말까지도 계속 악화되기만 했고, 이때쯤 141개 자전거회사 중 69개가 문을 닫았다. 자전거산업은 20세기 초에 들어서도 계속 어렵기만 했다. 1910년까지 141개였던 자전거회사들 중에서 고작 21개 회사만이 살아남았다. 당시 해산 과정을 보면 주주들에게 피해를 주지 않고 문을 닫은 회사는 거의 없었다는 걸 알 수 있다. 43개 업체는 파산을 신청해 해당 업체의 주주들은 투자한 돈 전부를 잃었고, 52개 업체는 자발적으로 또는 알려지지 않은 사유로 해산을 해서 이들의 초기 청약자들은 초기 투자금의 3분의 2가량을 잃었다. 또 27개 업체는 구조조정을 하느라 해당 회사의 주주들은 주식 액면가의 절반 이상이 떨어지는 걸 감수해야만 했다.[38]

반면, 살아남은 회사들 중 아주 극소수의 회사는 시간이 지나 이름을 떨쳤다. 던롭 사도 버블 붕괴 직후에는 그 여파로 어려움을 겪었으나, 나중에 자동차 타이어 제조업으로 세계적인 성공을 거머쥐었다. 러지-휘트워스Rudge-Whitworth 사역시 빈틈없는 경영으로 사업을 번창시켰다. 특히 러지사는 버블 중에 고평가

● 버블 중에도 빈틈없는 사업경영으로 번창한 회사들도 있었다. 러지-휘트워스는 버블 중에 고평가를 통한 자본구조 변경을 하지 않은 극소수 회사 중 하나였는데, 1912년 이후 오토바이를 생산하며 성공 가도를 달렸다.

를 통한 자본구조 변경을 하지 않은 매우 극소수의 회사 중 하나였다. 버블 붕괴 후에도 충분한 자본을 확보해 파산하지 않도록 비교적 낮은 배당률을 유지했고, 향후 치열해진 경쟁에도 발 빠른 가격 인하로 대응했다.[39] 러지사는 1912년 이후부터 인기 있는 오토바이를 생산하면서 성공 가도를 달렸다. 또 자전거와 유사한 제품 생산으로 전환해서 장기적인 성공을 한 업체들도 있었다. 라일리앤드로버Riley and Rover 사는 자전거에서 자동차로, 휴스존슨스탬핑Hughes Johnson Stamping 사는 비행기 생산업체로 전환해 성공을 거뒀다. 롤리Raleigh 사만이 초기 투자자들에게 엄청난 손실을 입히면서까지 일련의 재건에 성공해 최종적으로 유일하게 자전거 생산을 계속하면서 성공을 거둔 업체가 되었다.[40]

정보가 없는 평범한 사람들은
눈 뜨고 당했다

버블 붕괴 이후, 사람들은 몰락한 자전거 주 투자자들을 안타깝게 여기지 않는 경향이 있었다. 1897년에 출간된 조지 기싱George Gissing의 소설 『소용돌이The Whirlpool』에서는 몰락하는 귀족 휴 카나비Hugh Carnaby가 주인공으로 등장하는데, 이 인물은 파산을 끝내기 위해 상속받은 재산을 전부 탕진하고 이런저런 추문에 휘말린 인물이다. 저자는 돈에 대한 책임감이 결여된 카나비의 성격을 묘사하기 위해 자전거산업에 막대한 돈을 투자하고 주가를 회복하길 마냥 기다리면서 고집스럽게 주식을 보유하고 있는 모습을 그려냈다.[41] 카나비라는 이 인물은 당시 빅토리아 시대 사회가 자전거 주식에 투자해주길 원하던 대상, 즉 돈은 많은데 바보 같고 순진한 인물상을 대표하고 있다.

그런데 자전거회사의 실제 주주 구성을 보면[42] 주주들이 일반적으로 생각하는 것보다 훨씬 광범위하게 분포돼 있었을 뿐 아니라 시간이 지나면서 그 비율이 상당히 변화했다는 걸 알 수 있다. 기싱의 소설 속 카나비처럼 은퇴했거나 또는 일할 필요가 없을 정도로 부유해서 '신사' 또는 '향사(에스콰이어. 기사와 신사 사이 계급-역주)' 등으로 불리던 사람들이 버블 붕괴 이전에 보유하고 있던 자전거 주식은 고작 16퍼센트에 불과했다. 이들이 전체 주식시장에서 보유하고 있던 주식은 45퍼센트에 달하는 것에 비하면 적은 편이다.[43] 다른 기업과 달리 자전거회사들은 이렇게 부유한 계층보다는 관련 전문가나 업계와 관련 있는 가까운 사람들, 특히 제조업자들을 주로 주주로 끌어들였다는 걸 알수 있다. 또 이전의 다른 버블과 마찬가지로 자전거버블 역시 버블 기간 동안 평소보다 사회경제적으로 넓은 범주의 투자자들을 끌어들였다는 사실도 알 수 있다.

다만 버블 붕괴 이후 각 투자자들의 상황은 크게 달라졌다. 일부는 성공적으로 버블 위에 올라탔다가 붕괴 직전에 잘 빠져나갔다. 자전거 제조업자들은 자신들의 보유 지분을 32퍼센트씩 줄일 수 있었던 데 반해, 기업이사들은 내부 관계자들 간 거래를 통제하는 법률이 따로 없다는 사실을 교묘하게 이용해서 자신들의 보유 지분을 27퍼센트씩 줄일 수 있었다. 전문직과 제조업자들도 크게 줄일 수 있었다. 이들이 잘 팔아치운 주식을 산 사람들은 대부분 금리생활자였다고 한다.

즉, 더 이상 가치가 없어진 자전거 주식이 투자 감각은 떨어져도 돈만큼은 넘쳐나는 신사 계급에게 팔렸을 거라는 선입견이 어느 정도는 사실이었음을 알 수 있다. 버블이 절정에 이르렀을 때 특권적 정보를 가진 내부 관계자들이 보유주식을 대량으로 매각해 다른 투자자들이 눈 뜨고 당하는 광경은 이번 자전거 투기에서 주목할 만한 일이다.

혁신과 더 큰 혁신 사이에서

기술 혁신이 자전거 버블을 갑작스레 일으킨 불꽃 역할을 하긴 했지만, 불꽃이 커질 수 있었던 건 버블 트라이앵글을 만드는 세 변의 요소가 모두 충족돼 있었기 때문이다. 1896년까지 영국 주식시장은 이미 버블이 발생할 만큼 시장성이 충분했고, 그 시장성은 2가지 방식을 통해 더욱 증대되었다.

첫째, 수많은 자전거회사가 상장돼서 소유권의 일부를 훨씬 손쉽게 사고팔 수 있게 되었다. 자전거 버블이 일어나기 전까지는 자전거회사들이 법인화를 하지 않았기 때문에 유동성이 아주 적었다.[44] 둘째, 당시 자전거회사는 대부분 액면가가 주당 1파운드 또는 경우에 따라 1파운드도 되지 않는 소액주만 발행했다.[45] 당시 평균 주당 액면가는 32파운드(현재 가치로 3800파운드 정도)였던 것과 비교된다.[46] 소액주만 발행함으로써 가능한 한 많은 투자자들을 유치하겠다는 의도였다.[47] 그로 인해 자전거회사의 소유권은 다른 기업들에 비해 상대적으로 크게 분산되고 유동성도 더욱 증대되었다.

어떤 기준에서 보면 당시 통화 여건은 그 어느 때보다도 느슨했다. 잉글랜드은행의 최저 금리가 1894년 2월 사상 최저치인 2퍼센트로 떨어진 후, 1896년까지 다시 인상되지 않았다. 이는 당시 200년 은행

역사에서 2퍼센트 비율을 유
지한 가장 긴 기간이었다. 종
래의 자산은 투자자들에게 매
우 낮은 수익만 가져다줄 뿐
이었다. 예컨대 자전거 투기
열풍이 절정에 이른 1896년 5
월에는 영국 콘솔 공채British
consols 의 수익률이 2.25퍼
센트로 떨어졌는데, 이 역시

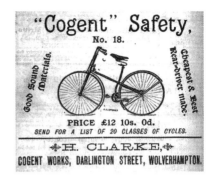

● 1890년대 안전자전거(safety bicycle)광고 포
스터. 안전자전거의 등장은 자전거 붐을 일으킨 주
역이었다.

1753년 최초 콘솔 공채 발행 이래 사상 최저치였다.[48]

　다른 버블과 마찬가지로 자전거 주식 열풍에 대한 보도는 탐탁지
않아 하는 어조였다. 당대 대부분의 경제전문지에서는 '걷잡을 수 없
이 날뛰는 투기', '도박', '무모함' 등의 표현을 사용했다.[49] 도덕적 훈
계 분위기가 있기는 했지만, 당시 주식 인수 기록을 보면 배당된 주식
은 바로 바로 팔려나갔고 투기는 생각보다 매우 흔했다.[50]

어떤 투자 전략이 사용되었나?

　　　　　　　　　　당시 일명 '스태그stag 식' 투자 기법으로
알려진 전략이 있었는데, 바로 주식을 청약할 때부터 거래 첫날 수익
을 내고 즉각 매도할 목적을 갖고 청약 신청을 하는 것이었다.[51] 이런
전략이 쓰일 거라는 건 청약 전부터 이미 알려져 있었을 것이다. 왜냐

하면 청약 가격에 프리미엄을 붙인 가격이 금융 전문지에 실려서 잠재적 투자자들에게 달달한 수익을 얻을 수 있을 거라는 광고가 있었기 때문이다. 투기꾼들에게 '먹이를 향해 달려들도록' 유도하는 것이 바로 당시 성공적인 회사설립 및 신주발행의 핵심이었다.[52]

미래의 주가 하락을 예측하고 먼저 판 다음에 향후 주가가 내려갔을 때 사서 차익을 실현하는 공매도를 통한 투기도 가능은 했다. 공매도가 당시에 그리 엄격하게 규제되지 않았기에 이론상으로 공매도를 하기란 아주 간단했다. 미래의 주식을 오늘의 주가로 매도하는 데 동의한 후, 결제일까지 기다렸다가 주가가 예측대로 떨어지면 떨어진 가격으로 매수하는 것이다. 만일 그때까지 가격이 예측대로 하락해 있다면 공매도자들은 그 가격 차이를 수익으로 가져갈 수 있다.

하지만 버블 동안 이사, 발기인, 주가조작 세력들은 공매도로 팔린 지배지분을 사들임으로써 약세장에서의 공매도를 이용해먹는 방법을 알아냈다. 일명 '숏스퀴즈' 또는 '시장 매점'이라고 일컫는 행위를 전략적으로 자행하는 것이다. 공매도자들이 주식을 팔면 그다음에 주가조작 세력들이 가격을 올려놓았다. 이 전략은 버블 중에 단 세 번만 사용될 정도로 그리 자주 사용되지는 않은 전략이지만, 공매도자들이 받은 피해는 상당했다.

일례로 바고 타이어Bagot Tyre사 숏스퀴즈 사건 때는 한 공매도 투자자가 바고Bagot사 주식을 액면가의 무려 21배나 높게 지불해야 했고, 그 액수는 2318파운드나 됐다. 평소처럼 공매도에 성공했다고 하더라도 이 사람이 얻었을 수익은 고작 26파운드정도였을 텐데 말이다. 이 공매도자는 처음에는 숏커버링(숏스퀴즈로 인해 가격이 높아지더라도 선물

계약의 조건을 맞추기 위해 공매도자가 주식을 매수하게 되는 것-역주)을 거부하다가 런던 고등법원 재판까지 가게 되었다. 하지만 당시 판사와 배심원들은 공매도자가 숏스퀴즈의 피해를 입더라도 공매도를 선택한 데 따른 결과일 뿐이라는 생각이 지배적이었다.[53]

자전거 버블 동안 이러한 숏스퀴즈의 등장이 버블을 더욱 팽창시켰는데, 그 원인은 2가지다.

첫째, 숏스퀴즈가 갖는 태생적 리스크 때문에 투기의 형태가 비대칭적이었다. 일반적인 사람들, 특히 비전문적 투자자들은 주가 하락에 베팅하는 것보다는 상승에 베팅하는 것이 훨씬 쉽다. 당시 재정 자문 칼럼에서는 투기에 대한 경고가 많았는데, 그 중에서도 '주가 하락에 베팅하는 투기(=공매도)'에 주의를 기울이라는 경고가 많았다. 이는 일반 대중 사이에서는 공매도 자체가 매우 드물었기 때문이기도 했다.[54] 둘째, 숏스퀴즈를 계획하는 건 대체로 주식 전문가들이나 내부 특수 관계인들이었으나, 그 혜택을 에둘러서 본 건 개인 투자자들이었다. 바고 타이어사의 숏스퀴즈로 인한 이익의 고작 5.5퍼센트만이 실질적으로 기업이사들, 업계 관계자들 또는 금융 전문가들에게 돌아갔다. 나머지는 군인, 호텔 관리인, 신학교 학생 등 매우 평범한 투자자들에게 돌아갔다.[55] 수익이 일반인들에게 빠르고 극적으로 나타난 덕에 1897년 호황기 동안 더욱 많은 투기성 투자자들이 주식시장으로 들어와 버블을 키우게 된 것이었다.

요소를 갖추었지만
화염으로 번지지는 않았다

이지머니(자금조달이 용이한 금융 완화 상태-역주), 시장성, 투기라는 요소가 모두 갖춰졌는데도 이 버블이 왜 주식시장 전반으로 퍼져나가지 않았느냐에 대한 의문이 남는다. 그 답은 기존 주식의 높은 액면가 등의 특징이 아직 남아 있어 시장 전반에 대한 투기를 하기에는 실용성이 떨어진 데 있다. 하지만 더 중요한 포인트는 당시 공채시장과 마찬가지로 주식시장도 이미 전반적으로 포화상태였다는 데 있다. 철도주, 은행주, 산업주가 당시 가장 큰 업종이었는데 역사적으로 볼 때 배당금은 적었다. 1898년 상위 100개 대형 기업의 배당금 수익률은 평균 3.79퍼센트에 불과했다.[56] 그래서 투기꾼들을 끌어들이는 데 필요한 정도의 자본이득을 창출해낼 여지가 부족했던 것이다. 실제로 다른 데서 높은 수익을 얻기 힘들다는 점은 사람들을 자전거주에 투자하도록 유도하는 데 큰 역할을 했다.

하지만 그렇다고 해서 당시에 자전거주가 투기를 할 유일한 투자처였다는 건 아니다. 자전거 버블이 커지는 동안에 광산회사 붐이 일어, 투기를 부추기는 속성인 불안정성이 꿈틀거렸다.[57] 이때 일어난 가장 큰 사건은 1895년 비트바테르스란트(Witwatersrand: 남아공 남부 광공업지대-역주) 급경사지에 매장돼 있는 금의 잠재적 가치에 대한 관심이 광적으로 폭발해 란트 마인즈 컴퍼니Rand Mines Company의 주식이 수개월간 360퍼센트 상승한 사건이다. 물론 이 상승분은 연말까지 전부 손실되었다. 이때의 관심은 1895년에만 총 명목자본 4800만 파운드에 달하는 401개 광산회사가 설립된 호주 서부로 옮겨가, 주식회사 설립 붐까지 일어나게 되었다. 이 주식들은 기업이 잠재적 투자자 기반을 더욱 확장하려고 시도하면서 파리와 베를린에서까지 그 범위를 넓혀 거래되었다.[58]

이외에도 1896년과 1897년에 양조장 주식회사 설립 붐이 불면서 양조장이 투기성 자금 투자처가 되었다. 선술집 허가를 정부에서 제한하기 시작한 데다 새로운 냉장기술과 병입기술이 나오면서 소규모 양조장들은 경쟁에서 매우 취약해졌다. 많은 양조 회사들이 법인 설립을 하면서 대규모 자본화를 해 더 큰 회사가 되려고 했다. 1890년부터 1900년까지 상장된 양조 회사들의 총 자본은 무려 3배로 뛰었다.[59] 이들 회사는 초기에는 높은 배당금을 지불해서 투자자들에게 많은 수익을 안겨주었다. 하지만 많은 경우에 1890년대 중반 돈과 신용의 과잉으로 과대자본화의 문제에 직면하게 되었고, 중기적인 어려움을 겪게 되었다. 결국 양조회사 주주들도 자전거회사 주주들과 비슷한 수준의 손실을 입었다. 1897년부터 1908년까지 양조회사의 주식 가치는 84퍼센트나 떨어졌다.[60]

창조적 파괴를 일으키다

자전거 주식 시장의 붕괴가 버밍엄 지역에 초래한 영향을 한마디로 정의하기는 어렵다. 당시 버밍엄 지역을 연구한 여러 연구에서는 그렇게나 많던 공장이 문을 닫은 후에 이 지역이 입은 손실에 주목하면서도 이들 공장의 생산설비들이 자전거가 아닌 다른 제품의 제조에 얼마나 효과적으로 사용되었는지도 함께 주목했다.[61] 설비 활용의 가장 눈에 띄는 예는 아무래도 버밍엄스몰암즈^{Birmingham Small Arms}사로, 회사 설립 초기에는 무기를 생산하다가 자전거 호황이 오자 자전거 생산 공장으로 변모했고, 나중에는 꽤 괜찮은 오토바이를 생산하는 회사가 되었다. 물론 이렇게 사업영역을 바꾸고 적응하기 위해 얼마간 침체기를 겪어야 했다. 지역 당국의 추정에 따르면 1901년 버밍엄이 속한 웨스트미들랜즈 주의 1인당 GDP는 1891년보다 7.5퍼센트 낮은 수준이었고, 당시 잉글랜드 지역에서 가장 생산성이 낮은 도시가 되기도 했다.[62]

거시경제에 타격을 입히지 않았던 이유

자전거 버블의 붕괴가 국가 차원의 거시경제에까지 큰 타격을 미치지는 않았던 것으로 보인다. 오히려 1895

년부터 1900년까지는 꽤나 큰 경제성장률을 보였다. 당시 GDP 추정치를 보면 자전거 버블의 여파에도 불구하고 영국 경제가 실질적으로는 지속적인 성장을 하고 있었다는 걸 알 수 있다. 경제성장률은 1898년 5퍼센트, 1899년 4퍼센트로 소폭 낮아졌지만[63], 실업률 역시 1895년 7.3퍼센트, 1899년 4.3퍼센트로 낮아졌기 때문이다.[64] 또 웨스트미들랜즈 주 외의 지역은 버블 붕괴의 영향을 별로 받지 않았다.

몇 가지 요인들이 버블 붕괴의 여파를 완화시켜 주었다. 첫째, 자전거산업 자체가 전체 산업 영역에서 상대적으로 작았고, 따라서 자전거 주식 자체도 역시 주식시장에서 낮은 비율을 차지하고 있었다. 그 결과로 자전거산업 투자자들의 손실과 자전거 업계 전반에 닥친 경기침체로 인한 수요 감소가 거시경제에까지 미치는 영향이 크지 않을 수 있었다. 둘째, 자전거산업이 더 광범위한 차원의 경제 시스템에서 차지하는 중요도가 높지 않았다. 작은 산업 부문에 닥친 경기침체라 하더라도 그 산업과 연관된 공급망 등이 더 큰 경제 시스템과 연관돼 있으면 그 영향은 더 큰 범위로 번져나갈 수 있다. 하지만 자전거산업은 그렇지 않았다. 자전거산업과 관련된 기술들은 나중에 등장한 인터넷 기술과는 달리 기존의 경제에 영향을 미치는 기술이 아니었다.[65] 셋째, 주식 레버리지가 비교적 적은 편이었다. 1897년 4월 《파이낸셜 타임스》가 목록화한 182개 주식 중 145개는 상환되지 않은 자본이 아예 없었고, 있었다고 하더라도 대부분은 소규모 기업이었다.[66] 결과적으로 자전거 주식 손실로 인해 발생된 파산이나 채무불이행에 제삼자가 노출될 일이 거의 없었던 것이다.

마지막으로, 그리고 가장 중요한 이유로, 금융기관은 자전거 주식에 투자하지 않았다. 이 때문에 자전거버블 붕괴로 인한 금융위기는 발생하지 않을 수 있었다. 사실 은행은 당시 이 사실을 공개적으로 알리고 싶어 했다. 1897년 7월, 은행들이 위기인 것 같다는 루머에 대응하기 위해 버밍엄에 있는 몇몇 은행들은 공개 성명을 발표해, 은행은 자전거 주식을 보유한 게 전혀 없다고 대중을 안심시키고 자전거 주식을 담보로 하는 대출도 삼가고 있다는 점을 강조하기도 했다.[67] 이러한 조치는 이전의 광산버블에서 주요 은행들이 광산주 주식담보대출을 거부하자 바로 폭락했던 것에 대한 은행들의 입장을 내포한 것이기도 했다.[68]

은행들은 왜 투기성 산업에 엮이기를 싫어했던 걸까? 가장 주목해야 할 점은 바로 이 기간에는 은행들이 어떤 곳의 주식도 보유하고 있지 않다는 점이다. 1890년대에는 기관투자자들이 영국 주식시장 자본의 1퍼센트가 약간 웃도는 정도만 보유하고 있었고, 이마저도 은행이 아닌 투자신탁기관이 보유하고 있었다.[69] 따라서 은행이 주식시장 붕괴에 직접 노출되는 경우 자체가 드물었다. 물론 주식담보대출을 해주거나 과대자본화된 공기업에 대출을 해줬다면 간접 손실을 입을 수는 있었다. 하지만 이 시기에 은행들은 대놓고 공개적으로 자전거산업과 거리를 두는 입장을 취했다.

**버블이 준 유용성,
낭비한 비용보다 이익이 더 컸다**

경제에 입힌 영향이 그리 광범위하진 않

았다는 걸 감안할 때, 자전거 버블은 오히려 버블의 유용한 측면을 보여주는 사례였다고 할 수 있다. 가장 유용했던 건 기술이었다. 비록 당시 개인 투자자들의 눈에는 딱히 합리적인 잠재성을 가진 것으로는 안 보였겠지만, 향후 혁신을 촉진시킨 여러 기술들의 가치평가가 많이 이루어졌다. 이런 혁신들은 버블 당시에는 별로 드러나지 않았지만 버블이 지나고 나타났다. 예를 들어, 자전거의 인기가 타이어 품질 향상으로 이어졌고, 이어서 자동차와 오토바이 산업 발전에도 영향을 주었다. 또 경우에 따라 잠재적 영향 범위가 더 넓어지기도 했다. 자전거 대량생산을 위해 자동화 기계설비가 만들어졌고 볼 베어링이 사용되기 시작한 것 등이 그 예다.[70]

버블 후 자전거산업이 거의 강제적으로 위축되면서 소비자들은 다소 긍정적인 영향을 누리게 됐다. 버블이 한창 진행될 때는 영국 내 자전거들이 아주 비싼 가격대를 형성한 채 품질 경쟁만 벌였다. 그러다 1897년에 러지사가 처음으로 자전거 가격을 낮추자, 다른 자전거회사들이 이에 반발했다.[71] 그러나 곧 너도나도 가격을 내릴 수밖에 없게 됐고, 개중에 끝까지 높은 가격을 고수하던 회사들은 하나 둘씩 파산했다.[72] 또 버블이 터지면서 승용차와 같이 다른 종목으로 바꾼 업체들은 불황에도 불구하고 대체로 살아남았다. 불필요하고 낭비가 가득했던 철도 투기 때와는 달리, 자전거 투기 광풍은 비효율적인 기업들이 실패한 후 더욱 혁신적인 기업으로 성장할 발판을 닦은, 경제학자 슘페터가 말한 창조적 파괴 creative destruction 의 사례에 가까웠다.[73]

버블로 인해 등장하게 된 적정 가격 자전거의 공급 증대도 긍정적인 사회적·정치적 효과를 냈다. 말이나 자동차와 달리 자전거는 건강에도

● 버블로 인해 적정 가격으로 자전거가 공급되었고 이용은 증대했다. 이는 이전과는 다른 높은 수준의 개별 이동성을 제공했다는 점에서 여성 권리에 긍정적 영향을 미쳤다. 여성들은 코르셋을 입고 자전거를 타기 불편하였고 이는 합리적 옷차림 운동으로 이어지기도 했다.

좋고 유해한 물질도 발생시키지 않을뿐더러 보행자 안전에 대한 위협도 적다. 또한 당시 많은 사람들이 자전거가 여성들에게 이전과는 확실히 다른, 높은 수준의 개별 이동성을 제공했다는 점에서 여성 권리에 긍정적인 영향을 미쳤다고 논평하기도 했다.[74] 모임 갖기를 용이하게 해준 데다 상류층 여성들만 보호받으며 다닐 수 있다는 암묵적인 사회적 규범을 약화시켰으며, 여성들이 입던 코르셋으로는 타고 다니기 어렵다는 이유로 '합리적인 옷차림' 운동이 전개되기도 하면서 보다 실용적인 의복 개발로 이어지기도 했다.[75] 사실 버블이 부풀기 전부터 자전거는 인기를 끌고 있었는데, 버블이 만들어지면서 여러 다른 기업들로 하여금 기술을 향상시키면서 그러한 기술 향상에 국가적 관심이 모일 수 있게 했다. 결과적으로 버블이 혁신과 상장을 할 추가적인 자본을 제공해준 셈이 되었다. 작은 경제적 손실과 긍정적인 외부성의 조합이 다른 여러 버블들과는 달리 자전거 투기 광풍에서는 낭비한 비용보다는 이익을 더 내게 해준 것이다.

PART

07

BOOM AND BUST

경제적 대지진이 일어나다

: 금융의 중심이 무너지던 날

수많은 해석과 설명이 난무하지만, 무엇 하나도 역사상 최악의 버블 붕괴가 일어난 타이밍이나 스케일을 설득력 있게 설명하지는 못한다.

악순환 속에서 근거 없이 소문에 기댄 대규모 투자행위가 한 번 일어나기라도 하면 버블 붕괴가 촉발되어 1929년 10월 22일처럼 되는 것이다.

01

거대한 불꽃이
피어오르다

애국심을 자극하는 국가

역사에서는 종종 장기적인 경향성을 볼 수 있다. 이 경향성들은 어떤 경우 갑작스러운 충돌에 직면한다. 이는 매우 짧은 시간에 엄청난 변화를 초래하는 예기치 못한 충격과 같다. 이를 잘 대표하는 사례가 바로 제1차 세계대전이다. 이 전쟁 이후 여러 제국이 해체되었고, 최초의 공산주의 독재가 나타났으며, 전 세계 계층 및 성별 관계의 변화가 촉발되었다.

금융시장의 민주화는 영국에서 두 세기에 걸쳐 나타난 데 반해, 제1차 세계대전은 미국에서 단 몇 년 만에 금융시장의 민주화를 일으켰다. 미국에서는 전쟁의 여파로 장장 10년간 잠들어 있던 중산층의 풍부한 돈이 새로운 투자처를 찾아나가면서 풀리기 시작했다. 거기에 기술 개발이라는 불꽃이 일면서 풍부한 돈이 레버리지가 높은 주식시장

● 자유 채권 구매를 홍보하는 포스터. 세금만으로 전쟁 자금을 충당하기 힘들어지자 행정부는 미국 국민들에게 막대한 양의 채권을 파는 것이 최선이라 여겼다.

으로 몰려갔다. 그 결과, 전체 주식시장을 대상으로 한, 역사상 가장 스펙터클한 버블 붕괴가 발생하게 되었다.

역사상 일어났던 많은 금융 발전의 단계와 마찬가지로 미국 금융시장 민주화 역시 전쟁 자금을 조달하려는 노력의 연장선상에서 이루어졌다. 미국은 1917년 4월에 제1차 세계대전에 참전했고, 전쟁의 승리가 가능한 한 빨리 군대를 조직하고 정부에 필요한 자금을 빨리 조달하는 데 달려 있다고 굳게 믿고 있었다. 1916년 19억 달러이던 전쟁자금 지출은 1917년 127억 달러로 증가했고, 1918년에는 185억 달러로 증가했는데, 이때쯤 되자 세금으로 충당할 수 있는 양이 아니었다.[1] 결국 우드로 윌슨Woodrow Wilson 행정부는 미국 국민들에게 막대한 양의 국채를 파는 것이 최선의 방법이라는 판단을 내렸다.

이 채권을 확실히 팔기 위해 정부는 화려한 마케팅 캠페인을 펼쳤다. 채권의 명칭부터 '자유 채권Liberty bonds'으로 붙여 미국 국민들의 애국심을 대놓고 자극했다. 1917년 5월에 최초 20억 달러 국채를 발행하기에 앞서 많은 포스터를 만들어 배포했는데, 일부는 국채의 잠재적인 수익을 강조했고, 일부는 독일의 승리에 대한 두려움에 호소했고, 또 다른 일부는 미국 국민으로서의 자부심을 자극했다. 찰리 채플린이나 메리 픽포드Mary Pickford 같은 유명 배우들이 관련 모임을 열기도 했고, 집집마다 다니며 청약을 요청하기 위해 보이스카우트가 소집

● 자유 채권 홍보를 위해 찰리 채플린, 메리 픽포드 등 유명 배우들이 모임을 열거나 연설을 했다. 사진은 자유 채권 홍보를 위해 군중에게 연설하고 있는 영화배우 더글러스 페어뱅크스(Douglas Fairbanks)의 모습.

되기도 했다.[2]

하지만 열렬한 마케팅도 정부가 채권을 가능한 한 사기 쉽도록 기존 금융 시스템을 능숙하게 활용하지 않았더라면 이렇게까지 성공적이지 않았을 수도 있었다. 이때로부터 얼마 전 설립된 미국 연방준비은행Federal Reserve은 '자유 채권'을 담보로 받기 시작했고, 금융기관들이 채권을 보유할 좋은 이점을 제공했다. 투자자들은 각자 거주하는 지역의 금융기관에서 채권을 살 수 있게 되었고, 금융기관은 채권 유통망 역할을 했다. 많은 기관들이 투자자들에게 신용으로도 채권을 살 수 있게 했다.[3]

첫 번째 자유 채권에 이어서 4개의 채권이 추가 발행되었다. 전부 청약자들이 엄청나게 모였다. 자기 예금을 빼서 생애 최초로 증권에 투자해보는 미국인들의 수도 크게 늘었다. 미국 총인구가 1억 명이 약간 넘던 당시, 4번의 청약을 거치면서 이미 2300만 명의 청약자를 끌어 모았다.[4] 이 청약자 집단에는 전례 없는 수의 노동자 계층과 중산층이 포함되어 있었다. 1918~1919년 사이 자유 채권 매수자 중에서 소득수준이 연간 1020달러가 채 안 되는 사람들의 비율이 36.7퍼센트를 차지할 정도였다. 이 비율을 2013년과 비교해보자면, 어떠한 형태로든 증권을 매수한 전체 사람들 중에서 이때와 동일한 수준의 실질소득을 가진 사람들의 비율은 11.4퍼센트에 불과했다.[5]

자유 채권의 발행은 미국 대중들로 하여금 투자의 원리를 알게 해주고 투자를 훨씬 쉽게 해주는 채권 유통 네트워크를 만드는 계기가 되었다. 1920년대의 기록적인 미국 경제성장률은 미국 예금자들이 투자를 할 수 있는 돈도 더욱 많이 창출해주었다. 따라서 1920년대는 수익성 있는 투자처를 찾는 자본의 대규모 증가로 특징지을 수 있다.

초반에는 상당 부분이 회사채로 흘러 들어갔으나, 주식으로 투자된 돈이 5억 4000만 달러였던 것에 비해 1920년 국공채에 투자된 돈은 무려 14억 달러였다.[6] 그러다 국채 수익률이 1921년 이후부터 하락하면서 반대로 회사채의 매력이 빛을 발했다. 초반에는 대기업들이 이러한 회사채 수요를 기쁜 마음으로 감당했다. 당시 한 회사가 거래할 수 있는 은행 지점이 제한돼 있었고 받을 수 있는 대출 한도 또한 엄격히 제한돼 있는 등 은행 시스템을 통해서 조달하는 자본이 한정적이었기 때문이다.[7]

포화된 시장,
대안을 찾아 몰린 부동산 시장

하지만 채권 발행량보다 시장으로 들어오

그림 7.1 1917~1934년 미국에서 착공에 들어간 신규 비농가 주택의 수(단위: 천)

는 자본의 양이 많았고, 이런 현상은 회사채의 가격을 상승하게 만들어 투자자들의 관심을 줄어들게 했다. 당시 채권평가신용등급에서 가장 높은 등급인 트리플에이**AAA** 등급 채권의 수익률마저 1920년 6.38퍼센트에서 1922년 4.93퍼센트로 떨어졌다.[8] 하지만 시장은 계속 포화되었고, 사람들은 다른 대안을 찾기 시작했다.

대안 중 하나는 바로 주택투자였다. 전쟁 중에는 주택산업도 군수품을 위해 조정되느라 새 집이 거의 지어지지 않았고, 그 결과로 신규 주택이 일시적으로 부족해졌다. 종전 후에는 주택 부족을 메꾸려고 건설이 크게 늘었다. 〈그림 7.1〉[9]에서 볼 수 있듯이, 1920년에 24만 7000채의 주택이 지어진 데 반해, 1925년에는 무려 93만 7000채의 신규 주택이 착공되었다. 이에 따라 미국 전역의 주택 가격은 40퍼센트가량 껑충 뛰어올랐다.[10] 이러한 신규 건설에 조달되는 자금 대부분의 원천은 당시 상업은행, 보험회사, 저축협회에 의해 빠르게 확대된 모기지 자금이었다.

하지만 이후에 도래할 서브프라임버블과는 달리 이때의 신용 완화
는 비교적 약한 수준이었고, 오늘날 기준으로 볼 때도 이때의 모기지
대출 조건은 매우 제한적이었다. 모기지가 아니라 보다 쉬워진 기존
신용대출에의 접근, 그리고 그 신용대출에 대한 수요 증가가 합쳐져
버블을 일으켰다.[11]

모기지는 투자자들로 하여금 대출을 받아 주택에 투기하게 만들긴
했지만, 많은 모기지 채권이 증권으로 묶였기 때문에 모기지 자체만으
로도 시장성이 높았다. 미상환 부동산 채권의 규모가 1919년 5억 달
러에서 1925년 38억 달러로 증가했는데, 이는 신규로 발행되는 총 회
사채의 22.9퍼센트에 해당했다. 이러한 부동산 채권은 2000년대에 혼
란을 일으킨 모기지담보부증권MBS, Mortgage-backed Securities과 개념적으
로는 비슷했지만, 2000년대와는 달리 이때는 기관들이 부동산 채권을
보유하길 꺼렸고, 모기지채권을 통한 파생상품에 매이지 않음으로써
자산운용을 각자의 통제권 안에 두려고 했다.

기관들의 이러한 입장은 1928년부터 1933년까지 부동산 채권의
가치가 75퍼센트 하락한 것을 보면 이해가 간다.[12] 1925년 이후 건설
붐이 끝나자 주택가격은 초반에는 비교적 이전의 수준을 잘 유지하다
가 1925년부터 1999년까지 전국적으로 8.1퍼센트 하락했다. 그러나
문제는 당시 경제 상황이 마침 악화되어 주택시장도 붕괴를 이어갔다
는 것이다. 1933년 주택가격은 정점 대비 30.5퍼센트 하락했다.[13]

주택 붐을 만든 투기적 요소는 대부분 지역 단위로 작용했다. 특히
플로리다 지역에서 심했다. 플로리다는 은행가들이 규제를 피할 목적

● 피셔의 혁신적 마케팅 기법 덕에 플로리다 이미지는 지중해 스타일의 파라다이스로 변모했다. 1913년 세계에서 가장 긴 목조다리로 개통된 콜린스 다리(왼쪽)와 오늘날 플로리다 마이애미 비치의 모습(오른쪽).

으로 정치인을 포섭하는 데 대부분 성공하는 지역이다.[14] 전문경영인 피셔Carl G.Fisher 의 혁신적 마케팅 기법 덕에 플로리다의 이미지는 지중해 스타일의 관광 파라다이스로 변모해, 플로리다 땅 투자에 대한 수요를 높였다.[15] 마이애미에서는 신축 허가를 받기 위해 지불해야 하는 돈이 1923년부터 1925년까지 무려 700퍼센트나 올랐다.[16] 플로리다의 토지시장은 부분 단기신용 연장으로 인해 투기가 쉬운 구조로 바뀌었다. 투자자들은 지가의 단 10퍼센트만 갖고 있어도 땅을 살 수 있었고, 나머지 중 25퍼센트는 30일 동안은 지불하지 않아도 되었기 때문에 주로 이 기간 내에 다시 팔아 빠른 시세차익을 취하곤 했다.[17] 당시 땅 투기 거래량의 엄청난 증가를 보면 알 수 있다. 마이애미 부동산 거래 건수는 1924년 7월 5000건에서 1925년 9월 2만 5000건으로 증가했다.[18]

플로리다에서는 사기의 형태도 새롭고 혁신적으로 진화했다. 가장 잘 알려진 사기는 바로 찰스 폰지Charles Ponzi 가 일으킨 사기로, 오늘날에도 이 방식을 쓰는 사기꾼들이 있다. 폰지는 '부채에 대한 단위별 증명서'를 하나당 310달러에 발행해서, 이걸 산 사람들에게는 자신이 소유한 잭슨빌Jacksonville 근처 토지개발 수익을 토대로 60일 내로 200퍼센트의 배당금을 주리라고 약속해 팔았다.

실제로 대다수의 투자자들이 폰지가 많은 배당금을 지불해야 하는 부담을 덜어주겠다고 자신들이 받은 수익을 다시 폰지에게 재투자하기도 했다. 재투자하지 않고 현금을 받기를 고집한 소수의 투자자들에게는 그다음에 온 후속 투자자들이 낸 돈으로 배당금을 돌려막기 식으로 지불해주었다. 이 방식이 막판에 실패하게 됐을 때, 폰지는 증권 사기로 유죄 판결을 받고, 몰래 이탈리아로 망명하려 실패해 7년간 감옥살이를 했다.[19] 하지만 그렇게나 많은 투자자들이 말도 안 되는 수익률을 믿었다는 사실은 달리 말하면 당시엔 합법적이긴 해도 사실과는 다를 수 있는 기업설립 계획이 아주 많았다는 사실을 암시하기도 한다.

프레임워크가 주식으로 집중되다

또 다른 대안 투자처는 외채였다. 1924년 8월에 독일 경제가 회복되는 일이 지정학적으로 필요하다고 판단한 미국 정부는 몇몇 주요 유럽 강대국들과 함께 도스 플랜Daws Plan을 협상하였다. 이 플랜의 핵심은 바로 J.P.모건J.P.Morgan이 독일의 경제 재건과 전쟁 배상금을 지원해주기 위해 미국 투자자들에게 고금리로 채권을 판다는 것이었다. 대부분의 정치인과 은행가들은 미국 채권에 대한 관심이 당초 예상한 1억 1000만 달러까지는 가지 못할 거라고 장담했기 때문에, 당시 미국 연방준비은행은 금리를 4.5퍼센트에서 3퍼센트로 인하해서 세계에서 가장 낮은 금리를 만들었다. 여기에 정부의 광범위한 마케팅 캠페인도 수반되었고, 미국에서 채권 발행에 필요한 프로세스 규제를 완화했던 1922년 판결을 다시 따르기도 했다.[20]

하지만 이 모든 조치가 너무 과했다는 게 나중에 드러났다. 예상과 달리 채권은 15분 만에 다 팔렸고, 발행될 때마다 청약자는 넘쳐났다. 독일의 지방 정부들은 이를 기회 삼아 미국 시장에 자체 채권을 발행하기 시작했고, 독일 기업들까지 미국 시장으로 들어왔다.[21] 이때부터 시작된 독일 채권에 대한 수요는 타 국가 외채에 대한 수요로도 빠르게 번져나갔다. 미국에서 새로 발행된 달러론dollar loan은 대부분 채권의 형태로 발행되었는데, 이 양은 1921~1923년 사이 연 6억 달러에서 1924~1925년에 13억 달러로 늘었다. 1927년 하반기에는 미국에서 다시 한번 금리를 인하했고, 이에 달러론은 17억 달러로 증가해 런던에서 조달된 총액을 훨씬 크게 넘어섰다. 32개국에서 발행된 채권이 1920년대 미국 시장에 들어왔고, 전체 규모의 절반은 유럽 채권, 4분의 1은 중남미 채권이었다.[22]

1928년 초에 미국에는 자국 자본을 미국 시장으로 끌어들이는 데 유리한 몇 가지 여건이 조성되었다. 주택가격과 주택건설이 둘 다 정점에 달해, 부동산 채권의 매력이 매우 떨어진 상태였다.[23] 독일은 중앙은행이 금리를 높이고 외채 발행률이 1927년부터 떨어지기 시작하면서 경기 침체기에 들어갔다.[24] 같은 해, 최대 투자은행 내셔널 시티National City가 이전까지는 보수적인 입장을 고수하느라 채권만 취급

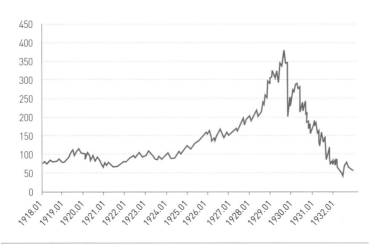

그림 7.2 1981~1932년 다우존스산업평균지수

하다가 주식도 발행하기 시작했다.[25]

그동안 채권을 파는 데 집중했던 모든 제도적 프레임워크와 마케팅이 갑작스럽게 주식시장으로 집중되기 시작했다. 게다가 역사적으로 볼 때도 주식이 채권이나 주택보다 훨씬 더 전망 좋은 투자처임이 틀림없어 보였다. 결국 1921년 8월부터 1928년 1월까지 〈그림 7.2〉[26]에 나타난 다우존스산업평균지수DIJA,Dow Jones Industrial Average는 무려 218퍼센트 상승하게 되었다.[27]

상승은 극적으로 이루어지긴 했지만, 공허한 것은 아니었다. 다우 상장사의 배당금 지급 지수는 1928년 1월까지 다우존스산업평균지수를 충실히 따라갔다.[28] 경제는 엄청난 호황의 한가운데서 호황을 누리고 있었다. GDP는 1922년부터 1929년까지 연평균 4.7퍼센트씩 올랐다. 높은 수익성과 경제성장률은 기술 혁신, 전기 생산과 상품의 대량 생산에 크게 기여했으며, 이것이 다시 전체 생산성을 크게 향상시키는

데 기여했다.[29]

게다가 혁신은 기술혁신에서 멈추지 않았다. 화학, 식품가공, 전신 산업 등에서도 큰 향상이 있었다. 투자자들은 특히 연구개발에 많은 비용을 들이는 기업에 투자를 아끼지 않았고, 혁신기업의 주식은 특히 높은 가격에 거래되었다.[30]

1928년 2월에 미국 연방준비은행은 가격이 너무 인상되면 투기꾼들이 몰려들 수 있기에 주식시장을 약화시키고자 했다. 뉴욕 연방준비은행에서는 금리를 2분의 1퍼센트 인상했고, 같은 해 여름에 추가 인상을 단행해 비교적 높은 수준인 5퍼센트까지 올렸다.[31] 연방준비은행은 은행들에게 브로커 론(고객의 신용 매입이나 신주 인수 등을 지원하기 위해 브로커가 은행으로부터 차입하는 자금-역주)을 줄이라고 압력을 가했다.[32]

그러나 어떤 조치도 소용이 없었다. 금리를 높이니 해외에서 자국보다 높은 수익률이 있는 미국 시장을 매력적으로 느낀 외채가 들어오기 시작했다. 이런 외국 자본은 대부분 직접 미국 주식시장으로 유입되거나 은행 시스템을 통해 유입되었다.[33] 브로커 론을 줄이도록 압력을 가하자, 국내 개인투자자, 기업투자자, 그리고 외국 은행들이 국내 은행들이 줄인 대출의 갭을 메웠다. 대출은 금리가 상승했음에도 불구하고 계속 급증해 대출금으로 매수하고자 하는 수요도 크게 늘게 되었다.[34] 1928년에 다우지수는 50.9퍼센트나 더 상승했다.

주가가 이렇게 높아지면서 주식발행이 역사상 가장 저렴하게 할 수 있는 자금조달 방법이 되었고, 기업들은 일제히 더욱 많은 주식을 발행하기 시작했다. 〈표 7.1〉[35]에서 볼 수 있듯이, 1928년 38억 5000만 달러, 1929년 48억 1000만 달러 규모의 주식이 발행되었는데, 이는

연도	발행 (단위: 100만 달러)
1921	455
1922	1,146
1923	1,399
1924	740
1925	1,034
1926	829
1927	1,396
1928	3,850
1929	4,808
1930	1,493
1931	223
1932	12
1933	61
1934	36

표 7.1 1921~1934년 미국 회사채 발행

1923년에 14억 달러였다는 것과 비교해보면 엄청난 수준이다. 투자신탁기관들도 1929년 다른 어떤 부문보다도 많은 자본을 발행했고, 이들이 우선적으로 주식부터 사들이는 바람에 보통주의 가격은 천정부지로 치솟았다. 주식의 수와 가격이 같이 증가하면서 주식 소유주는 이전보다 훨씬 더 자주, 끊임없이 바뀌었다. 뉴욕증권거래소의 일일 평균 거래량은 1925년 기준 170만 건에서 1928년 350만 건으로 늘었고, 1929년 첫 9개월 반 동안 410만 건이 되었다.[36] 또 1929년 첫 5개월간 다우지수는 큰 변동이 없었는데도 거래량은 같은 해 5월 말부터 9월 말까지 27.8퍼센트 올랐다.

언론들은 주가 상승세가 너무 과하다는 입장과 이제 새로운 금융시대가 열리려는 신호라는 입장으로 양분되었다. 미국의 대표 일간신문 《뉴욕타임스New York Times》의 재무 섹션 편집자인 알렉산더 데이나 노이에스Alexander Dana Noyes는 1865년부터의 미국 금융역사를 훑는 글을 써 꽤 저명한 회의론자였던 자신의 관점을 드러내기도 했다.[37] 알렉산더가 쓴 당시 칼럼들은 강세장을 대놓고 비난하지만은 않았지만, 그의 조심스러운 조언마저도 저명한 은행가들이 내놓는 낙관적인 견해에

반박하기 싫어하던 몇몇 편집자들에 의해 깎아 내려지곤 했다.[38]

다우존스가 발행하는 일간신문《월스트리트저널Wall Street Journal》은 주식시장을 옹호하는 입장이었다. 1929년 7월에 낸 한 기사에서는 이렇게 쓰기도 했다.

> 시장이 큰 반응이 있더라도… 언제나 되돌아오곤 했다… 일반 기업
> 시장이 결코 주식시장과 함께 침몰해버리길 원치 않기 때문이다.[39]

이러한 옹호 열기는 대체로는 실제로 입장이 그랬기 때문도 있었지만, 항상 그런 것은 아니었다. 1920년대 중반에《저널Journal》에서는 두 명의 저널리스트가 주식시장을 옹호하는 글을 써주는 대가로 돈을 받고 원래 의견은 뒤로 숨겼다. 당시 미국에서 가장 많이 읽히던《뉴욕 데일리뉴스New York Daily News》는 꽤 체계적인 뇌물수수 문제를 갖고 있었다. 금융 섹션 칼럼니스트가 기사를 써서 수익의 일부를 받게 해주는 대신 거래자들에게 돈을 달라고 했던 것이다.[40]

이유를 알 수 없는 하락의 지속

여름에는 보통 증권거래소가 조용한 편이지만, 1929년에는 브로커와 투자자 모두 주식거래를 계속하느라 여름 휴가 기간마저도 거의 없어진 상태였다. 가장 심했던 건 9월 3일 다우 지수가 381.2에 도달했을 때다. 1927년 초부터 무려 231퍼센트 증가

한 지수다.[41] 다만 9월 3일 이후부터는 조금씩 하락하기 시작했는데, 일각에서는 이 정도 하락은 정상 범주를 회복하려는 자연스러운 하락이라고 말했다.

예일대학교 경제학자 어빙 피셔 교수는 10월 16일에 주식이 '영원한 안정기처럼 보이는 상태'에 접어들었다고 말했다.[42] 하지만 주가는 심하게 널을 뛰었다. 10월 3일이 되자 다우지수는 4.2퍼센트 급락했고 10월 7일에는 6.3퍼센트 올랐는데, 이 정도 변동폭은 전후시대 들어 가장 큰 폭이었다. 불안정한 상태는 10월 22일 화요일까지 지속되다가, 이날 다우지수는 정점 대비 14.3퍼센트 떨어진 326.5를 기록했다.

10월 23일 수요일, 갑자기 뉴욕증권거래소에서 자동차주가 급격히 대량 매각되면서 주가가 크게 하락했다. 이때 거래된 주식은 640만 주에 이르렀으며, 장 막판에 이르자 광란의 도가니였다. 전국의 실시간 증권시세를 찍어내던 수신용 테이프가 장이 마감된 후에도 무려 104분 동안이나 돌아갔기 때문에 거래자들은 자신이 얼마나 돈을 잃었는지 정확히 알 때까지 기다리며 머리를 쥐어뜯어야 했다.

사태가 어느 정도 정리되자, 다우지수는 1914년 이후 가장 큰 일일 하락폭인 6.3퍼센트 하락으로 장을 마감했다고 발표했다. 문제는 이러한 대량 손실로 인해 마진콜 역시 대량으로 따라올 것이기 때문에 더 최악의 상황이 예상된다는 것이다. 즉, 증권사에서 빌린 돈으로 투자했던 거래자들은 기보유 주식이라도 바로 팔아버려야 하는 상황이었다. 주식 대량 매각 사태가 생각보다 심각할 것임을 예견한 뉴욕 경찰 당국은 금융지구 전체에 마차와 사람들을 배치하고 월스트리트로 들어가는

입구 한 곳을 폐쇄했다.[43]

목요일 아침이 되자 예상대로 광란의 장이 열렸다. 장 시작 후 30분 만에 160만 주의 소유주가 바뀌었고, 대부분은 신용거래대출로 주식거래를 했다가 벼랑에 내몰린 사람들의 거래량이었다. 하방 모멘텀으로 인해 수많은 거래자들이 '팔려주기만 한다면 시가로 즉각 매도'해야 했다. 즉, 가격 따지지 말고 팔아야 했다는 뜻이다. 가격하락 소식이 뉴스로 퍼지자, 사람들은 뉴욕증권거래소로

● 1929년 주가가 추락한 후 증권 거래소 앞에 모인 군중.

뛰쳐나와 공황이 벌어지려는 순간을 목격해야 했고, 경찰들은 평소보다 2배로 늘어 대기했다. 그런데 놀랍게도 그때 시장이 회복되었다. 시간은 오후 1시 반. 몇몇 거물급 은행가들이 회합을 가진 후, 증권거래소 부사장이 엄청난 양의 우량주를 시가보다 높은 가격으로 매입하기 시작했다. 이 일은 J.P.모건이 주도한 금융 카르텔의 개입으로 끝났다고 널리 알려진 1907년의 공황을 떠올리게 했다. 이러한 모험적인 조치는 처음에는 손실의 대부분을 빠르게 회복했기 때문에 효과가 있는 것 같아 보였다. 이날 다우지수의 최대 하락폭은 10.8퍼센트였지만, 다행히 최종적으론 2.1퍼센트 하락으로 끝났다.[44] 이날이 시간이 지나고 일명 '검은 목요일'로 알려진 날인데, 피해는 전체적으로 볼 때

<New York Daily>
Investment News
12,894,650 Day Smashes Old Peak by 4 Million
STOCK MARKET CRISIS OVER
Stock Houses Survive Worst Day in History

● '주식 시장의 위기는 끝났다'는 네 단어로 헤드라인을 장식한 뉴욕데일리투자뉴스의 헤드라인.

소규모 주식에 국한되었다.

　나머지 주간은 비교적 차분한 분위기를 유지했고, 많은 사람들이 다음 주가 되면 시장이 정상으로 돌아올 거라고 예상했다. 《뉴욕타임스》는 '월스트리트의 금융 리더들'이 '붕괴를 막아줬다'며 칭찬했고, '최악을 경험하게 될 거라는 분위기가 지배적이었다'고 말했다. 《뉴욕데일리투자뉴스New York Daily Investment News》는 이보다 더 직설적으로 '주식 시장의 위기는 끝났다stock market crisis over'라는 네 단어로 헤드라인을 장식했다.[45] 미국 최대 투자은행 중 하나인 어빙 트러스트Irving Trust 회장은 다음과 같이 지적했다.[46]

　생각이 없는 대부분의 사람들이 펀더멘털 가치를 보는 눈을 잃었을 때가 바로 실질적인 감각을 지닌 투자자의 용기가 필요한 때다.

　다만 이 발언은 매수행위에 대한 비판이었다.

　그런데 다음 주 월요일 아침 장이 열렸을 때, 매수자보다 매도자가 더 많다는 점이 확연히 나타났다. 검은 목요일에는 비유동성이 커서 주식을 팔기가 어려웠던 반면, 월요일이 되자 주가가 한 번에 1~2달러씩 뚝뚝 떨어졌다. 이런 매도세는 주로 두 집단 때문이었다. 주말 동안 마진콜을 받은 주주들, 그리고 외국 투자자들이다. 특히 영국 투자자들은 당시 영국 주요 금융가들의 파산으로 인해 자금이 동결된 경우가 많았다.[47] 오후가 되자 미국 연방준비은행도 민간 은행도 개입할 생각이 없다는 점이 분명해지면서 가격은 더욱 떨어지기만 했다. 다우존스에서는 당일 역사상 가장 큰 하락폭인 12.8퍼센트 하락으로 마무리되었다고 발표했다.

《뉴욕타임스》는 다음 날 아침 '주요 은행가들의 발언'을 토대로 '폭풍우가 스스로 가라앉았다'라고 기사를 냈다.[48] 이 내용은 《뉴욕데일리타임스》에서 똑같이 내보내면서 위기가 발생할수록 매일 주식을 사라고 조언하는 불명예스러운 행위를 했다.[49] 하지만 다음 날 장이 다시 열리자, 가격은 계속 하락하기만 했다. 전날의 매도주문은 너무 많았고, 이는 곧 기관투자자들과 대주주들이 시장을 떠나고 있음을 암시했다. 이런 현상은 나중에 단기금융시장^{call loan market}에서 지역은행, 기업, 개인들이 현금 인출을 하면서 더욱 악화되었고, 이는 곧 더 이상 주식을 매수하기 위한 돈을 빌릴 수 없게 돼, 결국 주식을 사는 사람이 더 적어지기만 한다는 걸 뜻했다.

뉴욕 연방준비은행은 행동할 때가 되었다고 생각하고, 정부 증권을 1억 달러 규모로 매수해서 시장에 유동성을 공급해 코앞의 신용위기를 피해보고자 했다.[50] 그러나 이런 노력에도 불구하고 다우지수는 당일 11.7퍼센트 하락했다. 손실 총액은 거의 믿을 수 없는 수준이었다. 이틀 동안 딱히 이유도 알 수 없이 23.6퍼센트나 하락한 것이다. 이 수치를 비교해보자면, 일본의 진주만 공격이 있었을 때조차도 다우지수 하락률은 이틀 동안 고작 6.3퍼센트였다.

나머지 주간 동안은 꽤 회복하긴 했지만, 주식시장은 전례 없이 출렁이면서 바로 다음 주 장이 열렸을 때 바로 뒤집어졌다. 11월 13일, 다우지수는 198로 바닥을 쳤고, 두 달 만에 총 가치의 48퍼센트가 증발했다. 해가 바뀌고 다시 회복되는 듯해 보이면서 다우지수도 1930년 4월 292를 찍으면서 종국에는 위기를 극복해내는 것 같았다. 그러나 주식시장은 1930년을 기점으로 내내 악화되기만 했고, 경기는 깊은 침체기로 빠져들었다. 다우지수는 1932년 7월까지 최저 수준을 벗어나지 못하다가 41을 기록하면서 1929년 정점 대비 89.2퍼센트 손실이라는 믿을 수 없는 상황을 맞이했다.

스토리를 짜내고 편집하고,
시장의 아첨꾼이 된 언론

버블 기간 동안 언론매체는 어떤 역할을 했는가? 대체로 신문은 시장을 객관적으로 평가하는 데는 관심이 없었고, 대신에 은행가, 상인, 정치인들이 하는 주관적인 말들을 그대로 보도하는 데 그쳤다. 당시 존 브룩스John Brooks라는 한 기고자가 쓴 당대의 금융사에서는 '수수께끼 같은' 주요 은행가 또는 비즈니스 리더가 럭셔리 크루즈를 타고 유럽을 여행하면서 '마지못해' 각종 금융지 저널리스트들에게 코멘트를 제공한 '대서양 횡단 선박 인터뷰'의 출현을 조롱하듯 묘사했다.[51]

1929년에 영향력 있는 사람들이 한 발언들이 한결같이 긍정적이어서 이들에게 '번영의 노래 합창단'이라는 별명이 붙기도 했다.[52] 신문들은 시장이 악화되는 동안 진실을 보도하기보다는 이 번영의 노래 합창단이 내뱉는 지나치게 낙관적인 말들만 계속 실었다. 일례로 《뉴욕타임스》의 검은 목요일 바로 다음 날 아침 헤드라인은 '은행이 최악의 주식폭락 막아', '지도자 회의, 형세 되돌려'였다.[53]

이전 버블들에서는 '유명한 인물'들이 있었는데, 1920년대 버블에서는 특정한 유명 인사에 언론이 주목한 예는 거의 없었다. 사실 인물에 주목하게 만들면 일반 대중이 금융 스토리에 보다 공감할 수 있고 시장의 변동성이 그럴 만한 이유로 발생된 것이라는 생각을 하게 만들며, 마치 누군가 이 사태의 원흉이기라도 한 것처럼 보이게 만든다. 물론 이 방법은 이미 오래전부터 쓰이던 닳고 닳은 방법이다. 주목받는 한 명의 인물은 없었지만, 저널리스트들은 꽤 자주 내셔널 시티 은행의 이사들이 한 말을 기반으로 기사를 쓰곤 했다. 다만 이는 콘익스체인지뱅크Corn Exchange Bank와의 합병 시 내셔널시티은행의 이사들에게 주가를 높게 유지하는 동안 막대한 양의 우선적 이득을 주기로 한 대가성 기사였다.[54] 또 다른 세간의 이목을 끌던 인물들도 다들 금융범죄 혐의로 감옥에 갔는데, 그중에서 그나마 가장 유명했던 사람은 리처드 휘트니Richard Whitney로, 무려 버블 중 뉴욕증권거래소 부사장을 지냈던 사람이었다.

그럴듯한 스토리를 짜내는 것 외에도 아첨꾼 같은 편집 스타일도 만연했다. 여기에는 3가지 이유가 있었다. 첫째, 그럼으로써 신문이 나라의 가장 영향력 있는 사람들과 긴밀한 관계를 유지하고, 그 관계를 바탕으로 향후 더 믿을 만한 정보를 얻어 기사를 쓰고자 했다. 둘

● 1931년 시카고 무료 급식소 밖에서 줄을 서 있는 실업자들.

째, 괜한 소리로 공황을 촉발시킨 언론사라는 비난을 받지 않기 위함
이었다. 주요 대형 신문사에서 위기를 정확히 예견하면, 그런 예견을
실어서 실제로 위기를 초래했다는 비난을 받을 수가 있었다. 셋째, 다
른 사람들이 하는 말을 보도하면 그 말대로 상황이 흘러가지 않더라도
딱히 언론사에서 비난을 받지 않아도 되었다. 신문사들은 종종 자신들
이 이전에 전문가의 의견이라면서 몇 년간 옹호하며 인용했던 이론을
버블 붕괴 이후에는 반대로 저격하면서 조롱하기도 했다. 따라서 이런
전략은 언론 매체가 자신들이 필요로 하는 특수한 이해관계와 접근성
을 해치지 않으면서도 어느 정도 수준의 신뢰도를 유지하는 데 도움이
되었던 것이다.

1920년대 버블은 미국이 주 무대였지만, 다른 나라에서도 어느 정

도 발생했다. 1920년대에는 이미 전 세계 주식시장이 밀접하게 연결
돼 있었으므로 여러 나라에서 같은 기간 주식시장의 호황을 경험했
다.[55] 프랑스 주가는 1922년부터 1929년까지 231퍼센트 올랐다가
1929년부터 1932년까지 56퍼센트 하락했다.[56] 스웨덴 주가는 1924
년부터 1929년까지 150퍼센트 올랐다가 1932년에 거의 다 다시 떨
어져 원점으로 돌아왔다.[57] 독일 주가는 1926년에 2배 이상 오르고 있
었는데, 중간에 중앙은행이 개입해 버블이 부푸는 걸 막았다.[58] 영국
은 1929년에 주식시장 위기가 왔지만, 비교적 빨리 주가를 회복했고,
1935년 위기 전 수준을 회복했다.[59] 하지만 이들 국가 중 어떤 국가도
미국처럼 무려 89퍼센트에 달하는 하락장을 경험하지는 않았다.

악순환 속 소문에 기댄
대규모 투자가 만든 결과

월스트리트 대폭락 이전 10년 동안 시장성은 지속적으로 증대됐다. 일련의 개혁과 혁신이 증권을 사고팔기 훨씬 쉽게 만들었기 때문이다. 이러한 개혁과 혁신의 첫 단추는 '자유 채권'을 유통하기 위한 금융망 개설이었다. 이를 통해 지역은행 지점, 백화점에서 채권이 유통될 수 있었고, 급여 공제 제도를 통해서도 유통될 수 있었다.[60]

종전 후, 민간 은행들은 이 망을 소액투자자들을 위한 시장으로 활용하고자 했다. 이에 1925년 706곳이던 중개소는 1929년 1658곳으로 늘었고, 덕분에 투자자들이 월스트리트까지 가지 않아도 증권을 매수할 수 있게 되었다. 이들 중 내셔널시티컴퍼니National City Company는 효과적으로 회사채, 외채, 일반 주식을 파는 전국적 금융 체인이 되었다. 이런 상황에 일반인을 위한 투자 기초 교육 마케팅 캠페인도 개시되었다. 이는 사기꾼들이 금융시장에서 일반 투자자들을 이용하는 걸 더 어렵게 만듦으로써 투자자들에게도 직접적으로 좋은 일이었고, 똑똑한 기업들에도 주식과 채권을 팔아줄 잠재 고객을 더욱 많이 유치할 수 있게 해주어서 좋은 일이었다.[61]

유통시장의 거래비용은 1920년대 중반 이후 상당히 낮은 수준이었다. 1929년 거래당 총 비용 평균이 0.5퍼센트 정도였는데, 이는 1980년대 이전보다도 낮은 수준이었다.[62] 거래자들은 통신기술 확장으로도 수혜를 봤다. 전화기 사용이 10년간 70퍼센트 늘었다. 1929년에 뉴욕증권거래소는 중개소와 통화하기 위해 전화 회선을 323개나 설치했다.[63] 이전 버블들과 같이 시장성 증대는 일단 시작되고 나면 어느 정도의 규모를 유지하며 계속되었다. 시장성이 높아질수록 거래량도 늘어서 다시 주식의 유동성을 증대시키는 식이다.

　신용 증대의 가장 중요한 형태는 바로 브로커 론이었다. 1920년 이전에는 미국에서 투자신탁을 찾아보기 힘들었지만, 이후에 여럿 생기고 나서는 오히려 영국의 투자신탁보다 더 위험한 수준이 되었다. 수많은 사람들이 어마어마한 레버리지를 활용했다. 신탁관리자는 10퍼센트의 돈만 있어도 주식을 매수할 수 있었다. 즉, 총투자액의 90퍼센트를 대출받아 투자하는 게 가능했던 것이다. 이러한 신탁회사의 수는 1921년 40개에서 1929년이 되자 750개가 넘게 생겨났고, 이들은 다른 어떤 부문보다도 더 많은 신규자본을 발행했다. 신용거래는 개인투자자들이 종종 쓰던 방식이었는데, 개인투자자가 브로커에게 돈을 빌려서 투자를 하고, 브로커는 다시 은행에서 돈을 빌려서 개인투자자에게 돈을 빌려주는 식이었다.[64] 꽤 안정적이면서도 기술적인 일의 일종이었던 이러한 신용거래는 미국 전역에서 거의 모든 형태의 도박이 불법이었던 상황에서 다른 방법이 별로 없던 도박꾼들에게 어필할 수 있는 활동으로 변모하게 되었다. 이러한 변화가 주식시장 붐을 얼마나 악화의 길로 접어들게 했는가는 브로커 론의 규모가 1926~1931년 동안 다우지수를 거의 정확하게 따라간다는 사실로 증명된다.[65]

미국 연방준비은행은 1920년대 지나치게 느슨한 통화정책을 펴서 버블이 더 커지도록 했다고 비난받곤 했다. 하지만 그건 사실이 아니다. 이미 퍼져 있던 경제적 여건을 감안한다면, 1922~1929년 사이의 금리는 그렇게 낮지 않았다.[66] 이 기간의 후반부에는 연방준비은행이 주식시장 투기를 극도로 우려하게 되었고, 1928년에 금리를 3배나 올렸다. 미국 연방준비은행은 1927년 말부터 중개인 신용대출을 줄이도록 은행에 압력을 가했고, 이로 인해 연방준비은행이 거의 통제를 하지 못했던 개인, 법인, 외국 은행에서 받는 대출이 늘었다. 연방준비은행의 회의록에는 더 중요한 다른 이슈가 있는데도 오히려 신용거래를 줄이는 데 너무 과하게 집착했다는 사실이 드러나 있다.[67]

시장성과 신용의 역할에 대해 아는 사람들이 많았지만, 버블에 대한 일반적인 기억은 대부분 투기로 점철돼 있었다. 갤브레이스J.K. Galbraith가 쓴 유명한 버블붕괴의 역사에서 그는 버블의 핵심 특징이 바로 '(주식) 소유권을 둘러싼 모든 측면이 가격의 초반부 상승에 관한 전망을 제외하고는 죄다 무의미해진다는 점'이라고 말했다.[68] 이 특징은 당시에도 광범위하게 관찰되었다. 《뉴욕타임스》는 1929년 8월에 '현재 시장이 돌아가는 방식은 더 높은 가격에 되팔기 위해 먼저 사는 것으로 보인다'라고 지적했다.[69] 몇몇 투자자 집단은 아예 대놓고 이런 목적으로 투자를 한다고 달려들었는데, 이들 중 많은 이들은 유명한 사업가이거나 금융가였다. 이 집단에는 곧 개인 신용거래자들이 합류했는데, 이들 중 많은 이들은 주식거래를 업으로 하기 위해 본업까지 내던지기도 했다.[70]

버블을 일으킨 불꽃,
신기술이 경제에 끼친 2가지 영향

기술 변화는 버블을 일으킨 불꽃이었다. 미국 사회와 경제는 버블붕괴 전 시기에 전기 사용이 늘면서부터 매우 변화하고 있었다. 1902년부터 1929년까지 미국 내 1인당 전기 공급량은 9.2퍼센트 증가했다.[71] 이는 소비자들에게도 상당한 유익을 제공할 뿐 아니라 보다 저렴해진 전기료는 다른 산업들에도 유용했으며, 대량생산의 증대와 같이 다른 주요 경제적 변화에도 보완 작용을 했다. 전기가 생산에 사용되면서 전화기부터 세탁기와 냉장고에 이르기까지 대부분의 소비재 생산비용이 절감되었고, 많은 것들을 이제는 신용으로도 구매할 수 있게 되었다. 자동차 대량생산의 선구자 헨리 포드Henry Ford의 등장 이후, 1920년대에는 대량생산이 극적으로 늘어 더욱 많은 상품이 생산되었고, 자동차 시장의 발전은 다른 제조업으로도 확대되었다.[72]

신기술은 버블을 2가지 방향에서 자극했다. 첫째, 신기술은 1920년대 중반 회사들에 엄청난 이윤을 가져다주었고, 이윤의 대부분은 주주들에게 다시 지급되었다. 다우지수로 집계된 배당금은 1922년부터 1927년까지 120퍼센트 증가했다.[73] 이는 다시 주주들에게 많은 양의 자본이득을 제공함으로써 다우지수 역시 비슷한 정도로 올랐다. 이때의 자본이득이 초기 투기성 투자자들을 끌어들였다. 둘째, 신기술은 주가가 기존 지수 수준을 훨씬 뛰어넘어도 수긍하게 만들었다. 1920년대에는 모더니즘이 광범위하게 퍼졌는데, 모더니즘이란 신기술이

● 포드사가 다양한 조립 방법을 테스트하는 모습. 대량생산이 극적으로 발달하면서 생산성은 다른 제조업으로도 확대되었다. 신기술은 버블을 2가지 방향에서 자극했다.

이전까지 세상을 설명하던 대부분의 모델들이 쓸모없다는 걸 알려준다고 주장하는 철학이다.[74] 1920년대 말에는 이러한 세계관이 투자로 나타났다. 1928년 3월에 《뉴욕타임스》는 '시장 참여에 관한 널리 퍼져 있는 의견'이 '모든 이전 척도들은 무시되어어야 하며, 시장이 제대로 판단되려면 새로운 방법이 적용되어야 한다'는 것이라고 보도하기도 했다.[75]

1929년에 관한 이전의 연구에서는 '무엇이 버블을 만들었는가?'보다는 주로 '무엇이 버블 붕괴를 초래했는가?'를 묻곤 했다. 런던의 방직 업체 클라렌스 헤이트리Clarence Hatry 그룹 파산, 스무트-할리Smoot-Hawley 관세법 통과(미국이 자국의 불황을 타개하기 위해 1930년에 제정했지만 오히려 대공황을 가속화시킨 관세법.-역주), 뉴욕 연방준비은행의 1929년 8월 9일 금리 인상 등을 포함해서 버블 붕괴를 초래한 몇 가지 원인들이 꼽히기는 했다. 하지만 무엇 하나도 버블 붕괴가 일어난 타이밍이나 스케일을 설득력 있게 설명하지는 못한다.[76] 결국엔 원인을 무엇으로 설명하든 갑작스럽게 설명할 수 없는 투자자의 감정 변화로 또는 간단히 '미스터리'하게 일어난 일이라고 결론 낼 수밖에 없었다.[77]

하지만 특정한 사건에 대한 반응 때문도, 미스터리한 이유 때문도 아니었다. 그저 시장의 구조 때문에 일어난 일이었다. 1929년 가을 미상환 상태인 브로커 론의 규모를 보면 큰 가격하락이 언제고 일어나기만 하면 엄청난 양의 마진콜이 이어질 거라는 사실은 자명했다. 이는 결과적으로 거래자들이 보유 주식을 매각할 수밖에 없게 만들고, 그로 인해 다시 가격이 더 떨어지는 과정이 되풀이되는 것이다. 근본적으로 버블을 키운 연료는 언제든지 제거될 수 있었다. 그러나 취약성은 브로커 론이 정식으로 가능하게 됐을 때부터 본격적으로 커졌고, 그 결과 시장이 훨씬 더 불안정해졌다.

악순환 속에서 근거 없이 소문에 기댄 대규모 투자행위noise trade 가 한번 일어나기라도 하면 버블붕괴가 촉발되어 1929년 10월 22일처럼 되는 것이다.

광란의 1920년대가 주는 2가지 교훈

월스트리트의 버블 붕괴 이후 소비자 지출의 붕괴가 이어졌다. 이 둘의 연결성을 아주 명백히 밝힐 수는 없다. 주식시장이 갖는 경제적 중요성을 생각해보면 이렇게까지 소비 절벽이 올 일은 아니었다. 다만, 미국에서의 소비자 지출이 주가폭락에 다소 과하게 반응한 것 자체는 전혀 이해 못 할 일은 아니다. 소비자 지출은 원래 역사적으로도 주가 변동에 빠르게 반응했으며, 디플레이션이 오면 지출 급감은 충분히 따라올 수 있다. 그리고 1929년 대규모 지출 감소에 대해 주가폭락 말고는 명확히 설명할 수 있는 사유가 없다.[78]

소비자들이 버블 붕괴에 왜 이렇게까지 반응을 했는지는 알 수 없지만, 붕괴 중에 언론에서 너도나도 세기말적인 어조를 내보내는 바람에 일반인들은 실제보다 더 큰 경제적 파국을 예상하고 그에 대한 반응으로 일단 지출을 줄여보는 결과를 낳은 것으로 보인다.

지출 감소는 신용대출 역시 감소하는 결과를 가져왔다. 버블붕괴 이후 브로커 론이 급격히 줄었고, 이어서 모기지와 소비자금융 역시 줄었다.[79] 연이은 지출과 대출 감소는 총수요 하락으로 이어졌고, 총수요 하락은 디플레이션으로 이어져, 미국 경제는 침체의 길로 들어갈 수밖에 없었다. 기업들은 그래도 1930년 상반기에는 침체의 기조가 완만해질 것으로 예상했고, 그래서 생산량이 오히려 증가했다.

그러나 소비자 지출은 시간이 지나도 낮은 수준을 유지할 뿐이었고, 이는 곧 불황이 심각해질 것임을 뜻했다. 실제로 1930년 말에 GDP는 전년도 대비 11.9퍼센트 하락했다. 1930년 말에는 11월과 12월에 5억 5200만 달러를 예금으로 보유하던 은행들이 파산하면서 첫 번째 금융위기가 왔다. 이는 디플레이션 문제를 악화시켰다. 소비자물가지수는 1930년에 2.5퍼센트, 1931년에 8.9퍼센트, 1932년에 10.3퍼센트 하락했다.[80] 그 여파로 은행 부채의 실질 가치가 오르면서 경제 활동은 위축되었고, 그 결과 은행들이 줄줄이 파산했다.

경제적 소용돌이에서 벗어나는 핵심 방법은 디플레이션의 진행을 멈추고 신용 채널을 보호하는 것이었을 것이다. 그렇게 하기에 가장 쉬운 방법은 시장에 유동성이 넘쳐나게 하고 미국 연방준비은행이 파산하는 은행들에 최종대부자 역할을 해주는 것이었을 것이다. 하지만 정부는 당시 달러가치를 금 가치로 유지하고자 애쓰던 노력을 무효화시킬지도 모른다고 두려워했다.[81]

그 결과 은행의 파산은 이어졌고, 경제는 계속해서 곤두박질쳤다. 미국 정부가 마침내 1933년에 금본위제를 이탈하겠다고 결정했을 때, 이미 명목 GDP는 45퍼센트 하락한 후였다. 실업률은 23퍼센트에 달했으며, 운영 중인 은행의 수는 1929년 대비 거의 절반으로 줄어 있었다.[82]

대공황의 심각성을 제대로 이해하려면

　　　　　　1930년대 대공황은 세계적 재앙이다. 제1차 세계대전 이후 세계 경제에서 미국 경제는 중요했기 때문에 더욱 심각한 재앙이 되었다. 다만 심각성은 나라마다 달랐고, 각국이 금본위제를 얼마나 빨리 이탈하는지에 따라 달라지기도 했다.[83] 일본 경제는 1929년부터 1931년까지 24퍼센트, 영국 경제는 1929년부터 1932년까지 10퍼센트, 프랑스 경제는 1929년부터 1934년까지 33퍼센트 하락했다.

　미국 신용에 기댄 채 성장했던 독일 경제는 특히 큰 영향을 받았다. 독일 GDP는 3년 안에 37퍼센트나 떨어졌고, 산업 실업률은 44퍼센트에 달했으며,[84] 노숙자, 영아 사망률, 자살률이 증가했다.[85] 2차적인 정치적 영향은 심지어 더 심했다. 공황으로 인해 몇몇 유럽국가의 민주주의가 무너졌고, 결과적으로 제2차 세계대전이 발발한 주원인이 되었다.[86]

　1920년대 버블은 가장 파괴적이었던 버블로 꼽히곤 한다. 이 시기 신용거래의 규모는 이전 그 어떤 버블보다도 금융 네트워크를 버블 붕괴에 훨씬 더 취약하게 만들었고, 약해진 금융 네트워크는 뉴욕 연방준비은행이 1929년 10월에 긴급 유동성을 제공하지 않았더라면 완전히 무너졌을 수 있었다. 하지만 실제로는 주식시장 손실 또는 브로커론의 채무불이행으로 인해 문을 닫은 주요 기관의 수는 미미했다. 버블붕괴가 경기불황을 촉발시켰다면, 그건 버블이 소비자 지출에 미친 영향 때문이었을 것이다. 물론 이 주장은 모든 경제학자들이 설득력 있다고 인정하는 주장은 아니다.[87] 대공황을 촉발시킨 게 버블 붕괴만이라고 한다면 대공황의 엄청난 심각성을 제대로 설명할 방법이 없다. 그게 아니라 대공황은 은행 네트워크의 취약성, 1차와 2차 세계대전 간 금본위제의 경직, 정부와 통화 당국이 그로 인한 디플레이션을 제대로 다루는 데 실패한 것이 함께 작용해서 일어났다고 봐야 한다.[88]

버블이 터진 후 여파를 성공적으로 관리했다면, 재앙으로 기억되지는 않았을지 모른다. 실제로 호황의 시기에 혁신적인 회사들은 자본을 매우 쉽게 조달할 수 있었다.[89] 가장 제대로 버블을 경험한 회사 중 하나가 바로 라디오코퍼레이션오브아메리카Radio Corporation of America 였는데, 이 회사는 라디오뿐 아니라 흑백 및 컬러텔레비전 개발의 중심에 있던 회사다.[90] 버블에 올라탄 또 다른 회사로는 버로우스사Burroughs Adding Machine 가 있다. 이 회사는 세계 최대의 중앙컴퓨터(메인프레임 컴퓨터)를 생산하는 회사 중 하나였다. 컬럼비아사Columbia Graphophone Company 는 1929년 장부가액의 50배가 넘는 시장가치를 가지고 있던 회사였는데, 그래포폰 컴퍼니Graphophone Company 와 음반사로 합병하면서 버블이 터진 후에도 살아남았다.[91] 이 회사는 나중에 척 베리Chuck Berry, 핑크 플로이드Pink Floyd, 클리프 리처드Cliff Richard 의 커리어를 시작하게 해준 회사였다. 1920년대의 과잉 투자 없이 이러한 장기적인 성과들은 불가능했을지도 모른다.

물론 신기술에 대한 투자가 가져다준 긍정적인 효과도 그다음 해의 투자 부족이 상쇄해버렸다고 주장하는 사람들도 있을 것이다. 버블 붕괴 이후, 주식발행으로는 자금을 조달하는 게 거의 불가능한 상태가 되었기 때문이다. 〈표 7.1〉에서 볼 수 있듯, 1932년 1년 내내 단 1200

만 달러 규모 주식밖에 발행되지 않았고, 이 규모는 1929년에 발행된 규모에 비해 99.8퍼센트 하락한 수준이다. 신기술로 얻을 수 있는 이득이 아직 실현되지 않았고 혁신이 계속 진행 중이라는 사실에도 불구하고 이렇게 된 것이었다. 어떤 불황이든 투자 부족으로 초반에 문을 닫을 수밖에 없었던 전도유망한 회사들이 치른 비용을 제대로 다 집계하지는 못한다는 사실과 대공황의 심각도를 고려해볼 때, 미처 측정되지 못한 다른 비용들은 훨씬 많이 존재했을 것이다.

광란의 1920년대는 버블에 관한 2가지 교훈을 준다. 첫째, 버블 붕괴를 둘러싼 여론은 중요하다. 버블의 경제적 중요성은 주주들과 비즈니스의 이점에 대해 갖는 버블의 직접적인 영향으로부터 바로 파생되는 것이 아니다. 즉, 사회가 버블을 어떻게 보느냐도 중요하다. 주식시장이 문화적으로 해당 문화권에서 중요하다면, 극적인 버블 붕괴는 소비자 행동에 영향을 줄 수 있고, 그래서 예상치 못한 경제적 영향이 발생한다.[92] 둘째, 이미 생성된 버블을 관리하는 것은 버블이 터진 이후를 관리하는 것보다는 덜 중요하다. 1928년과 1929년, 미국 연방준비은행은 점점 주식 투기를 줄이는 데 집착했는데, 그들이 취한 조치 중 어느 것도 효과적이지 못했다. 이미 밝힌 바와 같이, 당시 주식 투기는 생각보다 부차적인 문제일 뿐이었다. 그때 경제에서 정말 중요했던 건 당국이 유지하는 데 완전히 실패해버린, 금융기관의 안정화였다. 이 실패야말로 1920년대 버블이 왜 금융사에서 가장 악명 높은 사건으로 남아 있는지 설명해주고 있다.

PART
o8

BOOM AND BUST

정치적 목적을 위한 머니게임

: 욕망과 혼돈의 기록

일본의 토지 및 주식 버블이 갖는 특이점은 바로 돈과 투기가 서로 영구히 순환 지속되도록 만드는 방식이었다. 은행은 땅을 대출 담보로 잡았기 때문에, 땅값이 오르면 오를수록 은행은 더 많은 돈을 대출해줄 수 있었다. 이렇게 대출받은 돈의 대부분은 다시금 땅 또는 주식에 투자되었고, 땅과 주식의 가격은 더욱 올라가고, 그러면 은행들이 다시 더 많은 돈을 대출해줄 자유를 얻게 되고, 그렇게 은행에서 빌린 돈은 다시 땅과 주식으로 투자되는 식이다.

이러한 순환적 관계를 인정해야 일본 도심의 땅값이 10년 동안 장장 320퍼센트까지 올랐다가, 오른 만큼 다시 그대로 다 폭락하는 이 믿을 수 없는 부동산 버블의 규모를 설명할 수 있다.

잃어버린 시대의 시작

미국 행정부와 일본 금융시장

　　　　　　　　　1920년대 버블이 규제되지 않은 상태였던 미국 주식시장을 치명적으로 취약해지게 만들었다고 루스벨트 행정부는 판단했다. 루스벨트 전 대통령은 취임한 직후인 1933년에 증권법Securities Act 을 도입했다. 이 법은 증권을 발행하는 모든 회사가 잠재적 투자자들에게 독자적인 공개 재무제표를 포함하여 많은 정보를 공개해야 한다고 규정했다. 이는 1934년 증권거래위원회Securities and Exchange Commission 가 증권시장을 감독하고자 만든 법인 증권거래법Securities Exchange Act 으로 이어졌다.

이 법은 시장성에 대한 새로운 제한은 거의 가하지 않는 채로 미래의 투기와 신용 버블의 발생을 방지하고자 했다. 특수내부관계인 간 거래와 다양한 형태의 시장 조작은 금지되었고, '갑작스럽고 비합리적

● 1945년 8월 14일 일본의 항복을 발표하는 해리 트루먼. 종전 후 그는 뉴딜정책에서 영감을 받은 일련의 개혁정책을 일본에서 펴기 시작했다.

인 증권 가격의 변동'과 '증권의 거래와 시장의 과도한 투기'에 대한 책임이 시장 조작에 있다고 주장하는 법이기도 하다. 1929년에 있던 광범위한 신용거래에 대한 대응으로, 얼마만큼의 돈이 주식 매수의 목적으로 대출될 수 있느냐에 엄격한 제한이 걸렸다.[1]

　제2차 세계대전 종전 후 미국 정부는 새로 해야 할 일에 직면했다. 바로 파괴적인 전쟁에 대부분의 돈을 써버린 일본 경제를 재건하는 일이었다. 다른 때 같았으면 이 일은 천천히 진행되었을 것이다. 전후시기 미국이 취한 외교정책은 자본주의의 우월성을 보여줄 수 있는 일이라면 무엇이든 하는 방향이었기 때문에, 자본주의를 통한 일본의 번영은 미국의 핵심적이고도 전략적인 관심사가 되었다.

　미국은 일본 경제발전을 촉진시키기 위해 엄청난 노력을 기울이기 시작했다. 현지 문화 지식과 언어 기술이 부족했던 미 점령군은 대체로 미국에서 적용했던 경제정책을 일본에도 적용해보고자 했다. 해리 트루먼Harry Truman 행정부는 뉴딜정책에서 영감을 받은 일련의 개혁정책을 일본에서 펴기 시작했고, 이에 따라 노동조합의 성장을 장려하고 일본 산업의 패권을 잡고 있던 과두제적 대기업들〔일명 'zaibatsu(일본재벌기업)'〕을 해체하려는 시도를 했다. 또한 미국의 이익을 보다 잘 반영

하는 교육과정을 만드는 등 교육에도 막대한 투자를 했다.[2]

일본의 금융시장 규제는 대부분 월스트리트 붕괴에 대한 대응으로 만들어진 미국의 여러 법들에 기반을 두고 있었다. 1948년 일본증권거래법The Japanese Securities and Exchange Law은 주식의 시장성을 전쟁 전보다 훨씬 크게 줄이는 효과를 낳았다. 이 법 이후에는 주식거래를 하려면 반드시 거래소에 가야 했고, 선물거래는 금지되었다. 이러한 규제의 정도는 이후 몇 년의 시간이 흐르며 점차 완화되었지만, 주식거래는 그래도 엄격하게 통제되는 편이었다.[3]

이후의 경제정책들은 변화하는 미국이 새로이 우선순위로 두는 것들 위주로, 그리고 일본의 권위를 반영하는 것 위주로 새롭게 발전했다. 노동조합의 힘을 축소하려는 변화가 나타났고, 일본 재벌기업을 해체하려는 시도에는 점차 반발이 거세졌다.

눈부신 성장의 시대가 열리다

일본 경제계획 당국에서는 기계화를 장려하는 데 에너지를 집중했다. 처음에는 농업과 광산업의 기계화, 나중에는 제조업의 기계화를 장려했다. 제조업의 기계화는 주로 한국전쟁으로 인해 더욱 촉진되었고, 한국전쟁은 일본 제품에 대한 수요를 크게 높여, 한국전쟁 이후 일본의 경제회복 속도는 금세 정상궤도로 돌아왔다. 1955년이 되자 일본의 경제성과는 이미 전쟁 전 수준을 회복했고, 1960년대에는 비약적인 경제성장을 이룩해서 10년간 일본

● 일본 경제 전략 중에서도 적은 비용으로 품질을 유지하며 적시에 제품을 생산해 효율성을 높인 JIT 방식은 도요타 생산 방식으로 불리기도 한다. 1960년대 생산된 도요타 코로나 RT50(왼쪽)과 미국 텍사스주에 있는 도요타 센터(오른쪽).

GDP는 144퍼센트 증가했다.[4] 1980년이 되자 일본은 영국과 비슷한 소득수준인, 완전히 발전된 경제수준이 되어 있었다.[5]

1960년대 일본의 눈부신 성장은 전문적인 제조기술의 발전과 기술의 발전으로 제조된 질 좋은 소비재를 수출하는 경제 전략을 통해 이뤘다고 볼 수 있다. 이 전략이 성공할 수 있었던 데는 일본의 선도적인 엔지니어링 능력을 제대로 활용하기 위해 JIT$^{just-in-time}$ 방식을 개척한 일본 기업들의 효율성 덕분이다.

상품들이 해외에서 경쟁력 있는 가격에 잘 팔릴 수 있게 하는 것도 중요했다. 일본은 1960년대 중반까지 인위적으로 엔화를 낮은 환율로 고정함으로써 일본 상품을 외국 소비자들에게 저렴하게 공급하는 방법으로 극복했다. 이렇게 하기 위해서는 일본의 수출상품을 팔아줄 국가들과의 협력이 필요했다. 해외 입장에서는 자국의 제조산업을 약화시킬 위험이 있기 때문이었다.

협력은 3가지 이유로 잘 이루어졌다. 첫째, 소비자들이 값싸고 고

품질의 제품을 원했다. 둘째, 세계 경제가 전쟁 직후에 통합되지 않은 상태였기 때문에 일본 수입품 시장의 규모가 애초에 그렇게 크진 않았다. 당시 안주하고 있던 해외 제조사들은 일본 제품에 대한 위협을 크게 느끼지는 않았을 것이다. 셋째, 지정학적인 이유로 일본의 경제적 성공은 서구권의 이익으로 간주되었다.

그러나 1970년대 초부터 미국은 이러한 암묵적 합의를 깨는 입장으로 돌아서기 시작했다. 미국의 높은 실업률과 인플레이션을 걱정하던 닉슨 전 대통령은 달러가치가 평가절하되기를 바라면서 1971년에 달러를 금으로 전환하는 걸 중단했다. 이는 브레턴우즈체제(미국 달러화를 기축통화로 하고 달러를 금 가치에 고정시키는 환율체제-역주)의 종말을 예고했고, 1973년에는 대부분의 주요 통화가 조정 환율로 바뀌었다.

엔화는 더 이상 낮은 환율을 유지하지 못하고 상승하기 시작했다. 1950년대와 1960년대 환율은 달러당 360엔이었지만, 1973년에는 달러당 272엔이 되었다.[6] 그러나 1980년부터는 엔화의 절상 속도가 느려졌는데, 이는 일본의 보수적 재정정책 때문이기도 했다. 그러다 경상수지 흑자가 크게 늘면서 엔화의 가치가 낮아져, 환율은 다시 한번 일본의 수출에 큰 이점이 되어주었다.[7]

돌이킬 수 없는 약속

환율이 자국 제품의 경쟁력을 떨어뜨린다고 좌절하던 미국 기업들은 미국 정부에 해결책을 내놓으라고 원성이었다. 당시 레이건 미국 전 대통령은 초반에는 국내 경제에 악영향을 미칠까 봐 달러 평가절하를 꺼렸다. 하지만 결국 달러 평가절하가 보호무역 조치로서 필수 대안이라는 판단을 내렸다. 원치 않았던 보호주의 정책은 결국 달러 평가절하 정책이 효과를 발휘하게 하려면 필요했던 국제상호협력을 얻어내는 데 사용되었다. 그 결과 플라자 합의(Plaza Accord, 미국의 달러화 강세를 완화하려는 목적으로 미국, 영국, 독일, 프랑스, 일본의 재무장관들이 맺은 합의-역주)가 성사되었고, 1985년 일본도 달러 대비 엔화가치를 높이는 데 합의했다.

플라자합의는 일본이 3가지 주요 경제개혁을 실행하게 만들었다. 첫째, 민간부문 성장을 촉진하기 위한 '활발한 규제완화'를 추진하는 데 동의했다. 둘째, 통화정책을 완화하고 금융시장을 자유화하는 데 동의했다. 통화정책 완화와 금융시장 자유화는 엔화가 '일본 경제의 힘을 온전히 반영'한다는 걸 확실하게 만들기 위함이었다. 셋째, 정부 적자를 줄여서 국가 경제 규모를 축소시키고자 했다. 다만, 그러면 국내 경제를 위축시킬 수 있으므로 수요 감소는 '소비자신용 및 모기지 시장 확대'를 통해 상쇄될 수 있어야 했다.[8] 국가가 경제에서 중요한 역할을 맡았던 일본의 수출주도형 성장모델은 이때쯤 거의 해체되기 직전이었다. 새로운 일본의 경제 전략은 은행들이 특히 주택구입을 위한 돈을 엄청나게 대출할 수 있도록 함으로써 엔화를 절상시키고 정부의 지출감소에도 불구하고 일본 경제가 계속 성장할 수 있도록 하는 것이었다.

이 합의는 일본에서 그렇지 않아도 시작된 개혁의 속도를 가속화하는 계기이자, 일본 정부가 어차피 하고 싶어 했던 개혁을 추진하는 명

● 일본이 3가지 주요 경제개혁을 실행하게끔 만든 플라자 합의 당시 모습. 왼쪽부터 서독의 게르하르드 스톨텐베르크(Gerhard Stoltenberg), 프랑스의 피에르 베레고부아 (Pierre Bérégovoy), 미국의 제임스 베이커(James A. Baker III), 영국의 나이젤 로손(Nigel Lawson), 일본의 다케시타 노보루(Noboru Takeshita).

분이 되어주었다. 금융자유화는 1970년대 초부터 이미 일본 정부가 추진해오던 정책이기도 했다. 1973년에 발발한 오일쇼크는 일본 정부가 큰 적자를 내게 만들었고, 일본 내 은행들은 미상환 국채를 더 이상 인수할 수 없을까 우려했다. 이에 대한 일본 정부의 대응조치는 국채 유통시장을 구축함으로써 전후시대 들어 최초로 금리통제를 하지 않는 것이었다. 1980년 외국환거래법이 통과되면서 자본통제(자국의 경제를 보호하기 위해 단기투기성 자본들의 유출입을 규제하는 정책-역주)의 대부분을 없앴고, 이로써 일본 국내 거주자들은 정부 승인 없이도 해외 투자를 할 수 있게 되었다. 투자자들이 해외 금리로 이득을 볼 수 있다는 가능성은 재정거래(동일한 상품에 대해 두 시장에서 서로 가격이 다른 경우 가격이 저렴한 시장에서 그 상품을 매입하고 가격이 비싼 시장에서 그 상품을 매도해 이익을 얻고자 하는 거래-역주)의 가능성을 만들어냈고, 이로써 금리 통제의 주체는 정부에서 시장으로 더욱 옮겨가게 되었다. 시장에서 결정

되는 금리로 수익을 볼 수 있는 예금의 규모 한도와 기간에 대한 제한 역시 점차 없어졌다.[9]

그러나 플라자 합의 이후가 그 전과 갖는 차이점은 금융규제 완화 정책이 통화완화 정책을 동반했다는 점이다. 일본의 중앙은행인 일본 은행Bank of Japan의 금리는 플라자 합의에 서명할 당시 5퍼센트였다가 1986년 5월이 되자 3.5퍼센트로 떨어졌고, 1987년 2월에는 1981년 이래 처음으로 GDP 성장률이 3퍼센트를 넘었음에도 불구하고 2.5퍼 센트로 내려갔다. 이런 상황에서 은행들의 대출 규모에 대한 결정 자 율권이 전례 없이 커지면서 금융기관을 통한 레버리지도 극적으로 크 게 늘었다. 거기다 정부에서 돈을 빌리는 행위를 꺼리던 당시 일본의 문화적 규범까지 약화시키면서 일본의 가계부채는 1985년 GDP의 52 퍼센트에서 1990년 GDP의 70퍼센트가 되었다.[10] 이는 결과적으로 엄청난 통화팽창으로 귀결되었고, 플라자 합의가 엔화 절상의 이점을 누리기 위해 일본으로 자금이 흘러들어가도록 만들었다. 총유동성을 나타내는 통화지표인 M3는 1980년부터 1990년까지 10년간 총 141 퍼센트 올랐는데, 1990년부터 2010년까지 20년간 40퍼센트 올랐다 는 점과 매우 대조적이다.[11]

민간의 필요와 정부의 욕구

이 돈들은 다 어디에 투자됐을까? 안전자 산은 저금리 때문에 매력이 없었다. 1987년에 일본 재무부 채권Japanese treasury bills 수익률은 고작해야 2.4퍼센트였다. 종전 이래 역사상 가장 낮은 수익률이었다.[12] 투자자들은 토지와 주식에 투자하기 시작했다.

일본인들에게는 아직도 땅을 얼마나 소유하고 있는가가 사회적 지위를 나타내주는 지표인데, 어쩌면 비교적 최근까지도 봉건제가 남아 있던 국가적 배경 탓인지도 모른다. 특히 투자할 돈이 많은 윗세대의 경우에는 더더욱 그렇다.[13] 과거에는 일본이 세계에서 가장 인구 밀도가 높은 나라 중 하나였기 때문에 땅도 희소가치가 있었다. 토지 소유자들은 손해 보고 땅을 파는 걸 극도로 꺼렸기 때문에 땅의 명목가격은 좀처럼 떨어지지 않았고, 그로 인해 일본에서는 부동산이 확실한 안전 자산이라는 믿음이 굳어진 것이다.

그러나 안전성이 굳건하다고 해서 비정상적인 수익을 낼 가능성이 없었던 건 아니다. 1961년, 1974년, 1980년에 각각 상당히 큰 토지 버블이 발생했는데, 전부 통화정책 완화로 인한 것이었다. 하지만 명목가격 하락은 1974년 버블이 붕괴한 이후에만 동반되었고, 이마저도 매우 완만한 수준의 하락이었다.[14] 토지호황은 일본인들에게 이젠 익숙해져 있었고, 역대 토지 버블도 그리 나쁜 영향을 미치면서 붕괴되지는 않았다.

1985년 이후에 시작된 마지막 토지 붐을 촉발시킨 것은 일본 경제가 서비스 부문으로 옮겨가던 경향 때문이었다. 일터가 공장에서 오피스로 이동하면서 특히 도쿄에서 도심 내 사무실 공간에 대한 수요가 갑작스럽게 증가했다.[15] 이러한 수요 증대는 도시개발을 자극하고자 했던 당시 일본 정부의 노력이 가세하면서 더욱 빠르게 진행되었다.

경제에서 국가의 역할을 축소하겠다는 약속에 따라 일본 정부는 도

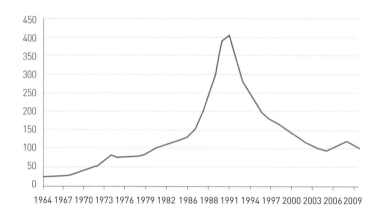

그림 8.1 1964~2010년 일본 주요 6개 도시 지가변동률

시개발 자체에 개입해서 지시하지는 않겠다고 했다. 다만, 그 대신 일련의 세금 감면, 보조금 지급, 자금 조달 이니셔티브 등의 지원이 민간 부동산 회사들에 돌아갔으며, 일본 건설부Ministry of Construction는 도시계획 절차의 규제를 대폭 완화했다.[16] 이는 모기지론 자유화와 초저금리와 결합해 엄청난 부동산 투자 증가로 이어졌다.

이러한 조치가 도심의 땅값 변동에 준 영향은 〈그림 8.1〉[17]에 나와 있다. 1985년부터 1987년까지 2년 동안 일본 6개 주요 도시의 땅값은 무려 44퍼센트 상승했다. 땅 투자를 통한 자본이득이 주요 사업으로 얻는 이익보다 훨씬 크다는 걸 알게 된 일본 기업들도 땅 투자에 관심을 갖기 시작했다. 이 기업들은 자사의 기존 핵심 사업부문에서 자금을 땅으로 이동시켜 자본이득을 취한 후, 다시 기업 사업부문으로 자금을 유입시켰다. 그러기 위해 땅에 투자할 초기 자금의 상당량은 저금리 기조를 활용해 대부분 대출을 받아서 댔다.[18]

그 결과 가격은 계속해서 상승했고, 땅값은 그 땅이 창출해낼 수 있는 소득보다도 훨씬 더 크게 올랐다. 1991년에 도쿄의 땅값은 런던 땅값과 비교했을 때 40배나 올랐는데, 이에 비해 임대는 2배밖에 오르지 않았다. 이렇게 6년 동안 도심의 토지 가격은 207퍼센트나 올랐고, 일본 전역의 총 토지 가치는 미국 전역의 토지 가치의 무려 5배, 전 세계 주식시장 가치의 2배인 약 20조 달러에 달했다.[19]

호황의 절정

한편, 일본 주식시장은 미국의 통제 이후 급격히 변했다. 전쟁 이전처럼 기업들이 주식시장을 좌지우지하지 못하게 하려는 노력들은 1949년과 1953년에 독점금지법 개정 이후부터 점차 바뀌었다. 형식상 일본 재벌기업이 소유해 대중에게 팔리던 주식은 재벌기업 계열 은행들이 살 수 있는 대로 다 사들였고, 이 기업 집단들은 서로의 주식을 상당한 양으로 보유하기 시작했다. 1960년대 중반에 증권사에 닥친 재정난은 주가를 지지하는 사업을 하는 일본 공동증권회사와 증권지주협회의 설립으로 이어졌다. 실제로 이들은 개인투자자들로부터 주식을 사서 일본 사업과 밀접하게 연결돼 있는 기업이나 금융기관에 파는 경향이 있었다. 그 결과, 기업들이 보유한 주식은 1950년에는 전체 대비 39퍼센트였는데, 1980년에는 67퍼센트가 되어 있었다. 금융기관도 37퍼센트나 보유하고 있었다.[20]

주식은 개인이 투자할 때는 투자가치만 바랄 수 있지만, 기업의 경우에는 투자가치에다가 협력과 담합 네트워크를 유지하는 데도 도움이 되었기 때문에 기업들이 일본 주식시장을 점차 지배하다시피 했다. 서로의 주식을 보유함으로써 기업들은 서로에게 이익관계를 지속하며 상호이익을 창출해냈다. 이는 달리 말하면, 어디 하나라도 붕괴되면 이익관계에 있는 회사들의 주식 모두가 주식시장에서 버려질 수 있다는 의미다. 이러한 이익관계는 적대적 인수합병을 예방한다는 추가적인 이점을 가지고 있었다. 게다가 서로 보유한 주식들은 시장에서는 거의 거래되지 않았기 때문에, 주가를 통제하기도 더욱 쉬웠다. 특히, 소위 말하는 '빅 포big four', 즉 일본의 4대 대형 증권사인 노무라Nomura, 다이와Daiwa, 닛코Nikko, 야마이치Yamaichi 증권사는 각자의 비즈니스 관계 이익을 위해 주가를 조작할 수 있을 정도였다. 이들 네 증권사가 1986년 전체 주식의 절반 이상을 장악했고, 증권인수시장의 거의 100퍼센트를 장악했다.[21]

1980년부터는 일련의 규제완화조치까지 시행되면서 기업들은 이제 주식을 투기 목적으로도 다룰 수 있게 되었다. 1983년의 세법개정으로 기업들은 단기투자용 지분과 장기보유용 지분을 분리할 수 있게 되었고, 단기투자는 '토킨tokkin〔특금(特金). 특정금전신탁(special money intrust)을 말함-역주〕'이라 불리는 별도의 투자신탁으로 실시할 수 있었다. 1983년 이후, 이 신탁의 수익은 일반적인 수준보다 낮은 세율로 과세되었고, 이에 오히려 단차매매 투기가 매입보유전략buy-and-hold strategy(증권이나 포트폴리오를 장기간 보유하는 투자방법-역주)보다 비용이 덜 드는 투자가 될 수도 있는 일반적이지 않은 상황이 만들어졌다. 그 결과, 토킨에 들어간 주식 수는 1983년 2조 엔 미만에서 1987년 30

● 노무라, 다이와, 닛코, 야마이치 증권사는 소위 말하는 빅 포로 불리며 1986년 전체 주식의 절반 이상을 장악했고 증권인수시장의 거의 100퍼센트를 장악했다. 노무라 건물(왼쪽)과 다이와 증권(오른쪽).

조 엔으로 폭발적인 증가를 했다. 이와 동시에 국제결제은행 BIS, Bank of International Settlement 은 일본 은행들이 아직 현금화되지 않은 주식자본 이득의 45퍼센트까지 자기자본에 포함하는 걸 허용할 예정이라고 발표했다.[22]

이는 상당히 잘못된 결정으로, 은행들이 안전자산을 위험자산으로 대체할 뿐 아니라 은행들이 갖고 있던 상당한 시장지배력과 대출능력을 증시 호황을 자극하는 데 사용하게 만들어버렸다. 호황의 대상이 되는 주식까지도 대부분 은행들이 가지고 있었기 때문에 호황을 자극하는 것은 더욱 심해졌다.[23]

주가는 치솟았다. 도쿄증권거래소의 토픽스 TOPIX 지수(닛케이지수와 함께 일본증시를 대표하는 주가지수-역주)는 〈그림 8.2〉[24]에서 볼 수 있듯이 1983년 23퍼센트, 1984년 24퍼센트, 1985년에 15퍼센트 상승했다. 이후에 버블은 플라자 합의 이후 일본으로 해외자본이 유입되면서 엄청난 탄력을 받아 팽창했고, 1986년 토픽스지수는 49퍼센트나 상승했다. 1989년 12월 마침내 버블이 절정에 이르렀을 때, 토픽스지

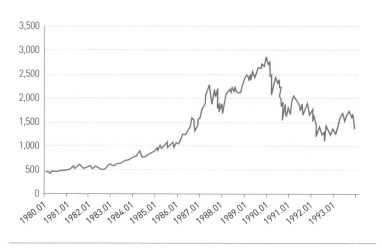

그림 8.2 1980~1993년 일본 일일 토픽스(TOPIX)지수

수는 단 7년 만에 386퍼센트가 상승해 있었다. 이때 일본 증시는 전 세계 시가총액의 거의 절반을 차지하는 4조 달러의 가치를 지니게 되었다.[25]

1983년 일본 규제완화로 상장 요건까지 완화돼서 일본 기업들은 주식 발행으로 자금을 조달하기가 훨씬 용이해졌다. 주가가 급등하자 주식이 곧 매우 저렴하게 접근할 수 있는 자금조달원이 되었고, 새로운 기업설립 붐이 일어났다. 기업공개[IPO](일정 규모의 기업이 상장절차 등을 밟기 위해 행하는 외부 투자자들에 대한 첫 주식공매-역주) 수는 1984년 34개에서 1989년 127개, 1990년 141개로 증가했다. 이때 기업공개는 1981~1991년에 평균 32퍼센트 수익률을 냈고, 대체로 첫 날에 엄청난 수익률을 내서 훌륭한 투기성 투자처가 되었다. 이는 버블이 절정으로 치달으면서 더 심해져서 1988년에 발행되는 신주는 거래 첫 주에 평균 74퍼센트씩 오르곤 했다.[26]

축제는 끝났다
: 바닥 밑에 더 깊은 바닥

1989년이 되자, 일본은행^{Bank of Japan}은 주식시장 버블이 걷잡을 수 없는 상태로 발전했다는 사실을 점점 느끼게 되었다. 이에 대한 대응 조치로 일본은행은 금리를 1989년 4월 2.5퍼센트에서 같은 해 12월 4.25퍼센트까지 점진적으로 올리겠다고 결정했다. 이 결정은 곧 축제가 끝났다는 신호와도 같았고, 1990년 초 도쿄증권거래소가 장을 열자마자 주가는 하락하기 시작했다.

처음에야 하락세가 가파르지는 않았고, 버블이 터지는 것보다는 물가하락, 통화수축 등의 디플레이션이 더 심하게 왔다. 토픽스지수는 1월에 5퍼센트 하락했다가, 2월에는 6퍼센트, 3월에는 13퍼센트 연이어 하락했다. 주가는 여름 중반까지 안정적으로 유지되다가 8월과 9월 들어서는 재앙에 가깝게 폭락해 총 30퍼센트 폭락을 기록했다. 1990년 10월 초까지 일본은행 금리는 무려 6퍼센트에 달했고, 토픽스지수는 정점 대비 46퍼센트 하락했다.[27] 그리고, 이유는 몰라도 그다음 달에 시장이 잠시 회복세를 보였지만, 1991년 4월부터 다시 곤두박질치기 시작했다. 버블은 1992년 8월에 토빅스지수가 정점 대비 62퍼센트 하락하면서 다 꺼져서 바닥을 치는 것처럼 보였고, 그렇다면 이제는 다시 회복을 시작해야 했다. 하지만 회복은 잠시 뿐이었고, 그다음 해에 부동산시장과 주식시장 버블이 같이 터지면서 시장은 바닥이라고 생각한 지점에서 더 밑으로 하락했다.

주가가 하락하면서 은행들은 대출을 줄여야 했다. 은행이 대출해준

담보의 가치를 낮추고, 자기자본 비율을 충족하는 데 사용되었던 수익률을 더 이상 적용하지 않았다. 은행들의 이러한 대출 감축은 금리인상에 더해 일본 재무부가 마침내 1990년 4월에 부동산 회사들에 대한 대출 규제를 하기 시작하면서 확실하게 적용됐다. 부동산 버블에서 연료를 제거하는 효과를 냈고, 그 결과 1991년이 되자 신규 주택 거래는 대폭 줄어들었다.

자본이득의 가능성을 잃은 투자자들이 바랄 수 있는 것은 이제 임대수익밖에 남지 않았다. 하지만 이전에 비해 부동산 소유를 통해 기대할 수 있는 것이 훨씬 적어졌다. 토지 소유주들은 초반에는 손실을 보고 팔기를 꺼려했지만, 부동산 회사들이 속속들이 파산하면서 토지 소유주들도 손실을 보고서라도 팔 수밖에 없었고, 지가는 떨어지기 시작했다.[28] 1995년 도심의 토지는 정점 대비 거의 절반 가까이 가치 손실을 입었고, 가격 하락세는 느려질 조짐을 보이지 않았다. 그러다 2005년에 마침내 안정을 되찾았을 때는 이미 76퍼센트 하락한 뒤였다. 이때, 실질지가는 1980년대와 거의 동일한 수준에 그쳤다.

정치가 만든 잃어버린 시간

일본의 토지 버블과 주식 버블은 순전히 정치적인 원인 탓이었다. 일본 정부는 버블의 불꽃을 제공했을 뿐만 아니라 버블을 일으키겠다는 명백한 목표를 가지고 버블 삼각지대를 이루는 세 면을 체계적으로 키워냈다. 그중에서도 돈과 신용이 특히 확대되었다. 돈과 신용의 확대는 일본 경제정책의 핵심이자 플라자 합의 후 세계무대에서 일본 정부가 한 약속이었다. 이율을 낮추고 신용대출을 장려하면서 엔화 절상에 대한 기대를 부풀림으로써 정부가 투기를 만들어낼 막대한 양의 연료를 생성해낸 것이었다. 다른 연구에서도 대부분 이러한 일본 정부의 통화 팽창이 버블의 직접적인 촉매제가 되었다고 확인했다.[29]

일본의 규제완화로 인해 추가적으로 나타난 결과는 바로 자산의 시장성 증대였다. 종전 직후, 일본에서는 주식매매가 엄격하게 규제되었다. 일본인의 해외자산 매수와 외국인의 일본 자산 매수는 1980년까지 아예 금지되어 있었고, 1968년에 제정된 증권거래법은 증권회사들이 감당할 수 있는 리스크의 수준을 엄격하게 제한했다. 이러한 제한들은 1980년대 들어 점차 없어졌다. 이 중에서 가장 컸던 규제 완화는 1983년에 이루어졌다. 이때는 투자조합이 의뢰인의 직접 주문 없이도 증권을 사고팔 수 있었고, 이러한 규제완화는 토킨의 엄청난 성장을

촉발시켰다.[30]

그러나 일본 정부가 수많은 법을 중간에 시행 중단했기 때문에 법 개정에만 포커스를 맞추는 것으로는 당시 일본의 규제완화 규모를 제대로 설명할 수 없다. 당국이 모르는 척해준 불법 영업 토킨에 수조 엔이 들어가 있었다. 한 논평가는 노무라 증권사마저도 일본 재무부를 위해 영업 토킨을 관리해주었다고 지적한 바 있다.[31] 전후에 상황이 바뀌면서, 기업들은 이제 법에 뭐라고 쓰여 있든 정부가 명시적으로 금지하지 않는 한 자산을 살 수 있고, 팔 수 있고, 어떤 방식으로든 파생상품으로 만들어낼 수 있다고 생각하게 되었다.

계속되는 시장성 증대는 주가지수선물의 거래 증가로 인한 것도 있었다. 기본적으로 표준화되어 있고 미래의 어느 시점에 특정 자산을 사거나 팔겠다는 시장성 가득한 계약인 선물은 원래는 매수자들에게 가격변동 노출을 줄이기 위한 상품이었다. 하지만 상쇄할 다른 리스크가 없는 탓에, 주가지수선물거래는 주식시장의 단기 내지 중기적 가치에 베팅하는 격이 되어버려서 투기꾼들의 주목을 받았다. 선물거래는 1987년 오사카증권거래소에서 처음 도입되었고, 도입 후 즉각 활발해졌다. 1987년 11월부터 1988년 8월까지 오사카에서 이뤄진 닛케이 선물거래 규모는 현물 및 마진 거래 규모의 5배나 되었다. 도쿄에서도 뒤이어 주가지수선물거래를 시작했고, 곧 토픽스지수의 20퍼센트를 차지하게 되었다. 이는 거래 규모의 전반적인 대량 확장 맥락에서 일어난 일이었으며, 매일 거래되는 주식의 총 수는 1982년 평균 9100만 주에서 1988년 3억 2800만 주로 늘었다. 1989년, 일본 주식시장은 세계에서 매매회전율이 가장 높은 시장이 되었다.[32]

주가지수선물의 등장은 투기를 훨씬 더 쉽게 만들었다. 당시의 설문조사 데이터에 따르면 투자자들은 예상되는 단기적 상승을 고려해서 주식을 사곤 했다고 한다.[33] 1989년에는 기관투자자의 39퍼센트가 장기적으로는 가격이 떨어질 것으로 예상되더라도 단기적으로는 오를 것으로 예상되면 투자자들에게 주식을 사라고 조언했다. 하지만 1990년 버블 붕괴 이후에 이 전략을 추천하는 기관투자자는 9퍼센트밖에 없었고, 시장에서 투기의 효과는 역전되었다. 장기적인 가격상승이 예상되더라도 주식을 사지 말라고 조언하는 비율이 55퍼센트나 됐다.[34]

돈과 투기가 영원히 순환하는 관계

이때 일본에서는 언론에서 일명 '랜드 롤링land-rolling'이라고 표현하던 땅 투기도 크게 늘었다. '지아게야(땅투기꾼)'라는 새로운 전문 직종마저 생겨날 정도였는데, 이들은 주로 부지를 여러 개 사서 하나로 묶어 팔아 큰 수익을 내곤 했다.[35] 땅 투기 대부분은 주요 대도시에서 일어났고, 종종 기존 세입자에게 강제퇴거를 요구하기도 했다. 흥미롭게도 이런 활동은 우리가 파트5에서 살펴본 호주 부동산 버블 때의 부동산회사들과는 반대되는 행보였다는 것이다. 호주 부동산회사들은 큰 부지를 사들인 후 그걸 쪼개서 사람들에게 팔면서 거기 들어와 살라고 부추기는 쪽이었다.

일본 내에서 부동산 버블이 계속 커지자, 기관들은 해외 부동산에도 막대한 투자를 하기 시작했다. 일본이 미국 부동산에 한 투자는

1985년 19억 달러에서 1988년 165억 달러로 늘었다. 이 규모는 이미 자체적으로도 부동산 버블을 겪고 있던 미국(특히 캘리포니아)의 여러 부동산 프로젝트에 일본이 대규모로 대출을 해주면서 더욱 커진 것이었다.[36]

땅 투기는 주로 개인보다는 기관에 의해 주도되었다. 1984년부터 1990년까지 땅 매입의 38퍼센트는 전문적인 부동산회사가 한 것이었고, 대부분 비교적 작은 회사들이었다. 이들은 대부분의 기업이나 일반 개인과 달리 구입한 땅을 주거용이나 사무실, 또는 임대 수익용으로 사용하지 않았다. 이들의 수익모델은 땅을 산 후 다시 되팔아 시세차익을 실현하는 것이었다. 이익을 내기 위한 땅 개발에 이들이 어느 정도로 참여했는지는 모르지만, 도심 부동산 가치의 거의 대부분은 건물보다는 토지로 구성돼 있었기 때문에, 개발 후 되팔기의 잠재적 가치는 비교적 적은 편이었을 것이다. 실제로, 이들의 수익은 대부분 거의 다 땅값의 지속적인 상승에서 나왔다. 이들 부동산회사들은 최대 44조 엔까지 대출로 자금을 조달하면서 엄청난 레버리지 효과를 누렸다. 수익의 4분의 3은 다시 부동산에 투자되었고, 나머지는 증권에 투자되었다.[37] 이때 대출은 상당 부분 1990년 이전까진 규제 밖에 있던, 일명 '비은행권nonbanks' 또는 주-센jûsen('jûtaku kin yu senmon kaisha'의 줄임말로, 우리 말로는 '주택금융전문회사')으로 알려진 그림자금융(일반적인 은행 시스템 밖에서 이루어지는 신용중개 혹은 신용중개기관을 통칭-역주)에서 받았다.[38]

버블을 일으킨 불꽃은 일본 정부의 정책이었다. 일본은 제2차 세계대전 이후부터 주택 소유를 장려하려고 했지만, 그렇다고 집값이 떨어져 기존 주택 소유자들의 자산이 줄어들게 하고 싶지는 않았다. 그래서 신규 주택에는 모기지 신용 연장을 허용했고, 그 결과 새로운 구매자들을 시장에 끌어들여 공급보다 수요가 많게 만들었다.[39] 덕분에 집값은 떨어지지 않았다.

1980년대 들어 일본 정부는 수출주도형 성장모델을 지속시킬 수 없겠다는 전망이 명확해지자, 일본 경제를 고무시키기 위한 목적으로 도시재생을 시도했고, 그 결과 사업용 토지의 가격이 오르기 시작했다. 국가토지국The National Land Agency에서 낸 1985년 「도쿄지역 개혁안Reform Plan for the Tokyo Area」을 보면 일본 정부는 도심을 '국제 금융 비즈니스를 위한 선진 공간'으로 만들고 싶어 했다.[40] 이렇게 하기 위한 가장 좋은 방법 중 하나는 바로 공유지를 민간 개발자에게 파는 것이었다. 하지만 이로 인해 토지 사유화가 지속적으로 늘어나는 바람에 땅값이 올랐고, 그걸 본 일본 정부는 그보다는 땅을 팔아서 더 많은 돈을 벌 수 있다는 생각에 오르는 땅값에 주목하기 시작했다. 그러던 일본 정부가 1985년 8월에 약 2118평 정도 되는 정부 부지를 매각해 당시 시가의 3배에 해당하는 575억 엔의 수익을 남기는 데 성공한 일은 토지버블 시작의 초기 시그널이자 토지 버블로 향후 창출할 수익의 잠재력을 볼 수 있는 일이었다.[41]

이러한 정책은 증시 호황에도 영향을 미쳤다. 땅값이 오른 덕에 은행들도 증시에 투자할 자금을 창출해낼 수 있었기 때문이다. 그런데 이 증시 호황마저도 사실 일본 정부가 취하던 경제 전략의 방향과 맞아떨어졌다. 일본 정부는 기업들이 수출주도형 성장으로부터 방향을 바꾸면서 동시에 낮은 비용으로 대출을 받을 수 있도록 보장해주고 싶었던 것이다. 일본은행의 한 고위 관계자는 1990년대에 일어난 일본의 토지 및 주식 호황이 일본 비즈니스를 위한 '안전망'을 제공하기 위해 어느 정도 의도된 것이라는 점을 인정하기도 했다.[42] 호황이 지속되면서 시장을 지지하고자 하는 정부의 노력은 더욱 명시적으로 드러났다. 1987년 10월과 1990년 10월에 일본 재무부는 '빅 포' 대형 증권사들에게 시장을 지지하기 위한 목적으로 주식을 매수하라고 지시하기에 이르렀다.[43]

일본의 토지 및 주식 버블이 갖는 특이점은 바로 일본의 금융구조가 버블 트라이앵글에서 두 변에 해당하는 '돈'과 '투기'가 서로 영구히 순환 지속되도록 만드는 방식이었다. 일단 은행은 땅을 대출 담보로 잡았기 때문에, 땅값이 오르면 오를수록 은행은 더 많은 돈을 대출해줄 수 있었다. 이런 상황에서 현금화되지 않은 주식수익이 자기자본요건을 충족하는 데 사용될 수 있게 되면서 증시에서도 신용이 확대되었다.

이렇게 대출받은 돈의 대부분은 다시금 땅 또는 주식에 투자되었고, 땅과 주식의 가격은 더욱 올라가고, 그러면 은행들이 다시 더 많은 돈을 대출해줄 자유를 얻게 되고, 그렇게 은행에서 빌린 돈은 다시 땅과 주식으로 투자되는 식이다.[44] 이러한 순환적 관계를 인정해야 어떻게든 일본 도심의 땅값이 10년 동안 장장 320퍼센트까지 올랐다가, 오른 만큼 다시 그대로 다 폭락하는 이 믿을 수 없는 일본 부동산 버블의 규모를 설명할 수 있다.

회의적인 발언을 꺼리는 사회 분위기

또 다른 특이점은 버블이 일반인이 아닌 기업과 은행에 의해 주도된 정도다. 1985년부터 1989년까지 기업체가 소유한 사유지의 비율은 24.9퍼센트에서 28.7퍼센트로 오른 반면, 개인이 소유한 사유지의 비율은 75.1퍼센트에서 71.3퍼센트로 오히려 떨어졌다. 이와 유사하게, 기업체의 주식 보유율 역시 1982년에 이미 높은 수준인 67.0퍼센트였다가 1987년에 72.8퍼센트로 올랐다. 이러한 상승은 주로 금융기관과 증권사들이 주도한 것이었다. 또 기업 거래량도 19퍼센트에서 39퍼센트로 올랐다. 이를 정리하면, 결국 기업이 투기에 더 큰 책임이 있었다는 뜻이다.[45] 이전에는 기업들이 주식시장에서 거의 독점적으로 매입보유전략을 고수했었다.

당대 논평가들은 일본 특유의 동조적 문화가 땅 또는 주식에 관한 회의적인 생각을 표출하지 못하는 일종의 사회 분위기를 조성했다고 말하기도 했다.[46] 이것이 기업들이 중요한 비즈니스 파트너들의 입장을 고려하느라 버블을 빠져나가기 힘들게 만든 주식 상호 소유의 거대한 규모로 인해 더 심해진 것이다. 버블에 별 관심이 없던 사람들 역시 딱히 버블을 비판할 이유를 찾지 못했기 때문에 비판의 목소리가 많지 않았을 수 있다.

그뿐만 아니라, 일본 내 은행들은 일본 내에서 굉장히 잘 조직된 범죄조직에 상당량의 돈을 대출해주기도 했다. 일례로 일본산업은행Industrial Bank of Japan 의 경우에는 폭력조직에 인기가 많은 한 레스토랑 체인 오너에게 무려 20억 달러를 대출해주었다. 이렇게 대출 받은 돈은 경제 호황기에 누군가로부터 들은 근거 없는 조언에 기대 대부분 주식에 투자되었다.[47] 돈이 세부적으로 어디에 쓰였든, 버블이 터졌기 때문에 결국 이런 범죄 조직들도 자금을 모으기 훨씬 더 어려워지기는 마찬가지였을 것이고, 따라서 이들은 짐작컨대 자신들에게 손해를 입힌 책임이 있다고 생각되는 사람들에게 상당히 분노하고 있었을 것이다.

이는 부분적으로 일본 투자자들, 정치인들, 전문가들이 왜 그렇게 공개적으로 버블붕괴를 제대로 논하길 꺼렸는지에 대한 설명이 되기도 한다. 그들의 머릿속 개인적인 생각이 무엇이었는지는 알 수 없지만, 1989년 12월 한 설문에서 일본 기관투자자들의 73퍼센트가 '현재 주가가 그렇게 높다고 생각되지 않는다'고 답했다.[48] 소수의 회의론자들은 어떻게든 신분을 노출하지 않으려고 애를 썼다. 1990년 9월, 일본 텔레비전에서 드디어 약세장 전문 경제인들을 초청해 방송하기로 결정했을 때, 초청된 전문가들은 전부 얼굴을 모자이크처리한 채 출연했을 정도였다.[49]

기술 버블과 정치적 버블의 극명한 차이

1990년 상반기 주식시장 붕괴로 버블이 어느 정도 예견되었다고는 하지만, 경제는 즉각적으로 침체기에 들어가지는 않았다.[50] GDP 성장률은 1990년에 4.9퍼센트였는데, 1991년엔 3.4퍼센트, 1992년엔 0.8퍼센트가 되었다. 성장세가 1993년에 마이너스로 진입하면서 일본 정부는 통화정책을 완화했고, 정부 지출을 늘렸다. 1995년에 금리는 0.5퍼센트였는데, 문제는 GDP의 4.4퍼센트가 적자였다. GDP가 1995년에 2.7퍼센트 오르고 1996년에 3.1퍼센트가 더 올랐을 때, 위기는 끝나는 것 같아 보였다.[51] 폭풍우는 어찌어찌 보냈다고 굳게 믿고 있던 일본 정부는 지속적인 대규모 적자를 방지하기 위한 노력의 일환으로 긴축 조치를 단행했다.

긴급구제를 반복해도 심해지는 위기

하지만 금융 시스템은 이미 허물어졌다. 이 문제는 그림자금융에서 먼저 드러났다. 부동산 가격이 떨어지지 않을 거라고 보고 일련의 정부주도형 채무재조정이 시행되었지만, 상황은 더욱 악화되어 1995년 부실채권의 비율은 75퍼센트에 달했다.[52] 상황을 인지한 일본 국회는 대중의 공분을 사더라도 금융기관과 납세자들에 의해 자금이 조달된 긴급구제를 해주는 데 동의했다.

그런데 1997년 11월, 위기는 중형 증권사인 산요증권Sanyo Securities으로 불이 옮겨 붙었다. 전체적인 시야에서 볼 때 산요증권의 파산을 급하게 구제해줄 정도로 긴급하지는 않다고 판단해 구제 없이 산요증권은 문을 닫게 되었다. 그런데 이 증권사의 파산 조정절차에서 은행 간대출에서 불이행한 내역을 발견했다. 금액 자체는 상대적으로 적었으나, 그것은 전후 역사상 은행 간 시장(interbank market ; 금융기관 간 단기자금 대차거래 시장-역주)에서 최초로 발생한 채무불이행이었고, 이는 은행 간 대출이 크게 축소되는 결과를 낳았다. 결국 중앙은행인 일본은행이 시장에 유동성을 공급하기 위해 개입해야 했다.[53]

이후 도산의 불길은 홋카이도 타쿠쇼쿠 은행Hokkaido Takushoku Bank 으로 옮겨갔고, 합병을 통해 대손을 해결해보려던 시도가 실패한 후 문을 닫게 되었다. 11월 24일, 고객자산이 22조 엔이던 4대 대형 증권사('빅 포') 중 하나였던 야마이치증권사 역시 문을 닫는다고 발표했다. 이로부터 이틀 후, 도쿄시티은행Tokyo City Bank 이 파산을 신청했다. 일본 금융이 통째로 몰락할까 두려워진 일본은행은 모든 예금을 보장하려는 시도를 다시 반복했고, 예금주들이 자금을 인출할 수 있도록 충분한 유동성을 공급하고자 했다.

1998년 2월, 정부는 금융기관을 위한 긴급구제를 또다시 30조 엔 규모로 승인했고, 이 긴급구제 결정은 지금까지 적자를 줄여보려던 정부의 노력을 무산시켜버렸다. 하지만 이렇게까지 했는데도 위기는 계속 심해지기만 했다. 1998년 10월에 대규모 금융위기가 도래해 일본 정부는 주식회사 일본장기신용은행Long-Term Credit Bank of Japan을 국유화 할 수밖에 없었다. 이후로 6개 주요 대형 은행들 역시 1999년 말까지 정부의 관리감독을 받았다.[54]

일본 정부가 결국 큰 공황을 잡는 데는 성공했지만, 중요한 건 그걸 잡는 데 든 비용이었다. 긴급 재정 조치를 하는 데 공금이 무려 60조 엔이나 사용되었다. 이는 일본 GDP의 11퍼센트에 달하는 돈이다.[55] 국유화된 은행들이 처한 끔찍한 재정 상태는 곧 이 돈의 대부분이 대 손을 처리하는 데 쓰였다는 뜻이기도 하다.

게다가 도산할 것 같은 은행들을 계속 원조하고, 더 나아가 수익성 도 없는 사업이 경제 전반에 둔화 효과를 가져와 효율적인 회사들까지 경쟁하는 것 자체가 불가능해졌다. 그 결과 경제성과가 장기적으로 미 적지근한 상태를 유지하면서 1990년대 '잃어버린 10년'이 '잃어버린 20년'으로 늘어났다. 2017년 일본 GDP는 1997년보다 고작 2.6퍼센 트 높은 수준이며, 연간 성장률은 0.13퍼센트 정도다.[56] 전후 시대 일 본이 이뤄낸 기적과 같던 성과와 매우 대조되는 수치다.

1990년대 일본 경제의 저조한 성과는 다른 선진국들과 비교해보면 더 저조해 보인다. 1990년대 미국 GDP 성장률만 봐도 3.4퍼센트는 되었기 때문이다.[57] 그러나 이는 일본이 갖던 문제의 규모를 너무 크게 말하는 경향성을 갖게 하는 발언일지도 모른다. 경제지표 자체는 저조 했더라도, 1998년 기준으로 연간 최저성장률은 -1.1퍼센트에 불과했 기 때문이었다. 실업률도 6퍼센트를 넘은 적이 없다.[58] 게다가 당대 대 부분의 논평가들은 일본의 엄청나게 낮은 인구밀도 증가율에 대한 고려가 없는 경제 데이터에 기반해서 말하는 경우가 많았다. 위기가 가장 극심했던 10년간인 1993~2003년에는 일본의 1인당 실질 GDP는 9퍼센트였다. 이를 2007년 전 세계 버블붕괴 이후 10년간의 다른 국가들 수치와 비교해보면, 영국의 경우 3.6퍼센트였고 다른 여러 유럽 국가들은 3.6퍼센트보다도 낮았다.[59] 일본의 '잃어버린 10년'은 정말로 큰 침체였던 건 맞지만, 2008년 세계금융위기 이후에 온 경제적 붕괴에 맞먹을 정도로 참혹한 수준까진 아니었다.

은행, 정치인, 기업이 만든
엄청난 수의 스캔들

버블 붕괴로 인한 또 다른 결과로 엄청난 수의 스캔들과 사기가 발생했다. 1990년 10월, 일본 최대의 금융기관 중 하나였던 수미토모은행Sumitomo Bank은 시장 조작에 쓸 230억 엔을 고객에게 빌려달라고 설득했다는 사실이 알려지면서 수미토모은행 은행장이 사임하기도 했다.[60] 이어서 1991년 여름에는 당시 세계 최대의 증권사이던 노무라증권사가 친한 고객(일부는 유명한 폭력배)과 함께 주가를 끌어올리기 위해 자사의 연구팀을 이용했다는 걸 인정하기도 했다.[61] 또 이때 거의 모든 일본 증권사들이 가장 가까운 고객들을 대상으로 거래 손실을 보상해주고 있었음이 드러났다. 그러한 보상은 증권법을 직접적으로 위반하는 것 같아 보였으나, 일본 재무부는 일정 관행은 눈감아줄 수 있는 쪽으로 법을 해석하기로 결정했다.[62]

스캔들과 관련해서 반복적으로 거론되는 주제는 바로 버블의 정치적 뿌리로 지적되는 민간부문과 정부 간의 지나치게 밀접한 관계다. 가장 광범위한 영향을 미친 스캔들은 1988년 채용 스캔들이다. 이 스캔들은 한 인적자원회사에서 자신들에게 호의를 베풀어준 데 대한 보답으로 자사 주식을 발행 전에 정치인들에게 제공했는데, 이때 이 주식을 받은 의원들은 무려 내각 의원들 거의 전부였고, 총리는 이 일로 사임했다.[63]

부동산 회사들도 스캔들에 자주 휘말렸다. 1992년에 전前 내각에서 한 장관이 홋카이도 부동산 개발자로부터 뇌물 4억 8000만 엔을 받은 혐의로 체포되었다.[64] 1993년에는 전 자민당 부총재이자 영향력 있는 원로 정치인이었던 카네마루 신Shin Kanemaru이 수십억 엔을 뇌물로 받고 탈세 혐의로 기소되기도 했다.[65] 경기불황에 겹친 이러한 부패 사건들은 당시 일본 섭정 계층의 권위를 약화시켰다. 1993년 7월, 카네마루의 자유민주당은 1955년 이래 처음으로 하원에서 과반수를 얻지 못했다.[66]

그러나 일본 관료들의 금품수수 행위는 어쩌면 실제보다 과장되었을 수도 있다. 1990년대 말에 논평가들이 일본이 비즈니스와 정부 간 건강한 거리를 유지하는 영미권 경제 모델을 따라가도록 장려하는 발언을 하는 일은 흔했다.[67] 실제로 일본에 위기가 닥치자, 일본 정치인들과 은행들은 책임을 져야 했고, 즉각적인 법적 조치가 취해진 경우가 많았다. 일본 정치인들은 구속되고, 증권사들은 내부 개혁을 실시했으며, 스캔들에 시달리는 기업의 수뇌부들은 자발적으로 상당량의 감봉 조치를 취했다.[68] 이러한 대응들이 아주 만족스러운 수준이었다고는 할 수 없다. 하지만 2008년 세계금융위기에서 책임을 지는 일을 했던 과정과 비교한다면 상당히 좋은 편이었다고 볼 수 있다.

일본 버블이 준 긍정적인 효과는 거의 없었다. 1920년대 버블에서 형성된 아주 혁신적인 일부 회사들은 종국에는 성공하긴 했지만, 일본 버블 중에 상장된 회사들은 장기적으론 실적이 저조했다.[69] 2017년에 포천500 Fortune 500에 오른 일본 기업 52개 중 1980~1992년 사이에 설립된 기업은 단 하나도 없었다. 일본 버블 동안 상장된 그 많던 기업을 고려하자면 씁쓸한 참패다.[70]

기술 버블과 정치 버블의 가장 큰 차이점이 바로 이 부분이다. 기술 버블은 막대한 양의 돈이 매우 혁신적인 경제부문으로 유입되면서 형성되는데, 그 결과 버블이 없었더라면 자금을 조달받지 못했을 기업들이 자금을 조달할 수 있게 되는 효과를 가져와, 결과적으로 사회에 유익한 경우가 종종 있었다.[71] 그러나 정치 버블에서는 이러한 유익은 전혀 없으며, 돈은 일반적으로 긍정적 외부성을 별로 창출해내지 못하는 경제 부문으로 유입되곤 한다. 일본 버블에서 일어난 여러 사건들은 이러한 대조를 극명하게 보여준다.

PART

09

BOOM AND BUST

놀라운 혁신 혹은 비이성적 과열

: 디지털 세계의 낙관과 회의

엄청난 자본이 경제의 가장 혁신적인 분야로 유입되었다. 심지어 결국 파산한 회사들 중에서도 시간이 지나 유용하다고 인정받는 기술을 세상에 남긴 회사들도 많았다. 실패한 사례마저도 차세대 회사들에 조심해야 할 지점을 알려주는 역할을 했다.

만일 시장이 버블 없이 효율적으로 운영되고 있었더라면 이러한 혁신이 가능했을지는 아무도 모를 일이다.

▶▶

01
혁신의 시작인가,
위험의 신호인가?

보이지 않는 세계의 확장

전후 시대의 금융규제 완화는 풍부한 시장성, 풍부한 화폐, 풍부한 신용의 시대를 연 일본 버블을 발생하게 만들었다. 증권은 기업의 외국인 소유 제한이 없어지면서, 그리고 특히 미국에서 파생상품 붐이 동반되면서 훨씬 시장성이 커졌다.[1] 1970년대와 1980년대에는 자본통제와 고정 환율 사용이 세계적으로 줄어들어, 돈이 그 어느 때보다도 쉽게 국경을 넘나들 수 있게 되었다. 금융 제한은 점차 제거되었고, 당시 상당수가 국제적으로 운영되던 많은 은행들에 전례 없는 수준의 자율권을 주었다. 세계경제는 효과적으로 불꽃을 기다리는 일촉즉발의 상태가 되었다. 그 결과 1980년대 이후부터 큰 금융 버블이 많이 발생하게 되었다.

일본 버블 이후로 처음으로 피어난 불꽃은 컴퓨터기술이었다. 어떻

● 닷컴버블의 촉매제 역할을 한 글로벌 네트워크 인터넷. 사용자들을 연결하고 정보를 구조화하는 월드와이드웹을 만든 버너스 리(오른쪽)와 버너스 리가 사용한 세계 최초의 웹 서버가 된 NeXT 컴퓨터(왼쪽).

게 보면 문자 그대로 '불꽃'이기도 했다. 컴퓨팅 자체가 논리함수를 수행하기 위해 전류를 사용하기 때문이다. 전후 시대에 컴퓨터기술은 산업 및 군사 범위에 적용하기에 유용하다는 점이 입증되었고, 1980년대 말에는 이미 상당한 경제적 영향력까지 갖게 되었다. 하지만 컴퓨터기술이 가진 진정한 잠재력은 생각보다 훨씬 더 크다고 판명되었고, 심지어는 이때까지 발명된 어떤 기술보다도 가장 중요한 기술이라고 인정받기 시작했다. 이 잠재력을 열어줄 열쇠이자 버블의 촉매제가 된 것은 다름 아닌 정보교환을 위한 글로벌 네트워크인 인터넷이었다.

정부와 대학이 1960년대부터 컴퓨터를 계속 개발해왔지만, 우리가 알고 있는 인터넷은 1989년에 만들어졌다. 유럽원자핵공동연구소European Council for Nuclear Research 소속 과학자이던 팀 버너스 리Tim Berners-Lee는 쉽게 접근 가능한 방식으로 정보를 구조화한 시스템이 있다면 어떤 조직의 프로젝트라도 진행하기 훨씬 쉬워질 것이라고 제안했다.

버너스 리는 문서를 다루는 분산된 시스템이 존재하고, 그 시스템에 누구나 데이터를 업로드할 수 있는 체계를 구상했다. 그리고 이 문서들은 서로 하이퍼링크로 연결되어 있는 것이다. 이게 바로 버너스리가 개발한 '월드와이드웹world wide web'이다. 이 웹은 사용자들을 연결하고 정보를 구조화해서 생산성을 향상시키는 단순한 방법이었다.

그런데 이 웹은 기술 변화의 정도를 기하급수적으로 늘리는 무한한 장이 되어주었다. 컴퓨팅기술은 더 나은 네트워크를 만들어나가는 데 사용되었고, 이 네트워크들은 프로그래머들로 하여금 더 빠르게 혁신적이며 훨씬 더 크고 더 많은 효율적인 네트워크 시스템을 만들어낼 수 있게 했다. 더 많은 사람들이 이용할수록 인터넷 기술은 더 유용해져갔다.

월드와이드웹은 1991년 1월에 대중에게 공개되었는데, 처음에는 별로 주목을 끌지 못했다.[2] 컴퓨팅 배경지식이 없이는 접근하기가 매우 어려웠기 때문이었다. 이러한 격차는 웹을 탐색할 수단을 제공하는 브라우저 기술로 극복되었다. 21세 컴퓨터과학 전공자 마크 앤드리슨Marc Andreesen이 1993년 1월에 출시한 모자이크Mosaic 브라우저는 한 단계 기술의 진일보를 이뤘다. 설치도 사용도 쉬워서 모든 주요 운영 체제에서 실행 가능했으며 '뒤로', '앞으로'와 같은 버튼을 도입해서 인터넷을 훨씬 쉽게 사용할 수 있게 했다.[3] 그 결과 네트워크는 엄청 빠르게 확장되었다. 전 세계 인터넷 사용자 수는 1993년 1400만 명이었다가 1999년에는 2억 8100만 명, 2002년에는 6억 6300만 명이 되었다.[4]

시장을 달군 빅뱅의 등장

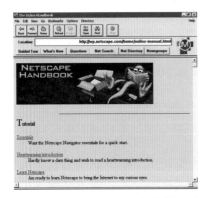

● 모자이크 커뮤니케이션즈 코퍼레이션은 후에 넷스케이프로 명칭이 변경되었다. 모자이크 네스케이프 1.0이전 버전인 모자이크 네스케이프 0.9.

앤드리슨은 차세대 인터넷을 더 개발해보고자 실리콘밸리로 넘어가서 모자이크 커뮤니케이션즈 코퍼레이션Mosaic Communications Corporation을 설립했다(나중에 법률상의 문제로 넷스케이프Netscape로 명칭이 변경되었다). 당시 베테랑 컴퓨터 과학자 짐 클라크Jim Clark에게서 300만 달러의 창업자금을 받고 이전 모자이크 개발에 동참했던 프로그래머들 위주로 프로그래머 팀 하나를 꾸렸다.[5] 회사의 홍보 담당자는 젊은 기업가들이 세상을 바꿀 기술을 개발한다고 하면 자동으로 홍보가 될 거라는 가능성을 캐치했다. 언론 매체들 중에서 특히 《포천 매거진Fortune Magazine》과 《뉴욕타임스》가 긍정적으로 보도했다.[6] 넷스케이프사의 브라우저인 '넷스케이프 내비게이터'는 1994년 10월에 출시되었고, 금세 세계에서 가장 인기 있는 브라우저가 되었다.

1995년 6월, 앤드리슨과 클라크는 수익을 올리기도 전에 기업공개를 하겠다는 이례적인 결정을 했다. 부분적으로 현금화하고 싶었던 클라크의 개인적인 열망도 물론 있었지만, 기업공개가 마케팅 이벤트의 일종으로 활용될 수 있다는 걸 알았다. 기업공개의 절차 자체가 회사에 상당한 홍보 효과를 창출해줄 수 있었던 것이다. 또한 마이크로소프트사가 곧 자사 브라우저를 출시할 것 같기도 했고, 그건 곧 앞으로 모자이크의 주식을 팔기가 더 어려워질 것이라는 뜻이었다. 그러나 일부 이사들은 회사의 실적이 아직 내세울 만하지는 않아서 시장에서 이목을 끌지 못할까 우려했다. 즉, 공개시장에선 투자자들을 유치할 만큼 합리적으로 장기적인 수익 기록이 없는 회사는 늘상 자금조달을 하기가 매우 힘들었다는 것이다.[7]

이러한 우려에도 넷스케이프의 기업공개는 큰 성공을 거두며 끝났다. 넷스케이프는 1995년 8월 19일에 상장되었고, 수요는 공급보다 너무 많았던 나머지 2시간 동안 거래 자체가 불가능했을 정도였다.[8] 주당 28달러로 시작한 주가는 첫날 상한가 75달러를 찍었고, 종가는 58달러로 마감해 첫날 상승률 107퍼센트를 기록했다.[9] 주가는 같은 해 연말에 브라우저 베타 버전이 성공적으로 출시되면서 계속해서 올랐고, 당해 12월 주당 170달러, 시가총액은 65억 달러를 찍었다.[10]

넷스케이프의 기업공개는 닷컴시대의 빅뱅으로 묘사되어 오고 있으며, 뒤이은 인터넷 기업공개의 모범 사례가 되었다. 이른 시기에 상장해서 기업공개를 마케팅 목적으로 사용하는 전략은 매우 많은 기업들이 모방했다. 1999~2000년 사이에 상장된 회사들은 설립된 지 평균 5년쯤 되는 회사들이었다. 이후에는 각각 1990~1994에는 9년, 1995~1998년에는 8년, 2001~2016년에는 11년이었다. 세운 지 얼마 안 된 회사들은 투자자들의 신뢰를 얻을 정도로 장기 실적을 활용하기는 어려워서, 새로운 전망과 함께 자신들의 잠재력과 신뢰할 만한 점들을 내세우며 소통하는 방식을 택했다.

예를 들어 수많은 기업들이 명망 높은 벤처 투자가의 지원을 받곤 했는데, 그 수는 1999~2000년 사이 전체 상장사의 60퍼센트에 달했다. 이 비율은 1990~1998년에는 38퍼센트였다는 것과 크게 대조된다.[11] 대다수의 경우에는 보통 기업공개 이후 180일 동안 주식을 매도하지 않기로 하는, 관계자들 간 주식매도금지약정에 동의하는 과정을 거쳤다.[12]

하지만 투자자들에게 가장 매력적으로 들리는 건 낮은 가격이었다. 공모주 가격을 예상 시장 밸류에이션에 비해 낮게 내놓는 것이다. 가격인하 전략은 이미 흔해진 상태긴 했지만, 닷컴시대는 그 수준이 달랐다. 1990년부터 1994년까지 미국에서 기업공개를 한 첫날 평균 수익률은 11퍼센트였는데, 이는 1999년 첫날 평균 수익률이 71퍼센트였고 2000년에 56퍼센트였던 것에 비하면 상당히 적은 편이다. 발행인들은 자신들의 회사를 예상 시가 대비 평균 3분의 2까지 내려서 팔았던 것이다. 이러한 관행은 일명 '테이블에 돈 올려놓기leaving money on the table ' 전략으로, 1999년과 2000년만 해도 테이블에 올려놓은 돈이 무려 1300억 달러였다.[13]

그러나 회사 오너에게 이런 가격인하 전략을 펴기 위한 비용은 훨씬 낮았다. 이들은 일반적으로 공모 이후에 자사 지분 대부분을 보유했기 때문이다. 따라서 일단 인하된 가격을 만들어서 첫날 거래에서 긍정적인 언론 분위기를 형성하고, 나중에 수익을 내며 팔 모멘텀을 만들어냈다.[14] 이러한 행위는 나중에 주식을 가족들과 동료들에게 기업공개 가격으로 발행해주는 사전주식유보directed share programmes 를 통해 더욱 촉진되었다.[15] 가격인하 전략의 이유가 무엇이든, 가격인하 전략이 준 효과 중에서 애초에 수익만을 노리고 시장에 팔아버리기 위해 청약을 넣는 투기성 투자자들을 끌어들인 효과 하나는 확실했다.

모방의 과열

금융혁신은 이전에 비해 기술회사들이 훨씬 더 많이 상장하게 만들었다. 〈그림 9.1〉[16]에서 볼 수 있듯이, 1984~1991년 사이에는 기술회사가 기업공개를 한 경우가 1년에 100건을 넘은 적이 없을 정도로 아주 적은 수준이었다. 그러나 이 수는 1990년대 초부터 해마다 늘어나서 1996년에는 274개가 되었다. 그리고 나서 잠시 잠잠했다가 기술회사들의 기업공개 수는 다시 급증하여 1999년에 371개가 되면서 정점을 찍었다. 이들의 첫 거래 가격을 기준으로 집계한 시가총액은 훨씬 더 놀라운 수준이었다. 1996년 980억 달러에서 크게 증가해 1999년부터 2000년까지는 각각 총 4500억 달러와 5100억 달러 규모로 평가되었다. 그러나 이 추세는 갑작스럽게 꺾였다. 2001년 신기술 회사 기업공개는 총 270억 달러, 2003년에는 90억 달러에 불과하게 되었다.

기업공개 붐은 〈그림 9.2〉[17]에서 볼 수 있듯이 기존 주가의 폭등을 동반했다. 미국 주요 기업들을 아우르는 S&P500지수는 1990년 1월부터 1996년 12월까지 115퍼센트 올라서 주식시장이 과열된 것 아니냐는 우려를 불러일으켰다. 이러한 이익은 주식회사들이 창출하는 수익과 비례하지는 않는 것처럼 보였다. 당시 로버트 쉴러의 경기조정주가수익비율CAPE, Cyclically Adjusted Price-to-Earnings ratio은 28로, 경기순환에

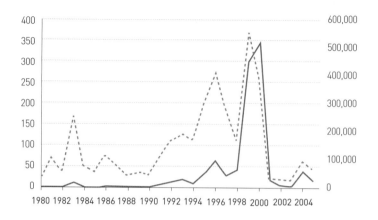

그림 9.1 1980~2005년 미국 기술회사 기업공개

맞춰 조정한 S&P500기업들의 가치가 실제 연간수익의 평균 28배로 평가됐다는 뜻이다. 이는 장기적 평균인 15를 훨씬 웃도는 수치로, 이를 본 실러는 미국 연방준비은행에 조정할 때가 왔다고 말했다.[18] 미국 연방준비이사회 의장 앨런 그린스펀^{Alan Greenspan}은 3일 뒤 유명한 연설을 하는데, 거기서 그는 자산가격 상승이 자산의 내재가치 변화보다는 '비이성적 과열'에 기인한다고 주장했다. 이는 한껏 부푼 자산가격이 결국에는 일본에서 있었던 버블과 유사한 문제를 일으킬 수 있다는 경고가 담긴 발언이었다.

하지만 실제로는 주식시장의 과열이 아직 정점에 다다르지는 않은 상태였고, 조정에 관한 두려움은 곧 잊혔다. S&P500은 1997년 또다시 30퍼센트 올랐고, 1998년에 26퍼센트, 1999년에 20퍼센트 올랐다. 2000년 3월에 최고점을 찍었을 때, S&P500은 그린스펀 의장이

그림 9.2 1990~2004년 S&P500과 나스닥지수

위의 연설을 한 날 대비 무려 110퍼센트 올라 있었고, 1990년부터 가치상승으로 인한 이익률은 353퍼센트에 이르렀다. 경기조정주가수익비율은 이때 역대 최고인 45에 달했다. 닷컴시대 이전에 가장 높았던 사례가 1929년 버블붕괴 직전 일에 기록된 33이었던 것과 비교하면 매우 높은 수치다.[19]

기술주 호황은 이보다도 더 극적인 추이를 보였다. 정보기술 기업에 편향성을 갖고 있던 나스닥 종합지수는 1990년 3월부터 2000년 3월까지 1055퍼센트 상승했다. 2000년 3월에 정점에 달했을 때, 이 지수는 18개월 만에 3배 이상으로 뛰었다. 마이크로소프트와 시스코Cisco는 짧은 시간 안에 세계에서 가장 가치 있는 주식회사로 꼽히게 되었다. 최대 인터넷 회사였던 아메리카 온라인America Online은 1999년 3월에 넷스케이프를 인수했다. 인수한 회사로 1992년에 새롭게 출

범했을 때는 기업 가치가 6180만 달러로 평가되었는데, 2000년 3월에 이 기업의 시가총액은 무려 1900억 달러로 세계에서 10번째로 가치 있는 주식회사에 등극하게 되었다.[20] 2000년 2월에는 타임워너Time Warner사와 1640억 달러 규모 합병에 합의하기도 했는데, 이때의 합병은 당시 기업 역사상 두 번째로 거대한 규모의 합병이었다.

이러한 발전을 이끄는 자금의 대부분은 주식시장 참여율의 대대적인 증가에서 비롯되었다. 확정연금제도defined pension plan를 통한 주식보유를 제외하면, 당시 주식을 보유하고 있던 개인의 수는 1989년 4210만 명에서 1998년 7580만 명으로 늘었다. 이러한 참여율 증가는 투자운용 업계의 상당한 성장을 가능케 했는데, 당시 늘어난 투자자 3370만 명 중 680만 명만 직접 주식을 보유했고, 나머지 2690만 명은 일부 또는 전체 보유 주식을 퇴직금이나 뮤추얼펀드 형태로 보유하고 있었기 때문이다.[21] 주식 뮤추얼펀드의 보유 자산 가치는 1989년 1인당 870달러에서 1999년 1인당 1만 4000달러 이상으로 증가했다. 이와 동시에 확정급여연금제도defined-benefit pension plan가 확정기여연금제도defined-contribution pension plan로 전환되면서 일반 가계들은 채권이나 주식 같은 투자 선택권을 더 가질 수 있었다. 개인은 연기금 운용사에 비해서 채권보다는 주식을 선호했기 때문에 결국 돈이 주식시장으로 유입되는 효과가 발생했다.[22]

투자자들을 매혹하는 채널의 등장

많은 투자자들이 주식시장에 매료된 이유에는 금융 전문 텔레비전 채널의 등장이라는 배경도 한몫했다. 1990년대에 전문 금융 뉴스 채널인 CNBC, CNNfn, 블룸버그TV가 등장했다. 이들은 모두 투자 상품 광고도 하면서 동시에 24시간 실시간 주식시장을 보도했다. 이는 어느 방향으로나 열려 있는 청중에게 주식을 홍보하는 효과가 있었다.[23] 또한 이전의 금융 뉴스는 보통 건조한 사건 보도 위주였지만, 새로 떠오르는 금융 전문 채널들은 뉴스를 가능한 한 흥미진진하게 연출해 더욱 많은 시청자들을 끌어들였다.

별 것 아닌 뉴스라도 마치 급박한 것처럼 보도하기도 하면서 특정 추이를 과대평가하는 일도 많았다. 종종 보도할 금융 뉴스가 없을 때는 애널리스트 권고를 참고해서 마치 자신들이 뉴스를 새로 구성해 내보내는 것처럼 다루기도 했다.[24] 이러한 행위는 사실상 대부분 주가를 부풀리는 효과를 낳았다. 왜냐하면 1999년 말까지 나왔던 권고사항은 거의 긍정적이기만 했기 때문이다. 1989년에는 애널리스트 권고사항의 단 9퍼센트만이 특정 주식을 팔라는 권고였고, 1999년에 이 비율은 불과 1퍼센트에 지나지 않았다.[25]

이 시기에 출판된 수많은 책과 기사들은 특히나 한결같이 낙관적이었다. 금융 전문 멀티미디어 공급업체 《더 스트리트The Street》의 설립자 짐 크레이머Jim Cramer는 2000년 2월에 주가수익비율PER이 새로운 경제 상황에도 여전히 유용한 지표라고 주장하는 '원시적인 펀드매니저'들을 비판하는 기사를 냈다.

심리적인 것을 마치 과학적인 것처럼 꾸며내지만, 잘 보면 틀린 말이다![26]

케빈 하세트Kevin Hassett 와 제임스 글래스맨James Glassman 은 『다우 36,000 Dow 36,000 』이라는 책을 출간했는데, 이 책에서 저자들은 당시 약 1만이던 다우존스지수가 곧 3만 6000으로 빠르게 오를 것이라고 주장했다(실제로는 정점에서 1만 2000을 찍고 2002년에 8000까지 떨어졌다). 그런데도 크레이머는 이후에도 CNBC에서 자기 이름을 내건 텔레비전 쇼 프로그램을 성공적으로 시작했고, 하세트는 트럼프 대통령의 경제자문의회Council of Economic Advisers 회장이 되는 등, 예측에 크게 실패했는데도 경력에 별 영향을 미치지 않았다는 게 놀라울 따름이다.

이외에 일부 뉴스 매체에서는 기술주 투자를 피하라고 투자자들에게 조언하면서 버블에 비판적인 어조를 실었다. 일부 조언은 너무 빨랐는데,《포천》은 1996년 4월부터 경찰관과 바리스타들도 주식을 추천하려고 한다는 비판적인 조언을 실었다.[27] 제때 잘 등장한 조언들도 있었다.《파이낸셜 타임스》의 마틴 울프Martin Wolf 는 1998년 12월에 미국 주가가 '도저히 지속 불가능'하다고 주장했고, 주식 리스크 프리미엄(ERP, Equity Risk Primium)을 현실적으로 추정하는 데 집중해야 할 필요가 있다고 강조했다.[28] 버블의 정점 부근에서《이코노미스트》는 '수익 증가율을 믿을 수 없는 상태'라고 하면서 주가 수준을 정당화하려는 몇몇 주장들의 타당성을 반박하는 기사를 내기도 했다.[29]

31억 달러에서 0달러로

당시 대부분은 버블의 종말이 2000년 봄에 오리라 예측했다. 일례로 기자 로리 셀란-존스Rory Cellan-Jones는 3월 14일은 '버블이 터지는 날'이라고 부르기까지 했다.[30] 다음 달, 실제로 드라마틱한 주가 폭락이 현실화됐다. 4월 10일부터 14일까지 나스닥은 단일 거래 주간으로는 사상 최고치인 25퍼센트 하락을 기록했고, S&P500지수는 10퍼센트 하락했다.[31] 기술주 회의론자들조차 너무나 빠른 하락 속도에 맥을 못 췄다. 소로스 펀드Soros Fund의 스탠리 드루켄밀러Stanley Druckenmiller는 4개월간 22퍼센트 손실을 본 후, 4월에 '우리가 지금 8회(이닝)인 줄 알았는데 알고 보니 9회였다'고 하면서 손을 털었다.[32] 하지만 버블이 최고조에서 터지기는 했어도 완전히 다 터지지는 않았고, 2000년 여름에 꽤 회복하기도 했다. 4월 14일 3321로 최저치를 기록한 나스닥지수는 9월 1일 4234로 약 27퍼센트 상승해, 최종적으로는 3월 최고치 대비 15퍼센트 하락하는 선에서 그쳤다. 그리고 5월과 두 번째 정점인 7월 사이에 인터넷주는 42퍼센트 오르기도 했다.[33]

하지만 그 이후 버블은 점진적으로 꺼지기만 했다. 나스닥지수는 2000년 9월부터 그해 말까지 계속 떨어지기만 했고, 11월에는 23퍼센트 하락하며 특히 막대한 손실을 기록했다. 2000년 말까지 단 8개월 만에 절반 이상이 떨어졌다. S&P500 지수는 처음에는 비교적 잘 유지해 정점에서 불과 15퍼센트가 약간 안 되는 수준으로 2000년을 마감했다. 하지만 두 지수 모두 2001년에 들어가자 지속적인 하락세

● 온라인 식료품 배송 서비스 웹반은 18개월 만에 시가총액 31억 달러에서 0달러로 떨어졌다. 웹반의 배송 트럭(왼쪽)과 가정용 보관함 신세가 된 플라스틱 운반함(오른쪽).

를 이어갔고, 2002년이 되자 일련의 회계 스캔들과 9·11테러로 인해 타격을 받아 경기가 악화되었다. 그러다 2002년 10월에 마침내 시장이 바닥을 쳤을 때, 나스닥지수는 단 2년 반 만에 77퍼센트 하락했고 S&P500 지수는 48퍼센트 하락했다.

인터넷주의 경우, 2000년 2월에 직전 2년 동안 1000퍼센트 수익을 올렸다가 2000년 말에 오른 그대로 전부 다시 하락해 특히 주목할 만하다.[34] 몇몇 경우는 안타까운 상황이었다. 온라인 식료품 배송 서비스인 웹반Webvan은 18개월 만에 시가총액이 31억 달러에서 0달러로 떨어졌다. B2B포털을 제공하던 회사인 버티컬넷VerticalNet의 시가총액은 2000년 3월과 4월, 두 달 만에 78억 달러 하락했다.[35] 아메리칸 온라인과 타임워너 간 합병은 무려 990억 달러라는 심각한 손실을 초래했고, 타임워너의 CEO는 이때의 합병을 두고 '기업 역사상 최대의 실수'라고 말했다.[36] 물론 장기적으로 볼 땐 성공한 회사도 있었다. 이 중 가장 주목할 만한 기업은 아마존으로, 주당 106달러에서 버블이 최고조에 달한 2001년 9월까지 단돈 6달러로 떨어졌으나, 이후 반등해 결국 2018년 9월에 주당 2000달러를 돌파했다. 2019년 3월 현재

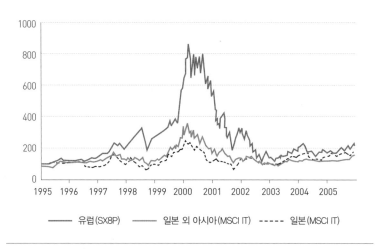

그림 9.3 1995~2006년 세계 주요 기술주 주가지수

아마존의 시가총액은 7961억 달러로 미국 시가총액 상위 4위 기업이 되었다.[37]

닷컴버블은 실리콘밸리에 국한된 이야기라고 생각하는 경향이 있지만, 사실은 국제적인 버블이었다. 1995년 1월까지 표준화시킨 유럽, 일본, 그 외 아시아 지역의 주요 기술주 주가지수의 추이가 〈그림 9.3〉[38]에 잘 나와 있다. 세 곳 모두 나스닥 버블이 일어나면서 동시에 엄청난 폭등과 폭락을 겪었다. 1998년 10월부터 2000년 3월까지 유럽 지수는 370퍼센트, 일본 지수는 299퍼센트, 아시아 지수는 330퍼센트 올랐다. 그리고 2002년 10월까지 유럽 지수는 정점 대비 88퍼센트 하락, 일본과 아시아 지수는 각각 정점 대비 75퍼센트, 67퍼센트 하락한 걸 볼 수 있다. 특히 독일은 '신흥시장' 주가지수인 NEMAX50 지수가 무려 96퍼센트나 폭락한 뒤 아예 폐지돼버리기도 했다.[39]

더 쉽고 빠르고 저렴한 시장

1990년대 동안 세계 금융 규제 완화로 불을 지필 수 있는 여건이 만들어졌고 이는 버블 트라이앵글을 구성하는 세 변의 요소가 일제히 증가하면서 악화되었다. 시장성은 4가지 이유로 증가했다. 첫째, 기업공개가 늘면서 직접적인 여파로 이전에는 개인 소유였을지 모르는 기업들이 주식시장에서 사고 팔릴 수 있게 되었다. 둘째, 1990년대에 걸쳐 거래비용이 상당히 적어졌는데, 일부는 신기술 등장의 결과로 거래활동에 비용이 덜 들게 된 것도 있었다. 뉴욕증권거래소 브로커들이 청구한 평균 거래 수수료는 1970년대 중반 기준 0.9퍼센트에서 2000년에 0.1퍼센트로 떨어졌고, 중개인들이 주식을 매수할 때와 매도할 때의 가격 차이를 나타내는 스프레드는 1990년 0.6퍼센트에서 2000년 0.2퍼센트로 떨어졌다. 이러한 당시의 상황을 고려할 때, 뉴욕증권거래소의 거래비용은 1990년부터 2000년까지 평균 0.5퍼센트에서 약 0.2퍼센트로 떨어진 셈이었다.[40]

셋째, 인터넷 기술이 주식거래를 훨씬 쉽게 만들었다. 1993년 주식거래의 3퍼센트는 전자통신망기반(ECN 방식: 고객과 시장을 전자로 직접 연결해주기만 하는 방식) 거래가 대부분이었다. 2000년까지 거래의 30퍼센트는 ECN방식이었다. 증권거래위원회의 추정치에 따르면 1999년까지 미국에서만 총 970만 개의 온라인 거래 계정이 생겼다. 마지막으로, 시행된 지는 얼마 안 된, 시간외거래가 활발해졌다. 신기술 덕분이었다. 1999년에 대부분의 증권 중개인들은 시간외거래 시장 기반이 튼튼하지 않은 탓에 시장 조작에 더 취약해질 위험이 있다는 이유로 그동안 시간외거래에 참여하지 못했던 소규모 투자자들에게 시간외거래 서비스를 확대했다.[41] 그 결과 일반 개인 투자자들은 자기 집에서 편안하게 하루의 어느 때나 거래 비용을 이전보다 훨씬 덜 들이면서 주식을 사고팔 수 있게 되었다.

숨기지 않는 투기,
능력에 대한 확신

1990년대에는 비교적 시장에 돈이 풍부해서 버블이 형성되기에 충분할 만큼의 유동성이 있었다. 1987년 증시 폭락 이후에 단행한 앨런 그린스펀의 시장 개입 결정은 사람들로 하여금 미국연방준비이사회가 주가폭락이 발생하더라도 그에 대응해 금리를 인하함으로써 투자자들의 잠재적 손실을 제한할 것이라고 생각하게 하는 결과를 낳았다. 그린스펀이 할지도 모르는 개입을 두고 일명 '그린스펀 풋Greenspun put'이라 부르며 사람들은 기관의 개입 조치를 믿고 투자를 멈추지 않았을 뿐만 아니라 오히려 더 큰 리스크를 감수하는 동기로 삼았다.

실제로 1998년 버블이 꺼져갈 때, 연방준비은행은 경기 불황을 예상하고는 금리를 인하해 투자자들의 수익률 달성을 지지해주었다. 그러자 1990년대에도 미국 가계부채가 미국 GDP의 60퍼센트에서 2000년 70퍼센트로 증가할 정도로 신용이 증대되었다.[42] 이때는 1920년대와 마찬가지로 돈을 빌려서라도 주식에 투자하는 투자자들이 크게 늘었다. 그러다 1997년 1월부터 2000년 3월까지 이러한 신용거래 대출은 무려 144퍼센트 증가했다.[43]

신용거래대출 증가와 시장성 증가는 곧장 투기 증가로 이어졌다. 단타 투기꾼들이 점점 더 많이 시장에 들어오면서 거래량 자체가 엄청나게 늘어났다. 나스닥 상장 주식 총수 대비 매각된 주식 총수의 비율은 1990년 86퍼센트에서 1999년 221퍼센트로 올랐다.[44] 이는 결국 주식의 시장성을 높이는 일이었다. 기관투자자들은 자신들이 하는 투자의 대부분이 투기 목적이라는 사실을 숨기지도 않은 채, 폭락 전에 시장을 빠져나갈 수 있다고 자신들의 능력을 확신하고 있었다. 닷컴시대의 투자자들을 대상으로 실시한 한 설문조사에서는 투자자들의 54퍼센트가 추가적인 주가 상승을 예상하고는 고평가됐다고 생각되는 주식도 보유하고 있다고 답했다.[45]

즉, 투기성은 결코 기관에 국한된 일이 아니었으며, 1990년대에 주식거래를 처음 해본 수백만 명의 초보 개인 투자자들 중 수많은 사람들도 투기적인 거래 전략을 따르기도 했다. 자료에 의하면, 1998년부터 2000년 3월까지의 주가 상승은 개인과 기관의 수요 증대로 인한 것이었다. 다만 기관 투자자들은 개인보다는 버블에서 더 잘 빠져나올 거라는 일반적인 생각은 대체로 옳았다. 2000년 3월부터 6월까지 개인 투자자들의 수요는 계속해서 증가세를 유지하고 있었는데도 기관

투자자의 수요는 반대로 급격히 감소했기 때문이다. 물론 모든 기관들이 제대로 빠져나온 것은 아니었다. 일부 단독 투자 자문회사와 협업하던 기관 중 예측에 실패한 경우는 빠져나오지 못했다.[46]

젊은 운용가가 운용한 뮤추얼펀드들은 일반적으로 기술주에 압도적으로 많이 투자하고 트렌드를 따르는 방식으로 투자하는 경향이 짙었던 탓에, 대부분은 평균 이하의 성과를 거두었다.[47] 내부 관계자들의 경우는 말할 것도 없이 일반 투자자들보다는 훨씬 잘 빠져나왔다. 나스닥이 정점을 찍기 전 한 달 동안, 내부 관계자들이 매도한 주식 수는 매수한 주식 수의 23배나 많았다.[48] 언제나처럼 투기성 투자 전략은 미리 정보를 접할 수 있는 소수의 사람들과 노련한 투자자들에게 훨씬 더 수익성이 높았다.

새 시대 내러티브

닷컴버블을 일으킨 불꽃은 네트워크의 영향이 컴퓨터기술의 유용성을 엄청나게 증가시키리라는 믿음이었다. 1990년대에는 휴렛패커드, 마이크로소프트와 같은 기존 기업들이 눈에 띄는 성장세를 보여주면서 초기 투자자들에게 막대한 시세차익을 안겨주었다. 넷스케이프와 아메리칸 온라인 같은 신규 상장사들의 초반 성공까지 이어지면서 닷컴기업에 투자할 경우에 얻을 수 있는 잠재적인 이익이 사람들의 눈앞에 보다 선명해졌다. 한편으로는 정보기술 체계 자체가 성공적으로 통합되면서 1990년대에는 전반적으로 경제

호황이 와서 기술산업이 아닌 기업 부문에서도 수익이 높았다. 이러한 상황에서 지속적인 자본이득은 투기성 투자자들을 끌어들였고, 이들의 수요가 주가를 상승시켰다.

이때의 주가 상승은 인터넷의 변혁에 더해서 '새 시대 내러티브'가 수반되지 않았더라면 이 정도로 강하지는 않았을지도 모른다. 닷컴 주가 수준을 정당화하려는 의미에서 이러한 내러티브는 2가지 주장으로 구성되었다. 첫째, 인터넷이라는 기술이 말도 안 되게 중요하고 세계를 바꾸어놓을 기술이라는 주장이다. 둘째, 따라서 주식의 가치를 평가하는 전통적인 지표들은 이제 맞지 않을 거라는 주장이다. 두 번째 주장은 첫 번째 주장에 비해 약한 편이었고, 첫 번째 주장은 상당히 흥미로운 논의 주제였기 때문에 대부분의 비전문가 사이에서 토론 주제가 되었다. 그 결과 닷컴 주식 가치에 대한 개개인의 의견은 인터넷이 가진 잠재력에 대한 자신의 생각으로 자리 잡게 될 가능성이 컸다. 게다가 실제로도 사람들이 인터넷을 사용하는 비율이 점점 늘게 되면서, 혁명적이라고 일컬어지던 인터넷의 잠재력은 눈앞에 드러나게 되었고, 인터넷 자체가 새 시대 내러티브를 널리 퍼지게 하는 강력한 수단이 되었다.[49] 일부 경우에는 기술뿐 아니라 더 광범위한 사회학적·정치적 변화를 포함해서 논의되기도 했다. 사람들은 당시 가장 영향력 있던 '새 시대 내러티브' 중 하나였던 프랜시스 후쿠야마Francis Fukuyama 의 저서 『역사의 종언The End of History』에 일제히 고개를 끄덕였고, 1997년 미국 국제관계 평론잡지 《포린어페어스Foreign Affairs》의 글에서는 '기술, 이데올로기, 고용, 금융에서의 변화'가 '경기순환의 종언'을 더 빨리 이끌었다고 주장하기도 했다.[50]

새 시대 내러티브는 비록 시간이 지난 지금은 어리석어 보이지만, 당시 회의론자들은 2000년 때와 마찬가지로 너무 오랫동안 비관론을 외쳤던 탓에 정말 비관적인 상황이 도래할 때 의견을 무시당했다. 회의론자들은 1990년대 말에 순진한 낙관론자들을 수차례 비판했는데, 흥미롭게도 그보다 불과 몇 년 전 기술기업에 대한 회의론은 그만큼 나오지 않았다. 단, 넷스케이프만은 매우 예외적이었다. 거래 첫날 주당 58달러에 넷스케이프 주식을 산 사람들은 1999년까지 연평균 35퍼센트의 수익을 낼 수 있었다.[51] 하지만 《뉴욕타임스》는 넷스케이프 투자 열풍을 두고 '사춘기 호기심'이라고 당당하게 주장했고, 첫날 수익률은 그저 '이 주식은 오를 것이라는 믿음에 기댄 결과일 뿐'이라고 말했다.[52] 《파이낸셜 타임스》는 과열이 절정에 달했을 때 정교한 분석을 내놓기로 유명했는데, 넷스케이프 때는 '투자자들이 현실을 내던졌다'라고 비판하며 넷스케이프의 가치를 무시했다.[53]

또한 많은 사람들이 1990년대 중반의 버블 붕괴는 절대 다시 오지 않을 거라고 예견하기도 했다. 공공투자 전략가이던 제임스 그랜트James Grant는 세기 전환기에 '선견지명을 갖춘 회의주의자'라고 널리 칭송받은 사람이다.[54] 그런 그랜트도 컴퓨터와 반도체 산업의 성장 전망을 확신할 근거가 없다는 이유로 빠르면 1996년쯤 시장이 붕괴할 거라고 경고했다.[55] 이때쯤 주가는 미래의 발전에 대한 희망으로 완전히 정당화되어 있었지만, 결국 2019년 시점에서 1996년은 기술주를 매입해두기 딱 좋은 해가 되었다.[56]

버블을 일으킨 불꽃은 기술이었지만, 버블의 규모에는 정치적 요인이 기여했다. 로저 로웬슈타인Roger Lowenstein의 주장에 따르면 1980

● 600억 달러 규모의 엔론은 회계장부를 조작해 손실을 감쪽같이 감추었고 결국 파산에 이르렀다. 텍사스 휴스턴 다운타운에 있는 엔론의 전 본사.

년대와 1990년대 정치권에 대한 기업의 영향력은 투자자를 보호하던 규제를 없애버리고 화이트칼라 사기를 기소하기 위한 자금을 줄이는 결과를 초래했다. 동시에 임원 급여를 주가와 연계시키는 새로운 문화가 나타나는 바람에 기업 수익을 과대평가하는 동기가 되어 창의적인 수준의 회계장부가 작성되기도 했다.[57] 1998년 전에는 미국에서 수익을 수정하는 일이 60건이 넘지 않았다. 그런데 1998년에는 96건이었고, 1999년에는 204건, 2000년에는 163건이었다. 투자자들은 1998~2000년에 수익이 오르고 있다고 믿을 수밖에 없었지만, 회계를 수정한 건수가 계속 늘어난 것만 봐도 사실상 수익은 정체되어 있거나 하락하고 있었다는 걸 알 수 있다.[58] 이런 행위는 2001년에 600억 달러 규모의 에너지회사 엔론Enron 사가 회계장부를 조작해 상당량의 손실을 감쪽같이 감추고 결국 파산하면서 절정에 달했다.

하지만 로웬슈타인의 주장은 미국에만 너무 국한돼 있다는 한계가 있다. 미국보다 훨씬 더 큰 폭락을 경험하고도 장부 조작이 없었던 독일 시장은 고려하지 못한 주장이다. 당시 독일 기업 임원들의 급여 인상률은 미국에 비해 몇 배나 더 적었고, 독일 회사에서는 회계 수정의 바람도 일어나지 않았다.[59] 또 독일 정부가 전반적으로 규제완화 정책을 밀고 있기는 했지만, 기업 분산 소유권과 관리자 스톡옵션도 극히 드물었다. 결과적으로 독일 기업 임원들은 인위적으로 회사의 주가를 올려야 할 동기가 딱히 없었다.[60]

정치적 환경이 서로 다른 여러 국가에서 버블이 동시에 발생했고 각국에서 정보기술 관련주 버블이 특히 강했다는 점은 이 버블의 불꽃이 기술이었음을 강하게 시사한다.

02

거대한 경종을 주기엔 제한적 영향력

미국 닷컴버블의 붕괴는 거시경제에 미치는 영향이 제한적이었다는 특징이 있다. 2001년 경기불황은 8개월 정도 지속됐는데, 이는 GDP 가 전반적으로 긍정적인 추이를 보이는 등 이전 경기불황에 비하면 견딜 만한 수준이었다.[61] 여기에는 2가지 이유가 있다. 첫째, 버블 붕괴 이후에 소비자 지출 감소가 동반되지 않았다. 버블 붕괴 이후에는 주로 돈을 잃은 투자자들이 손실을 만회하고자 소비를 줄이는 행동을 보이는 바람에 수요 자체가 감소하는 경향이 있다.

하지만 2001년에는 이러한 경향이 아주 약했다. 당시 주주들이 대체로 주택만 소유한 사람들에 비해 부유한 편이었기 때문일 수도 있다. 부유층은 투자손실을 입었어도 소비를 줄이지 않기 때문에 수요에서 감소폭이 적었던 것이다. 물론 일부 사람들은 지출을 줄였겠지만, 일부는 저금리를 활용해 대출을 늘려 오히려 소비를 늘렸기 때문에 역부의 효과(자산가치가 하락하면 소비도 줄어드는 현상-역주)를 상쇄시킬 수 있었을 것이다.[62]

둘째, 금융기관이 증시 폭락에 비교적 잘 견뎠다. 은행은 기술주를 거의 보유하지 않고 있었기 때문이기도 하다. 한 투자자의 경우, 은행 포트폴리오에서 기술주는 4퍼센트를 넘지 않고 있었는데, 이는 기관

투자자의 그 어떤 투자 비율보다도 낮은 비율이었다.[63] 또한 금융기관들의 버블 붕괴 전 수익률은 꽤 높았던 반면, 연체율은 낮아서 경기불황에 대한 완충 효과를 낼 수 있었다.[64] 따라서 은행은 버블 붕괴 후에도 신용대출을 계속 해줄 수 있었고, 덕분에 경제는 1930년대에 있었던 은행의 실패, 신용경색, 디플레이션을 피할 수 있었다.

다른 곳에서도 경제적 영향이 상당히 제한적이었다. 영국의 경우 2007~2008년 글로벌 금융위기가 오기 전까지 지속적인 성장률을 기록하고 있었다. 프랑스는 2002~2003년에 침체를 겪었지만 그래도 심한 불황까지는 아니었다. 일본은 당시 이미 경제적 문제를 겪고 있는 중이었지만, 닷컴버블로 인한 경제적 위축은 경미한 수준이었다. 유일하게 큰 타격을 입은 곳은 2002년과 2003년 모두 GDP 성장률이 마이너스를 유지하고 있었던 독일이었다.[65] 이는 독일 은행들이 주식시장 손실에 크게 노출되어 있었기 때문이었다. 독일 은행 역사상 눈에 띄는 실패는 없었지만, 당시 독일 은행들의 수익과 총부채상환비율은 모두 감소했다. 이에 대한 대응 조치로 독일 은행들은 대출을 줄였고, 이는 경제활동 위축으로 이어졌다.[66]

닷컴버블이 남긴 득과 실

닷컴버블 붕괴로 인한 경제적 손실이 그리 심각하지는 않았다는 점을 감안하면, 결과적으로 닷컴버블은 손해보다 유익이 더 컸던 버블의 예라고도 볼 수 있다. 닷컴버블로 인해 긍정적인 경제 효과를 본 분야가 있었다. 버블 시기에 엄청난 양의 자본이 경제의 가장 혁신적인 분야로 유입되었던 것이다. 만일 시장이 버블 없이 효율적으로 운영되고 있었더라면 이러한 혁신이 가능했을지는 아무도 모를 일이다.

자본의 일부는 상당히 효과적으로 사용되었다. 예컨대 아마존과 이베이 같은 기업도 처음에는 닷컴 회사로 시작했고, 애플이나 마이크로소프트와 같은 회사들도 막대한 투자를 받는 혜택을 입으며 설립되었다. 심지어 결국 파산한 회사들 중에서도 시간이 지나 유용하다고 인정받는 기술을 세상에 많이 남겼다. 또 실패한 사례마저도 차세대 인터넷 회사들에 조심해야 할 지점을 알려주는 역할을 했다. 통신회사들이 구축해둔 인프라는 비록 당시에는 특별히 효율적이거나 최적화된 수준은 아니었지만 여전히 상당한 공익성을 가진 투자처로 존재하고 있다.[67] 또한 닷컴버블은 벤처캐피털 산업의 출현과도 밀접한 관련이 있다. 닷컴버블이 아니었다면 다른 곳에서 자금을 조달하기 어려웠을, 일종의 고위험 프로파일을 가진 기업들이 자금을 얻어 출현할 수 있었기 때문이다.

반면 인터넷기술의 결과가 장기적으로 볼 때 꼭 긍정적이기만 하다고 말할 수는 없다. 언론에서 가짜 정보, 독과점 시장구조, 자동화 등 인터넷기술로 인한 부차적인 사회적·정치적 효과에 대해 우려하는 목소리를 내는 것이 마치 유행처럼 번졌다. 장기적으로 볼 때, 오히려 이 정도 우려는 어쩌면 사소한 우려에 불과할 수도 있다.

대표적인 벤처투자가인 마크 안드리센Marc Andreesen은 현대 담론이 컴퓨터기술의 영향력을 오히려 너무 과소평가한다고 주장했다. 소프

● 닷컴버블이 남긴 자본의 일부는 상당히 효과적으로 사용되었다. 다국적 기업으로 성장한 이베이(왼쪽)와 아마존(오른쪽) 같은 기업도 처음에는 닷컴회사로 시작했다.

트웨어는 일상의 모든 면에 침투해 있으며, 안드리센의 말을 빌리자면, '세상을 집어삼키고 있기 때문'이다.[68] 또 다른 사람들은 인터넷기술 혁신과 유일하게 어깨를 나란히 할 수 있는 혁신은 언어 혁신과 화폐 혁신이라고 주장하기까지 했다.[69] 우리는 언어와 화폐가 생겨난 뒤로 세상을 어떻게 바꾸고 있는지보다 인터넷기술의 영향을 더 이해할 수 없을지도 모른다.

닷컴버블이 만든 또 다른 변화는 금융버블 자체가 진지한 학문 분야의 하나로 부상한 것이다. 2000년 이전에는 학문으로서의 금융은 시장의 효율성을 따라 움직인다는 믿음이 지배했다. 많은 사람들이 자산가격은 수익성과 실질적으로 다르게 움직일 수 있다는 생각을 우스운 생각이라고 여겼다. 권위 있는 경제학 또는 금융학 학술지에서 버블에 관한 글을 드물게 실었는데, 그나마도 언제나 버블은 환상에 불과하다면서 버블 중 형성된 가격마저도 '합리적'이라고 주장하곤 했다.[70]

그러나 닷컴버블이 붕괴한 후로, 시장 펀더멘털에 버블을 포함시키는 학문적 전통이 생겨났다. 대표적인 금융경제학 학술지인 《금융경제학 저널Journal of Financial Economics》에서는 닷컴버블이라는 버블은 없는 버블이고 실제로 닷컴시대에 있었던 급격한 가격변동은 기술주와 관련한 예상 수익률 변화 때문이라는 주장을 싣기도 했다.[71] 이 주장의 근거는 인터넷 주식의 높은 가치는 정당하다는 것이다. 왜냐하면 인터넷 주식은 저자의 말을 빌리자면 '실패할 가능성도 어느 정도 있고 차세대 마이크로소프트사가 될 가능성도 어느 정도 있는 회사라면 매우 가치 있기 때문에' 수익성이 충분히 높다는 것이다.[72] 하지만 이게 사실이라고 한다면, 회사의 잠재력은 그대로인데 불과 몇 개월 후에 주가가 90퍼센트나 떨어진 일을 설명할 수가 없다.

또 다른 저명한 경제학 학술지《아메리칸 이코노믹 리뷰American Economic Review》의 한 논문에서는 버블의 형성과 붕괴가 기술혁명 기간 동안에 기술주가 가진 리스크의 변화 때문이라고 주장하는 모델을 제시했다. 하지만 이 모델이 맞는다고 하더라도, 결국 주가가 50퍼센트 하락할 거라고 예측하는 것에 지나지 않았다. 실제로는 90퍼센트나 떨어졌는데 말이다.[73]

효율적인 시장이라는 전통적인 설명으로 만족하지 못한 많은 학자들이 다양한 주장을 내세웠다. 일각에서는 기술주의 공매도가 어렵다는 점에 초점을 맞췄다. 즉 공매도를 위해 차입을 하는 건 기술주의 경우에 어려웠기 때문에 버블에 대비하기가 어려웠다는 것이다.[74] 하지만 일부 개별 주식의 경우에는 전체 나스닥 시장에서 볼 때 공매도가 어렵지 않았기 때문에 전체적인 설명이 되지는 못할 것 같다.[75] 또 다른 주장으로는 내부 특수 관계인들이 일시적으로 록업 때문에 매각을 하지 못하는 상태였다가 록업이 풀리면서 대규모 매각이 이루어졌다는 것도 있었다. 하지만 후속 연구에서 다소 놀랍게도 기술주에 대한 록업은 주가의 변동과 연관성이 거의 없다는 점이 밝혀졌다.[76]

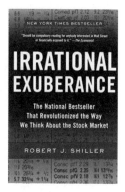

그나마 설득력 있는 설명은 이익충돌과 잘못된 동기로 돌아가는 투자기관들이 부상하면서 버블이 붕괴되었다는 것이다. 예를 들어 뮤추얼 펀드는 일반적으로 가능한 한 많은 신규 투자자를 유치하는 걸 목표로 삼는다. 그러기 위해 가장 손쉬운 방법은 높은 단기 수익률을 입증해 보이는 것인데, 높은 단기 수익률이란 건 더 큰 리스크를 감수할수록 쉽게 달성할 수 있는 목표다. 닷컴버블 동

● 효율적인 시장이라는 전통적인 설명으로 만족하지 못한 많은 학자들이 다양한 주장을 냈다. 그 중 가장 유명하고 영향력 있는 설명은 로버트 쉴러의 『비이성적 과열』일 것이다.

안 높은 단기 수익률을 노리고 보다 큰 리스크를 감수해야 하는 기술주에 투자하는 경향이 있었다고 볼 수 있다. 반대로 기술주에 투자하지 않았던 기관들은 버블이 만일 터지지 않았더라면 어쩌면 파산해야 했을 수도 있었다. 헤지펀드사인 타이거 그룹Tiger Group은 1998년 기술 회사들의 하락세에 베팅했고, 버블 중에는 2년간 성적이 저조했다. 그러다 2000년 제1분기에 타이거그룹의 투자자들은 인내심을 잃고 자금을 회수했으며, 버블이 터질 때까지 조금만 더 버텼더라면 큰 수익을 거둘 수 있었던 타이거 그룹은 문을 닫게 되었다.[77]

닷컴버블과 관련한 가장 영향력 있는 설명은 아무래도 버블이 터지기 시작하자마자 베스트셀러가 된 로버트 쉴러의 『비이성적 과열Irrational Exuberance』일 것이다. 이 책은 주가를 움직이게 하는 심리적

요인을 강조하는 것으로 가장 유명하지만, 심리적 요인은 앞서 언급한 여러 주체들의 동기, 인플레이션, 세금 감축, 문화적 요인 등과 같은 여러 가설 중 하나일 뿐이다.[78] 버블을 촉발시키는 요인은 너무나 많아서 각 요인의 상대적 중요성을 정확히 판별하기 어렵다. 하지만 이렇게 요인이 많다는 건 반대로 한 가지 원인 때문에 발생하지 않는 버블을 설명하기에는 매우 다행인 사실이다. 『비이성적 과열』은 시간이 지나 쉴러 교수가 노벨경제학상을 받는 데 큰 역할을 했다.

경종은커녕 안일함을 키우다

닷컴버블의 붕괴는 사람들에게 제대로 경종을 울릴 줄 알았지만 닷컴버블이 미친 사회 전반에 대한 경제적 영향력은 그렇게 광범위하지는 않았다. 그렇기 때문에 오히려 다음에 도래할 버블에 안일한 태도를 갖게 만들었다. 2000년 이후 중앙은행과 싱크탱크 연구 논문에서는 파생상품과 자산유동화를 긍정적으로 평가하면서 이것들이 은행들로 하여금 리스크를 더 잘 관리할 수 있게 만들어, 결과적으로 은행들이 미래의 버블에 덜 취약하게 되었다고 주장했다. 미국 연방준비은행은 닷컴버블 붕괴 기간 동안 은행들이 '신용 파생상품을 효과적으로 활용해서 신용 위험을 제거했다'면서 잘 대처해주었다고 결론지었고, 독일 경제 싱크탱크인 RWI에서는 은행들이 '대출을 증권화로 탈바꿈시킴'으로써 리스크를 높이지 않음으로써 대출도 늘릴 수 있었다고 긍정적으로 말하기도 했다.[79] 반면, 버블이 터지면서 일반 투자자들은 주식을 불신하기 시작했고, 많은 사람들은 이제 주식 대신 부동산에 돈을 쏟아부었다.[80]

2000년 이후, 킨들버거와 민스키Minsky의 모델은 최근 버블의 기억이 즉각적인 반복은 막을 수 있다고 주장했고, 버블의 순환주기 모델을 지지하는 사람들은 곧 다른 버블이 돌아오고야 말 거라는 회의적인 시각을 갖게 되었다. 《뉴요커New Yorker》 금융 섹션 특파원이었던 존 캐시디John Cassidy는 2003년 닷컴버블에 대한 공부를 마치면서 투기성 버블은 '아마도 당분간은 오지 않을 것'이라고 결론 내렸다. 미국이 닷컴버블 붕괴 이후 '너무나 심각한 상태'였기 때문이다.[81]

하지만 돈은 풍부했고, 신용은 슬슬 다시 느슨해지고 있었으며, 파생상품 시장의 성장은 금융자산의 시장성을 실질적으로 계속해서 높이고 있었다. 투기만 다소 일시적으로 감소했으나, 세계 경제가 통합되면서 많은 자금이 오가고 전통적 자산에 대한 수익률은 계속 낮아지고 있었으니, 1990년대 후반의 광기가 되살아나는 건 시간 문제였다. 필요한 건 불꽃뿐이었다.

경제의 혼돈 뒤에 남은 막대한 사회적 불평
등, 낭비된 비용은 인간의 어리석음이나 비
이성적인 광기의 산물이 아니다.

손쉬워진 신용대출과 사회적·경제적 문제를 푸는
해답을 엉뚱한 데서 찾은 정부의 어리석음이 낳은
산물이다.

PART

IO

BOOM AND BUST

누군가 잘못된 게임을 하고 있다

: 경제의 초석을 흔들다

셀 수조차 없는 텅 빈 유령이 전 세계 곳곳에 남았다. 이
유령은 인간의 어리석음이나 비이성적인 광기의 산물이
아니라, 근본적인 사회적·경제적 문제를 푸는 해답을 착
각한 어리석음의 산물이다.

경제적·사회적·정치적으로 완벽히 파괴적인 모델의 표본을 보
여주는 이 사태가 오늘날 우리에게 던지는 경고는 무엇인가?

01
해답이라고 착각한
어리석음의 산물

카산드라의 경고

"더 이상의 버블과 폭락은 없다."

1997년부터 2007년까지 영국 고든 브라운 전 총리가 수없이 반복하던 말이다.[1] 닷컴버블은 다른 누구보다도 브라운 전 총리로 하여금 버블이 부정적인 경제적·사회적 결과만을 초래하지는 않는다는 결론과 중앙은행들이 비이성적인 과열로부터 우리를 지켜줄 수 있을 거라는 결론을 내리게 만들었다. 재앙과 같았던 부동산 버블과 은행의 붕괴는 먼 나라 이야기거나 먼 과거의 이야기였다. 하지만 브라운 전 총리의 버블은 2008년 글로벌 금융위기로 너무나 자연스럽게, 그리고 제대로 터졌다.

당시 재앙이 임박했다는 카산드라의 경고(트로이 멸망을 예언한 그리스 신화의 인물. 불길한 미래에 대한 경고라는 뜻으로 쓰임-역주)는 많이 나오고 있었다. 예일대학의 로버트 쉴러와 라구람 라잔Raghuram Rajan 과 같은 몇몇 경제학자들이 경고의 발언을 했다. 특히 라잔의 경우 국제통화기금IMF 의 수석 경제학자로 있을 때부터 미국의 주택건설버블에 대해 경고했었다. 유니버시티 칼리지 더블린University Collage of Dublin 의 모건 켈리Morgan Kelly 경제학 교수는 전문 경제학자들의 말에 자극을 받아 데이터를 살펴보고는 아일랜드가 이미 부동산가격 폭락의 길에 들어섰으며, 이로 인해 은행 시스템마저도 붕괴될지 모른다는 결론을 내렸다.[2] 하지만 이러한 경고들도 '소귀에 경 읽기'일 뿐이었다. 당시 아일랜드 총리였던 버티 아헌Bertie Ahern 은 켈리 교수와 같은 사람들의 경고를 듣고는 이렇게 일축했다.

> 경제가 나쁘다고 외쳐대는 사람들을 보면 어떻게 자살하지 않고 잘 살고 있는지 모르겠다.[3]

카산드라의 경고 대상인 주택건설 버블은 이전의 부동산 붐과는 달랐다. 어쩌면 그렇기에 소수의 사람들만 경고를 알아차렸을 뿐 대부분의 사람들은 무시했을 것이다. 이전의 부동산 붐에서는 주택이 금융 투기의 대상이 되거나 전 세계 투자자들 사이에서 팔고 팔릴 수 있는 대상이되지는 않았다. 회사 주식이야 오래전부터 시장성이 증대되고 있었지만 이제 집이 시장성 있는 상품이 된 것이다.

그림 10.1 1890~2012년 미국 주택가격지수

시한폭탄을 끌어안은 전 세계 주거

이전 부동산 버블과 또 그 버블이 터진 뒤
의 영향은 대부분 한 나라 또는 한 국가 내 지역으로 한정돼 있었다.
그런데 2000년대 부동산 버블은 거의 전 세계 단위였다. 아일랜드, 스
페인, 영국, 미국 등 적게 잡아도 최소한 이 네 국가가 동시에 부동산
버블을 겪었고, 이들의 버블에 조달되는 자금 문제는 전 세계 각국으
로 연결돼 퍼져나갔다. 또 이들의 버블 붕괴 역시 몇몇 주요 유럽 은행
시스템에 심각한 문제를 일으켰다.

이때까지 미국 주택은 상대적으로 추상적으로 느껴지는 주식과 채
권에 비해 비교적 견고한 투자처로 간주되어 왔다. 〈그림 10.1〉[4]에
서 볼 수 있듯이 1890년부터 1999년까지 미국 주택의 평균 실질가

	2000년 1월부터 정점까지 전체 시장 상승폭(%)	정점에서 바닥까지 전체 시장 하락폭(%)	2000년 1월부터 정점까지 하급 주택 상승폭(%)	정점에서 바닥까지 하급 주택 하락폭(%)
마이애미	178.8	50.8	241.1	66.3
로스앤젤레스	173.9	41.8	239.8	56.5
샌디에이고	150.3	42.3	196.8	52.6
워싱턴 DC	150.2	50.8	196.6	46.4
탬파	138.1	46.9	197.7	65.4
라스베이거스	134.8	61.7	143.9	70.2
피닉스	127.4	55.9	139.3	70.7
샌프란시스코	118.4	46.1	176.1	60.7
뉴욕	115.8	27.1	159.7	37.9
시애틀	92.3	32.9	102.4	44.2
보스턴	82.5	20.0	119.2	32.4
포틀랜드	81.7	29.0	99.9	36.2
미니애폴리스	70.9	38.1	87.7	56.4
시카고	68.6	39.1	83.6	56.5
덴버	40.3	14.1	37.5	21.0
애틀랜타	35.3	39.0	38.1	65.9
샬롯	29.0	16.0	해당없음	해당없음
디트로이트	27.1	49.3	해당없음	해당없음
댈러스	25.7	10.7	해당없음	해당없음
클리블랜드	23.2	23.5	해당없음	해당없음
종합지수10	126.3	35.3	해당없음	해당없음
종합지수20	106.5	35.1	해당없음	해당없음
전국	84.6	27.4	해당없음	해당없음

표 10.1 미국 주요 대도시 주택실질가격 변동

격은 약 25퍼센트밖에 오르지 않았다. 그러나 2000년 1월부터 2006년 여름까지 전국 주택가격, 종합지수10, 종합지수20은 각각 84.6, 126.3, 106.5퍼센트 오르면서 정점을 찍었다. 그러고는 2012년 초 27.4~35.3퍼센트가 하락했다. 하지만 〈표10.1〉에 나와 있듯이, 종합지수와 전국주택가격지수는 미국 내 지역 간 격차가 매우 컸다.[5] 4개

	아일랜드	북아일랜드	스페인	영국(브리튼)	미국
1990년대	22	8	268	181	1,330
2000	40	11	416	165	1,574
2001	42	14	505	160	1,570
2002	58	14	520	168	1,648
2003	69	15	506	176	1,679
2004	77	16	565	188	1,842
2005	81	13	591	193	1,931
2006	105	14	658	195	1,979
2007	74	12	647	212	1,503
2008	48	10	632	178	1,120
2009	22	8	425	149	794
2010	10	7	277	129	652
2011	7	6	179	135	585
2012	4	6	133	136	649

표 10.2 1990~2012년 신규 주택 완공 건수(단위: 천)

의 대도시 지역에서는 150퍼센트나 가격이 뛰었던 반면, 다른 4개의 도시에서는 50퍼센트씩 떨어졌다. 마이애미, 라스베이거스, 피닉스, 워싱턴 DC에서는 집값이 급격히 떨어진 것이 눈에 띈다.

〈표 10.1〉[6]에서는 각 대도시 주택시장 중 하급 주택시장에서의 버블의 규모를 보여주고 있다. 5개 도시의 하급 주택 가격은 약 200퍼센트 또는 그 이상이 올랐다. 4개 도시만이 전체 주택시장에서 50퍼센트 이상 집값 하락을 겪었던 것과 달리, 하급 주택시장은 10개 도시가 50퍼센트 이상 하락을 겪었다. 또 대부분 지역에서 전반적인 주택 버블이 일어나 2006년 여름에 정점을 찍었고, 2006년 내내 은행 간 시장에서 문제가 발생하면서, 이후 금융 시스템의 붕괴가 일어났다. 버블이 심했던 지역은 하급 주택시장의 버블 정점이 다른 시장보다 늦게

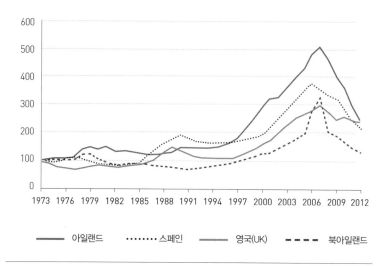

그림 10.2 1973~2012년 아일랜드, 북아일랜드, 스페인, 영국 주택실질가격 지수

범례: 아일랜드 ·······스페인 영국(UK) ━ ━ ━ 북아일랜드

왔다.

미국 주택건설 붐은 다른 곳에서도 비슷한 양상으로 나타났다(《그림 10.2》)[7]. 1998년부터 2007년까지 아일랜드, 스페인, 영국의 주택 실질가격은 각각 133, 103, 134퍼센트씩 올랐다. 그러다 2012년까지 그 가격은 다시 각각 51, 39, 20퍼센트씩 하락했다. 이 세 국가의 부동산 가격은 미국보다 1년씩 늦게 최고가를 찍고 내려왔다.

각 국가에서 집값이 뛰면서 건설 붐이 뒤따라왔는데, 그 규모는 〈표 10.2〉[8]에 나타나 있다. 미국의 경우, 2000년부터 2008년까지 완공된 신규 주택은 무려 1500만 채였다. 한 사람당 1.47채의 새 집이 기다리고 있었던 셈이다. 당시 한 집에 사는 사람의 수가 평균 2.57명이었던 걸 감안한다면 실제 필요한 집의 수보다 훨씬 많은 수의 집이 지어진 것이다. 일각에서의 추정치에 따르면 이 건설 붐 동안에는 수요도 없는 지역에 무려 350만 채에 가까운 주택이 건설되었다.[9] 이전 건설 붐과는 달리 이번에는 하필이면 세대 수까지 줄어들 때 주택 수가 늘었다.[10] 2008년 이후 건설 중이던 주택의 완공 비율은 호황기의 3분의 1 수준으로 크게 떨어졌다. 미국 내 착공에 들어간 주택의 비율은 79퍼센트나 감소하여 50년 만에 최저치를 기록했다.[11]

스페인의 경우, 500만 채가 약간 넘는 새 주택이 2001년과 2008년에 전부 지어졌다.[12] 이 수를 비교해보자면, 스페인의 인구수가 독일과 프랑스를 합친 인구수의 3분의 1임에도 불구하고 스페인에서 2002년부터 2006년까지 지어진 주택 수가 매년 독일과 프랑스에서 지어진 주택 총 수를 합친 것보다 더 많았다.[13]

2006년에 건설 붐이 정점을 찍은 후에 스페인에서 착공을 시작한 주택 수는 독일, 프랑스, 영국에서 착공을 시작한 주택 수를 모두 합친 것보다 많았다. 하지만 버블이 터지고 나서 착공된 건설이 완공된 경우는 드물었다.

아일랜드에서는 1990년대에 10년간 건설된 만큼의 주택이 2005년과 2006년에 걸쳐 건설되었다. 2000년부터 2008년까지 아일랜드에서는 총 60만 채의 새로운 집이 지어졌다. 하지만 〈표 10.2〉에서 볼 수 있듯이, 버블이 꺼진 이후에는 신규 주택이 완공되는 일은 거의 없었다. 2000년부터 2008년까지 아일랜드와 스페인에서는 한 명당 한 채가 약간 넘는 꼴로 새로운 집이 많이 지어졌는데, 이 수는 한 집에 사는 평균 인원수가 각각 2.7명과 2.6명인 두 국가의 평균 세대원 수를 생각해볼 때 엄청나게 많은 숫자다. 두 나라 모두 '일단 지어놓으면 입주할 것'이라는 생각이었던 것으로 보인다.

영국의 경우, 2000년부터 2008년 사이에 160만 채가 넘는 집이 새로 지어졌다. 이는 1.78명당 한 채꼴인데, 영국의 평균 가구당 세대원이 2.4명인 것을 고려하면 역시 많은 숫자다. 영국 전체로 집계해보면 다른 나라에 비해 상대적으로 주택 버블의 크기가 작았지만, 북아일랜드만 스페인, 아일랜드, 미국보다도 훨씬 심각한 주택 버블을 겪었다.[14] 이곳의 집값은 1998년부터 2007년까지 무려 206퍼센트 상승했으며(〈그림 10.1〉 참고), 북아일랜드 내에 2000년부터 2008년까지 새로 지어진 주택의 수는 11만 9000채가 약간 넘어, 0.81명당 한 채꼴로 새 집이 지어진 셈이다!

주택버블을 한껏 부풀리는 데 가장 큰 공헌을 한 건 극적인 신용확대였다. 2000년대 미국의 은행과 부동산담보대출회사들은 신용등급이 좋지 않은 사람들(소위 서브프라임 대출신청자)에 대해 대출 기준을 완화해주었다. 그 결과 빈곤층이 주를 이루는 고위험 대출자에 대한 부동산담보대출이 전례 없는 수로 증가했다.[15] LTV(Loan-to-Value Ratio; 주택담보대출비율. 주택을 담보로 돈을 빌릴 수 있는 대출가능한도-역주)가 100퍼센트가 되는 일이 허다했으며, 수입이 적은 사람들도 너도나도 집을 살 수 있게 되었다. 많은 경우 첫 몇 년간은 아주 낮은 담보할인율teaser rate로 이자만 상환하면 되는 모기지 또는 변동금리담보대출ARM, adjustable rate mortgage을 제공했다. 이로 인해 처음에는 대출을 갚아 나가는 게 감당할 만한 일처럼 느껴졌다.

영국, 아일랜드, 스페인에서는 이외에도 높은 주택담보대출비율, 높은 소득대비대출비율, 무원금 모기지론, 그리고 낮은 초기담보할인율의 모기지론이 남발되었다. 영국의 경우 노던 록(Northern Rock; 영

● 미국의 주택가. 집을 마련하려면 돈을 빌릴 수밖에 없는 저소득층을 겨냥한 고위험 대출자에 대한 부동산담보대출이 전례 없는 수로 증가했고 수많은 집이 새로 지어졌다.

국의 대형 부동산담보대출 전문은행-역주)과 같은 기관에서 거의 100퍼센트에 달하거나 심지어 100퍼센트를 넘기기도 하는 높은 주택담보대출비율로 대출을 해줄 정도였다. 노던 록의 불명예스러운 투게더 모기지Together mortgage 상품은 개인에게 주택담보가치 대비 최대 125퍼센트까지 대출을 해줬고, 이는 집을 마련하려면 돈을 빌릴 수밖에 없던 저소득층을 겨냥한 것이라고 볼 수 있다. 아일랜드 금융기관에서는 2004년에 100퍼센트 비율의 모기지론을 도입했으며, 2008년에는 이 100퍼센트 모기지론이 총 신규 모기지론의 12퍼센트에 달했다.[16]

미국, 스페인, 영국 내 모기지론의 확대는 모기지의 증권화, 즉 자산유동화가 시작되면서 더욱 가속화되었다.[17] 이 경우, 은행이 모기지론을 통해 얻은 채무를 한데 묶어 이를 다시 담보로 하는 증권을 투자자들에게 팔았다. 즉, 채무를 묶었다가 다시 쪼개고 분할해 모기지담보부증권MBS 으로 만드는 과정이다. 담보가 되는 모기지채권은 신용등급이 낮은 사람들에게 대출해줌으로써 발행된 경우가 많았지만, 부동산 버블 중에는 수많은 모기지담보부증권이 신용등급평가사로부터

트리플에이^{AAA} 등급을 받았고, 이는 곧 잠재적 투자자들에게 그들이 본질적으로는 위험도에서 자유롭다는 사실을 알려주는 격이 되었다. 모기지담보부증권으로 만들어질 수 없던, 보다 리스크가 큰 경우는 부실채권을 모아 증권화한 부채담보부증권^{CDO, Collateralised Debt Obligations}으로 다시 묶어 마법처럼 트리플에이 등급을 받아 팔았다. 여기서 그치지 않고 자산유동화 전문 회사들이 모기지채권을 증권화할 때, 본질적으로는 또 다른 일련의 모기지 상품들에 베팅하는 일명 '합성 부채담보부증권^{synthetic CDO}'을 만들어내기까지 했다.

부동산 버블에서 모기지의 증권화로 인한 영향이 적어도 3가지는 있었다. 첫째, 발행 후 판매^{OTD, originate-to-distribute} 모델은 모기지를 증권화한 주체가 모기지대출의 결과를 감수할 필요가 없었기 때문에 결과적으로 차용자를 신중하게 선별할 가능성이 적었다. 모기지론의 상환이 불이행되더라도 이들의 문제는 아니었다. 문제를 떠안는 건 이들이 아니라 모기지담보부증권 또는 부채담보부증권을 불이행 시점에 보유하고 있던 다른 사람들에게 돌아갔다. 이 때문에 은행들도 수많은 낮은 등급 및 서브프라임(비우량) 모기지론을 그냥 대출해주었다.[18] 둘째, 은행들이 대출 기준을 낮추고 더 많은 모기지론을 대출하게 만든 이 증권화가 경제 전반의 레버리지를 피라미드형으로 만들고 증폭시켰다. 게다가 모기지담보부증권과 부채담보부증권은 그 자체로 부채 자금을 조달하는 용도로 쓰였고, 또 다른 부채담보부증권의 담보가 되기도 했다. 셋째, 이러한 자산유동화를 통해 투자자들은 주택을 직접 사고팔거나 빌려주지 않고도 증권만 거래하면서 부동산 버블에 참여할 수 있었다.

02

'두말하면 잔소리 투자'에
찍은 발등

평범한 사람들의 하루가 뒤바뀌었다

모기지론을 쉽게 받을 수 있었던 탓에 극
빈층의 많은 사람들이 서브프라임버블의 희생양이 되었다. 마이클 루
이스Michael Lewis는 부동산 버블과 몰락에 관한 설명을 하면서 캘리포
니아에서 1만 4000달러 정도 수익을 내며 사는 멕시코의 딸기 농부를
예로 들었다. 이 농부는 이 정도 수입에 영어도 못 했는데도 집을 사는
데 필요한 72만 4000달러를 전액 대출받을 수 있었다고 한다. 루이스
는 이외에도 오로지 대출 받은 돈으로만 뉴욕에서 집 여섯 채를 사들
인 한 유모의 이야기, 그리고 부동산 계약 다섯 건을 담보로 돈을 빌린
라스베이거스의 한 스트리퍼 이야기도 언급했다.[19]

이런 기현상은 비단 미국에만 국한된 이야기가 아니었다. 클레어
뎀프시Claire Dempsey는 북아일랜드에 살고 있는 한 20대 중반 독신 여

성이었는데, 2006년에 은행에서 18만 5000파운드나 되는 세미 단독 주택을 전액 은행 대출로 구입했다. 당시 뎀프시가 대출받은 상품은 이자만 상환하는 무원금 모기지론이었는데, 이자만 해도 자기 월급의 무려 8배였다.[20] 버블이 터진 후 뎀프시는 대출 상환을 도저히 유지할 수가 없어서 부동산을 6만 5000파운드에 팔 수밖에 없었다.

중산층도 버블의 타격을 받았다. 많은 중산층들이 휴일을 즐길 용도로 날씨가 좋은 곳에 세컨드하우스를 구입했고, 영국 시민들도 약 75만 명이 스페인에 레저용 주택을 구입해두었다.[21] 물론 단기 시세차익을 노리고 금방 샀다 팔았다 하는 사람도 있었다.[22] 그렇지 않은 다른 사람들은 퇴직 후 연금처럼 월세를 받겠다는 희망으로 사둔 경우가 많았다.

당시 '주택만큼은 안전하다'라는 표현이 있었던 만큼 당시 주택은 좋은 투자처로 인식되고 있었다.[23] 실제로도 아일랜드은행조사위원회Commission of Investigation into the Banking Sector in Ireland 는 자체 보고서에서 주택 버블 당시 아일랜드 사람들에게 세컨드하우스 구매는 '두말하면 잔소리'인 투자였다고 한다.[24] 네 국가 모두에서 많은 사람들이 임대 목적으로 집을 사면서 부동산시장에 발을 들였다. 영국에서는 임대 목적의 부동산 구매를 위해 대출 받은 주택담보대출의 수가 2000년부터 2008년 사이에 12만 건에서 116만 건으로 늘었다. 중산층은 효과적으로 신규 집주인 대열에 합류하게 된 것이다.

데이비드 캘러헌David Callaghan 은 당시 버블에 올라탄 전형적인 중산층 투자자였다.[25] 주택가격이 2007년 가을에 최고치를 기록하면서 캘러헌은 아일랜드 국경 북쪽 도시인 뉴리Newry 외곽의 고급 주택을 65

● 기현상은 비단 미국에만 국한되지 않았으며, '주택만큼은 안전하다'는 표현이 있을 만큼 주택을 좋은 투자처로 인식하고 있던 평범한 중산층도 타격을 많이 받았다.

만 파운드를 주고 매수했다. 이 돈을 마련하기 위해 캘러헌은 총 48만 5000파운드의 주택담보대출을 받았다. 그뿐만 아니라 그는 벨파스트에 있는 투룸을 임대 목적으로 한 채 사두려고 더 많은 돈을 빌렸다. 그러던 캘러헌은 아일랜드, 스페인, 영국, 미국의 수많은 차용자들처럼 곧 이 엄청난 대출금을 상환하기란 불가능하다는 걸 깨닫게 되었다. 결국 처음에 샀던 고급 주택을 단돈 24만 파운드에 처분했고, 두 번째 구매했던 임대 목적의 주택은 처음 살 때 가격의 절반밖에 받지 못한 채 처분할 수밖에 없었다. 그리고 나서도 그는 결국 감당하지 못하고 채무불이행자가 되었다.

150년 만에 일어난 뱅크런과
금융기관의 연쇄 도산

주택담보대출 연체는 2006년에 미국에서 증가하기 시작하다가 2007년부터 증가폭이 커졌다.[26] 2007년 3월부터 주택담보대출 기관들은 서브프라임 모기지로 인한 손실과 높은 연체율을 공개하기 시작했다. 몇몇 기관들은 문을 닫았다. 그러다 전 세계 모기지 증권화 시장 자체가 2007년 여름에 완전히 멈춰버렸다. 그리고는 2007년 8월, 은행 간 시장에서의 금지, 즉 리보금리(LIBOR는 London interbank offered rate으로, 런던의 일류 은행들이 자기들끼리의 단기 자금 거래에 적용하는 단기금리-역주)마저 올라버렸고, 은행들은 사실상 은행 간 대출을 중단했다. 누가 독이 될 모기지담보부증권[MBS]을 보유하고 있을지 알지 못했기 때문이다.

원활하던 증권화도 둔화돼버리고 은행 간 시장도 얼어붙어 당시 영국의 주요 주택담보대출전문은행이던 노던 록은 큰 타격을 받았다. 2007년 9월 13일에 노던 록은 잉글랜드은행으로부터 유동성 원조를 받았다. 그러나 이 소식을 들은 예금주들이 돈을 인출하려고 노던 록에 몰려들었고, 이 갑작스러운 인출 사태는 당시 영국 재무부장관 알리스테어 달링[Alistair Darling]이 예금을 보증할 때까지 계속 이어졌다. 150년 만에 영국에서 일어난 첫 뱅크런이었다. 2008년 2월 17일, 결국 노던 록은 국유화되었다. 약 한 달 뒤, 미국 은행인 베어 스턴스[Bear Stearns] 은행은 미국 연방준비은행에 의해 구제되었고, 미국 종합금융투자은행 JP모건[JP Morgan]이 직전 주의 시장 가치로 따져 일부만 인수했다.

그 후로 몇 개월 동안 모기지 연체는 계속 발생했고, 모기지담보부증권은 불이행을 이어갔으며, 은행들은 계속해서 더 큰 손실을 발표했다. 2008년 9월 7일, 미국 연방 재무부는 주택 구입 희망자들이 금융기관에서 쉽게 자금을 빌릴 수 있도록 대출기관에 자금을 융통해주는 모기지업체 페니메이Fannie Mae와 프레디맥Freddie Mac을 정부보증기관GSE으로 만들었고, 당시 너무나 위태로웠던 금융 여건을 해결해보고자 이들에게 상당한 자본금을 지원했다.[27]

그 후, 9월 15일 국제금융회사 리먼브라더스Lehman Brothers가 파산을 신청했다. 정부는 리먼브라더스의 파산 신청이 경제 전체에 영향을 주는 위협이 아니며 은행 긴급 구제와 관련된 모럴헤저드 문제를 줄이기 위해 그냥 파산하도록 둘 필요도 있다고 판단하여 리먼브라더스의 긴급 구제를 거절하였다. 무엇보다 행크 폴슨Hank Paulson과 부시 행정부는 긴급구제를 실시하는 것에 대해 초당파 의원들이 반발할 것을 크게 우려했던 것으로 보인다. 이들은 긴급구제가 우파의 눈에는 '사회주의'로 보이고 좌파의 눈에는 '월가와 친해지려는 행위'로 보이는 것을 두려워했을 것이다. 결론적으로 리먼브라더스는 월스트리트를 살리기 위해 희생된 것이나 마찬가지였다.[28] 그다음 날, 미국의 다국적 민간보험사인 AIGAmerican International Group는 미국 연방준비은행으로부터 850억 달러의 긴급구제 지원을 받았다.

AIG의 금융부서는 1998년부터 AIG의 트리플에이 신용등급을 사용해 파생상품 딜러 활동으로 돈을 벌었다. 이들의 주요 상품은 은행과 투자자들이 보유한 모기지담보부증권MBS과 부채담보부채권CDO의

계약위반에 대한 보험을 들어주는 신용부도스왑CDS, credit default swap이었다. 이들은 투자자들에게 채무불이행이 발생할 시 손실을 보전해주겠다면서 상품을 팔았다.[29] 이 비즈니스는 2002년에 명목금액으로 200억 달러에서 2007년 5330억 달러로 규모를 늘렸다.[30] 문제는 생각보다 많은 채무불이행이 있었다는 것이었다. 곧 AIG가 신용부도스왑으로 인해 엄청난 양의 돈을 지불해야만 하는 입장이 되었다. 하지만 AIG는 그만한 양을 지불할 준비금이 없었다. 결국 AIG의 부도는 이들과 신용부도스왑 거래를 했던 많은 금융기관들의 연쇄 도산으로 이어졌다.

천문학적인 어리석음의 비용

리먼브라더스와 AIG 파산 신청 이후, 미국 재무부와 연방준비은행은 금융 시스템 붕괴를 막기 위해 부실자산 구제프로그램인 TARP Troubled Assets Relief Plan를 만들었다. TARP는 재무부가 '독성이 가득한' 자산[예: 모기지론, 모기지담보부증권(MBS), 부채담보부증권(CDO)]을 매입하거나 보장하는 데 도움이 되기 위한 자금 7000억 달러 지출을 승인했다. 이 일은 9월 29일에 의회에서 최초 부결된 이후, 10월 3일에 공식 승인되었다. 고작 몇 주 만에 별로 깊은 생각 없이, 그리고 너무 성급하게 조합해 만든 TARP는 결과적으로 은행에 자금, 보증, 직접적인 지원을 제공하는 쪽으로 바뀐 것이었다. 10월 15일, 미국 재무부는 TARP 자본매수사업을 발표했고, 이는 TARP에서 최대 2500억 달러를 조달해 문제 은행에 투입해줄 수 있는 프로그램이었다. 발표 내용에서 미국 재무부는 9개 주요 금융기관들이 이미 자본 지원을 받는 데 동의했다고 밝혔다.[31] 또 이 사업에는 총 42개 기관들이 참여했다.

2008년 초에 노던 록을 국유화한 후, 영국 재무부는 다른 대형 모기지 전문 은행인 브래드포드 앤 빙리Bradford and Bingley의 문제를 처리하기 위해 2008년 9월 27일에 다른 구제금융 패키지를 마련했다. 그러고 나서 2008년 10월 8일, 현재의 금융위기를 완화해보고자 3가지 조치를 발표했다. 첫째, 영국 재무부에서 지정한 잉글랜드은행이 3년간 재무부 어음을 은행의 비유동성 자산으로 스왑해주는 특별유동성제도Special Liquidity Scheme를 확대했다. 둘째, 정부가 은행에 자금을 투입해주는 데 쓰일 수 있는 기금을 만들었다. 셋째, 은행들이 만기가 도래한 부채를 다른 대출금으로 상환할 수 있도록 정부에서 은행 간 대출을 보증해주었다. 버블이 꺼지고 나서, 2007년부터 2011년까지 영국 은행에 총 1억 2850억 파운드의 현금이 직접 투입되었고, 버블이 정점에 달했을 때, 영국 재무부의 우발채무(현재는 채무가 아니지만 장래 일정 조건이 발생할 경우 채무가 되는 것-역주)는 GDP의 82.4퍼센트에 해당하는 1조 파운드를 약간 넘었다.[32]

2008년 9월 말부터 10월 초까지 벨기에, 프랑스, 독일, 이탈리아, 네덜란드, 스웨덴, 스위스의 주요 은행들은 각국 정부로부터 자본 공급과 대출 보증을 받았다. 유럽의 많은 은행들이 미국에서 만든 트리플에이 등급 서브프라임 모기지담보부증권MBS과 부채담보부증권CDO에 투자한 탓에 다들 구제금융을 원하고 있었다.[33] 일부는 글로벌 은행 간 시장으로 연결돼 있어 이미 어려움을 겪고 있었다. 이 단계에서 미국 연방준비은행은 스왑을 통해 유럽 은행들에 달러 유동성을 공급해주고자 했다. 이에 유럽의 시중은행을 돕기 위해 유럽중앙은행과 잉글랜드은행에 달러를 공급했다.[34]

아일랜드 정부는 2008년 9월 30일부터 2010년 9월까지 국내 주요 6개 은행이 갖고 있던 기존 부채와 향후의 부채를 거의 대부분 보증해주는 아주 이례적인 조치를 취하겠다고 발표했다.[35] 여기에 포함된 부채의 총액은 약 3750억 유로로, 아일랜드 국민총생산GNP의 2배에 달하는 규모였다.[36] 게다가 2008년 12월 14일에는 아일랜드 내에 있는 은행들을 대상으로 하는 총 100억 유로의 자본구조 변경 프로그램을 발표했다. 2009년 1월 15일에는 아일랜드에서 수많은 부동산 개발 사업과 투기로 자금을 조달하곤 했던 악명 높은 앵글로아이리시뱅크Anglo Irish Bank가 국유화되기도 했다. 이후 2009년에 아일랜드 공적자산관리기구NAMA, National Asset Management Agency를 설립해 은행으로부터 부실채권을 약 900억 유로 규모로 매입하는 계획으로 이어졌다.

아일랜드 공적자산관리기구는 2009년부터 2010년 초까지 운영되었는데, 오히려 대출손실의 규모가 훨씬 더 커졌고, 따라서 아일랜드 은행들의 자본구조 변경이 예상한 것보다 훨씬 더 비용이 들 수도 있는 상황이었다. 문제는 국제사회가 아일랜드 정부가 대출 보증을 감당할 능력이 되는지, 그리고 아일랜드의 금융 시스템을 안정화하는 데 필요한 비용을 충당할 수 있는지 더욱 우려하게 되었다는 점이다. 이러한 우려는 결국 아일랜드 은행으로부터 해외자금이 빠져나가는 결과를 초래했다.[37] 동시에 아일랜드의 국채 수익률 역시 불안정해졌다. 아일랜드 은행만 긴급구제가 필요했던 게 아니라 아일랜드 정부까지 긴급구제금융이 필요한 처지였다. 2010년 11월 말에 유럽연합[EU]과 국제통화기금[IMF]은 850억 유로(아일랜드 GDP의 53퍼센트에 해당)의 긴급구제금융 패키지를 제공해 아일랜드 금융 시스템이 자본구조를 변경하는 것을 도왔다.

스페인 정부는 2008년 10월 10일부터 13일까지 국영저축은행[cajas]의 재대출 압박을 경감시켜 주고자 자산매수계획과 신규 대출에 대한 부채담보계획을 세웠다. 그리고 2009년 6월, 여기에 특수 목적인 금융부문 자본구조 변경을 위한 기금을 조성했는데, 이는 여러 국영저축은행의 파산을 조정해보기 위해 최대 1000억 유로까지 빌릴 수 있는 기금이었다.[38] 주로 국영저축은행의 합병과 파산 기업을 인수한 기업들을 위한 자산 보증을 제공하는 일을 했다. 이러한 일련의 조치가 시행된 말미에는 스페인에 있던 45개 국영저축은행의 수가 17개로 줄게 되었다.

그러나 이 절차는 그동안 없던 더 큰 상위의 금융관계를 만들어냈을 뿐이었다. 게다가 부채보증은 스페인 정부의 재정적 신용과 스페인의 금융 시스템을 떼려야 뗄 수 없는 관계로 만들어버렸다. 아일랜드, 그리스, 포르투갈이 이미 국제통화기금과 유럽연합의 긴급구제금융을 받으면서 유로존 위기가 한창일 때, 2012년 6월 스페인은 18개월 전의 아일랜드와 같은 상황에 처하게 되었다. 국제 시장은 스페인 정부의 금융 시스템에 대한 보증의 신뢰성에 의문을 갖게 되었고, 그 결과로 스페인은 자국의 금융 문제를 해결하기 위해 유럽연합으로부터 1000억 유로의 신용대출을 받게 되었다.

평범한 사람도 투기꾼으로 만드는
골드러시 심리

1888년 호주 부동산 버블을 되돌아보면, 집과 땅이 시장성 가득한 투기의 대상이 될 때 금융시장이 매우 중심적인 역할을 했다는 걸 알 수 있다. 2000년대 부동산 버블 역시 마찬가지였다. 다만 이전 그 어느 때보다도 규모와 범위가 훨씬 커졌을 뿐이다. 주택의 시장성이 그렇게나 증대된 근본적인 원인은 바로 모기지대출을 받을 수 있는 가능성이 그 어느 때보다도 대중의 여러 층에 골고루, 폭넓게 퍼져나갔다는 것이었다. 그뿐만 아니라 모기지의 증권화는 전 세계 투자자들로 하여금 미국, 스페인, 영국^{UK}의 주택에 수조 달러의 돈을 투기하게 해준 시장성 높은 도구를 만들었다.

주택의 시장성 증대는 기존 주택의 매매량이 버블 중에 2배 이상으로 늘었다는 사실에서도 알 수 있다. 하지만 버블이 터지면서 주택 매매는 큰 영향을 받았다. 잉글랜드와 웨일스의 주택매매는 2008년, 2009년, 2010년에 2001년부터 2007년까지의 평균 대비 50퍼센트 이상 떨어졌다.[39] 북아일랜드의 경우, 2006년에는 5만 1000건이 거래되었는데, 2007년에는 이 수가 3만 8000건으로 줄었고, 2008년부터 2012년까지(2012년 전체) 연간 매매 평균 건수는 1만 4800건으로 줄었다.[40] 미국의 경우, 기존 주택 매매량은 2008년부터 2012년(2012년 전체)까지 연간 평균 430만 건이었는데, 이 수는 2005년 710만 건, 2006년에는 650만 건이었다.[41]

버블은 돈과 신용이라는 연료 없이는 만들어질 수 없다. 이번 주택 버블에서는 연료가 거의 유조선급이었다. 중국, 일본, 독일과 같은 경제는 수출주도형 성장 정책을 통해 아일랜드, 스페인, 미국, 영국과 같은 국가로부터 수익을 보고, 그렇게 번 돈을 다시 이들 국가에 엄청난 자본금으로 보낸 셈이었다.[42] 미국의 경우 모기지 증가량의 60퍼센트 이상이 직접적으로 해외에서 유입된 것으로 추정된다.[43]

유로존의 경우, 독일, 프랑스, 네덜란드와 같은 주요 국가로부터 막대한 자본이 PIIGS국가(포르투갈, 아일랜드, 이탈리아, 그리스, 스페인)로 흘러 들어갔다. 아일랜드와 스페인으로 들어간 자본의 대부분은 각국의 금융 시스템을 통해서 들어갔고, 이들 국가에서 건설 붐의 자금을 조달하는 데 쓰였다. 실제로 유로화 도입은 유로화 기반 도매금융조달시장의 보다 심화된 통합으로 이어졌고, 결과적으로 아일랜드와 스페인 은행들은 다른 국가들로부터 자금을 조달하기가 더 쉬워졌다. 이 돈은 이후에 국내 부동산 개발업체와 주택 구입자들에게 대출되었다.[44]

투기는 얼마나 존재했고
얼마나 널리 퍼졌을까?

2008년 금융위기를 보는 가장 일반적인

시각은 해외로부터 대거 유입된 자본이 선진국 경제의 실질금리를 낮췄다는 견해다. 하지만 일부 경제학자들은 금리를 낮추는 데 느슨한 통화정책과 낮은 중앙은행 금리가 훨씬 더 큰 문제였다고 지적하기도 한다.[45] 유로존 국가들의 금리는 주요국 경제에 맞게 맞춰졌고, 그 결과로 아일랜드와 스페인과 같은 국가 경제에는 너무 낮은 금리로 적용되었다는 것이다. 미국 연방준비은행은 닷컴버블 붕괴 이후, 그리고 2001년 경기침체 이후에 저금리 기조를 유지했는데, 이는 건설 착공을 장려하고 낮은 모기지 대출 비율로 주택매매를 할 수 있도록 장려함으로써 경제를 되살려보고자 함이었다.[46] 어떻게 보면 저금리가 미국 소비자들로 하여금 주택을 전례 없는 수준으로 많이 거래하게 만들었기 때문에 거래에 있어서는 잘 작동했다고 볼 수 있다.

하지만 모기지 상품화의 극적인 확대를 동반하지만 않았더라면 저금리가 그렇게 문제를 키우지는 않았을 것이다. 2007년 기준으로 유럽연합 전체 GDP 대비 주거 부채의 비율은 36.4퍼센트였다. 이 비율은 아일랜드, 스페인, 영국, 미국의 경우 각각 71.4, 59.8, 74.9, 63.4퍼센트였다.[47] 이 네 국가의 GDP 대비 모기지 부채 비율은 세계의 다른 어떤 국가들보다도 높았고, 여기 해당하는 사람들은 모기지론을 많이 껴서 집을 구입한, 저소득층의 비율이 비교적 매우 높았다.[48] 미국의 경우 모기지 부채는 2001년 5조 3000억 달러에서 2007년 10조 5000억 달러로 늘었고, 가구당 모기지 부채는 2001년 9만 1500달러에서 2007년 14만 9500달러로 늘었다.[49] 이 수치를 비교해보자면, 달랑 6년 동안 증가한 미국 전역의 모기지 부채는 무려 1776년부터 2000년까지 224년간 증가한 양과 같았다! 이와 비슷하게, 아일랜드

● 서브프라임 모기지 사태가 일어난 후, 2007년 영국 버밍엄의 노던록(Northern Rock)은행 지점 밖에서 사람들이 돈을 인출하기 위해 줄을 서 있다.

의 경우 총 모기지 부채는 2001년 340억 유로에서 2007년 1230억 유로로 증가했는데, 이는 가구당 모기지 부채가 약 2만 7000유로에서 8만 7000 유로로 증가했다는 뜻이기도 하다.[50]

모기지 부채가 어떻게 그렇듯 크게 늘어날 수 있었던 걸까? 앞서 논의했듯이, 은행과 모기지 대출기관들이 대출 기준을 상당히 많이 낮추었다는 데서 답을 찾을 수 있다. 이렇게 하기 위한 가장 쉬운 방법은 바로 모기지에 대한 상환 제약을 완화, 즉 주택담보대출비율을 늘리는 것이었다. 이를 통해 신용대출에 어느 정도 제약이 있던 저소득 가구도 처음으로 주택시장에 진입할 수 있게 되었다.[51] 미국의 경우 서브프라임 모기지는 2001년 모기지론의 7.6퍼센트에서 2006년 23.5퍼센트로 올랐다.[52] 미국 전역 서브프라임 모기지 주택담보대출비율LVR 평균은 2005년 90퍼센트에서 2007년 상반기 100퍼센트로 올랐다.[53] 주택 버블을 경험한 다른 나라들과 경험하지 못한 나라들을 비교할 때, 대출기준 완화와 증권화가 일어났다는 점이 공통적인 차이로 꼽힌다. 대출기준 완화와 증권화는 미국, 영국, 아일랜드, 스페인에서는 일어났지만, 다른 주요 국가들에서는 이 네 국가만큼 일어나지는 않았다.[54]

이로 인해 주택 자체가 시장성 있는 투기의 대상이 되었고, 금융 시스템은 잠재적 투기꾼들에게 무한한 레버리지를 공급하게 되었다. 그렇다면 투기는 정확히 어느 정도까지 존재했고, 얼마나 널리 퍼졌을까? 주택 붐이 한창일 때, 주택을 투자처로 보는 사람들이 늘어나기 시작했는데, 집값 상승으로 인한 시세차익을 노리는 사람보다는 임대 소득을 노리는 사람들이 더 많았다. 실제로 경제학자 카를 케이스Carl Case 와 로버트 쉴러는 주택을 투자처로 보는 상황 자체가 주택 버블이 갖는 정의적 특징이라고 지적하기도 했다.[55] 아일랜드 금융위기에 관한 공식 보고서에서는 투기꾼들을 두고 '주거용 및 기타 목적의 부동산 프로젝트에 관여하고 있다'고 설명하며, 가격 상승이 곧 투기성 매수를 유발했음을 시사하고 있다.[56] 마찬가지로 스페인의 수많은 신규 건물들도 투자자들에 의해 인수되었다.[57]

투기꾼들도 미국 주택 붐에 큰 역할을 했고, 따라서 버블을 일으켰다는 언론의 질타를 받기도 했다.[58] 대도시 전역에서 투자자들의 부동산 소유 비율만 봐도 투자가 과도한 주택가격 상승과 밀접한 관계를 갖고 있다는 걸 알 수 있을 것이다. 게다가 미국의 모기지 증권화의 가속화가 시장에 수많은 단기 시세차익 투기꾼들을 등장시켜 2007년 폭

락 전에 주택가격과 주택매매 거래량에 큰 영향을 미쳤다는 명확한 증거도 있다.[59]

미국 금융위기조사위원회의 한 인터뷰에서 금융위기 때 문을 닫은 어느 금융회사에 오랜 기간 동안 CEO로 재직하던 전 CEO 안젤로 모질로Angelo Mozilo는 평범하던 사람들을 투기꾼으로 만들어버린 골드러시gold rush 심리에 대해 언급한 적이 있다.

> 내 55년 비즈니스 인생 중에서 한 번도 본 적이 없을 정도로 주택가격이 급격히 치솟아서 별 생각이 없던 일반 사람들까지도 집을 사야겠다는 광기에 사로잡혔다. 주택 투자로 5만 달러를 벌고, 칵테일파티에서 각자의 투자에 대해 이야기한다.[60]

미국 호황기에 사람들이 투기꾼으로 바뀐 이유 중 하나는 바로 그들이 미래 집값 상승을 낙관적으로 전망했기 때문이다.[61] 2003년에 진행된 미국의 4대 대도시에 거주 중이면서 집을 산 사람들을 대상으로 실시한 설문조사에서는 집을 살 때 그 집에서 살게 된다는 기쁨보다는 미래에 오를 가격을 기대하면서 집을 산 경향이 있었다는 결과가 나왔다.[62] 이 설문의 응답자 중 90퍼센트 이상이 향후 10년간 최소한 3배 이상 집값이 오를 것으로 예상했다고 한다. 이 장기적 기대가 미국 주택매매 수요를 늘린 데 중요한 역할을 한 셈이다.[63] 물리적인 부동산을 사길 원하지 않았던 사람들도 모기지담보부증권이나 부채담보부증권을 통해 주택시장에서 투기를 할 수 있었다. 미국 금융위기조사위원회의 보고서에서는 '플로리다 남부 지역 집을 사기 위한 모기지는 수백

명의 투자자들이 소유한 수십 개 증권의 일부, 즉 수백 명 이상이 소유한 베팅의 일부가 될 수도 있다'고 지적했다.[64]

집 사기를 부추기는 TV 프로그램과 매체

언론은 투기 심리를 자극하는 데 어떤 역할을 했을까? 닷컴버블에서처럼, 텔레비전은 주택가격과 부동산 투자를 둘러싼 대중의 내러티브를 형성하는 데 핵심 역할을 했다. 새 집을 보러 다니는 사람들이나 더 좋은 동네로 이사 가고 싶어 하는 사람들을 찍은 다큐소프(영국에서 실제 사람들의 생활을 촬영해 방송하는 예능-역주)가 2000년 「로케이션, 로케이션, 로케이션Location, Location, Location」이라는 프로그램으로 영국에서 인기를 끌기 시작했다.[65] 예능 진행자인 필 스펜서Phil Spencer와 커스티 올소프Kirstie Allsopp가 집 구매를 원하는 사람들이 각자의 예산에 맞는 완벽한 집을 찾는 걸 도와주는 내용이다. 이 예능 프로그램은 「경매로 나온 집Homes Under the Hammer」, 「사느냐 마느냐To Buy or Not to Buy」와 같이 비슷한 예능 프로그램과 라이벌 예능 프로그램이 속속 만들어지며 후속 여파를 남겼다. 미국에서는 1999년에 처음 방영된 「하우스 헌터House Hunters」가 영국의 「로케이션, 로케이션, 로케이션」과 비슷한 형식으로 변해갔다.

2000년대에 만들어진 스페셜 프로그램과 유사 프로그램들이 20개에 달했다.[66] 2001년에 영국에서 처음 방영한 「부동산 사다리Property Ladder」는 아마추어 부동산 개발자들이 부동산 매수 및 개발을 통해 수

● 버블 기간 동안 부동산을 둘러싼 스페셜 프로그램과 유사 프로그램 수십 개가 만들어졌다. 텔레비전은 주택가격과 부동산 투자를 둘러싼 대중의 내러티브를 형성하는 데 핵심 역할을 했다.

익을 내려고 시도하는 과정을 담았다. 미국에서는 「집으로 덕 보기^{Flip} ^{That House}」라는 프로그램에서 여러 부동산들을 투자 개념으로 시청자들에게 소개하기도 했다.

아일랜드의 금융위기를 다룬 공식 보고서에서는 언론이 부동산 붐과 관련해서 사람들의 인식, 토론, 그리고 행동에 중요한 역할을 미친다고 지적했다. 또한 언론이 '가계의 부동산 소유에 관한 선입견을 열정적으로 지지했다'고도 말했다.[67] 아일랜드 신문들은 부동산 붐을 부추겼던 경제전문가들에게 부지불식간에 도움이 되어주었다.[68] 이러한 견해는 글로벌 금융위기의 전과 후를 분석한 국가 간 연구에서도 뒷받침되고 있다.[69]

전통적인 매체에서 얻을 수 있던 광고수익이 적어지면서 아일랜드 신문사들 역시 수익성이 좋은(그리고 더욱 커져가는) 주택, 신규 건설, 부동산 서비스 관련 광고 수입에 의존하게 되었고, 광고의 특성에 따라 광고주가 원하는 방법대로 버블을 포장할 수밖에 없는 요구가 있었을 것이다.[70] 스페인에서도 같은 상황이었는데, 정부로부터 간접적 또는 암묵적으로 언론들로 하여금 호황기를 방해하지 말라는 압력이 있었다.[71] 영국에서는 2000~2008년에 주택시장을 보도하는 기사가 300 퍼센트나 늘었고, BBC 뉴스 홈페이지에서도 관련 기사를 다루는 부분이 10배나 늘었다.[72] 신문사들이 취한 낙관론적 입장이 투기 심리를 자극해 주택 버블을 선동하는 데 한몫했던 것으로 보인다.

버블이 한창일 때, 다른 자산과는 달리 주택은 공매도가 매우 어렵다. 다시 말해, 집값을 끌어올리는 투기를 집값을 끌어내리고자 하는 투기로 중화시킬 수 없다는 뜻이다. 마이클 루이스$^{Michael\ Lewis}$의 저서 『빅 쇼트$^{The\ Big\ Short}$』에 등장하는 소수의 투자자들은 모기지담보부증권이 채무불이행일 때 대신 지불해주는 모기지담보부증권 신용부도스왑 상품을 매수함으로써 주택시장을 약세장으로 만들었다. 하지만 이 거래를 하기 위해서는 거래를 원하는 투자자들이 복잡한 규제를 헤쳐 나가야 했고, 동료들로부터 외면받았고, 경우에 따라 무리를 거슬러서 펀드매니저로서의 직업이 위태로워질 수도 있었다. 아마 그래서 이 방법을 쓴 사람의 수가 적었을 것이다.[73]

무엇이 평범한 사람들을
투기꾼으로 만들었는가?

일반 사람들을 부동산 투기꾼으로 만든 불꽃은 뭐였을까? 답은 정부의 주택정책에서 찾을 수 있다. 1990년대 말, 서구권 국가들의 민주주의는 큰 도전과제에 직면해 있었다. 1970년대 이후 세계화로 인한 경제적 이득이 사회의 하위 계층에까지 미치지 못한 탓에, 부의 불평등은 냉혹하리만치 격화되어 있었다. 민주주의의 안정성이 약화되던 중, 정치인들은 앞으로의 전망이 흐릿해지는 걸 느낀 사람들의 표를 얻으려 했다. 많은 민주주의 국가들, 특히 사회민주주의 성향이 강한 국가들은 부의 불평들을 다룬다는 명목으로 공공임대주택과 전반적인 사회보장프로그램을 제공하는 재정적 수단을 이용했다. 하지만 아일랜드, 스페인, 영국, 미국은 다른 방식을 취했는데, 주택정책을 이용해 최하위 5분위 소득구간에 있는 사람들까지도 집을 사도록 부추겼고, 금융기관에는 이들 5분위 소득구간의 사람들에게 돈을 대출해주는 것에 대해 인센티브를 제공했다. 이 전략은 네 국가의 좌익과 우익에서 모두 활용했다.

주택 버블로 늘어난 세금과 경제성장은 중앙 및 지방정부가 세금을 인상할 필요 없이 보건, 복지, 교육에 더 많은 돈을 쓸 수 있게 해 줬다.[74] 2006년 아일랜드의 주택 버블 중 주택매매를 통해 거둔 세금은 총 세수의 17퍼센트로, 이 비율은 10년 전에는 4퍼센트에 불과했다.[75] 영국의 금융표준에 관한 의회위원회Parliamentary Commission on Banking Standards는 버블 기간의 두 행정부가 '금융부문이 약속한 경제성장과 세수 확대에 현혹돼 눈이 멀었다'고 지적했다.[76] 이는 각국 정부로 하여금 버블을 터뜨리기를 매우 꺼리게 만들었다. 오히려 파티를 가능한 한 길게 가져가려고 했을 것이다.

클린턴과 부시 행정부는 매우 노골적인 주택정책을 폈다. 저소득층, 특히 소수집단 중에서 저소득층들이 주택을 소유하는 비율을 늘

● 미국 백악관의 모습. 클린턴과 부시 행정부는 저소득층의 주택 소유를 늘리고자 매우 노골적으로 주택정책을 폈다. 표면상의 이유는 주택 소유가 사람들에게 독립심과 희망을 갖게 하고 더 나은 시민이 되어 더 강한 공동체를 만들 수 있으리란 것이었다.

리고자 했다. 예를 들어 2002년 부시 행정부는 2010년까지 소수집단의 주택소유자의 수를 550만 명 늘리려 한다고 발표했다.[77] 실제는 어떤지 몰라도 어쨌든 그들이 내세운 표면상의 이유는 주택 소유가 사람들에게 독립심과 희망을 더 크게 갖게 하고, 미래의 일원이 되었다고 생각하게 하며, 따라서 더 나은 시민이 되고 더 강한 공동체를 만들 수 있게 될 거라는 거였다.[78]

이런 정책 목표는 어떻게 실행됐을까? 1992년 미국 의회는 연방 주택 기업 금융 안전 및 건전성법을 통과시켰다. 이 입법을 위해서 미국 주택도시개발청Department of Housing and Urban Development HUD 은 모기지업체 페니메이와 프레디맥에게 적정 주택금융 한도를 정해주었다. 1992년 이후, 이 법은 증권화를 통해 2차 모기지 시장을 만듦으로써 일차적으로 달성되었다. 미국주택도시개발청은 정부보증기관이 2000년에 저소득층에게 42~50퍼센트까지 대출해줄 수 있도록 자금을 늘렸고, 이 비율은 곧 2004년에 56퍼센트까지 올랐다.[79] 2007년, 20퍼센트는 최하위 소득계층에 있는 개인에게 대출되어야 했다. 이러한 강제성은 2가지 효과를 냈다. 첫째, 정부보증기관이 의무를 충족하기 위해서 기준을 대폭 낮춰야 했다. 둘째, 페니메이와 프레디맥이 대출을 매수함으로써 국가채무기준을 정한 탓에, 이들은 민간 대출기관의 채무기준 역시 낮췄다.[80]

미국주택도시개발청이 정부보증기관에 한 지시뿐 아니라 1990년 대시부터는 당시까지 거의 활용되지 않고 있던 1977년 지역재투자법 CRA, Community Reinvestment Act이 적정가격의 주택공급 추진에 있어 핵심 역할을 하게 되었다. 지역재투자법은 원래 담보 융자나 보험 인수를 거부하는 금융기관에 의한 특별주의 지구 지정을 방지하기 위해서 통과된 법이다. 즉, 소수인종이 많이 사는 지역에 대해 모기지론을 조직적으로 거부하지 않게 하는 법이었다. 나중에 미국 은행들이 지점 제한 철폐 이후에 합병을 원할 땐 먼저 연방준비은행의 승인을 받아야 했다. 이때 연방준비은행이 승인을 위해 실행한 시험 중 하나는 은행의 우수한 시민권, 즉, 해당 은행이 지역사회에 대해 하고 있던 서비스 수준이었으며, 그중 일부가 지역재투자법의 준수였다. 결과적으로 초대형 은행들이 생겨나면서 1993년부터 2007년까지 지역재투자법에 따른 의무대출 규모는 약 3조 5000억 달러 규모가 되었다.[81]

부동산과 금융 로비가 공식적 업무인 나라

미국 금융위기조사위원회는 미국의 금융
위기의 원인에 대해 일치된 입장으로 수렴되지 않았다. 대다수가 미국
주택도시개발청의 지시와 지역재투자법 간에 금융호황과 이어진 버
블 붕괴의 관련성을 거의 찾지 못했기 때문이다.[82] 하지만 피터 월리
슨Peter Wallison은 반대 의견이었다. 정부가 추진한 주택소유정책이 금
융위기의 주요 원인이라고 주장했다.[83] 그는 자신의 주장을 뒷받침하
기 위해 자료를 제출했다. 2008년에 미국에서 2700만 모기지(전체 모
기지 중 50퍼센트)는 서브프라임등급(비우량)이거나 알트A등급(프라임과
서브프라임 사이의 등급) 대출이었다. 정부보증기관은 이들 중 1200만 개
를, 연방주택협회Federal Housing Association는 480만 개를, 민간 시중은행
은 지역재투자법에 따라 220만 개를 보증했다.

이러한 구조는 아일랜드, 스페인, 영국에는 없는 구조였다. 하지만
이 세 국가에서도 대부분의 정치인들이 밀고 나간 주택정책은 결국 자
가 소유 비율을 늘리는 것이었다.[84] 스페인과 아일랜드에서는 뭔가를
소유한다는 쪽을 미는 정부 정책에 대해 오래전부터 편견이 있었는데,
이 말은 곧 이 두 나라가 서구권 국가 중에서 주택소유 비율이 가장 높
았다는 말이기도 하다.[85] 이들 국가는 공공주택의 비율은 가장 낮았다.
1980년대에 여러 번의 재정위기를 겪은 후 자가 소유와 공공주택에
대한 정부의 직접적 지원이 완전히 없어지자, 스페인과 아일랜드 정부
는 갈수록 규제가 완화된 금융 시스템에 의존한 채 저소득층에게 주거
를 제공했다.[86]

이와 비슷하게, 1980년대부터 이어지는 영국 정부의 정책 역시 저소득층의 주택소유를 장려하는 것이었다. 1980년에는 공공주택에 거주하고 있던 사람들에게 집을 살 권리를 주는 주택법을 통과시키면서 마이클 헤슬타인Michael Heseltine 당시 환경부 전 장관은 '이 나라에는 자가 소유에 대한 욕망이 깊이 배어 있다'고 말했다.[87] 이 정책 기조는 향후 25년간 계속되었다. 당시 영국에서 금융위기 동안 금융규제당국의 수장으로 있던 로드 터너Lord Turner는 금융당국이 2000년대 은행 신용 확대를 억제하는 쪽으로 움직였다면 정치인들은 금융당국을 '일반 서민들로의 모기지신용 확대를 억제'하고 '자가 소유의 민주화를 저해한다'는 이유로 비난했을지 모른다.[88]

은행들은 당시 금융 시스템이 규제완화 상태였기 때문에 정부가 펼치는 이러한 적정 가격의 주택 소유를 지원하는 정책 기조를 지지했다. 정부 정책대로라면 은행들은 프라임 등급이 안 되는 대출자나 서브프라임 등급 대출자에게도 대출을 해줄 수 있었기 때문이다. 은행 감독기관으로부터 대출 활동에 관해 어떠한 규제도 받지 않았기 때문에 은행들은 모기지에 대해 자기자본으로 돈을 많이 가지고 있지 않아도 되었다. 3개 신용평가사들 중 한 곳에서 트리플에이 신용등급을 받은 모기지담보부증권에 대해서는 자본을 거의 보유하지 않아도 되었다.[89] 실제로 당시 선진국들의 규제 시스템은 은행들로 하여금 직접적인 모기지대출이나 상업은행 대출보다는 정부보증기관에서 발행한 증권이나 다른 모기지담보부증권MBS을 보유하도록 장려하고 있었다.

하지만 이 말이 결코 정부가 정부보증기관, 은행, 부동산 개발업자들을 무고한 방관자가 되도록 만들었다는 뜻은 아니다. 금융표준에 관한 의회위원회에 따르면 당시 영국의 정치인들은 은행 로비에 약한 경향이 있었다.[90] 아일랜드와 스페인에서는 부동산 개발업자, 은행, 정치인 간에 매우 깊으면서도 건전하지 않은 공생관계가 있었고, 이 관계는 주택 붐이 진행되면 진행될수록 더 견고해졌다.[91] 아일랜드의 부동산 개발업자들은 정치인들의 일명 '스폰서'가 되어주었고, 아일랜드의 은행들은 커져가는 자신들의 영향력을 정치인을 압박을 하는 데 썼다.[92]

미국에서는 부동산과 금융 로비는 사실 공식적인 업무의 일종이다. 이들은 선거기부금이나 직접적인 로비활동을 통해 정치인들에게 영향을 주었다. 실제로 1992년부터 2008년까지 이들의 선거기부금은 3배나 증가했고, 결국은 의회를 지배하는 정당으로 흘러가는 경향이 있었다.[93] 1999년부터 2008년까지 이들은 10억 달러 이상을 기부하면서 선거자금 모금에 가장 중요한 역할을 하는 주체 중 하나가 되었다.[94] 기록된 바에 따르면, 9년간 이러한 로비활동으로 이들은 27억 달러를 지출했는데, 이전 기간 대비 약 3배 가까이 증가한 것이었다.[95] 이 기간 동안 페니메이와 프레디맥은 달러 지출 액수로 볼 때 부동산과 금융 분야에서 로비로는 2~3위를 달렸다.[96] 금융위기조사위원회에 따르면 이들의 노력은 입법자들에게 압력을 행사해 규제를 완화시키는 것으로 작용했다. 로비활동이 의회에서의 규제법안 관련 입법 결과에 미친 영향을 분석한 한 연구에서는 로비활동이 입법자들로 하여금 그들의 입장을 주로 규제 완화 쪽으로 바꾸게 만들었다고 밝히기도 했다.[97]

완벽한 파괴적 모델이 주는 교훈

2000년대의 주택버블은 경제적으로나 사회적으로나 파괴적인 버블의 완벽한 표본이었다. 이 버블이 터졌을 때, 4개 국가의 1인당 GDP 하락폭은 엄청났다[98]. 특히 스페인의 1인당 GDP는 2013년까지 계속 떨어져서 결국 2007년보다도 10.6퍼센트 하락하기에 이르렀다.[99] 다른 나라들도 1인당 GDP를 2007년 수준으로 회복하는 데 오래 걸렸다. 특히 스페인은 10년도 넘게 걸렸다. 영국의 불황은 이전 두 세기 중에서 가장 길었으며, 1920년대 불황 이후 그 정도도 가장 심각했다.

버블 이후 경기침체로 인한 인적 비용을 보여주는 지표 중 하나가 바로 매우 높은 실업률이다. 특히 젊은층, 그중에서도 아일랜드와 스페인 젊은 층의 실업률을 보면 당시 인적 비용의 규모를 알 수 있다. 위기 이후 15~24세 청년실업률이 극에 달했을 때에는 네 국가 중에선 가장 낮은 미국의 18.4퍼센트부터 가장 높은 스페인 55.5퍼센트까지 다양했지만, 전반적으로 높은 양상을 보였다. 어떻게 보면 청년들이 주택버블을 일으킨 것도 아닌데 그 대가를 치르고 있었던 것이다. 인적 비용을 나타내는 또 다른 지표인 자가진단 웰빙지수는 금융위기 때 크게 떨어져 스트레스와 불안 수준이 높아졌다는 사실을 알 수 있다.[100]

● 2011년 10월 아일랜드에는 짓다 만 집이 무려 2879채나 되었고, 이들 중 777채는 대단지로, 역시 비었거나 짓다 만 채였다. 주택버블의 형성과 폭락 뒤에 남은 건 텅 빈 부동산, 껍데기뿐인 집, 흙더미, 버려진 크레인, 나뒹구는 굴착기와 시멘트 교반기 등과 빈 신규 주택 단지들이었다.

주택버블의 붕괴는 일반 가정에 엄청난 영향을 미쳤다. 수많은 가족구성원들이 노숙자로 거리에 나앉거나 자녀들의 교육을 포기해야만 했다.[101] 미국에서는 무려 800만 가구가 집의 저당권을 압류당했고, 약 7조 달러의 주택자산이 증발했다.[102] 2011년 기준으로 미국 내 부동산 총 1100만 개(전체 모기지 부동산의 23퍼센트)가 역자산(담보 잡힌 주택의 가격이 갚아야 할 대출금 액수보다 낮은 상황-역주) 상태였고, 일부 지역에서는 주택보유자의 70퍼센트가 원하지 않는 외곽으로 밀려나야 했다.[103] 2011년 기준으로 영국에서는 전체 저당권자 수의 8퍼센트가 역자산을 보유해 2007년부터 약 2500억 파운드의 자산이 증발해버린 셈이 되었다. 단, 영국의 경우 지역적 차이가 컸다. 북잉글랜드와 북아일랜드에서 저당권자 중 역자산을 갖게 된 비율은 각각 19퍼센트와

28퍼센트였다.[104] 그런데 북아일랜드의 상황은 2014년까지 점점 나빠져 저당권의 41퍼센트가 몽땅 역자산이 되었다.[105] 2012년까지 아일랜드에서 저당권이 있는 집의 37퍼센트는 역자산이 되었고, 이로써 버블이 터지면서 총 430억 유로의 주택자산이 증발했다.[106]

호황과 폭락이 불평등에 끼친 영향

주택 호황과 폭락이 주택 소유율과 불평등에 얼마나 영향을 줬는지를 살펴보는 것도 도움이 될 듯하다. 아일랜드, 스페인, 영국, 미국에서 2005년과 2015년 사이 자가 소유 비율은 각각 8.2, 8.1, 5.7, 5.2퍼센트 떨어졌다.[107] 이렇게 가파른 하락은 다른 국가에서는 나타나지 않은 현상이다.

좁은 의미에서 봐도 주택 소유 비율을 확대하겠다는 정책은 완전히 실패했다. 아일랜드, 영국, 미국의 경우 2015년 주택 소유 비율은 1990년보다도 떨어졌기 때문이다. 미국의 주택 가격은 하락했고, 다른 곳에서도 가난한 주택 소유자들에게 불균형적으로 영향을 미쳤고, 이들이 가진 재산의 대부분을 잃게 했다.[108] 달리 말해 신용으로 불을 지핀 주택 붐은 궁극적으로 해소되었어야 할 불평등을 되레 증폭시켰다.

주택버블의 형성과 폭락 뒤에 남은 건 텅 빈 부동산, 껍데기뿐인 집, 흙더미, 버려진 크레인, 나뒹구는 굴착기와 시멘트 교반기 등과 빈 신규 주택 단지들이었다.[109] 2011년 10월 아일랜드에는 짓다만 집이 무려 2879채나 되었고, 이들 중 777채는 대단지로, 역시 비었거나 짓

● 연설 중인 도널드 트럼프(왼쪽)와 브렉시트 시위장(오른쪽). 도널드 트럼프의 당선과 브렉시트 모두 2000년대 주택버블에 그 뿌리를 두고 있다.

다 만 채웠다.[110] 이렇게 텅 빈 신규 유령 주택 단지들은 인간의 어리석음이나 비이성적인 광기의 산물이 아니라, 그저 손쉬워진 신용대출, 그리고 주택 소유 비율을 늘리는 것이 보다 근본적인 사회·경제적 문제를 푸는 해답이라고 착각한 정부의 어리석음의 산물이었다.

세계의 중앙은행들은 이후 10년이 넘도록 글로벌 금융위기를 해결하기 위한 특단의 조치를 계속 단행했다. 금리는 역사상 전례 없이 10년 동안 거의 0에 가깝게 유지했다. 또 중앙은행들은 좋게 말해서 일명 양적완화라 불리는 일에 개입해 자금을 조달했다. 양적완화와 저금리 조합은 금융시장을 왜곡시켰고, 그래서 자본과 주택시장을 실제 상태보다 과대평가하게 했다.

주택 버블과 뒤이은 금융위기가 남긴 가장 큰 여파는 정치권에 떨어졌다. 위기를 초래한 무능과 부패가 누구든 책임자를 만들어 책임지게 하는 정치체제는 정치인에 대한 신뢰를 대폭 잃게 했다. 세계 대공황의 여파처럼 많은 유권자들은 포퓰리즘과 민족주의를 내세우는 정치인들에게로 돌아섰다. 도널드 트럼프 당선과 브렉시트 모두 2000년대 주택 버블에 그 뿌리를 두고 있다. 서브프라임 버블로 인한 가장 실제적이면서도 현재 진행형인 여파라고 볼 수 있다.

서브프라임 버블은 우리에게 많은 교훈을 준다. 가장 주목할 교훈은 버블이 경제적·사회적·정치적으로 부정적인 결과를 초래할 수 있다는 점이다. 모든 버블이 긍정적인 효과가 있거나 사회적으로 유용할 수는 없다. 서브프라임 버블의 붕괴가 이렇게나 파괴적이었던 데에는 3가지 이유가 있다. 일단 정치적 불꽃이 있었다. 그리고 허술한 규제를 누리던 은행들이 제공한 연료의 양이 무한대였다. 마지막으로 경제적으로 중요한 자산인 가정 주거용 주택을 시장성이 높은 투기의 대상으로 만들어놓았다.

서브프라임 버블이 주는 또 다른 교훈은 중앙은행들이 버블 형성을 막는 데는 무력했지만 버블이 터진 이후 수습하는 데는 큰 역할을 했다는 점이다. 하지만 그러느라 다른 은행들을 너무 대중없이 구제해주고 특별 통화정책을 펴서 자산시장을 왜곡시켰다. 따라서 이런 수습은 장기적으로 볼 때는 결국 다음에 도래할 버블을 더 크고 위험하게 만들 수 있었다.

부동산 버블은 타인의 돈으로 자금을 조달하여 만들어진 버블이 결국 터져버릴 땐 상당한 수준의 경제적 비용과 인적 피해를 초래할 수 있음을 보여준다.

또한 금융시스템이 토지와 같은 자산을 투기의 장으로 바꿀 수 있다는 것 역시 보여준다.

PART

II

BOOM AND BUST

대륙이 움직인다

: 카지노 자본주의

주식을 한 번도 해보지 않았던 수백만 명의 초보자들이 주식시장에 진입했다. 정부의 선전, 그리고 정부가 결코 시장이 붕괴되게 놔두지는 않을 거라는 굳건한 믿음에 고무된 일반 시민들이 은행에 예금하는 대신 주식에 투자를 하기 시작한 것이다. 일반인들의 투자 수요를 맞추기 위해 전역에서 거래소들이 생겨났고, 수많은 거래소들이 신규 거래의 수요를 처리하고자 고군분투했다.

놀라운 점은, 많은 사람들이 투자에 임하는 자세가 믿기지 않을 정도로 순진했다는 점이다.

01
누가, 왜 조종하는가?

세계에서 가장 두터운 중산층을 가진 나라

2015년 5월, 우리는 중국에서 일어난 버블 중 하나를 대학 동창회에 참석하기 위해 선전Shenzhen 시를 방문하면서 직접 겪게 되었다. 당시 중국은 집단으로 투자에 홀린 것 같았다. 중국 굴지의 투자은행 중 한 곳의 자산관리인으로 일하던 전 박사과정 학생과의 저녁식사에서 우리는 주가가 어떻게 실제와 괴리되었으며 얼마나 많은 불안정한 신규 기술 회사들이 선전증권거래소에 상장된 건지에 대해 들었다. 선전시에 사는 시민이라면 택시기사부터 벨보이까지 한 명도 빠지지 않고 전부 주식시장에 대해 이야기한다고 했다.

새로운 중국의 성장은 선전시에 집중돼 있었다. 1978년, 선전시는 거주자 3만 명 정도인 작은 마을에 지나지 않았다. 그러다 2015년에는 1100만 명이 살게 되었다. 이유가 뭐였을까? 1978년, 중국 개혁가

덩샤오핑Deng Xiaoping의 리더십을 등에 업고 중국 정부는 '중국적인 특성을 띤 사회주의' 정책을 펴기 시작했고, 점차 기존 공산주의 구조 안에서 자유시장을 만들었다. 이 개혁의 일환으로 선전시가 경제특구로 지정되었고, 선전시 안에서는 경제 활동들이 대부분 시장에 의해 주도되고 해외 투자, 기술, 회사를 자유롭게 유치할 수 있었다. 이러한 경제특구 지정의 주목적은 수출할 제조 물품을 생산하는 것이었다.

덩샤오핑이 정권을 잡았을 당시 중국은 서구 유럽의 1인당 GDP의 3분의 1도 채 안 되던 경제침체기였다. 그러나 중국의 지속적인 경제변화는 과거의 경제사와는 달리 흘러갔다. 중국의 GDP는 1978년부터 2015년까지 연간 평균 9.7퍼센트씩 증가했는데, 당시 미국이 연간 2.7퍼센트 증가율을 보였고 미국을 이어 중국이 곧 제2의 경제대국이 되었다. 중국의 1인당 실질GDP는 1978년에 약 156달러였는데, 2015년이 되자 8069달러에 달해 무려 51배의 증가율을 보여주었다.[1]

이러한 경제 성장은 중국의 빈곤율을 전례 없이 감소시켰다. 1981년에 중국 전체 인구의 거의 90퍼센트가 빈곤선(최저한도의 생활을 유지하는 데 필요한 수입 수준-역주)(2011년 기준 하루 1.90달러) 아래의 생활을 하고 있었다. 그런데 2015년에는 그 수가 0.7퍼센트로 줄었다. 영아 사망률 역시 1978년 1000명당 52.6명에서 2015년 9.2명으로 대폭 감소했다. 놀라운 경제 발전의 결과로 중국에는 대략 4억 명으로 추산되는, 세계에서 가장 두터운 중산층이 탄생하게 되었다.

덩샤오핑의 개혁 개방 정책은 매우 실용적이면서 점진적으로 진행되었다. 이에 대해 덩샤오핑은 1978년 공산당 총회에서 '돌다리를 더듬으며 강을 건너는 과정'이라고 묘사했다. 경제특구를 지정하고, 농

● 중국 선전시. 1978년 거주자 3만 명 정도에 불과한 작은 마을에 지나지 않던 선전시는 중국의 성장 동력이 집중되며 덩치를 키웠고, 2015년에는 1100만 명이 사는 거대 도시가 되었다.

민들에게는 토지경작권을 부여해서 스스로 경작에 관한 결정을 내릴 권리를 주었다. 국유기업SOE의 관리는 중앙 정부에서 지방 정부로 분산되었고, 국유기업의 관리인들은 이전보다 많은 자율성을 부여받게 되었다.[2] 1980년대에는 일반적으로 지방 당국의 통제하에 있는 시장 지향적인 도시 내지 마을 기업TVE들이 늘어났다. 이런 기업들은 농업 개혁에 따른 노동력 공급 증대의 수혜를 받았다. 1980년대 이러한 도시 내지 마을 기업들은 중국의 성장에 중요한 역할을 했다.[3]

자본주의에 한 발 더 다가가는 첫 단계

　　　　　　　자본주의 체계에 한 발 더 나아가기 위한 첫 단계는 1990년, 중국이 국유기업과 도시 내지 마을 기업을 법인화하고 민영화하면서 시작되었다. 국유기업이 유한책임회사로 전환될 때는 해당 기업에 재직 중인 직원들과 다른 국유기업들에 주식이 발행되었다. 중앙 및 지방 정부에서는 이렇게 전환된 기업들에 대해 가지고 있던 큰 소유지분을 직접적으로나 간접적으로나 국가가 통제하는 '법인'(즉, 기업 또는 기관)을 통해 유지하고자 했다. 일부 주식은 일반 대중도 매매 가능해야 했으므로 1990년과 1991년에 각각 상하이와 선전증권거래소가 설립되었다. 이때까지 이러한 일련의 개혁들은 어느 정도의 시장성을 도입했으나, 다소 제한적이고 엄격한 규제가 존재했다.

　　중국 주식시장의 발전 양상은 〈그림 11.1〉[4]에서 살펴볼 수 있다. 1990년부터 2005년 사이에 상하이와 선전거래소에 상장된 기업의 수는 8개에서 무려 1341개로 증가했다. 그러나 2005년에도 이들 중 63.7퍼센트 기업들의 최대 주주는 중앙정부 또는 지방정부의 법인이었다.[5] 설령 어떤 기업의 가장 큰 지분을 가진 소유주가 개인이나 비정부 법인이더라도, 그런 경우엔 대부분 두 번째로 큰 주주가 국가이거나 국가가 회사 설립에 상당한 지분을 가지고 있었다. 2005년까지 정부 또는 비정부 법인이 소유한 주식은 증권거래소에서 거래될 수 없었다(비유통주). 개인이 소유한 'A형' 주식만이 거래될 수 있었다. 법인과 국가는 이들의 주식을 중국증권감독관리위원회CSRC의 명시적 승인이 있

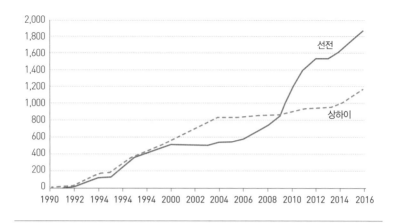

그림 11.1 1990~2016년 상하이와 선전증권거래소 상장사

을 때만 거래 또는 양도할 수 있었다. 바꿔 말하면, 2005년까지 전체 상장주의 62퍼센트가 비유통주였다는 뜻이다.[6]

2001년 12월, 중국은 세계무역기구**WTO**에 가입하면서 세계경제에 합류하기 위한 단계를 밟기 시작했다. 그러나 세계무역기구 가입 조건에 따라 중국의 상장 기업들은 중국 정부의 원조를 받을 수 없게 되었고, 전 세계 시장의 경쟁에 노출되었다.[7] 중국의 기업들이 경쟁에 뛰어들기 전에 기업의 비효율성을 미리 제거해두기 위해 중국 정부는 비유통주를 유통주로 전환해서 민간이 좀 더 많이 지분을 소유할 수 있도록 하는 추가 민영화 정책을 발표했다. 하지만 이 조치는 투자자들로 하여금 자신들이 보유하던 주식의 가치가 떨어질까 두려워 패닉셀링(공황매도)을 시작하게 하는 바람에 곧 철회되었다.

패닉셀링이 시작된 2001년부터 중국 주식시장은 나락으로 떨어졌다. 선전지수는 〈그림 11.2〉[8]에서 볼 수 있듯 2001년 7월과 2005년 7월 사이 52.7퍼센트나 떨어졌다. 이러한 현상은 특히나 중국의 눈부신

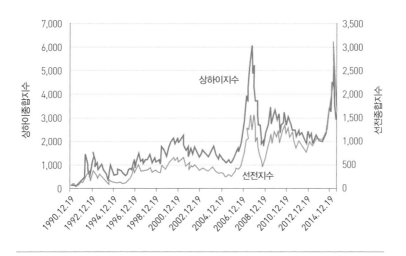

그림 11.2 1990~2015년 상하이 및 선전종합지수

경제 성장을 이루던 중에 매우 치명적이었는데, 당시 중국은 2003년부터 2005년까지 연평균 10.5퍼센트의 성장을 이룩하고 있었기 때문이었다.

이에 대한 대응으로 중국 정부는 2005년에 다시 한번 비유통주를 유통주로 전환하고자 시도했다. 단, 이제는 이전의 노력을 물거품으로 만들어버리는 패닉셀링을 예방하는 조치가 수반되었다. 비유통주 보유자들은 유통주 양도를 통해 유통주 주주들에게 불리한 가격만큼을 보상해야 했다.[9] 비유통주에 대하여 록업(대주주 등이 보유한 주식을 일정기간 팔지 못하게 하는 제도-역주) 기간 1년을 설정하고, 록업 기간 만료 후 2년 동안 매도 가능 수량에 제한을 걸었다.[10] 하지만 이러한 두 번째 유통화 개혁이 성공을 거두기 위해서는 먼저 주식시장에 열기가 오르도록 조성해야 했다.

이에 정부는 가격을 끌어올리기 위해 주식시장에 돈을 유치하기 위한 판을 짰다. 이 일은 매우 간단했다. 발전된 사회보장 제도가 없는 사회에서 시민들은 자신의 노후를 알아서 대비해야 했는데, 당시 중국 시민들에게 노년을 위한 자산을 쌓아둘 곳이 별달리 없는 상황이었다. 중국 정부가 자본 통제로 돈이 해외로 나가는 것도 막았고, 정부의 은행 시스템 완전통제로 실질예금금리는 매우 낮아서 자주 마이너스 금리가 되었기 때문이었다. 2006년 초에 은행 예금금리와 단기국채 금리는 1991년 이후 최저치를 기록했다. 이러한 상황은 중국 주식시장을 유일한 투자 대안으로 보이게 만들었다. 정부는 국영 언론의 힘을 빌려가면서 중국 주식시장에 점점 더 많은 투자자들을 끌어들였다. 중국 주식시장은 2006년 기업들이 높은 수익을 보고하고 국가 경제성장률이 12.7퍼센트에 이르면서 더욱 활기를 띠게 되었다.[11]

2007년 초, 상하이와 선전시장은 각각 130퍼센트와 98퍼센트 증가했다. 이때 대부분의 비유통주가 유통주로 전환되었기 때문에 초기 정부의 의도는 이미 달성했지만, 주가는 신규 투자자들이 끊임없이 시장으로 들어오면서 계속해서 올랐다. 2007년 초기 4개월 동안 새로 주식계좌를 개설한 신규 개인 투자자의 수는 1000만 명이나 되었다. 이 수는 직전 4년간 투자자 수를 모두 합친 것보다 많다. 물론 이들 중 대부분이 완전한 초보 투자자들이었다.[12]

이해할 수 없는 투자 철학을 가진 사람들

《뉴욕타임스》는 중국의 자영업자, 가정부, 농부, 수박 장사꾼 등이 본업은 포기한 채 매일 주식거래에 매달리게 되었다고 보도했다.[13] 시민 10명 중 1명꼴로 주식거래에 뛰어들었다. 2005년 중국 시민들의 저축액 7퍼센트가 주식시장에 투자됐는데, 2007년 말에는 30퍼센트가 투자되었다.[14]

그런데 많은 투자자들이 좀 이해할 수 없는 투자 철학을 가지고 있었다. 주식을 랜덤으로 골라 산다든지 주가가 '행운의 수'여서 산다든지 하는 식이었다.[15] 일부 사람들에게 주식시장은 카지노와 도박이 불법이던 중국에서 도박 욕구를 합법적으로 풀 수 있는 장이나 마찬가지였다.

같은 해 5월, 당시 중국중앙은행장 저우샤오찬Zhou Xiaochuan은 시장이 너무 고평가되어 있고 이율이 너무 올라 있다고 경고했다. 이후 주식거래 활동을 좀 완화시켜 보고자 주식거래에 대한 인지세를 인상하기도 했다. 하지만 몇 차례의 급격한 하락이 뒤따르자 국영 언론은 다시 나라에서 필요하다면 주식거래를 밀어줄 거라고 말하며 투자자들을 안심시켰다.[16] 시장은 다시 한번 부풀어 오르기 시작했다. 2007년 10월, 상하이지수는 2005년 말 대비 412퍼센트 상승했고, 선전지수는 425퍼센트 상승했다.

그러나 이후에 몇 차례 정부의 노력에도 해가 바뀔수록 계속해서 떨어지기만 했다. 세계가 미국, 영국, 유럽연합 은행들에 닥친 문제의 심각성을 알아채기 훨씬 전인 2008년 7월 말, 상하이와 선전시장은

● 중국 선전시에 있는 황소상. 중국 선전시의 많은 투자자들이 좀 이해할 수 없는 투자 철학을 가지고 있었다. 주식을 랜덤으로 골라 산다든지 행운의 수여서 산다든지 하는 식이었다.

2007년 10월 대비 각각 53퍼센트와 43퍼센트 하락했다. 여기에 글로벌 금융위기까지 더해져 확실한 하락세를 못 박았다. 2008년 10월 말까지 상하이와 선전시장은 최고점 대비 각각 무려 71퍼센트와 68퍼센트 하락했다.[17] 이러한 하락세는 이전에 거래할 수 없었던 수십억 개의 주식에 대한 록업 기간이 마침 종료됨에 따라 더욱 거세진 것일 수도 있다.

　중국의 주식시장 붕괴는 주식시장이 차지하는 규모 자체가 크지 않았던 당시 중국 경제에 즉각적인 영향을 미치지는 않았다. 또한 주식시장 붕괴로 인한 금융위기가 오지도 않았다. 중국 은행들도 주식시장 붕괴로 인한 타격을 그리 크게 받지 않았고, 설령 타격을 좀 받았더라도 결코 무너지게 두지 않았을 정부의 통제하에 안전하게 지켜졌을 것이다.

하지만 신규 설립 기업과 신규 사업을 위한 자금조달에는 어려움이 있었다. 투자자들이 주식시장에 대한 반감을 갖게 되면서 자금조달은 훨씬 더 어려워졌다. 신규 기술 기업들은 기반을 다지기 위해 이전보다 더 열심히 노력해야 했으며, 그나마 기존에 있던 기업들은 부채조달로 버텼다.[18]

2008년 글로벌 금융위기 이후 중국은 중국 수출품에 대한 서구의 수요 감소를 우려하여 은행 및 그림자금융이 기업, 중소기업, 개인에게 대출을 해주도록 하는 대규모 경기부양책을 폈다.[19] 이를 두고 일부 경제학자들은 이때까지 펼쳤던 어떤 통화정책보다 규모가 큰 완화책 중 하나였다고 평가한다.[20] 결과적으로 중국의 비정부 부채는 2007년 중국 GDP의 116퍼센트에서 2014년 227퍼센트로 올랐다. 2014년에는 중국 정부가 이러한 그림자금융 시스템의 불안정한 특성을 우려하기 시작했다. 또 둔화되는 경제성장률(2014년 7.4퍼센트에서 2015년 6.9퍼센트로 감소)과 이것이 정치적 정당성과 안정성에 미치는 위협에 대해 우려했다.[21]

02

프로파간다

경기 부양을 노리는 버블 판

이 문제들을 해결하기 위해 중국 정부는 두 번째 주식시장 버블 판을 짜서 추가적인 경기부양을 노렸다. 먼저 시진핑Xi Jinping 주석이 2013년 11월 제18차 공산당회의 제3차 총회에서 시장배분에 결정적인 역할을 하기 위한 은행시스템 및 주식시장 자유화 계획을 발표했다. 이 계획의 내용은 주로 공기업 지배구조를 철저히 조사하고 공기업 운영에서 지방정부의 역할을 감소시키는 것으로 구성돼 있었다.[22] 중국 정부는 이후 주식시장에서의 거래 수수료를 줄이고, 기업들이 주식시장에 상장하도록 장려하는 등 주식시장 개혁을 단행했다.[23] 또한 2014년 11월에는 후강퉁(Shanghai-Hong Kong Connect; 홍콩 및 해외 투자자가 홍콩거래소를 통해 상하이주식을 매매할 수 있는 제도-역주)을 만들어 외국인 투자자들을 중국에 효과적으로 초청하기도 했다. 마지막으로 2014년 11월 중국 중앙은행에서 기준금리를 인하함으로써 통화는 더욱 완화되었다. 중국의 통화부양책은 2015년 2월 은행의 의무 지급준비율이 적어지면서 더욱 강한 효과를 냈다. 기준금리는 같은 해 3월에 다시 한번 더 인하되었다.

개인 투자자를 유지하기 위해 중국 공산당 중앙위원회 일간지《인민일보People's Daily》를 비롯한 국영 언론들은 주식시장이 내는 성과가 곧 현재와 미래의 경제적 번영을 어떻게 결정하는지 설명하고 주식을 '차이나 드림China dream의 열쇠'라고 하는 등 주식시장을 긍정적으로 묘사하는 사설을 실었다.[24] 이러한 선전은 사람들로 하여금 저축해둔 돈을 꺼내 주식시장에 투자하도록 만드는 데 성공했는데, 문제는 그 열기가 과도해졌다는 것이었다.[25] 예를 들어, 주식시장이 2014년 12월 10일에 8퍼센트 하락했을 때《중국증권보China Securities Journal》는 강세장으로 가려면 멀었다는 식의 논조를 택했다.[26] 그리고 상하이 종합지수가 2015년 4월 4000포인트 수준을 돌파했을 때「인민일보」는 강세장의 시작일 뿐이라는 사설을 실었다.[27] 이러한 선전 공세는 소셜 미디어에서도 예외가 아니었다. 인터넷에 댓글을 다는 인원을 돈 주고 고용해 (소문에 의하면 포스트 하나당 3.50위안 또는 0.50달러) 경제와 주식시장에 관해 우호적인 의견을 쓰도록 하기도 했다.[28]

〈그림 11.2〉에서처럼 상하이와 선전시장은 2014년 7월부터 상승하기 시작했는데, 2014년 11월 금리인하가 단행되면서 상승폭은 더욱 커졌다. 두 주식시장 지수가 2015년 6월 12일에 최고점에 도달했을 때 상하이 시장의 상승률은 2014년 6월 말 대비 152퍼센트, 선전은 185퍼센트를 기록했다.

주가 상승은 상장사들의 자금조달비용을 낮췄고, 주식은 더 많이 발행하고 부채는 줄임으로써 이들이 대차대조표를 좀 더 개선할 수 있게 했다. 이를 보고 일각에서는 2015년 버블을 세계 최대의 출자전환debt-equity swap이라고 하기도 했다.[29] 주가 상승은 다 죽어가던 신규 발행시장을 되살렸고 2011년 이후부터 중국증권감독관리위원회가 누적 기업공개를 계속 진행할 수 있도록 허락하는 결과로 이어졌다.[30]

〈그림 11.1〉은 상하이 상장사 수가 2013년 953개에서 2016년 1182개로, 그리고 선전 상장사 수는 1536개에서 1870개로 증가했음을 보여준다. 이러한 증가세와 함께 법인 증권 수도 크게 늘었다. 상하이는 2786개에서 9647개로, 선전은 2328개에서 4481개로 늘었다.[31] 신규 상장과 공모 증가의 결과로 상하이 주식 수는 2013년부터 2016년까지 2조 5000억 개에서 3조 3000억 개로 늘었고, 선전 주식 수는 같은 기간 동안 8000억 개에서 1조 6000억 개로 늘었다. 상장사 수 증가와 신주발행 수 증가는 주로 신규 기술 회사들의 등장, 그리고 비필수 부문의 공기업들을 재구조화, 합병, 또는 민간 주주들에게 매각하려는 시도 등으로 인해 주도되었다.

신규 기업공개는 상당한 열기를 조성하기도 했다. 예를 들어, 인터넷 영상 플랫폼인 베이징 바오펑 테크놀로지 컴퍼니Beijing Baofeng Technology Company 회사의 2015년 3월 주식 청약에는 291배나 많은 청약 신청자들이 몰렸으며, 첫날 수익률은 무려 44퍼센트로, 규제당국이 허용한 하루 최대 수익률을 찍었다.[32] 이후 이 회사의 주가는 두 달간 매일 중국증권감독관리위원회에서 허용한 일일 최대폭인 10퍼센트씩 상승했고, 두 달 후 주가는 첫날 대비 42배가 되었다. 신기술에 대한 관심을 고조시키기 위해 2015년 첫 5개월간 80개에 이르는 상장사들이 신기술을 연상시키는 이름으로 사명을 바꾸기도 했다.[33]

예를 들어, 마룻바닥을 제조하던 회사 케미안우드인더스트리Kemian Wood Industry는 온라인 게임회사로 전환하면서 사명을 제우스엔터테인먼트Zeus Entertainmment로 바꿨다.[34] 이러한 행태는 나중에 주가를 끌어올리려 핵심 사업 영역을 날조했다는 비난을 받기도 했다. 비슷한 예로 한 호텔은 갑자기 고속철도 회사가 되고, 도자기 제조업체는 클린에너지 회사가 되고, 폭죽 제조업체는 P2P 대출회사가 되기도 했다.

하락의 징후

버블이 곧 터질 거라는 걸 알려준 첫 번째 징후는 5월 28일에 나타났다. 이날은 상하이시장이 15년 만에 일일 하락률로는 가장 큰 6.5퍼센트의 하락률을 보이고, 이어서 선전시장이 5.5퍼센트 하락한 날이다. 상하이 주식시장의 260개 주식이 5월 28일에 하한가를 쳤는데, 이러한 하락은 상하이와 선전시장의 개별주식이 10퍼센트 넘게 하락할 수 없다는 규정이라도 없었더라면 아마 더 크게 하락했을 것이다.[35] 하지만 시장은 다시 빠르게 회복되었고, 6월 12일 금요일에 다시 사상 최고치를 찍었다. 그러나 그다음 주 월요일이 되자 시장의 하락은 다시 시작되었고, 상하이와 선전종합주가지수는 일주일 만에 각각 13.3퍼센트와 12.7퍼센트 떨어졌다.

버블이 터지게 만든 요인으로는 3가지가 있었다. 첫째, 각 기관의 감독 당국에서 시장이 과도하게 차입자본으로만 채워질 것을 우려해 이미 통제 불능이 된 신용거래대출을 뒤늦게 단속하기 시작했다. 둘째, 6월 초에 통화정책이 긴축으로 바뀌면서 상하이 은행 간 공모율 인상SIBOR을 예고했다. 셋째, 6월 10일이 되자 MSCI(모건스탠리캐피탈인터내셔널)지수에서 중국 주식을 포함하지 않기로 해서 약 500억 달러에 달하는 잠재적 외화가 중국 주식시장에 유입되지 못했다.[36]

국영 언론매체들은 전부 제1면에 투자자들에게 당황하지 말 것을 촉구하는 내용의 사설을 실었고, 그 덕에 그다음 주 초 시장은 안정세를 되찾았다.[37] 그러나 이 안정은 단기적인 안정일 뿐이었다. 상하이와 선전시장은 6월 26일 금요일이 되자 다시 각각 7.4퍼센트와 7.9퍼센트 하락했다. 특히 이때 상하이의 주식 2049개는 10퍼센트 가격제한폭을 꽉 채워 하한가를 쳤다.[38] 이날까지 두 시장은 2주 만에 거의 20퍼센트 하락한 셈이었다. 이튿날 중앙은행은 기준금리를 0.25퍼센트로 낮추고 은행의 지급준비율을 0.5퍼센트로 낮추는 특별 조치를 취했다.

하지만 이런 조치를 취해도 사람들이 주식을 팔아치우는 속도를 저지하기엔 충분하지 않았다. 6월 29일 월요일 장이 열리자 상하이는 3.3퍼센트, 선전은 7.9퍼센트 다시 하락했다. 이를 본 중국증권감독관리위원회는 사람들이 주식을 다시 매수하도록 장려하기 시작했다. 투자자들에게 각자의 집과 실물자산을 담보로 돈을 빌려서 주식에 투자하라고 부추겼고, 주가 조작 세력들을 엄중 단속하겠다고 약속했으며, 상하이와 선전증권거래소의 결제 수수료를 낮췄고, 주식과 관련한 언론의 부정적인 보도를 처벌하겠다고 발표했다.[39] 하지만 주말이 되자 상하이와 선전시장은 각각 12.1퍼센트와 16.2퍼센트 하락했고, 6월

12일 최고점 대비로는 28.6퍼센트와 33.2퍼센트 하락했다.

　7월 3일 금요일 장이 마감한 이후부터 그다음 주 월요일인 7월 6일에 장이 다시 열리기 전까지 중국증권감독관리위원회는 한 번 더 주식시장의 급격한 폭락을 막아보고자 시도했다.[40] 먼저 곧 나올 기업공개를 모두 정지시켰다. 그 다음으로 자본시장에 유동성을 공급하고자 국가 소유의 증권사 대상 대출기관인 중국증권금융공사^{CSF}가 자본금을 1000억 위안으로 4배 늘리고 중앙은행에서 자본조달을 받아 공개시장에서 주식을 구매할 수 있게 하겠다고 발표했다. 즉, 중국증권금융공사가 시장 안정화 목적으로 주식을 매수하는 자산관리인 역할로 변모한 것이다. 세 번째로 선물거래 제한, '악의적 공매도' 단속, 부정적 언론보도에 대한 처벌을 발표했다. 네 번째로 21개 주요 상위 증권사와 25개 메이저 투자신탁회사(뮤추얼 펀드)들에 그들의 자금과 영향력을 시장 안정화에 써달라고 설득했다.

　하지만 이 조치들은 별 효과가 없었다. 월요일 단기 반등 이후에 시장은 급격히 하락해 중국 금융시스템을 위험에 빠뜨릴 가능성이 있었다. 이 중차대한 시점에 리커창$^{Li\ Keqiang}$ 당시 중국 총리와 마카이$^{Ma\ Kai}$ 부총리는 상황을 구제하려는 노력에 당의 힘을 실어주고자 개입을 시작했다.[41] 7월 8일 장 마감 후 일련의 새로운 조치들이 속속 발표되었다. 먼저, 중앙은행에서 주식 매수를 위해 중국증권금융공사에 유동성을 제공하겠다고 선언했다. 그다음으로 중국증권금융공사에서 블루칩을 포함해 소형주들을 사들이기 시작했다. 세 번째로 대주주들과 기업체 고위 간부들, 그리고 버블이 터지기 몇 개월 전에 자산을 대거 현금화한 상당수의 사람들에게는 최근 6개월간 각자가 팔아치운 주식의 10~20퍼센트를 다시 매수하라는 명령이 떨어졌다.[42] 네 번째로는 은행감독원에서 은행들에 이제 주식을 담보로 돈을 대출해줘도 된다고 발표했다. 다섯 번째로 보험감독원에서 보험사들이 주식에 투자할 수 있도록 허용된 자산비중을 높였다. 여섯 번째로 중국 중앙정부의 재무부에서 국가가 시장의 안정을 위해 무슨 일이든 할 것임을 공언했다. 일곱 번째로 중국공안부Ministry of Public Security에서 '악질' 공매도자들을 기소하겠다고 했다. 여덟 번째로 중국 국유기업들은 주식을 더 이상 팔 수 없게 되고, 그중 292개 기업들은 자사주를 매입하겠다고 약속했다.

마지막으로 중국 정부가 주식에 대해 계속 이야기하는 프로파간다를 시작했다. 《인민일보》에서는 '비와 폭풍우 뒤에는 무지개가 온다'는 주제로 사설을 실었다.[43] 또 7월 10일에는 중국 명문 대학 중 하나인 칭화대학교에서 졸업생들이 졸업식을 시작하면서 'A등급 주식이 살면 국민이 산다, A등급 주식이 살면 국민이 산다'는 구호를 큰 소리로 외치도록 지시받았다고 한다.[44]

이러한 조치들의 결과로 7월 말이 되자 시장은 어느 정도 손실을 회복했다. 하지만 중국 정부는 버블이 터지지 않게 예방하는 데 노력을 쏟느니 차라리 더 부풀려버리는 게 훨씬 쉽겠다는 판단을 내렸다. 8월 말과 9월 초, '악질' 공매도자들을 국가에서 제한함으로써 그나마 있던 유동성까지 싹 말라버렸고, 주식시장은 마지막 하강을 시작했다.[45] 버블의 팽팽함이 절정에 달한 지 3개월 뒤인 9월 3일, 상하이시장은 46.8퍼센트 하락했고 선전시장은 56.6퍼센트 하락했다. 하지만 이런 종합지수는 범주가 커서 버블 붕괴 동안 일시적으로 매매 정지를

당한 비교적 사이즈가 작고 최근에 세워진 거래소들이 받았을 타격의 심각성까지 다 보여주지는 못할 것이다.

거래량의 90퍼센트가 개인투자자

2007년 때와 마찬가지로 중국 주식시장이 붕괴했다고 해서 중국이 금융위기를 맞이하지는 않았다. 중국 내 실물경제에도 큰 타격은 없었다. 2015년 이후부터 성장 속도가 둔화된 것은 있지만, 그건 버블이 터지기 전부터 이미 시작됐었다. 이러나저러나 결과적으로 중국의 버블은 중국이 2015년 성장 목표를 달성하는 데 어쨌든 도움을 주었고, 중국 정부도 그 덕에 중국의 경제성장이 둔화되고 있었다는 사실을 일시적으로나마 은폐할 수 있었는지 모른다.[46] 하지만 정부가 버블을 주도했다는 것, 그리고 버블의 붕괴로부터 사람들의 눈을 돌리기 위해 좀 지나친 노력을 행사했다는 점은 중국이 자본 분배를 위해 자유 시장의 시대를 열고자 진심으로 노력하고 있었던 것인지 그 신뢰성에 의문을 품지 않을 수 없다.

2007년과 유사한 점은 이전에 주식을 한 번도 해보지 않았던 수백만 명의 초보자들이 주식시장에 진입했다는 것이다. 정부의 선전, 그리고 중국 정부가 결코 시장이 붕괴되게 놔두지는 않을 거라는 굳건한 믿음에 고무된 일반 시민들이 은행에 예금하는 대신 주식에 투자를 하기 시작한 것이다. 이러한 일반인들의 투자 수요를 맞추기 위해 중국 전역에는 거래소들이 속속 생겨났고, 수많은 거래소들이 신규 거래의

● 주식 변동을 지켜보는 중국 시민들. 중국 정부의 선전과, 정부가 결코 시장이 붕괴되게 두지 않을 거라는 굳건한 믿음에 고무된 수백만 명의 초보자를 포함한 일반 시민들이 주식 투자를 시작했다.

수요를 처리하고자 고군분투했다.[47] 2015년 기준 중국 내 개인투자자의 수는 약 9000만 명이었는데, 공산당 당원 수보다도 많아졌다. 중국에서는 기관투자자나 전문적인 재정 관리인이 그리 많지는 않았기 때문에 2015년 일일 주식시장 거래량의 90퍼센트를 전부 개인투자자들이 차지했다.[48] 버블 동안 일반인들의 투자 관심이 증폭한 현상은 당시 신규 개설된 개인의 증권계좌 수가 2015년 첫 5개월간 무려 3000만 개였고 그중에서 5월 한 달 동안만 1200만 개가 개설됐다는 것만 봐도 알 수 있다.[49]

이러한 초보 투자자들 중 대다수는 고등교육을 받지 않은 사람들이었다. 당시 시행된 여러 설문조사 결과를 보면 중국 전체 투자자의 3분의 2가 고등학교를 마치지 못했다고 한다.[50] 꽤 많은 사람들이 투자에 임하는 자세가 믿기지 않을 정도로 순진했다. 일례로 한 초보 투자자인 벡터 양Vector Yang은 자신이 채소를 살 때의 방식을 적용해서 가장 싼 주식 중에서 랜덤으로 골라 샀다고 한다.[51] 또 다른 초보 투자자인 진저 증거Ginger Zengge는 버블이 터진 당일인 6월 15일에 시진핑 주석의 생일이라는 이유로 주식을 샀다고 한다.[52]

버블 중에 언론에서 일명 '이모'라 불리던 주식시장에서 엄청난 이윤을 내는 중국 할머니들의 이야기도 소개되었다. 이 '이모'들은 낮에 증권거래소 사무실에 모여서 주가변동 추이를 함께 지켜보면서 그 자리에서 식사도 하고 주식 주문을 넣기도 했다는 것이다. 이 '이모'들 중 한 명이었던 장씨 이모Ms Zhang는 2015년에 이렇게 말했다.

> 중국 주식시장은 우리 같이 소소한 투자자들로 넘쳐납니다. 여러분도 주식시장에서 10위안 정도는 다들 벌 수 있어요. 그럼 오늘 맛있는 식사를 사 드실 수 있겠죠.[53]

'이모'들은 온갖 루머나 숫자 점이나 풍수지리 등에 의존해 살 주식을 고르던 벡터나 진저 씨보다는 훨씬 더 조심스럽게 주식을 골랐다고 한다.[54]

젊은 층의 이야기도 있다. 중국 국영 언론이 실시한 설문조사에 따르면 당시 전체 중국 대학교 학부생의 31퍼센트가 버블 동안 주식 투자를 했고, 이들은 대체로 부모가 용돈으로 준 돈을 활용해 투자한 것으로 알려졌다. 이런 학생들은 중년층 이상의 투자자들과 마찬가지로 '중국 주식시장에 리스크나 버블이 생기더라도 중국은 건재하므로 결코 국가가 붕괴되게 내버려두지는 않을 것이다'라고 믿었다.[55]

역사는 반복한다

2007년과 2015년 버블은 둘 다 정부가 만들고 정부가 지속시킨 버블이었지만, 버블이 시작된 이유는 달랐다. 2007년 버블은 중국 정부가 비유통주를 유통주로 전환시킴으로써 민간 투자자들에게 주식을 팔수 있게 해 국유 상장사들을 민영화할 수 있게 해주면서 시작되었다. 이때 전환된 주식을 개인 투자자들이 사게끔 하기 위해 정부가 주식 버블을 형성한 것이다. 그러나 2015년에 중국 정부가 직면한 문제는 달랐다. 2008년 글로벌 금융위기가 끝나고 시작된 거대한 부양책을, 경제성장률을 수용 가능한 7퍼센트 수준으로 유지하면서 어떻게 다시 줄일 것인지에 대한 문제였다.

정부의 통제하에 있다는 중국 금융 시스템의 특성 때문에 돈을 굴릴 곳을 찾지 못하고 있던 중국의 수많은 중산층들에게 투자처에 대한 선택지는 거의 없었다. 정부 소유의 은행에 돈을 예치해두고 물가상승률보다도 낮은 이자나 받느냐 아니면 주식에 투자하느냐, 둘 중 하나였다. 이 때문에 중국 정부가 2007년 버블을 만들어내기란 식은 죽 먹기였다.[56] 주식신용거래는 아직 합법화되기 전이었지만, 2007년 중국 은행규제위원회 China's Banking Regulatory Commission 는 개인들이 주식에 투자하기 위해 자동차와 주택 대출과 신용카드 대출을 사용하고 있다고

언급하기는 했다.[57]

하지만 중국 투자자들이 이전에 한 번 당했다는 걸 고려하면 2007년 이후에 시장을 부풀리기 위해 필요한 신용의 양은 훨씬 더 커야만 했다. 이에 2010년에 드디어 중국에서 최초로 신용거래가 허용되었다. 시범 기간이 지나고 나서 신용으로 살 수 있는 증권의 수는 2011년 12월 말에 90에서 280으로 증가했다.[58] 개인의 신용대출 제한은 2011년 이후로 약화되었고, 글로벌 금융위기 이후의 엄청난 신용거래 수요가 거래수수료를 원하는 대로 유동적으로 할 수 있게 했다.[59] 그런데다가 중앙은행은 금리를 내렸고 예금금리는 물가상승률보다 낮은 수준이어서 예금주들이 더 수익률이 좋은 상품을 찾아 나서게 됐다.

2014년에 정부 승인을 얻은 증권사들은 2 대 1의 레버리지 비율로 신용거래대출을 해줄 수 있도록 허용되었다. 즉, 투자자들이 이제는 100위안짜리 주식을 사기 위해 200위안을 빌릴 수 있게 된 것이다. 개인은 50만 위안(당시 환율로 약 7만 달러)의 현금 또는 증권을 소유하고 6개월 이상 주식거래계좌를 소유하고 있었어야만 신용거래대출을 받을 수 있었다. 하지만 2014년이 되면서 온라인 대출 회사 등이 비공식적 또는 그림자금융에서 신용거래대출을 하는 수가 많아지기 시작했다. 이들은 특히 소액 투자자들에게 인기가 많았는데 요구 조건이나 자본 한도가 없었기 때문이었다. 게다가 투자자들은 승인된 주식 리스트에 올라 있지 않은 주식을 매수하는 데 이러한 비공식 채널을 활용할 수 있었다. 기관들은 심지어 대출액 자체를 후하게 빌려줬다. 이들의 최대 레버리지 비율은 대체로 5 대 1 정도나 됐다. 경쟁에서 우위를 점하기 위해 공식 중개소들은 주식매입자금대출계좌 개설을 위한 기준을

계속해서 낮췄다.[60]

2015년의 신용거래대출 규모는 중국 주식시장 역사상 전례 없는 수준으로 거대해졌다. 중국 주식시장 총자본 대비 20~25퍼센트나 된 것으로 추정된다.[61] 2014년 10월부터 2015년 6월까지 신용거래대출의 양은 6980억 위안(1040억 달러)에서 2조 7000억 위안(4040억 달러)으로 무려 4배나 증가했다.[62] 그림자금융 신용거래대출 규모는 주식시장이 2014년 들어 커질 때까지는 아직 작은 수준이었다. 하지만 버블이 정점에 달했을 때, 이 규모는 전체 신용거래대출의 55~75퍼센트가 되었다.[63] 마진콜의 급증은 중국의 주식시장이 2015년에 어떻게 그렇듯 빨리 붕괴했는지, 그리고 중국 정부가 그런 시장을 유지하려는 노력이 왜 그렇게 무의미했는지 알게 해준다. 1929년 미국의 경우처럼, 버블이 신용거래대출이라는 연료로 더욱 활활 타올랐기 때문에 버블의 붕괴 속도가 그렇게 빠르고 극적이었던 것이다.

중국에서 시장성은 근본적으로 2007년과 2015년 버블에서 확실히 변화되었다. 2007년 버블을 이룬 전반적인 배경은 비유통주를 유통주로 대규모로 전환하는 것이었다. 2014년 초, 시진핑 주석이 공산당 회의 제3차 총회에서 이러한 계획을 발표한 직후 실제 거래수수료가 크게 줄어들었다. 이에 신규 중개소가 급격히 많이 설립되어 중국 시민들이 주식을 사고팔기에 어려움이 없게 되었다. 또한 1920년대의 미국처럼 신용거래대출이 광범위하게 허용되면서 2014년 이후에 비공식 신용거래대출이 증가했고, 이로 인해 주식의 시장성은 더욱 강해졌다. 〈그림 11.3〉은[64] 상하이와 선전증권거래소의 일평균 거래규모를 보여준다. 여기서 당시 중국 주식의 시장성 증대 효과와 버블로 인해

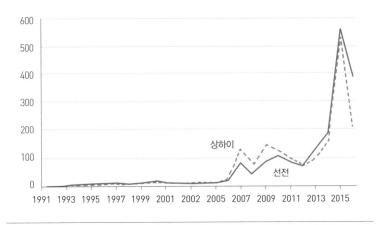

그림 11.3 1991~2016년 상하이와 선전증권거래소 일 평균 거래 규모(단위: 1억 위안)

형성된 투자의 열기를 엿볼 수 있다. 버블이 형성되기 직전 해부터 거래가 증가하기 시작했고, 버블이 시작되고 나서부터는 거래량이 크게 는 것을 알 수 있다.

주식시장을 움직인 단타 개미들

　　　　　　　2007년과 2015년 모두 중국 주식시장에 투기가 횡행했다. 앞서 언급한 바와 같이 두 차례 버블 중 수백만 명의 초보 투자자들이 주식시장에 대거 투입되었다. 이들 중 상당수는 순수한 모멘텀 투자자들이었다.[65] 2014년과 2015년에는 신용거래가 폭넓게 허용되면서 더욱더 많은 수의 초보 투자자들이 시장에 진입했다.[66] 당시 주식 투자자 수의 80~85퍼센트를 개인이 차지한 것만 봐도 소위 말하는 단타 개미들이 중국 주식시장을 움직이는 데 상당한 영향을 미쳤음을 알 수 있다.

여기에 인터넷이나 언론매체를 정부 당국이 통제하면서 투자자에게 들어갈 정보 역시 실질적으로 통제함에 따라 정부의 주가 올리기 계획을 실현시키기 훨씬 쉬운 환경이었다.[67] 1840년대 중반 영국에서 투기의 민주화가 일어나 철도주식을 거대한 버블로 부풀린 것과 마찬가지로 이번 중국 버블, 특히 2015년 중국 버블에서 일어난 투기의 민주화 역시 규모로 볼 때 거의 전례가 없을 만한 거대한 버블을 초래했다.

2007년에는 공매도가 불법이었기 때문에 인버스 투기는 사실상 불가능했다.[68] 공매도 제약 덕에 모멘텀 투자자들이 알아서 주가를 올려줘서 미리 정보를 입수한 투자자들이 주가조작을 할 필요가 없었다.[69] 2014년에는 중화인민공화국 국무원the State Council of the people's republic of China 이 주식시장의 효율성을 극대화하기 위해 280개 블루칩(우량) 증권에 대해서만 제한적으로 허용해주었다.[70] 이 280개 증권은 2015년 상하이와 선전증권거래소에 상장된 9354개 상장사 증권 중 극히 일부에 불과했으므로 대부분의 주식거래에서는 여전히 공매도가 없는 것이나 마찬가지였다.

여러 가지로 볼 때, 당시 중국 시민들은 상하이와 선전증권거래소를 거의 카지노 정도로 여기던 경향은 있었다. 2015년에 신용거래가 있었다는 건 새로 합류한 중국의 중산층 또는 더욱 부를 쌓은 중산층들이 이제는 주식시장에 뛰어들었다는 뜻이기도 하다. 중국의 카지노 자본주의는 1930년대에 영국 경제학자 존 메이너드 케인스John Maynard Keynes 등의 저명인들이 비난하기는 했지만 그래도 여전히 중국에서는 살아 있고, 그것도 잘 살아 있다.

중국의 버블은 앞서 소개한 버블 트라이앵글을 완벽하게 구현한 버블이다. 중국 버블은 버블이 시장성과 투기를 핵심 축으로 하여 레버리지로 사용되는 연료의 양에 따라 규모가 크게 결정된다는 걸 잘 보여줬다. 또한 정부에서 버블을 조장하는 이유와 방식을 명확히 보여주는 사례이기도 하다. 그러나 다른 버블과 달리 중국 버블은 심각한 경기 불황이나 사회 불안으로 이어지지는 않을 수 있었다. 이는 중국이 정부의 경제 개입이 컸던 만큼 그 손실 역시 사회 전반에 골고루 배분했기 때문이었다. 그리고 중국의 주요 은행들 역시 정부의 소유여서 개입이 있는 만큼 국가와 국가 재정력의 원조를 넉넉히 받을 수 있어서 파산은 하지 않을 수 있었다.

여러 면에서 중국의 버블은 1720년 최초의 버블과 비슷한 모양새다. 두 버블 모두 정부 부채를 유동자산으로 전환하기 위해 의도적으로 설계된 버블이었다. 그러나 버블이 터질 때에는 1720년 프랑스 정부가 언론을 통제하면서 보다 엄격한 조치로 규제하려 했음에도 막지 못했다. 2015년 중국 정부 역시 같은 입장이었다. 또 1720년 당시 프랑스와 영국 정부는 버블에 대한 책임을 회피하기 위해 존 로와 남해회사 이사진을 비난의 희생양으로 이용했다. 2015년 중국 공산당 역시 똑같이 버블의 책임을 중국증권감독관리위원회장 샤오강Xiao Gang 개인에게 뒤집어 씌웠다. 샤오강은 자신의 실패였음을 대중에게 공개적으로 고백하기를 강요당했을 뿐 아니라 2016년 초 직무에서 해임되기까지 했다.[71] 역사가 비극이자 희극처럼 반복된 것이다.

PART

12

BOOM AND BUST

꿈 꿔 본 적 없는 미래

: 버블 예측하기

금융과 경제의 면면만 살펴볼 게 아니라 그 이상의 사
회, 기술, 심리, 정치과학에 대해 이해할 필요가 있다. 더
중요한 건 투자자 개인의 정신적 모델을 각자 형성하기
위해서는 반드시 역사를 돌아보아야 한다는 것이다.

버블 트라이앵글 형성에 성공한 삼각지대는 300년 전부터 끊
임없이 투자자들을 노리고 있다.

01

경제를 움직이는
거대한 트라이앵글

블록체인 기술

우리가 이 책을 쓰기 시작했을 때, 당시의 통화 여건은 또 다른 버블이 곧 오리라는 경고를 날리고 있었다. 금리는 거의 제로에 가깝고, 기존의 전통적 자산, 특히 역대급으로 낮은 국채 수익률이 투자자들에게서 매력을 잃어가고 있었다. 은행들은 금융 위기의 여파에서 벗어나 회복되면서 신용대출의 범위를 넓히고 있었다. 인터넷의 지속 발전 역시 금융자산의 시장성 증대를 증명해주고 있었다. 투기의 정도는 비교적 약한 것 같아 보이긴 했지만, 버블 트라이앵글을 보면 버블이란 불을 일으키는 불꽃 하나만 일어난다면 투기의 정도는 언제든 바로 바뀔 수 있다.

그 불꽃은 곧 블록체인 기술의 모습으로 나타났다. 블록체인은 일명 암호화폐로 알려진 가상 자산이 어떤 중앙 당국에 의해 관리되지 않은 채로 유통될 수 있게 해주는 암호화 기술이다. 당시 가장 널리 알려진 암호화폐는 비트코인이었다. 비트코인을 옹호하던 사람들에게 비트코인은 미래의 돈이나 마찬가지였다. 중앙은행으로 인해 발생한 인플레이션에 영향을 받아 평가절하될 일도 없고, 정부의 개입이나 세금 걱정 없이 무엇에든 쓸 수 있으며, 그 과정에서 중개인, 즉 상업 은행을 거치지 않아도 된다. 비트코인은 어떤 가치를 나타내는 수단이 아니었다. 비트코인의 가치는 비트코인 그 자체가 특정 (대부분은 불법) 목적으로 우수한 교환의 수단이라는 사실에 있었다.[1]

2016년 8월에는 비트코인 한 개당 가격이 555달러에 거래되고 있었다. 그다음 16개월 동안 이 가격은 무려 3400퍼센트 올라서 최고가는 1만 9783달러를 기록했다.[2] 이러한 가격 폭등 상황에 암호화폐 애호가들과 기회주의적 협잡꾼들이 한데 섞여 암호화폐공개ICO(기업공개처럼 암호화폐를 팔아 자금을 조달하는 절차-역주)를 통해 자체 가상화폐를 발행하는 기업들이 생겨나면서 신규기업 상장 붐이 동반되었다. 그런데 겉보기엔 이들에겐 내재가치가 전혀 없었다. 보유자들에게 미래의 현금흐름에 대한 권리를 부여하는 건 비등록증권 발행으로 인한 법률 위반이었을 것이다. 하지만 이들은 암호화폐공개를 통해 2017년에 62억 달러, 2018년에 79억 달러를 각각 추가로 유치했다.[3]

그러나 2017년 12월이 되자, 비트코인은 통화로 사용되기 힘들 거라는 점이 분명해졌다. 처음에는 중개인 없이 거래할 수 있을 것처럼 보였지만, 제삼자 없이 거래하는 건 사용자가 사이버 보안 전문가가 아닌 이상 어렵고 번거로운 일이었다. 또 사용자 수가 많아지면서 시스템에서 수많은 거래량을 처리할 수 없었던 탓에 비트코인 거래를 한번 하려면 긴 시간이 걸리고 거래 비용도 꽤 들었다. 거래 실수 역시 되돌릴 수 없었기 때문에 실용적이지 못했고, 가격 변동성이 커서 가치의 저장수단과 측정단위로서의 역할을 하지 못했다. 게다가 그렇게나 강조하던 분산화는 이 엄청난 결점을 바로잡아줄 권한을 가진 주체가 어디에도 없다는 뜻이었다. 결국 투기성 자산이었을 뿐이었다. 그걸 안 투자자들은 현금화하기 시작했고, 비트코인은 붕괴했다. 정점 이후 7주간 65퍼센트 하락해서 2018년 2월에 6698달러가 되었다. 이후 잠시 회복했다가 다시 폭락을 시작했다. 2018년 12월 17일, 정점 이후 1년이 지난 뒤, 비트코인 하나당 가격은 83퍼센트 하락한 3332달러가 되었다.[4] 다른 암호화폐는 더 심했다. 상위 최대 20개 암호화폐 가치를 산출하는 인빅터스 캐피탈Invictus Capital 의 크립토 20CRYPTO20 지수는 93퍼센트 넘게 내려갔다.[5]

버블 트라이앵글은 지난 300년 동안 있었던 모든 다른 금융버블과 마찬가지로 2017년 암호화폐 버블에도 적용할 수 있는 프레임워크라는 점을 다시 한번 확인할 수 있었다. 그렇다면 아직 오지 않은 미래의 버블을 예측하는 데에는 얼마나 도움이 될까?

시장을 읽는 눈

버블이 일어나려면 버블 트라이앵글의 세 변이 모두 있어야 한다. 두 변인 돈과 신용을 보면, 버블은 전통적 자산의 수익률이 낮을 때, 이자율이 낮고 신용은 제한이 없어졌을 때 발생할 가능성이 훨씬 더 커진다. 실제로 금융시장의 규제완화는 버블이라는 불을 지필 연료의 양에 걸려 있던 제한을 없애는 행위이기 때문에 궁극적으로 규제완화가 버블발생 가능성을 높일 수 있다. 법 개정이나 규제사항 변경, 금융 혁신, 기술 향상 등으로 인해 시장성이 증대된다면 버블이 발생할 가능성은 더더욱 높아진다.

나머지 한 변인 투기는 사실 금융시장에 늘 존재하고 있다. 다만 모멘텀 거래가 증가하면서 투기꾼 수가 증가하거나 아마추어 투기성 투자자들의 수가 증가하면 버블이 발생할 확률이 높아지는 것이다. 또 신기술이나 특별한 정치적 이니셔티브에 대해 투자자들과 투기꾼들이 대거 반응하면서 버블이 발생하기도 한다. 결과적으로 버블을 예측하는 능력은 이러한 불꽃, 버블 트라이앵글의 세 변을 만족시키게 하는 불꽃이 무엇이 될 것인가를 예측하는 능력이라고도 할 수 있다.

과거의 주요 버블들에서 찾을 수 있는 다양한 정치적 불꽃의 공통점은 무엇일까? 정치적 불꽃이 튀기 시작하는 이유를 명백하게 설명해주는 패턴이나 절대적인 사회경제학적 이론은 아직 없는 듯하다. 종종 정치적 불꽃으로 버블이 생겨도 정치인들이 이득을 챙기지 않은 경우도 있었기 때문이다. 역사적으로 버블이 일어난 각 시대의 정치체제는 전제주의 군주제에서부터 완전 자유 민주주의까지 스펙트럼이 아주 넓었다.

우리가 말할 수 있는 건 각각의 버블에서 각 정부가 가진 동기가 의도적인 버블 일으키기 또는 필연적으로 버블을 발생시킬 수밖에 없는 정책 도입의 결과로 이어졌다는 것이다. 그러나 버블들 간에 명확한 공통점을 찾기 힘들었던 탓에, 정치적으로 촉발된 버블을 투자자, 시민 또는 언론매체들이 예측하기 힘들게 만들었을 것이다.

정치적 상황이 똑같더라도 왜 어떤 경우에는 버블을 만들지만 또 다른 경우에는 만들지 않은 걸까? 이에 대한 답은, 버블을 만들지 않은 경우는 버블 트라이앵글 중 하나의 요소가 충족되지 않았다는 것이다. 어쩌면 금융시장 발전이 따라오지 못한 상태였을 수도 있고, 그래서 자산의 시장성이 제한적이었거나 상장기업의 수가 너무 적었을 수도 있다. 또는 상황에 따라 투기에 대한 법적 또는 문화적 제한이 있어서였을 수도 있다. 아니면 금융 시스템, 금융기관, 자본시장이 아직 덜 발전되었거나 너무 제한적인 여건이어서 돈과 신용이 버블을 일으키기에 충분한 연료가 되어주지 못했을 수 있다.

정치적 불꽃 말고 기술 불꽃이 있을 수도 있는데, 이 역시 기술의 효과가 무엇인지, 사람들이 그 신기술에 어떻게 반응할 것인지, 또 얼마나 인기를 끌 것인지 등의 여부를 예측해야 하기 때문에 마찬가지로 예측은 어렵다. 또한 신기술을 둘러싼 내러티브와 그 내러티브가 투자자들의 이목을 얼마나 끌지의 여부도 잘 분석해야 한다. 모든 중요한 기술이 꼭 주식시장 버블을 발생시키는 건 아니다. 예를 들어, 증기기술은 법이 회사 형태에 적대적이고 주식시장이 아직 발전되지 않아 시장성을 크게 끌어올릴 수 없는 환경에서 세상에 나온 기술이다. 당시 증기기술은 소규모 조합과 민간 기업가들에 의해 발전된 것이었다.

그러나 증기기술과 달리 4차 산업혁명 기술에 해당하는 생명공학, 나노기술, 인공지능 기술 등은 개인 기업가가 아니라 회사들이 개발하고 있다. 다만 닷컴버블이나 여타의 기술버블과 달리 요즘의 이러한 회사들의 자금은 주식시장보다는 벤처투자자가venture capitalist, VC 와 기관투자자로부터 조달하곤 한다. 특히 언론에서는 '테크유니콘버블tech unicorn bubble'을 자주 언급했는데, 이때 유니콘 기업이란 벤처투자가의 자금을 조달받은, 기업 가치 10억 달러 이상인 회사들을 말한다. 한 연구에서는 유니콘기업의 평균 가치는 공정가치fair value 대비 50퍼센트, 일부는 100퍼센트도 넘게 과대평가되었다고 지적하기도 했다.[6] 물론 개인 투자자들이 유니콘 기업에 초과 투자를 했을 가능성도 있지만, 버블에 대한 우리의 정의(가격이 계속 오름세를 보이다가 폭락하는 현상)에 따르면 소위 테크유니콘버블은 버블이라고 볼 수는 없다.

유용한가, 파괴적인가?

버블 트라이앵글은 특정 버블이 유용할지 또는 파괴적이기만 할지 예측하는 데도 도움이 된다. 〈표 12.1〉을 보면 버블을 불꽃과 레버리지라는 두 축으로 나눠놓았다.[7] 예를 들어, 과거 버블들 중 4개는 표의 첫 줄 가장 오른쪽 칸에 있는데, 이 버블들은 정치적 불꽃으로 인해 발생했고 금융 레버리지를 연료 삼아 커졌다. 이 버블들은 유용하기는커녕 경제와 사회 전반에 장기적이면서 파괴적인 영향만 미쳤다. 즉, 정치적 불꽃과 금융 레버리지의 조합은 곧 막대한 경제적 피해를 야기하는 버블을 생성한다는 뜻으로 해석할 수도 있다. 두 번째 줄 가장 왼쪽 칸에 있는 2개의 버블은 경제와 넓은 범주의 사회에 부정적인 영향을 거의 미치지 않았다. 실제로 이 두 버블은 사회에 이익이 되고 심지어 사회를 보다 자유롭게 해준 새로운 변혁적

	낮은 자본시장 레버리지	높은 자본시장 레버리지	금융 레버리지
정치적 불꽃	중국버블(2007)	최초의 이머징마켓버블 남해버블 철도버블 중국버블(2015)	미시시피버블 호주 부동산 버블 서브프라임버블 일본버블
기술적 불꽃	자전거버블 닷컴버블	월스트리트버블	

표12.1 버블을 일으키는 불꽃과 레버리지

기술 투자를 창출했다.

가운데 세로 두 칸에 해당하는 버블의 경제적 피해 규모는 당대의 금융 시스템이 버블 동안 생성된 자본시장 레버리지에 금융 시스템이 얼마나 노출되었는가에 달려 있다. 금융 시스템을 위협한 사람들에게 보다 넓은 사회적 유익이 사회가 감당할 수 없을 만큼 높은 가격에 팔렸을 수도 있다. 다만 남해 버블은 역사상 유일하게 유용한 정치 버블일 수 있어서, 영국이 금융 시스템에 아무 영향을 미치지 않은 채로 재정 및 군사 기반을 더욱 확고히 하게 되는 결과를 낳았다.

버블 트라이앵글이 버블을 예측하기에 좋다면, 왜 최근 들어 버블이 더 자주 발생하는지 그 이유를 설명할 수 있어야 한다. 한 버블이 왔다 간 후 다음 버블이 오기까지 한 세기가 걸렸고, 월스트리트 버블 붕괴 이후 50년이 넘도록 이렇다 할 큰 버블은 딱히 없었다. 그런데 1990년부터 계속 큰 규모의 버블이 발생하고 있고, 그 주기는 평균 잡아 6년이다. 이런 패턴은 신용과 시장성이 규제되는 정도에 따른 변동성 때문으로 설명할 수 있다. 1720년 버블 이후, 시장성은 유통주를 발행하는 회사 하나를 형성하는 게 사실상 불가능할 정도로 규제되었다. 이로써 버블 트라이앵글의 시장성 변을 효과적으로 제거한 셈이 되었다. 법인설립에 관한 법률 완화, 주식시장의 발전, 그리고 덩치가 커진 중산층들이 그다음 세기에 걸쳐 투기꾼으로 나타나면서 비로소 버블 트라이앵글의 세 변이 모두 충족되어 버블이 발생할 가능성이 크게 높아졌다. 월스트리트 버블 붕괴 이후에도 마찬가지로 금융시장 규제, 은행에 대한 엄격한 규제, 그리고 자본의 탈세계화가 시장성과 버블의 한정된 잠재 연료를 제한했다. 그러나 1970년대 이후 진행된 자본의 세계화와 은행규제 완화는 전례 없는 신용 확대와 부채 증대로 이어졌다. 금융시장의 규제완화 역시 거래 자체를 훨씬 손쉽고 비용이 덜 들게 만들어 금융자산 자체의 시장성을 크게 높였다. 그 결과, 세계 경제는 거대한 불쏘시개 통이 되어 어떤 불꽃이라도 크게 터질 일촉즉발의 상황이 되었다.

알고리즘매매와 초단타매매의 부상

금융시장에서의 최근 변화도 향후 버블을 일으킬 수 있다. 지난 20년간 금융시장의 2가지 주요 변화는 바로 알고리즘매매와 초단타(고빈도)매매의 부상과 자산관리의 부상이다. 알고리즘에 입각한 거래는 미리 프로그래밍되어 있는 지시를 따르는 컴퓨터에 의해 자동으로 매매거래가 시행되는 거래를 말하며, 초단타매매는 대규모 거래를 단 몇 분의 1초 만에 실행할 수 있는 알고리즘매매의 일종이다. 알고리즘 및 초단타매매는 확실히 시장성을 증대시키는 요건이며, 따라서 버블이 만들어지기 훨씬 쉬운 조건이 되었다.

최근을 보면 이러한 매매는 매우 짧은 시간에 주식시장을 크게 움직일 수 있는 잠재력을 가졌음을 알 수 있다. 2010년 5월 6일 다우존스산업평균지수는 단 몇 분 만에 10퍼센트 하락했다가 즉시 다시 회복하기도 했다. 알고리즘 및 초단타매매는 이러한 '플래시크래시(flash crash; 금융상품의 가격이 순간적으로 급락하는 현상-역주)'에서 아주 중요한 역할을 했고, 버블 중에 가격변동을 크게 만들 수 있는 잠재력을 두 눈으로 볼 수 있게 했다.

일부 경제학자들은 버블이 미래에는 다른 양상을 띨 것이라고 주장한다. 자산관리 산업이 떠오르면서 잘못된 결정을 하던 수많은 아마추어 개인들이 이제는 정교한 기술을 가진 투자자로 대체되기 때문이라고 한다.[8] 하지만 최근의 역사는 그렇지 않다고 말하고 있다. 일본 버블은 주로 기관투자자들이 주도했으며, 닷컴버블 역시 기관투자자의 역할이 컸다. 또 서브프라임버블 동안 서브프라임 모기지담보증권에 투자한 주체는 주로 기관이었다. 실제로 시장지수를 따라 운용되는 펀드인 패시브펀드가 늘어난다면 그건 버블로 인해 가격이 오르고 있는 해당 부문이나 자산이 일반적인 경우보다 훨씬 더 많은 펀드로 유치되고 있다는 뜻이다. 즉, 패시브펀드의 부상은 미래에 있을 버블에 훨씬 더 많은 연료를 붓게 될 가능성이 있다는 걸 암시하는 것이다.

정부는 무엇을 해야 하는가?

지금 우리가 던져야 할 2가지 질문

버블은 사회에 매우 큰 비용을 초래할 수 있지만, 우리가 이미 살펴본 것과 같이 유용성을 가져다줄 때도 있다. 하지만 정부가 버블에 기대고 있을 때 상황을 복잡하게 만들 수 있다. 정부 정책은 우리가 이미 살펴본 바와 같이 경우에 따라 버블을 일선에서 발생시킨 주체가 다름 아닌 정부라는 사실 때문에 훨씬 더 복잡해지곤 한다.

정책 측면에서 우리는 2가지 질문을 해볼 수 있다. 첫째, 신기술로 버블이 발생했다면, 정부에게는 어떤 선택지가 있는가? 둘째, 정부는 사회적으로 파괴적인 여파를 미치는 버블을 생성하지 않기 위해, 또는 그런 일이 벌어지지 않도록 하기 위해 어떤 노력을 할 수 있는가?

기술 버블 동안에 정부는 버블 트라이앵글의 어떤 면이라도 공격할 수 있지만, 통화정책이나 거시건전성 기준을 타이트하게 강화해서 버블의 연료가 될 수 있는 돈과 신용을 줄이는 것이 정부 입장에서는 쉽다. 그렇지만 그런 정책을 펴려면 정부가 위험부담을 감수해야 한다.[9] 어떤 버블이든 터질 당시에는 정확히 기술로 인한 버블이었는지 아니면 다른 원인에 의한 것이었는지 구분하기가 결코 쉽지 않기 때문이다.[10] 전 미국연방준비위원회 회장 벤 버냉키Ben Bernanke는 중앙은행이 다른 모든 시장 참여자들보다 더 나은 전망을 가지고 있을 때에만 개입해야 한다고 주장했다.[11] 버냉키는 버블을 다루는 접근법이 너무 공격적이면 유익보다는 해가 될 확률이 더 높다고도 말했다. 중앙정부가 금리를 인상하거나 버블을 줄이기 위해 통화 공급을 공격적으로 축소하면 경제산출에서 상당한 하락을 발생시키는 일각에서의 희생이 있어야만 성공적일 수 있다.[12]

이런 이유에서 중앙은행들은 버블을 찔러 터뜨리기를 꺼렸고(즉, 금리인상에 적극적이고 단호하게 행동함), 소위 '바람의 방향에 기대는' 접근법을 점진적으로 취하는 것조차도 꺼렸던 것이다.[13] 이런 주저함은 중앙은행이 일련의 조치를 취했다가 참담한 결과를 맞이했던 역사적 사건들을 겪으면서 형성된 것일 수도 있다. 예를 들어, 독일 중앙은행은 1927년에 주식시장버블을 일부러 터뜨린 것이 초인플레이션 후 회복하는 시점에 독일 경제를 무너뜨렸고, 투자에 영향을 미치고 독일을 심각한 불황으로 밀어 넣었다.[14] 이 불황은 얼마 후, 나치즘이 부상하는 데 중요한 역할을 했다.

정부 입장에서는 잠재적 기술버블에 대비해 산소(시장성)를 없애거나 열기(투기)를 줄이는 데에는 비용이 많이 든다. 따라서 이런 방법들을 정부가 선택할 일은 거의 없다. 그러나 시장성과 투기를 통제하는 일은 일어나기 전에 미리 예방하는 방법으로는 제한적으로 쓰일 수 있다. 1980년대 이후에는 시장성 증가가 지독하리만치 긍정적이라는 정치적 합의가 생기는 것처럼 보였다. 이 책에서는 300년을 아우르고 있는데, 그중 260년 동안에는 버블이 매우 드문 시간이었다. 이는 사회와 그 사회의 정치적 지도자들이 시장성이 양날의 검이라는 점을 잘 알고 있었기 때문일 것이다.

그렇다면 시장성을 제한하는 정책은 어땠을까? 증권화와 파생상품에 대한 제한은 모기지, 대출상품, 주택이 높은 시장성을 지닌 증권이되는 일을 예방할 수 있었다. 유럽주주권지침 European Shareholder Rights Directive 에는 단기적인 이익만 생각하는 기업들의 사고방식을 제한하는 추가 의결권, 세금 혜택, 장기 주주들을 위한 로열티 배당 또는 로열티 주식 등과 같은 몇몇 정책들이 포함되어 있다. 이런 정책들은 주식의 시장성을 줄이고 어쩌면 투기도 줄일 수 있을 것이다. 시장성을 감소시키는 다른 정책으로는 주식이나 주택을 거래할 때마다 금융거래세를 붙이는 것이다. 단, 세율이 많이 높으면 애초에 버블 형성 자체가 잘 안 될 것이다. 거래세를 붙이는 것은 마치 거래 시스템의 기어장치에 모래를 던져 넣는 것과 같다.[15] 존 메이너드 케인스 John Maynard Heynes 는 그러한 세금은 투기꾼들이 주식시장에 미치는 영향을 제한할 수 있을 거라고 말하기도 했다.[16]

터트릴 것인가, 고통을 완화할 것인가?

버블을 터뜨리기가 어렵다면, 정부와 중앙은행에서 버블이 터지는 고통을 완화함으로써 버블 붕괴로 인한 혼란을 정리하는 방법도 있다.[17] 버블이 터지는 건 대체로 금융시장 참여자들의 유동성 및 자금 조달 곤란과 동시에 일어나곤 한다. 중앙은행은 최종대부자 역할을 맡아 유동성을 공급하거나 공개시장에서 중앙은행의 증권 매입을 통해 유동성을 공급할 수 있다.[18] 최종대부자는 궁극적으로 '실물자산과 비유동 금융자산이 현금화되느라 고갈될 때, 더욱 많은 돈을 돌게 함으로써 고갈을 예방할 준비를 해두고 대기하는' 역할을 한다.[19] 닷컴버블이 터진 후, 미국 연방준비은행은 통화완화정책을 폈다. 그러나 이 조치는 모럴헤저드 문제를 만들 수 있었고, 따라서 또 다른 버블을 만들 공산을 키웠다.

정부가 정치적 버블에 대비해서는 뭘 할 수 있을까? 정치적으로 일어난 버블은 보통 정부의 이익을 위해 생성된 것이기 때문에 정부가 스스로 끝낼 가능성은 별로 없다. 정부는 버블 트라이앵글의 한 변 이상에 제약을 두는 법을 통과시킴으로써 향후 버블을 만들지 않겠다고 약속할 수는 있다. 하지만 그런다 한들 그걸 폐지할 권한 역시 정부에 있으므로 그 약속만 굳게 믿고 있을 수도 없다. 자기 손을 묶고 가만히 있겠다는 약속을 믿을 사람은 없기 때문이다.

다른 방법은 정부가 경제적으로 파괴적인 정치 버블만큼은 일으키지 않는 걸 자체 목표로 삼는 것이다. 〈표 12.1〉에서 볼 수 있듯, 가장 큰 피해를 야기한 정치적 버블인 미시시피, 호주 부동산, 일본, 서브프라임버블은 자본시장이 아닌 은행대출이 연료가 되어 커진 버블이다. 이 버블들을 보면 정치적 버블의 피해를 제한하는 방법 중 하나가 신용 확대를 제한하고 은행으로 하여금 더 큰 준비금을 보유하도록 강제하고 주식이나 부동산과 같은 투기성 활동으로부터 금융대출을 쓸 수 없게 하는 금융 규제임을 알 수 있다. 혹자는 버블이 된 자산과 관련된 기관과 금융 시스템을 분리하는 일종의 방화벽을 세우려고 할지도 모른다.

물론 정부는 정치적 동기를 때마다 다양하게 가지고 있으며, 규제는 결국 경제적 필요보다는 정치적 동기에 대한 보상을 더 많이 얻을 수 있는 방향으로 행해지게 된다.[20] 예를 들어, 은행규제는 정치권과 밀접한 관계를 맺고 있는 회사들에 신용이 가게끔 하는 장치로 기능할 수도 있는 것이다. 민주주의 정부는 은행규제를 풀어서 신용의 흐름이 소수의 부유한 엘리트만이 아니라 모든 시민들에게 돌아갈 수 있게 해야 할 것만 같은 압박을 느낄지 모른다. 그러나 2000년대에 있었던 서브프라임버블의 경우처럼 이러한 규제완화는 과도한 신용창출의 가능성과 그로 인한 버블을 동반할 수도 있다.

▶▶ ────────────────────

03
제4권력이 있다

제4권력의 역할

정부가 스스로 자제하지는 않는 것 같은
데, 그렇다면 누가 정부에게 책임을 물을 수 있겠는가? 한 가지 가능
성은 바로 뉴스 매체가 시민들의 주목을 높임으로써 정치적 버블 발생
을 견제하는 역할을 하는 것이다. 뉴스 매체는 영향력을 폭발적으로
뻗을 수 있는 잠재력을 가졌다. 알렉시스 드 토크빌Alexis de Tocqueville은
'어떤 생각을 한 방에 수천 명의 마음에 전달할 수 있는 수단은 신문
뿐'이라고 쓴 적이 있다. 텔레비전과 인터넷 시대가 되었어도 뉴스 매
체는 100만 명 또는 그 이상의 사람들에게 한 번에 특정한 생각을 하
게 만들기에 충분하다.[21]

경제학자들이 진행한 최근 신문 텍스트 분석 연구에서는 뉴스 매체
가 금융시장과 주택시장을 움직이며 시장동향에 관한 투자자들의 생

각을 주도한다고 지적하기도 했다.[22] 버블 동안 미디어는 형형색색으로 초기 투자자들이 부를 쌓고 있다고 보도함으로써 가격상승을 알릴 수도 있고, 또는 높은 자산가격을 정당화하려는 새로운 패러다임 이론으로 여론을 형성할 수도 있다.[23] 로버트 쉴러는 뉴스 매체에 대해 이렇게 말했다. [24]

뉴스 매체는 관련 뉴스를 대중이 보기에 흥미롭게 만듦으로써 투기성 가격변동을 유도하는 근본적인 투기성 전파 매체다.

부패와 진실 사이에서

저널리스트나 뉴스 매체는 이렇게 함으로써 어떤 이점을 가지게 되며, 또 투자자들과 시민들은 왜 이들을 믿는 걸까? 신문사나 언론인이 돈을 받거나 잘못된 뉴스를 퍼뜨리거나 주식을 부풀리도록 유도하는 부패한 저널리즘은 신문사들이 금융 문제를 다루기 시작한 순간부터 쭉 존재해왔다. 미시시피 버블과 중국 버블의 경우, 언론에 대한 국가의 통제는 언론이 전달하는 내용에 그대로 가해져서, 버블을 부풀리는 글들을 담아내게 했다. 자전거 버블 때는 발기인들이 주요 언론과 금융 전문 언론에 돈을 주고 자기 회사의 주식을 추천하는 기사를 써 달라고 부탁했다. 또 철도 버블과 자전거 버블 때 있었던 무역 전문 언론에서는 특히나 버블의 존재 자체가 곧 자기 언론사의 존재 이유였기 때문에 버블을 부풀리는 데 필연적인 동

● 투자자는 언론을 어디까지 신뢰하고, 언론은 시장에 어떤 역할을 할 것인가? 미디어는 형형색색으로 초기 투자자들이 부를 쌓고 있다고 보도함으로써 가격상승을 알릴 수도 있고, 또는 높은 자산가격을 정당화하려는 새로운 패러다임 이론으로 여론을 형성할 수도 있다.

기를 가지고 있었다.

　반면, 언론은 진실을 전달하고 어리석은 금융·행위를 폭로하는 주체로서 명성을 쌓아나가겠다는 동기를 가지고 활동할 수도 있다. 그러한 명성을 쌓는 일에는 품이 들긴 해도, 미래의 리더십과 신뢰성 면에서 보면 잠재적으로 꽤 큰 보상으로 돌아올 것이다. 19세기 영국에서 있었던 버블 동안 《타임즈》, 《이코노미스트》, 《파이낸셜 타임스》와 같은 신문들도 현재가 버블 상황이라는 사실을 명확하게 전달하는 사설을 싣곤 했다. 당시 존재했던 다른 여러 언론사나 잡지사들과 달리 이 세 언론사들만큼은 오늘날까지 건재하다는 건 결코 우연이 아닐 것이다.

　그러나 금융 감시인과 같은 역할을 잘한다는 이러한 명성은 4가지 이유에서 쉽게 흐려질 수 있다. 첫째, 뉴스 매체의 보도는 소비자 수요에 의해 형성된다.[25] 독자들은 금융시장에 관해 긍정적인 내용을 듣고 싶어 하기도 한다. 뉴스 매체들 간에도 경쟁이 있기 때문이다. 언론사들은 독자들에게 원하는 바를 주게 되고, 결과적으로 반대 의견은 비교적 묻히게 된다. 둘째, 언론인들은 금융시장에 대해 보도하려면 정보가 있어야 하지만, 정보라는 게 가끔은 너무 어려워서 그걸 가공해서 온전히 이해할 시간이 없을 때가 있다. 이는 서브프라임버블에서 드러났다. 특히 모기지담보부증권과 같이 소수의 아는 사람들만 이해할 수 있는 자산 주제를 다룰 때 더욱 그러했다. 남해 버블에서도 마찬가지였다. 300년이 지나 그래도 통찰력을 얻었음에도 불구하고 우리가 아직도 남해계획을 이해하기 힘들어하는 것만 봐도 알 수 있다.

셋째, 언론인들은 종종 정보의 출처와 서로 필요한 걸 주고받는 관계를 유지하며 그들이 선호하는 회사, 정부 또는 개인에 약간 긍정적으로 보도하는 것에 대한 대가로 사적으로 정보를 얻기도 한다.[26] 호황기 동안에 시장에 대한 대중의 높은 관심은 신문사에 있어 이 관계가 더욱 중요해지게 만들었고, 곧 버블자산을 부풀리게 하는 동기가 되기도 했다.[27] 이 같은 경우는 1920년대 버블이었는데, 당시 미국의 주요 대형 신문사들은 자체적으로 자산가치를 판단하는 어려운 일을 직접 하기보다는 그저 저명한 금융가들의 입에서 나오는 편향된 사견을 근거 삼아 금융 뉴스 스토리의 대부분을 만들어내기도 했다.

넷째, 뉴스 매체가 갖는 여러 동기와 이점은 광고 때문에 왜곡될 수 있다. 만일 자산가격 호황과 관련된 광고수입이 많아 거기에 의존하게 되면, 어쩔 수 없이 언론사의 동기는 버블을 폭로하고 찔러 없애기보다는 부풀리는 쪽으로 가게 된다. 이러한 이해관계의 충돌은 서브프라임버블 때 존재했는데, 인터넷의 등장으로 실존적 위협을 받고 있던 전통적인 뉴스 매체들은 부동산 광고로 얻는 수익을 두 팔 벌려 환영했다. 1840년대 신규 철도계획과 관련한 광고가 많았던 철도버블 때도 그랬고, 1880년대 호주 부동산 호황기 때 호주의 많은 뉴스 매체들도 그랬다.

따라서 버블 동안 매체의 역할은 그들이 직면한 동기에 의해 그때 그때 크게 좌우될 수 있다. 점점 더 뉴스 매체의 본질이 잡음들 사이로 들려오는 진짜 목소리를 구분해내기 힘든 방향으로 변해가고 있다. 이 문제는 비트코인 버블에서 확연히 드러났는데, 이때 수많은 정통 회의론자들은 스스로 책을 써서 내거나 소수의 독자들을 향해 개인 블로그를 통해 목소리를 내는 게 다였다.[28]

일반적인 투자자들은 제대로 된 정보보다는, 잘못된 정보를 반복해 말하는 언론인들과 비트코인 가격을 끌어올리기 위해 새로운 투자자들과 비트코인 거래 플랫폼 광고를 유치하려는 비트코인 보유자들을 만나기가 훨씬 쉬웠다. 게다가 뉴스 매체의 비즈니스 모델로 인한 금전적 압박은 제대로 된 금융 전문 뉴스를 제작하는 데에 감수해야 할 것이 더 많게 만든다. 더 근본적으로는, 시간이 지날수록 활자로 기록된 글보다는 텔레비전 뉴스, 다큐소프, 소셜미디어로 정보의 주 출처가 옮겨가는 경향이 투자자들이 금융 시스템의 복잡성을 이해하고 명확하게 자신만의 생각을 하는 능력을 갖기 어렵게 만든다.[29]

04

얻는 자가 될 것인가,
잃는 자가 될 것인가?

정부는 전형적으로 기술 버블을 터뜨리기를 꺼려하고, 정치적 버블을 만들지 않기 위해 자신들의 손을 묶어 예방하는 일을 꺼려한다. 제4권력, 즉 언론들이 움직이는 동기를 봐도 버블을 터뜨릴 사람은 아무도 없는 것 같아 보일 때가 있다. 그렇다면 시민들과 투자자들은 버블 앞에서 뭘 할 수 있을까? 버블에 관한 우리의 연구와 같은 것들이 투자자들로 하여금 버블의 타이밍을 잘 보는 통찰력을 갖게 해서 정점을 미리 알고 팔 수 있게 해줄 수 있을까? 아니면 과거 버블들이 우리에게 앞으로 올 버블을 찾아서 피하는 유익한 방법을 제시해줄까?

과거의 버블들이 남긴 잿더미에서 아마추어 투자자들이 얻을 교훈은 간단하다. 아마추어 투자자들은 버블이 생성되는 중에 주식이든 주택이든 버블시장으로 불나방처럼 달려드는 경우가 많다. 거의 모든 과거 버블이 조지 애컬로프$^{George Akerlof}$와 로버트 쉴러가 말한 '바보를 노리는 피싱phishing for phools '의 희생자가 되어버린다. 즉, 사람들에게 돈을 내달라고 설득해서 아마추어 투자자들이 그 돈을 주면, 노련한 투기꾼들은 그 돈을 모호한 계획에 쏟아 넣는 것이다.[30] 이들의 저서 『피싱의 경제학』이 아마추어 투자자들에게 전하는 핵심 내용은 주식이나 특히 주택 버블에서 한 발 물러나 버블이 끝나기를 기다리는 편이 낫다는 것이다. 빨리 부유해지는 투자란 언제나 유혹적이나, 자고로 버블에서 이득을 보는 자들은 주로 노련한 투자자와 전문가, 내부 관계자들이며, 이들이 가져가는 돈은 주로 초보 투자자들의 돈이기 때문이다. 버블이 터진 후에 이익을 보는 사람들도 있긴 하지만, 버블 후에 가격이 안정세를 되찾으려고 크게 폭락하는 바람에 의도치 않게 헐값에 자산을 취득할 수 있게 된 경우가 많다.

버블에 올라타거나 버블의 효과를 극대화하는 건 대다수의 투자자에게 해당되는 말이 아니다. 버블에 올라타는 게 성공하려면 정점 부근에서 매도에 성공해야 하는데, 시장이란 게 시간 맞추기가 너무 어렵다. 또한 자본금이 엄청나게 많지 않은 이상 버블을 이용해 큰돈을 버는 것 또한 어렵다. 버블이 진행되는 시간이 길어질수록 지속적인 매도를 유지하는 데(쇼트 포지션 유지) 비용이 더 많이 들기 때문이다.

그렇다면 기술 버블에는 어떻게 접근해야 할까? 기술주 수익률은 너무나 불확실하니, 그보단 차라리 복권에 기대는 게 나을지도 모른다.[31] 대부분은 큰 손실을 보겠으나, 언제나처럼 소수의 주주들은 큰 이익을 볼 것이다. 만일 누군가 1997년 아마존 기업공개에 단돈 100달러를 투자해 20년이 지난 2017년까지 보유했다면 이 지분은 S&P500에 투자했을 경우의 155배에 달하는 약 4만 9000달러의 가치

가 되어 있을 것이다.[32]

우리 책에서 투자자들이 얻어 갈 수 있는 가장 중요한 교훈은 버블 트라이앵글의 세 변의 요소가 충족된 상태인지 각각을 살피고 정치적 또는 기술적 불꽃을 경계하면서 마치 화재 안전 검사관이라도 된 듯 행동할 필요가 있다는 것이다. 그러기 위해서는 정치인들을 움직이게 하는 동기와 정치체계의 구조에 대해 길고 치열하게 생각해볼 필요가 있다.

우리가 전하고 싶은 궁극적 메시지는 금융과 경제의 지식과 면면만 살펴볼 게 아니라 그 이상의 사회, 기술, 심리, 정치과학에 대해 이해할 필요가 있고, 더 중요한 건, 투자자 개인의 정신적 모델을 각자 형성하기 위해서는 반드시 역사를 돌아보아야 한다는 것이다.[33]

트라이앵글 형성에 성공한 버블 삼각지대는 1720년부터 끊임없이 투자자들을 노리고 있다. 잊히지도 않게 말이다.

1부

1 Harris, 'Handel the investor', 533.

2 HM 토지 등기부 공개자료, 'UK House Price Index, Northern Ireland'.

3 Scherbina and Schlusche, 'Asset price bubbles'; Farhi and Panageas, 'The real effects of stock market mispricing'.

4 은행위기의 파괴성에 관해서는 다음 자료 참고: Friedman and Schwartz, The Great Contraction; Bernanke, 'Nonmonetary effects'; Calomiris and Mason, 'Consequences of bank distress'; Dell'Ariccia, Detragiache and Rajan, 'The real effect of banking crises'. 은행위기로 인한 비용 추정에 관해서는 다음 자료 참고: Hoggarth, Reis and Saporta, 'Costs of banking system instability'; Laeven and Valencia, 'Resolution of banking crises'.

5 Deaton, 'The financial crisis'.

6 Eatwell, 'Useful bubbles'.

7 Olivier, 'Growth-enhancing bubbles'. 다음 자료 참고 추천: Martin and Ventura, 'Economic growth with bubbles'.

8 Janeway, Doing Capitalism, p. 237.

9 Zimmer, 'The "bubble" that keeps on bubbling'.

10 Garber, Famous First Bubbles, p. 124.

11 Engsted, 'Fama on bubbles', 2; Fama, 'Two pillars of asset pricing', 1,475.

12 Engsted, 'Fama on bubbles'.

13 Kindleberger, Mania, Panics, and Crashes, p. 16.

14 Garber, Famous First Bubbles, p. 4.

15 거래량과 버블과의 관계는 다음 자료 참고: Barberis et al., 'Extrapolation and bubbles'; Greenwood, Shleifer and You, 'Bubbles for Fama'; Hong and Stein, 'Disagreement and the stock market'; Scheinkman, Speculation, Trading and Bubbles.

16 Allen and Gale, 'Bubbles and crises'; 'Bubbles, crises, and policy'; 'Asset price bubbles'; Allen, 'Do financial institutions matter?'

17 Allen and Gale, 'Bubbles and crises'; Minsky, Stabilizing an Unstable Economy; Kindleberger, Manias, Panics and Crashes.

18 Bagehot, 'Investments', Inquirer, 31 July 1852. 존 불(John Bull)은 19세기 정치 풍자로 영국인을 가리키던 말로, 단순하고 평범한 영국인을 뜻한다.

19 Kaldor, 'Speculation', 1.

20 O'Hara, 'Bubbles', 14; Blanchard and Watson, 'Bubbles'

21 Abreu and Brunnermeier, 'Synchronization risk', 'Bubbles and crashes'; Brunnermeier and Nagel, 'Hedge funds'; Xiong and Yu, 'Chinese warrants bubble'.

22 Haruvy and Noussair, 'The effect of short selling'; Ofek and Richardson, 'Dotcom mania'; Scheinkman and Xiong, 'Overconfidence'; Shleifer and Vishny, 'The limits of arbitrage'.

23 Quinn, 'Squeezing the bears'.

24 Brunnermeier, 'Bubbles'; Gjerstad and Smith, 'Monetary policy', 274.

25 Perez, 'The double bubble'.

26 Hickson and Thompson, 'Predicting bubbles'.

27 나중에 작가들이 뉴턴의 유명한 말을 이용해 재미있게 서술했다. 뉴턴이 '천체의 움직임은 계산할 수 있어도 사람의 광기는 계산할 수 없었다.'라고 말했다고 전해진다. 관련 참고: Odlyzko, 'Newton's financial misadventures'.

28 Kindleberger, Mania, Panics, and Crashes; Galbraith, A Short History of Financial Euphoria; Shiller, Irrational Exuberance; Akerlof, Shiller, Animal Spirits.

29 Akerlof and Shiller, Animal Spirits; Barberis, Shleifer and Vishny, 'A model of investor sentiment'; Daniel, Hirshleifer and Subrahmanyam, 'Investor psychology'; Lux, 'Herd behaviour'.

30 Barberis, Shleifer and Vishny, 'A model of investor sentiment'; Daniel, Hirshleifer and Subrahmanyam, 'Investor psychology'.

31 Lux, 'Herd behaviour'.

32 Donaldson and Kamstra, 'A new dividend forecasting procedure'; Garber, Famous First Bubbles; Pástor and Veronesi, 'Technological revolutions'.

33 Dale, Johnson and Tang, 'Financial markets can go mad'; Garber, Famous First Bubbles; Shiller, Irrational Exuberance.

34 Opp, 'Dump the concept of rationality'.

35 다음 자료에서 말한 기준과 유사함: Goetzmann, 'Bubble investing' and

Greenwood et al., 'Bubbles for Fama'.

36 Greenwood et al., 'Bubbles for Fama'.

37

명칭	국가	연도	자산	버블 후 재정위기
미시시피 버블	프랑스	1719–1720	미시시피 회사 주식	없음
남해회사 버블	영국	1719–1720	기업 주식 (남해회사 주식 포함)	없음
선물거래 버블	네덜란드	1720	기업 주식	없음
최초의 이머징마켓 버블	영국	1824–1826	기업 및 광산주	있음
철도 투기	영국	1844–1846	철도 주식	있음
호주 부동산 붐	호주	1886–1893	기업 주식과 부동산	있음
자전거 투기	영국	1895–1898	자전거 기업 주식	없음
광란의 20년대	미국	1920–1931	신기술 기업 주식	있음
일본 버블	일본	1985–1992	기업 주식과 부동산	있음
닷컴버블	미국	1995–2001	신기술 주식	없음
서브프라임 버블	미국, 영국, 아일랜드, 스페인	2003–2010	부동산과 주택	있음
중국 버블	중국	2007, 2015	주식	없음

표 1.1 주요버블

38 참고: Posthumus, 'The tulip mania'.

39 Goldgar, Tulipmania.

40 Garber, 'Tulipmania'; Garber, Famous First Bubbles.

41 Thompson, 'The tulipmania'.

42 Mackay, Memoirs of Extraordinary Popular Delusions, 2nd edition.

43 Goldgar, Tulipmania, p. 6.

44 Goldgar, Tulipmania, pp. 6 –7.

45 Englund, 'The Swedish banking crisis'; Moe, Solheimand Vale, 'The Norwegian banking crisis'; Nyberg, 'The Finnish banking crisis'; Radlet et al., 'The East Asian financial crisis'.

46 Radlet et al., 'The East Asian financial crisis'; Mishkin, 'Lessons from the Asian crisis'.

47 Radlet et al., 'The East Asian financial crisis', 38; Aumeboonsuke and Tangjitprom, 'The performance of newly issued stocks in Thailand'.

48 이러한 경제사적 접근에 대한 정당성 근거는 다음 자료 참고: Lamoreaux, 'The future of economic history'.

2부

1   Ceballos and Alvarez, 'Royal dynasties'.

2   Dickson, The Financial Revolution, pp. 79 – 80. GDP 추정치 참고: Hills, Thomas and Dimsdale, 'The UK recession'. 이때 영국 브리튼 지역은 율리우스력을 사용 중이어서 그레고리력을 사용 중이던 대륙의 다른 인접국보다 약 11일정도 날짜가 뒤에 있음. 이 책에서는 통일성을 위해 전부 그레고리력 날짜로 변환함.

3   Hart, Jonker and van Zanden, A Financial History, pp. 70 – 1.

4   Dale, The First Crash, pp. 56 – 7; Velde, 'John Law's system', 6 – 7.

5   존 로에 대한 역사학 참고문헌: Blaug, Pre-Classical Economists; Hamilton, 'John Law'; Mackay, Extraordinary Popular Delusions, 2nd edition, chapter 1; Murphy, John Law; Neal, 'I Am Not Master of Events'. 저급한 로맨스 소설로 인용된 소설은 다음과 같다: Emerson Hough's The Mississippi Bubble: How the Star of Good Fortune Rose and Set and Rose Again, by a Woman's Grace, for One John Law of Lauriston.

6   Dale, The First Crash, p. 58; Hamilton, 'John Law'; Law, Money and Trade Considered; Schumpeter, History of Economic Analysis, pp. 294 – 5.

7   Davis, 'An historical study', 23.

8   Dale, The First Crash, p. 59; Davis, 'An historical study', 26; Velde, 'John Law's system', 18.

9   Velde, 'John Law's system', 20.

10 회사의 원래 명칭은 '서방 회사(The Company of the West)'였으나, 이 책에서는 다른 선행연구와의 내용적 통일성을 위해 '미시시피 회사'라는 명칭으로 씀.

11 Murphy, John Law, p. 166; Velde, 'Was John Law's system a bubble?', 105.

12 Velde, 'Was John Law's system a bubble?', 107.

13 Dale, The First Crash, p. 66; Velde, 'Was John Law's system a bubble?', 105.

14 Carswell, South Sea Bubble, p. 88.

15 Darnton, 'An early information society', 6; Velde, 'John Law's system', 110; Velde, 'Government equity', 10.

16 출처: Murphy, John Law, p. 208; 암스테르담 관보, 1719 – 20. / 참고: 세로줄은 미시시피 회사 주식의 청약일을 나타냄. (그림2.1)

17 Murphy, John Law, pp. 221 – 3.

18 Murphy, John Law, pp. 227 – 30, 237 – 8.

19 Velde, 'John Law's system', 30.

20 Dale, The First Crash, pp. 128 – 30; Murphy, John Law, p. 266

21 Velde, 'John Law's system', 36 – 9.

22 Dickson, Financial Revolution, pp. 92 – 3.

23 Neal, The Rise of Financial Capitalism, p. 94.

24 Dale, The First Crash, p. 75.

25 Kleer, 'Riding a wave', 266.

26 Anderson, 'The origin of commerce', 8 –9.

27 Kleer, 'Folly of particulars', 176.

28 House of Commons, The Several Reports.

29 Kleer, 'Folly of particulars'; Kleer, 'Riding a wave'.

30 Carswell, South Sea Bubble; Paul, South Sea Bubble.

31 Dale, The First Crash, pp. 98 – 101; Dickson, Financial Revolution, pp. 144 – 5.

32 Dale, The First Crash, p. 6.

33 Dickson, Financial Revolution, p. 108; Hoppit, 'Myths', 150.

34 Dale, The First Crash, pp. 98 – 101; Dickson, Financial Revolution, pp. 144 – 5.

35 Dale, The First Crash, pp. 14 – 16.

36 Paul, 'The "South Sea Bubble", 1720'.

37 Dale, The First Crash, p. 18; Kleer, 'Riding a wave', 274 – 5; Wilson, Anglo-Dutch Commerce, p. 104.

38 Hutcheson, Some Calculations.

39 Chancellor, Devil Take the Hindmost, p. 65.

40 출처: 유럽 국가 재정 데이터베이스(European State Finance Database)(그림2.2)

41 Dickson, Financial Revolution, pp. 134, 168 – 9.

42 Dickson, Financial Revolution, pp. 159 – 60.

43 House of Commons, An Act for Making.

44 Dickson, Financial Revolution, p. 185.

45 Dickson, Financial Revolution, pp. 172 – 4; Statutes at Large, pp. 299, 354 – 8.

46 Hoppit, 'Myths', 143 – 5.

47 Frehen et al., 'New evidence', 594 – 6.

48 출처: 유럽 국가 재정 데이터베이스(European State Finance Database)(그림2.3)

49 Velde, 'John Law'; Gelderblom and Jonker, 'Public finance', 25.

50 출처: Yale International Center for Finance, South Sea Bubble 1720 Project, https://som.yale.edu/faculty-research/our-centers-initiatives/international-center-finance/data/historical-southseasbubble, last accessed 18 February

2019. / 참고: 23개 네덜란드 회사에 대한 가격 지수, 1720년 4월 1일 기준 100으로 설정. (그림2.4)

51 Gelderblom and Jonker, 'Mirroring', 11 – 12.

52 Gelderblom and Jonker, 'Mirroring', 9 – 10.

53 Neal, The Rise of Financial Capitalism, p. 79.

54 Condorelli, 'The 1719 – 29 stock euphoria', 25, 52.

55 Hutcheson, Several Calculations, p. 64.

56 Neal, The Rise of Financial Capitalism; Temin and Voth, 'Riding'.

57 Whitehall Evening Post, 24 – 26 March 1720.

58 Hutcheson, Several Calculations; Hutcheson, Some Calculations.

59 Kleer, 'Riding a wave', 278.

60 Hoppit, 'Myths', 164.

61 Defoe, Anatomy; Swift, 'The Bubble'.

62 Hoppit, 'Myths', 159 – 62.

63 Garber, 'Famous first bubbles', 46 – 7, 52.

64 Velde, 'Was John Law's system a bubble?', 114 – 19.

65 Dale, The First Crash, pp. 114 – 17; Hutcheson, Some Calculations.

66 Dale, The First Crash, pp. 158 – 9.

67 Hamilton, 'Prices and wages', 78.

68 Bonney, 'France'; Bordo and White, 'A tale of two currencies'; Ferguson, The Ascent of Money, p. 127.

69 Daily Post, 7 January 1721, pp. 2 – 4; London Journal, 7 January 1721, p. 2; Weekly Journal or British Gazetteer, 14 January 1721, p. 4.

70 Hoppit, 'Myths', 154 – 5.

71 Broadberry et al., British Economic Growth; Hoppit, 'Myths', 152 – 7.

72 Carlos, Maguire and Neal, 'A knavish people . . . '; Carlos, Maguire and Neal, 'Financial acumen'; Carlos and Neal, 'The micro-foundations'; Dickson, Financial Revolution, p. 282; Wilson, Anglo-Dutch Commerce, pp. 104 – 5.

73 Frehen, Goetzmann and Rouwenhorst, 'New evidence'.

74 Hoppit, 'Myths', 158.

75 Murphy, 'Corporate ownership', 195.

76 Harris, 'The Bubble Act'; Turner, 'The development', 127.

77 Frehen, Goetzmann and Rouwenhorsts, 'New evidence', 588.

3부

1   Hills, Thomas and Dinsdale, 'The UK recession in context', 데이터 추가.

2   Tooke, A History of Prices, p. 148.

3   Randall, Real del Monte, p. 33.

4   Fenn, British Investment in South America, p. 61.

5   Costeloe, 'William Bullock'.

6   앵글로-멕시코 광산협회의 사업설명서. 출처: English, A General Guide to the Companies, pp. 4 - 8.

7   출처: English, A Complete View of Joint Stock Companies. (표3.1)
참고: 살아남은 (광산) 회사들은 1826년 12월 기준으로 존재해 있던 회사들이다. 버려진 (광산) 회사들은 주식은 발행하지만 1826년 12월 기준으로 폐기된 회사들이다. 또 여기서 '예정된' 회사라 함은 자사 사업설명서나 설립 계획을 언론에 발표는 했으나 실제 설립되었는지의 여부는 알 수 없는 (광산)회사들을 말한다.

8   English, A Complete View of Joint Stock Companies, p. 30.

9   출처: 저자 미상 The South Sea Bubble, pp. 171 - 9; Report of the Select Committee on Joint Stock Companies, 1844, Appendix 4, pp. 334 - 9. (표3.2)

10   Gayer, Rostow and Schwartz, Growth and Fluctuation, Vol. I, pp. 377 - 410.

11   Head, Rough Notes Taken During Some Rapid Journeys Across the Pampas, pp. 303 - 4.

12   인용: Dawson, The First Latin American Debt Crisis, p. 101.

13   발췌: 저자 미상, The South Sea Bubble, pp. 160 - 1.

14   Francis, History of the Bank of England, Vol. II, p. 3. 프랜시스는 이 사업설명서를 당시에 본 경험을 회상하며 주식거래에서 찾아볼 수 있는 우스꽝스러움을 언급했다. 다음의 자료에도 풍자적이기만 현실에 가까운 사업설명서가 나타나 있다: King, History of the London Discount Market, p. 36; Andreades, History of the Bank of England, p. 250; Chancellor, Devil Take the Hindmost, p. 105

15   출처: 계산의 근거: Wetenhall's Course of the Exchange, 1824 - 6; Campbell et al., 'What moved share prices?' / 참고: 이 자본 평가 지수는 어느 정도 편중성이 있다. 직전 달 시장 자본의 일부가 이번 달과 겹치는 부분이 있다. 해외 광산주 지수는 첫 해외 광산주가 등장한 1824년 8월부터 1826년 12월까지를 포함한 Wetenhall's Course of the Exchange 목록에 있는 모든 해외 광산 회사를 포함한 지수다. 새로운 비광산 주가 지수에는 1824년 8월부터 1826년 12월까지 목록에 있는 모든 회사를 포함했다. 블루칩 주가 지수는 1824년부터 1826년까지 런던 주식시

장에서 가장 시장자본을 크게 형성한 상위 30개 주식을 포함한 것이다. 이 지수는 직전 연도 12월 말의 상위 30개 주식시장의 데이터도 포함하고 있다. 우리는 주식이 액면가로 발행되고 상장폐시 지 -100%의 수익으로 진행된다고 가정했다. 이는 당시 언론에 보도된 파산절차와도 일치한다. 지수의 기준은 1824년 8월을 기준으로 100으로 설정했다. 우리는 각 달의 마지막에 보고된 가격 데이터를 사용했고, 가격이 보고되지 않은 매우 드문 경우에 한하여 직전 달의 주가 데이터를 사용했다. 개별 회사의 수익은 자본에 대한 불입 요청 여부를 고려해서 조정하였다. (그림3.1)

16 Wright, History of the Reigns of George IV and William VI, p. 56.

17 보내지 않은 서신 초안, c. April 1825, Disraeli, Letters, 1815 – 1834, p. 28.

18 The Times, 7 February 1825, p. 3.

19 참고 추천: Harris, Industrializing English Law, p. 252.

20 Emden, Money Powers of Europe, p. 38.

21 Harris, 'Political economy', 688.

22 The Times, 15 March 1825, p. 2.

23 Disraeli, An Inquiry into the Plans, Progress and Policy, pp. 82 – 90.

24 Harris, Industrializing English Law, p. 245.

25 Hunt, The Development of the Business Corporation, p. 45.

26 Tooke, A History of Prices, p. 159.

27 Dawson, The First Latin American Debt Crisis, p. 113.

28 The Times, 10 May 1826, p. 3.

29 예시로 참고: Randall, 레알 델 몬테.

30 Head, Rough Notes Taken During Some Rapid Journeys Across the Pampas, pp. 278 – 81.

31 예시로 참고: Ward, Mexico in 1827.

32 Fenn, British Investment in South America, p. 60.

33 Morning Chronicle, 10 March 1825, p. 2 and 21 March 1825, p. 2.

34 The Times, 23 November 1824, p. 3.

35 The Times, 12 April 1824, p. 3; 15 April 1824, p. 2; 5 May 1824, p. 4; 1 June 1824, p. 3.

36 The Times, 31 October 1825, p. 3; 27 March 1826, p. 2; 20 September 1826, p. 2.

37 Chancellor, Devil Take the Hindmost, p. 106.

38 저자 미상, Remarks on Joint Stock Companies, p. 5.

39 Rippy, 'Latin America', 125.

40 The Times, 15 April 1824, p. 2.

41 Taylor, Statements Respecting the Profits of Mining, p. 55.

42 Report of the Select Committee on Joint Stock Companies, 1844, Q. 2345, 2354‑5.

43 McCulloch, A Dictionary, p. 188.

44 Francis, Chronicles and Characters of the Stock Exchange, pp. 263‑4.

45 Disraeli, Letters, 1815‑1834, p. 27 ‑ 로버트 메서(Robert Messer)와 그의 중개인에게 보내지 않은 서신 초안.

46 The Times, 15 April 1824, p. 2.

47 Martineau, A History of the Thirty Year's Peace, Vol. II, p. 7; Tooke, A History of Prices, p. 150. 다음도 참고함: Hunt, The Development of the Business Corporation, p. 33 and Gayer, Rostow and Schwartz, Growth and Fluctuation, Vol. I, p. 378.

48 Hyndman, Commercial Crises of the Nineteenth Century, pp. 27‑8. 다음도 참고함: 저자 미상, Remarks on Joint Stock Companies, p. 4.

49 Fenn, British Investment in South America, p. 98; The Times, 25 March 1825, p. 3.

50 Acheson, Turner and Ye, 'The character and denomination', 868.

51 Campbell, Turner and Ye, 'The liquidity of the London capital markets'.

52 Neal, 'The financial crisis', p. 60; Committee of Secrecy on the Bank of England Charter, P.P. 1831‑2 VI, Evidence of J. Horsley Palmer, q. 606.

53 Committee of Secrecy on the Bank of England Charter, P.P. 1831‑2 VI, Evidence of George W. Norman, q. 2666; William Beckett, q. 1392; and John Wilkins, q. 1638; Turner, Banking in Crisis, p. 69.

54 Committee of Secrecy on the Bank of England Charter, P.P. 1831‑2 VI, Appendix 6 참고.

55 Committee of Secrecy on the Bank of England Charter, P.P. 1831‑2 VI, Evidence of George W. Norman, q. 2666; William Beckett, q. 1392; and John Wilkins, q. 1638; Turner, Banking in Crisis, p. 69.

56 Tooke, A History of Prices, p. 179.

57 Committee of Secrecy on the Bank of England Charter, P.P. 1831‑2 VI, Evidence of Thomas Tooke, qq. 3852, 3857.

58 Select Committee on Banks of Issue, P.P. 1840 IV, Evidence of Thomas Tooke, q. 3762.

59 Clapham, The Bank of England, Vol. II, p. 94; Committee of Secrecy on the Bank of England Charter, P.P. 1831‑2 VI, Evidence of George W. Norman, q.

2557; Evidence of Vincent Stuckey, q. 1186; Samuel J. Loyd, q. 3466; George Grote, q. 4646; John Easthope, q. 5795. Hilton, Corn, Cash and Commerce, p. 202 에서 모두 호황이 정부와 잉글랜드은행 간 협조의 부재로 인해 촉발되었다고 주장하고 있다.

60 Committee of Secrecy on the Bank of England Charter, P.P. 1831 – 2 VI, Evidence of William Ward, q. 1992; Jeremiah Harman, q. 2330; George W. Norman, q. 2667; John Richards, q. 5019; and Thomas Tooke, q. 3852, 3911.

61 Michie, Money, Mania and Markets, p. 35. Indeed, The Times, 1 July 1825, p. 3, 실행에 옮기는 것을 경고하고 있음.

62 기업을 위한 일반 지침(A General Guide to the Companies) 영어 설명서 참고.

63 Emden, Money Powers of Europe, p. 39; Gilmore, 'Henry George Ward', 36 – 7; Chancellor, Devil Take the Hindmost, p. 100.

64 Jenks, The Migration of British Capital, p. 53.

65 Harris, 'Political economy', 686 – 7.

66 The Times, 7 February 1825, p. 3.

67 The Times, 27 August 1825, p. 3.

68 Powell, The Evolution of the Money Market, p. 326.

69 Pressnell, Country Banking, p. 487.

70 The Times, 20 December 1825, p. 2. See also The Times, 16 December 1825, p. 2.

71 Committee of Secrecy on the Bank of England Charter, P.P. 1831 – 2 VI, Appendix 101.

72 Turner, Banking in Crisis, pp. 53 – 4.

73 Gayer, Rostow and Schwartz, The Growth and Fluctuation, Vol. I, p. 191; Committee of Secrecy on the Bank of England Charter, P.P. 1831 – 2 VI, Evidence of N. M. Rothschild, qq. 4895 – 6.

74 Stuckey, 'Thoughts on the improvement', 424.

75 잉글랜드은행 설립승인에 관한 비밀 위원회(Committee of Secrecy on the Bank of England Charter), P.P. 1831 – 2 VI, Evidence of John Richards, q. 5006 and Jeremiah Harman, q. 2262.

76 잉글랜드은행 설립승인에 관한 비밀 위원회(Committee of Secrecy on the Bank of England Charter), P.P. 1831 – 2 VI, Evidence of N. M. Rothschild, q. 4897.

77 사실 이 규제가 없더라도 조합의 규모는 작았을 것이다. 조합법에서 소유와 운영을 분리해야 한다고 규정해 두었기 때문이다. 참고: Turner, Banking in Crisis, pp. 103 – 8; Acheson, Hickson and Turner, 'Organizational flexibility'.

78   The Times, 8 December 1825, p. 2; Pressnell, Country Banking, p. 491.

79   Collins and Baker, Commercial Banks and Industrial Finance; Turner, Banking in Crisis.

80   Emden, Money Powers of Europe, p. 61; Taylor, 'Financial crises and the birth of the financial press'.

4부

1   The Economist, 'The beauty of bubbles', 20 December 2008. See also Campbell, 'Myopic rationality'; Kostal, Law and English Railway Capitalism, p. 29; Odlyzko, 'Collective hallucinations'.

2   Mackay, Memoirs of Extraordinary Popular Delusions, 3rd edition, p. 84. 흥미롭게도 멕케이는 연대기 기록자이자 광기와 버블을 연구하는 연구자였지만 철도버블로는 그다지 통찰력이 있지는 않았던 것 같다. 그는 버블이 터질 때까지 그것이 버블인지 몰랐기 때문이다(Odlyzko, 'Charles Mackay's own popular delusions').

3   《자본론》의 영어 번역서는 안타깝게도 이 부분을 직역해 '대 철도 사기'라고 번역해놓았다(Marx, Capital, p. 538). 하지만 이 번역은 틀렸다(McCartney and Arnold, 'The railway mania', 836).

4   Jackman, The Development of Transportation, p. 522; Kostal, Law and English Railway Capitalism, p. 16; Turner, 'The development of English company law'.

5   Francis, A History of the English Railway, p. 140.

6   Authors' calculations based on data from Wetenhall's Course of the Exchange, 1834 – 7.

7   Simmons, The Railway in England and Wales, p. 24; Odlyzko, 'Collective hallucinations'.

8   Federal Reserve Economic Data, 'Mileage of New Railway Lines Authorized by Parliament for Great Britain'.

9   Cleveland-Stevens, English Railways, p. 102.

10   Cleveland-Stevens, English Railways, p. 155.

11   Junner, The Practice before the Railway Commissioners, p. xix; Lewin, Railway Mania, p. 18; Casson, The World's First Railway System, p. 277.

12   The Economist, 6 July 1844, p. 962.

13 출처: Campbell, 'Myopic rationality'; Campbell, 'Deriving the railway mania'; Campbell and Turner, 'Dispelling the myth'; Railway Times (1843–50) and Wetenhall's Course of the Exchange (1843–50). 참고: 철도 지수에는 전체 철도의 주가지수로 산출하였다. 비철도 주가지수와 블루칩 주가지수는 시장자본 기준으로 상위 20개 비철도 기업을 나타내고 있다. 각 주당 자본 수익은 직전 주의 시가 총액에 따라 가중치가 부여되어 주당 가치 상승 이익을 포함한 시장지수로 나타난다. 각 지수는 1843년 1월 첫째주 기준으로 1,000씩 설정되어 있다.(그림4.1)

14 Railway Times, 9 November 1844, p. 1,309.

15 Aytoun, 'How we got up the Glenmutchkin Railway'.

16 저자 미상, The Railway Speculator's Memorandum Book, p. 7; Reed, Investment in Railways, p. 89.

17 저자 미상, A Short and Sure Guide, p. 10; Kostal, Law and English Railway Capitalism, pp. 76–7.

18 Lewin, The Railway Mania, p. 17; Railway Times, 19 July 1845, p. 1,208.

19 Casson, The World's First Railway System, p. 277.

20 Railway Times, 25 April 1846, p. 578.

21 The Times, 17 November 1845, p. 4. 이 수치는 실제 발기설립의 규모를 전부 담아내지는 못했을 것이다. 이 목록에 있는 335개 회사가 전부 의회에 청원한 것은 아니기 때문이다. – The Times, 14 January 1846, p. 6.

22 출처: Campbell and Turner, 'Managerial failure', 1,252 and Campbell, Turner and Walker, 'The role of the media in a bubble', 479. 참고: 기업발기설립 광고에 등장하는 단어 개수는 〈레일웨이 타임스〉에 있는 모든 회사의 광고를 훑어 읽은 후, 소프트웨어 〈LinguisticInquiry〉와 〈Word Cound〉를 사용해 집계했다. 철도 주가 지수는 전체 철도 주식을 기준으로 산출하였다. 각 주당 자본 수익은 직전 주의 시가 총액에 따라 가중치가 부여되어 주당 가치 상승 이익을 포함한 시장지수로 나타난다. 각 지수는 1843년 1월 첫째주 기준으로 1,000씩 설정되어 있다. (그림4.2)

23 참고: Railway Times, 4 October 1845, p. 1,768.

24 Return of the Number of Newspaper Stamps at One Penny, P.P. 1852, XLII.

25 Campbell, Turner and Walker, 'The role of the media in a bubble'.

26 The Economist, 4 October 1845, pp. 950–3

27 The Times, 1 July 1845, p. 4; 30 July 1845, p. 4; 17 November 1845, p. 4.

28 Brown, Victorian News, pp. 27–9, 50; Simmons, The Victorian Railway, p. 240.

29 The Times, 18 October 1845, p. 5

30 Simmons, The Railway in England and Wales, p. 40.

31 Tuck, The Railway Shareholder's Manual.

32 Railway Times, Editorials from 18 October 1845 to 13 December 1845, pp. 1,962, 2,057, 2,137, 2,185, 2,233, 2,281, 2,313, 2,345 and 2,377.

33 Campbell, Turner and Walker, 'The role of the media in a bubble'.

34 The Economist, 25 October 1845, p. 1,029.

35 The Economist, 15 November 1845, p. 1,126.

36 Lambert, The Railway King, p. 167.

37 The Economist, 8 November 1845, p. 1,109

38 Smith, The Bubble of the Age.

39 York and North Midland Railway, Report of the Committee of Investigation; Railway Times, 28 April 1849, p. 441; Railway Times, 14 July 1849, p. 690; Railway Times, 27 October 1849, p. 1,086.

40 Arnold and McCartney, 'It may be earlier than you think'; Reports of the Select Committee of House of Lords on Audit of Railway Accounts, P.P. 1849, XXII.

41 The Abandonment of Railways Act (1850).

42 Clifford, A History of Private Bill Legislation, p. 89.

43 Acheson et al., 'Rule Britannia', 1,117. (그림 43) (각주번호 45)

44 출처: 총자본형성은 다음 자료 참고: Mitchell, 'The coming of the railway', p. 335; 명목GDP는 다음 자료 참고: Mitchell, British Historical Statistics, p. 831. 영국 철도 납입자본의 계산은 근거는 다음 자료 참고: Wetenhall's Course of the Exchange, 1831−70 and Acheson et al., 'Rule Britannia'. / 참고: 영국 철도 납입자본은 런던 증권거래소에 상장된 철도의 연말 가치를 기준으로 하였다.

45 Campbell, Turner and Ye, 'The liquidity of the London capital markets'.

46 Killick and Thomas, 'The provincial stock exchanges', 103; Thomas, The Provincial Stock Exchanges, pp. 28−69; Michie, The London Stock Exchange, p. 117.

47 Thomas, The Provincial Stock Exchanges, p. 50; Killick and Thomas, 'The provincial stock exchanges', 104.

48 The Economist, 13 April 1844, p. 674.

49 Railway Times, 4 May 1884, p. 510.

50 Campbell, 'Deriving the railway mania'.

51 저자 미상, 'History of The Bank of England', 515; Campbell and Turner, 'Dispelling the myth'.

52   Williamson, 'Earnings', 474.

53   Broadbridge, 'The sources of railway share capital', 206.

54   Taylor, 'Business in pictures', p. 118; Michie, Guilty Money, pp. 23 −9.

55   Francis, A History of the English Railway, p. 195; Spencer, Railway Morals, p. 14; 저자 미상, 'History of The Bank of England', 512; Broadbridge, 'The sources of railway share capital', 204; Lee, 'The provision of capital', 39; Kindleberger, Mania, Panics and Crashes, p. 25; Michie, Money, Mania and Markets, p. 96.

56   Odlyzko, 'Collective hallucinations', 4 −5.

57   Return of Railway Subscribers, (P.P. 1845, XL); Return of Railway Subscribers (P.P. 1846, XXXVIII).

58   Casson, The World's First Railway System, p. 278.

59   Lewin, The Railway Mania, p. 18.

60   Gale, A Letter to the Right Hon. the Earl of Dalhousie, p. 5.

61   The Economist, 21 October 1848, p. 1,187.

62   McCartney and Arnold, 'Capital clamours for profitable investment'.

63   Railway Times, 9 March 1844, p. 285.

64   Esteves and Mesevage, 'The rise of new corruption'.

65   Spencer, Railway Morals, p. 14.

66   Campbell and Turner, 'Dispelling the myth', 19.

67   Dobbin, Forging Industrial Policy, p. 175; Railway Times, 23 August 1845, p. 1,321.

68   Gordon, Passage to Union, pp. 17−22.

69   Dobbin, Forging Industrial Policy, pp. 40 −2.

70   미국 철도 시스템은 1850년대에 크게 확장되었다. 그러나 자산 가격 역전 규모는 영국보다 미국이 더 컸다. 참고: Pástor and Veronesi, 'Technological revolutions', 1,475.

71   Gale, A Letter to the Right Hon. the Earl of Dalhousie, pp. 9−15.

72   Campbell and Turner, 'Managerial failure'.

73   The Economist, 4 November 1848, p. 1,241; Jackman, The Development of Transportation; p. 599.

74   Letter written by Charlotte Brontë in 1849 − 참고: Brontë, The Letters of Charlotte Brontë, p. 267.

75   Secret Committee of the House of Lords on Causes of Commercial Distress, P.P.

1847-8 I, Evidence of James Morris and H. J. Prescott, q. 2674. 추가 참고: The Times, 1 October 1847, p. 6.

76   Campbell, 'Deriving the railway mania', p. 22.

77   The Economist, 20 November 1847, p. 1,334.

78   Eatwell, 'Useful bubbles'.

79   Lardner, Railway Economy, p. 49.

80   Hawke, Railways and Economic Growth; Leunig, 'Time is Money'.

81   Leunig, 'Time is money'.

82   Casson, 'The efficiency of the Victorian British railway network'.

83   Crafts, Mills and Mulatu, 'Total factor productivity growth'.

5부

1   Cannon, The Land Boomers, p. 43.

2   Davison, The Rise and Fall of Marvellous Melbourne.

3   참고: Butlin, 'The shape of the Australian economy'; Kelley, 'Demographic change'.

4   Davison, The Rise and Fall of Marvellous Melbourne, p. 12.

5   Cannon, The Land Boomers, p. 24.

6   Australasian Insurance and Banking Record, Vol. XXII, 1888, p. 3.

7

	명목 GDP	1인당 GDP	호주 내 영국 투자
1881	147.8	64	5.7
1886	177.4	62	17.9
1887	195.6	67	15.2
1888	201.5	65	22.8
1889	221.4	68	22.0
1890	214.9	64	15.6
1891	211.6	67	12.6
1892	179.7	57	5.6
1893	160.6	53	−1.0
1899	190.4	55	6.0
1900	198.3	57	5.8

표5.1 호주 GDP(단위: 100만 파운드), 1인당 GDP(단위: 파운드), 해외자본(단위: 100만 파운드)

출처: Butlin, Investment in Australian Economic Development, pp. 11-13; Butlin, Australian Domestic Product, pp. 6-7, 33, 424. / 참고: GDP와 1인당 GDP 수치는 1911년 기준으로 일정하다. (표 5.1)

8   Australasian Insurance and Banking Record, Vol. XXI, 1887, p. 1.

9   Australasian Insurance and Banking Record, Vol. XXIII, 1889, p. 314.

10 Boehm, Prosperity and Depression, p. 152.

11 출처: Butlin, Investment in Australian Economic Development, p. 143.

12 Butlin, Investment in Australian Economic Development, p. 261; Davison, The Rise and Fall of Marvellous Melbourne, pp. 77−8.

13 Butlin, Investment in Australian Economic Development, p. 266; Wood, The Commercial Bank of Australia, p. 142.

14 Australasian Insurance and Banking Record, Vol. XII, 1888, p. 140.

15 House of Were, The History of J. B. Were and Son, p. 127.

16 Australasian Insurance and Banking Record, Vol. XII, 1888, p. 351.

17 Cannon, The Land Boomers, p. 25.

18 Daly, Sydney Boom Sydney Bust, pp. 148−9.

19 Silberberg, 'Rates of return on Melbourne land investment'.

20 출처: Knoll, Schularick and Steger, 'No place like home', 데이터 출처는 Stapledon, 'Trends and cycles', 그리고 Butlin, Investment in Australian Economic Development. / 참고: 이 주택가격 지표는 1870년 100 기준으로 설정함. (그림5.2)

21 Stapledon, 'Trends and cycles', 315.

22 Daly, Sydney Boom Sydney Bust, pp. 148−9.

23 Boehm, Prosperity and Depression, p. 251.

24 Weaver, 'A pathology of insolvents', 125.

25 Australasian Insurance and Banking Record, Vol. XII, 1888, p. 140.

26 출처: 계산은 매월 중순에 멜버른 주식거래소에서 집계된 주식가격을 제공해 주는 오스트랄라시아 보험 및 은행 기록의 주식가격표를 바탕으로 함. / 참고: 이 자본 평가 지수는 어느 정도 편중성이 있다. 직전 달 시장 자본의 일부가 이번 달과 겹치는 부분이 있다. 해외 광산주 지수는 첫 해외 광산주가 등장한 1824년 8월부터 1826년 12월까지를 포함한 Wetenhall's Course of the Exchange 목록에 있는 모든 해외 광산 회사를 포함한 지수다. 새로운 비광산 주가 지수에는 1824년 8월부터 1826년 12월까지 목록에 있는 모든 회사를 포함했다. 블루칩 주가 지수는 1824년부터 1826년까지 런던 주식시장에서 가장 시장자본을 크게 형성한 상위 30개 주식을 포함한 것이다. 이 지수는 직전 연도 12월 말의 상위 30개 주식시장의 데이터도 포함하고 있다. 우리는 주식이 액면가로 발행되고 상장폐지 지 -100%의 수익으로 진행된다고 가정했다. 이는 당시 언론에 보도된 파산절차와도 일치한다. 지수의 기준은 1824년 8월을

기준으로 100으로 설정했다. 우리는 각 달의 마지막에 보고된 가격 데이터를 사용했고, 가격이 보고되지 않은 매우 드문 경우에 한하여 직전 달의 주가 데이터를 사용했다. 개별 회사의 수익은 자본에 대한 불입 요청 여부를 고려해서 조정하였다.

27 출처: 계산은 매월 중순에 멜버른 주식거래소에서 집계된 주식가격을 제공해 주는 오스트랄아시아 보험 및 은행 기록의 주식가격표를 바탕으로 함. 멜버른 주식거래소 거래량 데이터: Hall, The Stock Exchange of Melbourne, p. 162. / 참고: 시장 자본 계산을 위해 입찰과 낙찰의 중간 값을 사용하고, 그게 불가능할 경우는 매수 가격과 매도 가격을 활용했다. 거래량 데이터는 해당 연도의 9월 30일 기준으로 했다. (표 5.2)

28 Australasian Insurance and Banking Record, Vol. XIII, 1889, pp. 28-9.

29 Cannon, The Land Boomers, p. 25; Australasian Insurance and Banking Record, Vol. XIII, 1889, pp. 28-9.

30 Hall, The Stock Exchange of Melbourne, p. 164; Australasian Insurance and Banking Record, Vol. XIII, 1889, p. 721.

31 Australasian Insurance and Banking Record, Vol. XIII, 1889, pp. 28-9.

32 Boehm, Prosperity and Depression, p. 254.

33 Australasian Insurance and Banking Record, Vol. XII, 1888, p. 811.

34 Australasian Insurance and Banking Record, Vol. XII, 1888, p. 811.

35 Wood, The Commercial Bank of Australia, p. 143; Boehm, Prosperity and Depression, p. 255; Australasian Insurance and Banking Record, Vol. XIII, 1889, p. 149.

36 Wood, The Commercial Bank of Australia, p. 147.

37 Boehm, Prosperity and Depression, pp. 159-60.

38 Australasian Insurance and Banking Record, Vol. XIII, 1889, p. 639 and Vol. XIV, 1890, p. 1.

39 Hall, The Stock Exchange of Melbourne, p. 123; Australasian Insurance and Banking Record, Vol. XIII, 1889, p. 639.

40 Butlin, Investment in Australian Economic Development, p. 428.

41 Cannon, The Land Boomers, p. 26.

42 Peel, The Australian Crisis of 1893.

43 Boehm, Prosperity and Depression, p. 256; Bailey, 'Australian borrowing in Scotland'.

44 Australasian Insurance and Banking Record, Vol. XIII, 1889, p. 802.

45 Australasian Insurance and Banking Record, Vol. XV, 1891, pp. 561-2; Vol.

XVI, 1892, p. 866.

46 Sykes, Two Centuries of Panic, p. 147.

47 Australasian Insurance and Banking Record, Vol. XIV, 1890, p. 78.

48 Australasian Insurance and Banking Record, Vol. XVI, 1892, p. 97.

49 Australasian Insurance and Banking Record, Vol. XVI, 1892, pp. 247 – 8.

50 Australasian Insurance and Banking Record, Vol. XVI, 1892, pp. 80, 317;
    Cannon, The Land Boomers, p. 56.

51 Cannon, The Land Boomers, p. 130.

52 Cork, 'The late Australian banking crisis', 179.

53 Cannon, The Land Boomers, pp. 130 – 3.

54 Boehm, Prosperity and Depression, p. 256.

55 Boehm, Prosperity and Depression, p. 252.

56 출처: Butlin, The Australian Monetary System; Butlin, Investment in Australian
    Economic Development, p. 161에 있는 은행 대차대조표를 근거로 하여 계산함. /
    참고: 자본 비율은 자본, 주주 준비금, 손익 준비금을 합해 총 예금 및 은행권 발행고
    의 합으로 나눈 비율이다. 유동성 비율은 은행의 동전 및 은행권 소유분을 총 자산으
    로 나눈 비율이다. (표5.3)

57 Hickson and Turner, 'Free banking gone awry', 158.

58 Ellis, 'The Australian banking crisis'; Cork, 'The late Australian banking crisis';
    Cannon, The Land Boomers, p. 109; Boehm, Prosperity and Depression, pp.
    219, 252; Wood, The Commercial Bank of Australia, p. 143.

59 Boehm, Prosperity and Depression, pp. 216 – 17.

60 Butlin, Investment in Australian Economic Development, p. 264.

61 Boehm, Prosperity and Depression, p. 215.

62 Cannon, The Land Boomers, p. 36; Boehm, Prosperity and Depression, p. 252.

63 Bankers' Magazine, 'Australia's dark day', Vol. LV, 1893, p. 902. 특히, 100년 후
    선진국 중 1인당 도박 지출이 호주에서 가장 높았다 – 호주 도박 산업에 관한 공개조
    사결과(Public Inquiry into the Australian Gambling Industry) 참고.

64 Cork, 'The late Australian banking crisis', 178.

65 Australasian Insurance and Banking Record, Vol. XIII, 1889, pp. 28 – 9;
    Cannon, The Land Boomers, p. 97.

66 Cork, 'The late Australian banking crisis', 179. See also Boehm, Prosperity and
    Depression, p. 224.

67 Australasian Insurance and Banking Record, Vol. XII, 1888, p. 351; Vol. XIII,

1889, pp. 28 −9, 314.

68 House of Were, The History of J. B. Were and Son, pp. 125 −6.

69 Dowd, 'Free banking in Australia'; Hickson and Turner, 'Free banking gone awry'; Merrett, 'Australian banking practice'; Merrett, 'Preventing bank failure'; Pope, 'Free banking in Australia'.

70 Butlin, The Australian Monetary System, p. 89.

71 Report of the Royal Commission on Banking Laws, p. vi.

72 52 Vict., No. 1002.

73 Report of the Royal Commission on Banking Laws, p. viii.

74 Australasian Insurance and Banking Record, Vol. XIII, 1889, p. 217; Blainey and Hutton, Gold and Paper, p. 83.

75 Cannon, The Land Boomers, p. 49.

76 Cannon, The Land Boomers, p. 61.

77 The Economist, 25 March 1893, p. 364.

78 Coghlan, Labour and Industry, p. 1673.

79 Merrett, 'Preventing bank failure', 126.

80 Australasian Insurance and Banking Record, Vol. XVII, 1893, p. 236.

81 Coghlan, Labour and Industry, p. 1,743.

82 Coghlan, Labour and Industry, p. 1,747.

83 1892년에는 소위 '빅 쓰리' 대형 은행들이 은행시스템 총 자산의 31퍼센트를 관리했다.

84 Coghlan, Labour and Industry, pp. 1,677 −8.

85 Shann, An Economic History of Australia, p. 330.

86 The Economist, 13 May 1893, pp. 555 −6; Cork, 'The late Australian banking crisis', 188.

87 'Some lessons of the Australian crisis' in Bankers' Magazine, Vol. LVI, 1893, p. 660.

88 Coghlan, Labour and Industry, p. 1,745.

89 Hickson and Turner, 'Free banking gone awry'.

90 Davison, The Rise and Fall of Marvellous Melbourne, p. 15.

91 Butlin, Investment in Australian Economic Development, p. 143; Cannon, The Land Boomers, p. 48.

92 Fisher and Kent, 'Two depressions', 14.

93 Haig, 'New estimates', 23.

94 Boehm, Prosperity and Depression, pp. 313 −14.

95 Blainey and Hutton, Gold and Paper, p. 255.

96 Butlin, Investment in Australian Economic Development, p. 143

97 Cannon, The Land Boomers, pp. 37–43; Gollan, The Commonwealth Bank, pp. 36–8

6부

1 Harrison, 'The competitiveness', 287.

2 Harrison, 'The competitiveness', 289.

3 Rubinstein, 'Cycling', 48–50.

4 Quinn, 'Technological revolutions', 17.

5 Cradle of Inventions.

6 Stratmann, Fraudsters.

7 The Times, 'Queen's Bench Division', 28 July 1898.

8 Financial Times, 'The cycle share market', 25 April 1896.

9 Stratmann, Fraudsters.

10 Prices obtained from the Birmingham Daily Mail and Financial Times respectively.

11 Financial Times, 'The cycle trade boom', 22 April 1896.

12 Financial Times, 'Cyclomania', 27 April 1896.

13 Financial Times, 'The cycle market', 22 May 1896.

14 출처: Quinn, 'Technological revolutions', 19. (그림6.1)

15 출처: Birch, Birch's Manual. (표 6.1)

16 Money, 'The growth of goodwill', 25 November 1896.

17 Money, 'Cycle promotions', 20 June 1896.

18 The Times, 'Queen's Bench Division', 30 June 1899.

19 Financial Times, 'Accles, Ltd.', 6 June 1896; 'Prospectus promise and report performance', 30 December 1897.

20 National Archives (Kew), BT31 Files, Accles Ltd., Summary of Capital and Shares.

21 Financial Times, 'Prospectus promise and report performance', 30 December 1897.

22 The Times, 'Queen's Bench Division', 30 June 1899.

23 The Times, 'Queen's Bench Division', 28 July 1898.

24 Manchester Times, 'The action by "Commerce Limited"', 28 January 1898.

25 The Economist, 'The cycle boom', 16 May 1896.

26 The Economist, 'Cycle company promotion', 27 June 1896.

27 Money, 'Cycle promotions', 20 June 1896.

28 Money, 'The cycle cataclysm', 20 June 1896.

29 Money, 'Lawson's latest', 23 May 1896.

30 Cycling, 'Financial', 9 January 1897.

31 Cycling, 'Financial', 12 June 1897; 'Financial', 11 September 1897.

32 Cycling, 'Financial', 27 March 1897, 10 April 1897, 1 May 1897, 8 May 1897, 15 May 1897, 29 May 1897, 5 June 1897.

33 Scotsman, 'The Beeston Tyre Rim Company (Limited)', 4 May 1896.

34 Quinn, 'Technological revolutions', 33.

35 Financial Times, 'The cycle outlook', 1 May 1897; 'Cycle shares and American over- production', 6 July 1897.

36 Financial Times, 'The cycle outlook', 1 May 1897.

37 Financial Times, 25 October 1897, 30 December 1897.

38 Quinn, 'Technological revolutions'.

39 Harrison, 'The competitiveness'.

40 Lloyd-Jones and Lewis, 'Raleigh', 82.

41   Gissing, The Whirlpool, pp. 130, 174.

42 (표6.2) 출처: National Archives (Kew), BT31 Files, Summaries of Capital and Shares; Acheson, Campbell and Turner, 'Who financed'; Braggion and Moore, 'Dividend policies'. / 참고: 이 표는 버블이 붕괴한 시점인 1897년 3월 이전과 이후에 25개 자전거회사를 대상으로 주주들의 직군을 셀프 보고 형식으로 집계한 데이터이다. / * 이 데이터는 브래기언&무어(Braggion and Moore)의 '배당금 정책'에 실린 회사들의 이사의 평균 자본 비율이다. 기업이사도 직업의 하나로 분류되었기 때문에 이들의 자본 투자율 분석 수치도 표에서 별도로 취급하였다.

43 Acheson, Campbell and Turner, 'Who financed', 617.

44 Money, 'The growth of goodwill', 25 November 1896.

45 Quinn, 'Technological revolutions', 9.

46 Acheson, Campbell and Ye, 'Character and denomination', 869.

47 Acheson, Campbell and Ye, 'Character and denomination'.

48 Bank of England, A Millennium of Macroeconomic Data.

49 The Economist, 'The "boom" in cycle shares', 25 April 1896; Financial Times, 'The cycle market', 22 May 1896.

50 National Archives (Kew), BT31 Files, Concentric Tube, Summary of Capital and Shares, 3 September 1896.

51 The Economist, 'The "boom" in cycle shares', 25 April 1896.

52 Kynaston, The London Stock Exchange, 142 – 3.

53 Quinn, 'Squeezing the bears'.

54 Bath Chronicle, 'Hints to small investors', 1 October 1896.

55 Quinn, 'Squeezing the bears', 18.

56 Kennedy and Delargy, 'Explaining Victorian entrepreneurship', 55 – 7.

57 Van Helten, 'Mining', 163 – 73.

58 Parsons, 'King Khama', 11 – 12.

59 Acheson, Coyle and Turner, 'Happy hour', 3 – 5.

60 Acheson, Coyle and Turner, 'Happy hour', 16.

61 Grew, The Cycle Industry, pp. 71 – 5; Harrison, 'The competitiveness'; Millward, 'The cycle trade'.

62 Geary and Stark, 'Regional GDP', 131.

63 Bank of England, A Millennium of Macroeconomic Data.

64 Boyer and Hatton, 'New estimates'.

65 Quinn, 'Technological revolutions'.

66 Financial Times, 'The cycle share market', 30 April 1897.

67 Money, 'Cycles and banks', 31 July 1897.

68 Van Helten, 'Mining', 172; Parsons, 'King Khama', 11 – 12.

69 Acheson, Campbell and Turner, 'Who financed?', 617.

70 Harrison, 'The competitiveness', 287, 294.

71 Harrison, 'The competitiveness', 297.

72 Harrison, 'The competitiveness', 301 – 2.

73 Schumpeter, Capitalism, Socialism and Democracy, pp. 82 – 5.

74 Rubinstein, 'Cycling', pp. 48 – 50; Guardian, 'Freewheeling to equality', 18 June 2015; Independent, 'How the bicycle set women free', 9 November 2017.

75 Vivanco, Reconsidering the Bicycle, p. 33.

7부

1 Jordá, Schularick and Taylor, 'Macrofinancial history'.

2 Kang and Rockoff, 'Capitalizing patriotism', 46–52.

3 Hilt and Rahn, 'Turning citizens into investors', 93.

4 Kang and Rockoff, 'Capitalizing patriotism', 57.

5 Hilt and Rahn, 'Turning citizens into investors', 94.

6 Archival FederalReserve Economic Data; FederalReserve Economic Data.

7 White, 'The stock market boom', 69.

8 Federal Reserve Economic Data; Basile et al., 'Towards a history', 44.

9 (그림7.1) 출처: 미국연방준비은행 경제 데이터 / 참고: 연간 데이터임.

10 White, 'Lessons', 10.

11 White, 'Lessons', 24–9.

12 Goetzmann and Newman, 'Securitization',24, 28; White, 'Lessons', 30.

13 Gjerstad and Smith, Rethinking Housing Bubbles, p. 102.

14 White, 'Lessons', 44.

15 Turner, The Florida Land Boom.

16 Frazer and Guthrie, The Florida Land Boom.

17 Crump, 'The American land boom', Financial Times, 10 November 1925.

18 Vanderblue, 'The Florida land boom', 254.

19 Zuckoff, Ponzi's Scheme.

20 Costigliola, 'The United States', 490; Edwards, 'Government control'.

21 Costigliola, 'The United States', 495.

22 Eichengreen, Hall of Mirrors, p. 55; Wigmore, The Crash, pp. 198–200.

23 Goetzmann and Newman, 'Securitization', 23.

24 Voth, 'With a bang'; Flandreau, Gaillard, and Packer, 'Ratings performance', 6.

25 Klein, Rainbow's End, p. 57.

26 (그림7.2) 출처: Bloomberg

27 DJIA(다우존스산업평균지수)는 당시 증권시장 전반 시세를 잘 나타내 주는 지수다.
    같은 기간 동안 스탠더드앤드푸어스지수(S&P All Common Stock index)는 141퍼
    센트 올랐다.

28 White, 'The stock market boom', 73.

29 Klein, Rainbow's End, p. 84,

30 Nicholas, 'Stock market swings', 221.

31　Federal Reserve Economic Data.

32　White, 'The stock market boom', 74.

33　Eichengreen, Hall of Mirrors, pp. 59–60.

34　White, 'The stock market boom', 75–6.

35　(표7.1) 출처: 미국 연방준비은행 경제 데이터(Federal Reserve Economic Data) / 참고: 철도, 산업, 공공시설, 금융회사가 한 발행도 포함하나, 은행, 신탁회사 또는 보험회사가 발행한 것은 포함하지 않음. 리펀드 및 미국 소재의 외국 회사가 발행한 회사채도 포함함.

36　Wigmore, The Crash, pp. 26, 660.

37　Noyes, Forty Years.

38　New York Times, 'Topics in Wall Street', 1 September 1929.

39　Klein, Rainbow's End, p. 186.

40　Gentzkow et al., 'Circulation'; Klein, Rainbow's End, p. 151.

41　Wigmore, The Crash, pp. 4–5; Federal Reserve Economic Data.

42　Klein, Rainbow's End, p. 201.

43　Klein, Rainbow's End, pp. 207–9.

44　Wigmore, The Crash, p. 7.

45　New York Daily Investment News, 'Stock market crisis over', 25 October 1929.

46　New York Times, 'Worst stock crash stemmed by banks', 25 October 1929.

47　Wigmore, The Crash, p. 13.

48　New York Times, 'Stock prices slump', 29 October 1929.

49　New York Daily News, 'Avoid speculative buys', 25 October 1929; 'Market fireworks ended', 28 October 1929; '9,212,000-share turnover', 29 October 1929.

50　Klein, Rainbow's End, p. 226.

51　Brooks, Once in Golconda, pp. 86–7.

52　Klein, Rainbow's End, p. 239.

53　New York Times, 25 October 1929.

54　Huertas and Silverman, 'Charles E. Mitchell'.

55　Choudhry, 'Interdependence'.

56　Le Bris and Hautcoeur, 'A challenge', 182–3.

57　Frennberg and Hansson, 'Computation', 22.

58　Voth, 'With a Bang'.

59 Barclays' Equity Gilt Study, 2016, p. 74.

60 Hilt and Rahn, 'Turning citizens into investors', 93.

61 Klein, Rainbow's End, pp. 53 – 6, 147.

62 Jones, 'A century of stock market liquidity', 43.

63 Klein, Rainbow's End, p. 84, 146.

64 Eichengreen and Mitchener, 'The Great Depression', 10; White, 'The stock market boom', 69; Wigmore, The Crash, p. 660.

65 White, 'The stock market boom', 75.

66 White, 'Lessons', 19.

67 Minutes of the Board of Governorsof the Federal Reserve System, 1928.

68 Galbraith, The Great Crash, 46.

69 New York Times, 'Topics in Wall Street', 21 August 1929.

70 Chancellor, Devil Take the Hindmost, pp. 201 – 2; Klein, Rainbow's End, pp. 149 – 50.

71 Hausman, Hertner and Wilkins, Global Electrification, p. 26.

72 Hounshell, From the American System.

73 White, 'Stock market boom', 73.

74 Klein, Rainbow's End, pp. xvii – xviii.

75 New York Times, 'Topics in Wall Street', 13 March 1928.

76 White, 'The stock market boom', 78 – 80.

77 James, '1929', 29.

78 Romer, 'The Great Crash'.

79 Gjerstad and Smith, Rethinking Housing Bubbles, p. 94; Olney, Buy Now, Pay Later, p. 108.

80 Jordá, Schularick and Taylor, 'Macrofinancial history'.

81 Eichengreen, Golden Fetters, pp. 258 – 9.

82 Bernanke, 'Nonmonetary effects', 259; Eichengreen and Hatton, 'Interwar unemploy- ment'; Jordá, Schularick and Taylor, 'Macrofinancial history'.

83 Eichengreen, Golden Fetters.

84 Eichengreen and Hatton, 'Interwar unemployment', 6; Jordá, Schularick and Taylor, 'Macrofinancial history'.

85 Fishback, Haines and Kantor, 'Births, deaths, and New Deal relief'; Schubert, Twenty Thousand Transients.

86 De Bromhead, Eichengreen and O'Rourke, 'Political extremism'.

87　Bernstein, The Great Depression; Friedman and Schwartz, A Monetary History.

88　Bernanke, 'Nonmonetary Effects'; Eichengreen, Golden Fetters; Friedman and Schwartz, A Monetary History.

89　Nicholas, 'Stock market swings'.

90　Janeway, Doing Capitalism, pp. 155 –6.

91　Wigmore, The Crash, p. 28.

92　Romer, 'The Great Crash'.

8부

1　Securities Act of 1933; Securities Exchange Act of 1934, pp. 3, 82.

2　Totman, A History of Japan, p. 454.

3　Takagi, 'Japanese equity market', 544 –5.

4　Totman, A History of Japan, pp. 458 –9; World Development Indicators, 'GDP (constant LCU) for Japan'.

5　Tsuru, Japan's Capitalism, p. 182.

6　Federal Reserve Economic Data, 'Exchange rate to U.S. dollar for Japan'.

7　Lincoln, 'Infrastructural deficiencies'.

8　Plaza Accord, para. 18.

9　Frankel and Morgan, 'Deregulation and competition', 584.

10　Federal Reserve Economic Data, 'Discount rate for Japan'; 'Total credit to households and NPISHs, adjusted for breaks, for Japan'; World Development Indicators, 'GDP (constant LCU) for Japan'.

11　Federal Reserve Economic Data, 'M3 for Japan, national currency, annual,not season- ally adjusted'.

12　Federal Reserve Economic Data, 'Interest rates, government securities, treasury bills for Japan'.

13　Wood, The Bubble Economy, p. 49.

14　Dehesh and Pugh, 'The internationalization', 149.

15　Oizumi, 'Property finance', 199.

16　Dehesh and Pugh, 'The internationalization', 153; Oizumi, 'Property finance', 202; Plaza Accord, para. 18.

17 (그림8.1) 출처: 일본토지청(Land Institute of Japan) / 참고: Average land price index for Tokyo ward, Yokohama, Nagoya, Kyoto, Osaka and Kobe. Index is set to 100 in 2010.

18 Dehesh and Pugh, 'The internationalization', 154; Tsuru, Japan's Capitalism, p. 163.

19 Noguchi, 'Land prices', 13 – 14; Stone and Ziemba, 'Land and stock prices', 149.

20 Takagi, 'The Japanese equity market', 557 – 8.

21 Takagi, 'The Japanese equity market', 558, 563, 568.

22 Dehesh and Pugh, 'The internationalization', 157; Takagi, 'The Japanese equity market', 559.

23 Wood, The Bubble Economy, p. 26.

24 (그림8.2) 출처: 블룸버그(Bloomberg) / 참고: 도쿄증권거래소 제1부에 있는 기업을 전부 포함함.

25 Stone and Ziemba, 'Land and stock prices', 149.

26 Hebner and Hiraki, 'Japanese initial public offerings'; Jenkinson, 'Initial public offer- ings', 439; Takagi, 'The Japanese equity market', 552; Warrington College of Business IPO Data, 'Japan, 1980 – 2018'.

27 Federal Reserve Economic Data, 'Discount rate for Japan'.

28 Dehesh and Pugh, 'The internationalization', 158; Mitsui Fudosan, 'New home sales'; Oizumi, 'Property finance', 210.

29 예시는 다음 참고: Cargill, 'What caused Japan's banking crisis?', 46 – 7; Okina, Shirakawa and Shiratsuka, 'The asset price bubble'; Wood, The Bubble Economy, p. 12.

30 Frankel and Morgan, 'Deregulation and competition', 582; Takagi, 'The Japanese equity market', 549, 559.

31 Laurence, Money Rules, p. 150; Reading, Japan: The Coming Collapse, p. 177.

32 Takagi, 'Japanese equity market', 550 – 1, 553; Tesar and Werner, 'Home bias', 481.

33 Shiller, Kon-ya and Tsutsui, 'Why did the Nikkei crash?'

34 Shiller, Kon-Ya and Tsutsui, 'Why did the Nikkei crash?', 161

35 Tsuru, Japan's Capitalism, pp. 161 – 2.

36 Oizumi, 'Property finance', 203; Zimmerman, 'The growing presence', 10.

37 Noguchi, 'The "bubble"', 296.

38 Wood, The Bubble Economy, pp. 38 – 9.

39 Hirayama, 'Housing policy', 151 – 4.

40 Oizumi, 'Property finance', 202.

41 Dehesh and Pugh, 'The internationalization', 157; Oizumi, 'Property finance', 202.

42 Murphy, The Real Price, p. 154.

43 Wood, The Bubble Economy, p. 124.

44 Harvard Business Review, 'Power from the ground up: Japan's land bubble', May – June 1990.

45 Dehesh and Pugh, 'The internationalization', 153 – 4; Takagi, 'The Japanese equity market', 558 – 9.

46 Wood, The Bubble Economy, p. 19.

47 Murphy, The Real Price, p. 152.

48 Shiller, Kon-Ya and Tsutsui, 'Why did the Nikkei crash?', 161.

49 Wood, The Bubble Economy, p. 91.

50 당시 일본에서 경기침체를 정의하는 기준이 경제성장률 3퍼센트 미만이긴 했지만, 다른 챕터와의 일관성을 유지하고자 여기서는 두 분기 연속 마이너스 성장을 경기침체로 간주하였음.

51 Federal Reserve Economic Data, 'General government net lending/borrowing for Japan', 'Discount rate for Japan'; World Development Indicators, 'GDP (constant LCU) for Japan'.

52 Hoshi and Patrick, 'The Japanese financial system', 14.

53 Nakaso, 'The financial crisis in Japan', 6 – 9.

54 Nakaso, 'The financial crisis in Japan', 9 – 11, 55; Japan Times, 'Government nationalizes Long-Term Credit Bank of Japan', 23 October 1998.

55 Nakaso, 'The financial crisis in Japan', 6.

56 Hoshi and Kashyap, 'Japan's financial crisis'; World Development Indicators, 'GDP (constant LCU) for Japan'.

57 Federal Reserve Economic Data, 'Real gross domestic product for the U.S.'

58 Federal Reserve Economic Data, 'Unemployment rate: aged 15 – 64: all persons for Japan'; World Development Indicators, 'GDP (constant LCU) for Japan'.

59 Federal Reserve Economic Data, 'Constant GDP per capita for Japan', 'Constant GDP per capita for the United Kingdom'.

60 Wood, The Bubble Economy, p. 21.

61 New York Times, 'Nomura gets big penalties', 9 October 1991.

62 Shindo, 'Administrative guidance', 71 –2.

63 Shiratori, 'The politics of electoral reform', 83.

64 Wood, The Bubble Economy, p. 69.

65 New York Times, 'Shin Kanemaru, 81, kingmaker in Japan toppled by corruption', 29 March 1996.

66 Yamamura, 'The Japanese political economy', 293.

67 Yamamura, 'The Japanese political economy', 295.

68 Wood, The Bubble Economy, pp. 69, 97 –8; New York Times, 'Japan penalizes Nomura and big bank for payoffs', 31 July 1997.

69 Cai and Wei, 'The investment and operating performance'.

70 Fortune, Japan Exchange Group.

71 Janeway, Doing Capitalism.

9부

1 Versluysen, 'Financial deregulation, 13, 18 –20.

2 Naughton, A Brief History, p. 239.

3 Cassidy, Dot.Con, pp. 51 –2.

4 www.internetlivestats.com/total-number-of-websites/, last accessed 21 November 2019.

5 Cassidy, Dot.Con, p. 58

6 Fortune, 'Fortune checks out 25 cool companies for products, ideas, and investments', 11 July 1994; New York Times, 'New venture in cyberspace by silicon graphics founder', 7 May 1994.

7 Fortune, 'Netscape IPO 20-year anniversary: Fortune's 2005 oral history of the birth of the web', 9 August 2015.

8 Cassidy, Dot.Con, pp. 84 –5.

9 Bransten and Jackson, 'Netscape shares touch $75 in first-day trading', Financial Times, 10 August 1995.

10 Cassidy, Dot.Con, p. 88.

11 Warrington College of Business IPO Data, 'Initial public offerings: VC-

backed'.

12 Karpoff, Lee and Masulis, 'Contracting under asymmetric information'.

13 Warrington College of Business IPO Data, 'Initial public offerings: VC-backed'.

14 Karpoff, Lee and Masulis, 'Contracting under asymmetric information'.

15 Warrington College of Business IPO Data, 'Initial public offerings: underpricing'.

16 (그림9.1) 출처: 'Initial public offerings: Technology stock IPOs'. / 참고: 시가총액은 기업공개 최초 시가로 산출함.

17 (그림9.2) 출처: 블룸버그(Bloomberg).

18 Fama, 'Two pillars', 1476.

19 Shiller, Irrational Exuberance, p. 7.

20 시가총액 및 주가 데이터는 블룸버그에서 가져옴.

21 New York Stock Exchange Market Data, 'The Investing Public'.

22 Brennan, 'How did it happen?', 5.

23 Shiller, Irrational Exuberance, p. 48.

24 Lowenstein, Origins, pp. 70, 85.

25 Shiller, Irrational Exuberance, p. 49.

26 Cramer, 'Cramer rewrites an opening debate', The Street, 11 February 2000.

27 Fortune, 'When the shoeshine boys talk stocks', 15 April 1996.

28 Wolf, 'Cauldron bubble', Financial Times, 23 December 1998.

29 The Economist, 'Bubble.com', 21 September 2000.

30 Cellan-Jones, Dot.Bomb, p. 6.

31 Financial Times, 'US Stock Markets take wholesale battering as inflation worries rise', 15 April 2000.

32 Norris, 'Another technology victim', New York Times, 29 April 2000.

33 Ofek and Richardson, 'DotCom mania', 1116.

34 Ofek and Richardson, 'DotCom mania', 1113.

35 시가총액 데이터는 블룸버그에서 가져옴.

36 Barnett and Andrews, 'AOL merger was "the biggest mistake in corporate history", believes Time Warner chief Jeff Bewkes', Daily Telegraph, 28 September 2010.

37 블룸버그.

38 출처: 블룸버그. / 참고: 기술주 지수는 기술이 회사의 주요 사업부문이자 주 수익

창출 수단인 회사를 대상으로만 집계했으며, ICB 산업분류 벤치마크(ICB Industry Classification Benchmark)에 따라 분류했다. SX8P는 상위 600개 유럽 기술 주식회사 주가지수이며, MSCI IT는 정보기술회사 주가지수이다. 모두 1995년 1월 기준을 100으로 동일하게 설정하였다.

39 Deutsche Börse Group, 'Nemax 50'.

40 Jones, 'A century of stock market liquidity', 42–3.

41 US Securities and Exchange Commission, 'After-hours trading: understanding the risks'; 'Electronic communications networks'; 'On-line brokerage', p. 1.

42 국제통화기금(IMF)의 글로벌 부채 데이터베이스

43 Financial Industry Regulatory Authority, Margin Statistics, www.finra.org/investors/margin-statistics, last accessed 20 August 2019.

44 Shiller, Irrational Exuberance, pp. 56–7.

45 Dhar and Goetzmann, 'Bubble investors', 21. 47.

46 Griffin et al., 'Who drove?', 1,262–3, 1,268.

47 Greenwood and Nagel, 'Inexperienced investors'.

48 McCullough, How the Internet Happened, p. 168.

49 Shiller, Irrational Exuberance, p. 42.

50 Weber, 'The end of the business cycle?', Foreign Affairs, July/August 1997.

51 DeLong and Magin, 'A short note', 2–3.

52 Eaton, 'Market watch; Netscape fever: will it spread?', New York Times, 13 August 1995.

53 Brennan, 'How did it happen?', p. 18; Urry, 'Surfers catch the wave of arising tide', Financial Times, 12 August 1995.

54 Authers, 'Profit from prophesies of doom', Financial Times, 23 November 2008; Kotkin, 'A bear saw around the corner', New York Times, 3 January 2009.

55 Grant, The Trouble with Prosperity, pp. 294–8.

56 DeLong and Magin, 'A short note'.

57 Lowenstein, Origins.

58 Brennan, 'How did it happen?', 9–11.

59 Fabbri and Marin, 'What explains the rise in CEO pay', 8; Coffee, 'A theory of corporate scandals'.

60 Coffee, 'A theory of corporate scandals', 204–5.

61 National Bureau of Economic Research, 'US Business Cycle Expansions'.

62 Kliesen, 'The 2001 recession', 28–30.

63 Griffin et al., 'Who drove?', 1,260.

64 Schuermann, 'Why were banks better off?', 6.

65 GDP 데이터 출처는 세계은행.

66 Nehls and Schmidt, 'Credit crunch'.

67 Eatwell, 'Useful bubbles', 43.

68 Andreesen, 'Why software?', Wall Street Journal, 20 August 2011.

69 Rao, 'A new soft technology', Breaking Smart.

70 예시 참고: Garber, 'Famous first bubbles'; Stone and Ziemba, 'Land and stock prices'; Donaldson and Kamstra, 'A new dividend forecasting procedure'.

71 Pástor and Veronesi, 'Technological revolutions'; Pástor and Veronesi, 'Was there a NASDAQ bubble?'.

72 Pástor and Veronesi, 'Was there a NASDAQ bubble?', 62.

73 Pástor and Veronesi, 'Technological revolutions'; Ofek and Richardson, 'DotCom mania', 1,113.

74 Ofek and Richardson, 'DotCom mania'.

75 Lamont and Stein, 'Aggregate short interest'.

76 Schulz, 'Downward-sloping demand curves'.

77 Janeway, Doing Capitalism, p. 193.

78 Shiller, Irrational Exuberance, pp. 39–70.

79 Schuermann, 'Why were banks better off?', 6; Nehls and Schmidt, 'Credit crunch', 18.

80 Case and Shiller, 'Is there a bubble?'

81 Cassidy, Dot.Con, p. 324.

10부

1 Channel 4 News, 'FactCheck: no more boom and bust?', 17 October 2008, www.channel4.com/news/articles/politics/domestic_politics/factcheck+no+more+boom+and+bust/2564157.html, last accessed 19 August 2019.

2 Kelly, 'On the likely extent of falls in Irish house prices'.

3 RTE, 'Ahern apologises for suicide remark', 4 July 2007, www.rte.ie/news/2007/0704/90808-economy/, last accessed 19 August 2019.

4 (그림10.1) 출처: 로버트 쉴러의 주택가격지수 − www.econ.yale.edu/~shiller/data.htm, last accessed 7 June 2018. 세부 내용 참고: Shiller, Irrational Exuberance, pp. 11 – 15.

5 Sinai, 'House price movements', 20.

6 (표10.1) 출처: S&P 부동산시장분석사 코어로직 사례 − 쉴러의 주택가격지수, http://us.spindices.com/index-family/real-estate/sp-corelogic-case-shiller, last accessed 19 November 2019. / 참고: 종합지수10은 다음 지역의 시장가중평균이다: 보스턴, 시카고, 덴버, 라스베이거스, 로스앤젤레스, 마이애미, 뉴욕 시티, 샌디에이고, 샌프란시스코, 워싱턴 DC. 종합지수20은 전체 20개 도시를 대상으로 한 지수다. 국가지수는 미국 전역의 단일 가구당 주택의 가치를 나타낸다.

7 (그림10.2) 출처: 아일랜드, 스페인, 영국의 주택실질가격 지수는 OECD 통계를 참고하였다. 북아일랜드 지수는 전국건설협회에서 제공한 명목지수로, 도매가격지수를 활용해 인플레이션 조정을 한 지수다. / 참고: 각국 지수는 1973년 기준 100으로 동일하게 설정하였다.

8 (표10.2) 출처: 아일랜드 데이터는 아일랜드 정부 부처인 주택계획지역행정부 자료에서 가져온 건설 주가 변동 추이에 기반한 데이터다. 영국과 북아일랜드 데이터는 국가통계처 자료를 참고했고, 스페인 데이터는 유럽중앙은행의 통계데이터를 참고했으며, 미국 데이터는 미국통계조사국 자료를 참고하였다. / 참고: 1990년대 수치는 평균 값이다. 영국 데이터는 그레이트 브리튼 지역으로, 북아일랜드가 포함된다.

9 Haughwot et al., 'The supply side of the housing boom', 70.

10 Glaesar and Sinai, 'Postmortem for a housing crash', 9.

11 Case, Shiller and Thompson, 'What have they been thinking?', 2.

12 Ruiz, Stupariu and Vilarino, 'The crisis', 1,460.

13 Jiménez, 'Building boom', 263; Dellepiane, Hardiman and Heras, 'Building on easy money', 23.

14 많은 북쪽 도시에서는 테라스하우스의 가치가 높아져 호황기에는 가격이 100퍼센트 올랐다가 버블이 터지자 50퍼센트 하락했다. – 참고: Guardian, 29 August 2015.

15 Mian and Sufi, 'Theconsequences'; Goodman and Mayer, 'Homeownership', 32.

16 Norris and Coates, 'Mortgage availability', 198.

17 Task Force of the Monetary Policy Committee of the European System of Central Banks, 'Housing finance', p. 43.

18 Purnanandam, 'Originate-to-distribute model'.

19 Lewis, The Big Short, pp. 97 – 8, 152.

20 Guardian, 29 August 2015.

21 Jiménez, 'Building boom', 263–4.

22 Honohan, 'Euro membership', 138; Connor, Flavin and O'Kelly, 'The U.S. and Irish credit crises', 67.

23 Dellepiane, Hardiman and Heras, 'Building on easy money', 29; Jiménez, 'Building boom', 263.

24 Commission of Investigation into the Banking Sector in Ireland, Misjudging Risk, p. ii.

25 참고: Guardian, 29 August 2015.

26 Financial Crisis Inquiry Commission, The Financial Crisis Inquiry Report, pp. 213–14.

27 US Treasury Department Office of Public Affairs, Treasury Senior Preferred Stock Purchase Agreement, 7 September 2008.

28 Ball, The Fed and Lehman Brothers, p. 222.

29 신용부도스왑은 경우에 따라 신용보험의 일종으로 보기도 하지만, 발행인이 준비금을 보유할 의무를 지지 않으며 구매자 역시 자산에 대한 피보험이익을 갖지 않을 수 있으므로, 진정한 의미에서의 보험 상품이라고 볼 수는 없다.

30 Financial Crisis Inquiry Commission, The Financial Crisis Inquiry Report, p. 140.

31 US Department of the Treasury Press Room, Treasury Announces TARP Capital Purchase Program, 14 October 2008.

32 Turner, Banking in Crisis, p. 168.

33 Claessens et al., 'Lessons and policy implications'; Hüfner, 'The German banking system'; Xiao, 'French banks'.

34 참고 : Tooze, Crashed, chapter 8.

35 Whelan, 'Ireland's economic crisis', 431; Kelly, 'The Irish credit bubble', 15; Honohan, 'Resolving Ireland's banking crisis', 220–1.

36 Commission of Investigation into the Banking Sector in Ireland, Misjudging Risk, 77.

37 Whelan, 'Ireland's economic crisis', 432.

38 Banco de España, Report on the Financial and Banking Crisis in Spain, pp. 109–12.

39 Turner, Banking in Crisis, p. 96.

40 HM Revenue and Customs, Annual UK Property Transaction Statistics, 2015.

41 미국부동산중개인협회(National Association of Realtors)에서 가져온 수치임.

42 Rajan, Fault Lines, p. 6; Regling and Watson, A Preliminary Report, p. 19;

Jiménez, 'Building boom', 264; Financial Crisis Inquiry Commission, The Financial Crisis Inquiry Report, p. 104; Turner Review, pp. 11 – 12.

43   Gjerstad and Smith, Rethinking Housing Bubbles, p. 66.

44   Regling and Watson, A Preliminary Report, p. 29. 아일랜드와 스페인은 유럽연합 국가 중에서 국내 비금융 부문에서 조달한 예금액과 국내 비금융 부문에 조달해 주는 대출액의 차이가 가장 큰 두 나라다. 이와 관련해서는 다음 참고: Task Force of the Monetary Policy Committee of the European System of Central Banks, 'Housing finance', 43.

45   Taylor, 'The financial crisis'; Gjerstad and Smith, 'Monetary policy', 271; Taylor, 'Causes of the financial crisis', 53.

46   Financial Crisis Inquiry Commission, The Financial Crisis Inquiry Report, p. 88.

47   CESifo DICE Database, www.cesifo-group.de/de/ifoHome/facts/DICE/Banking-and-Financial-Markets/Banking/Comparative-Statistics.html, last accessed 19 November 2019.

48   Lam, 'Government interventions', 5; Task Force of the Monetary Policy Committee of the European System of Central Banks, 'Housing finance', 73.

49   Financial Crisis Inquiry Commission, The Financial Crisis Inquiry Report, p. 7.

50   Norris and Coates, 'Mortgage availability', 196.

51   Andrews and Sánchez, 'The evolution of home ownership rates'.

52   Financial Crisis Inquiry Commission, The Financial Crisis Inquiry Report, p. 7.

53   Mayer, 'Housing bubbles', 564, 574.

54   Mian and Sufi, 'The consequences'; House of Debt; Dell'Arriccia, Igan and Laeven, 'Credit booms'; Mayer, 'Housing bubbles'; Santos, 'Antes del diluvio'; Ruiz, Stupariu and Vilarino, 'The crisis'; Norris and Coates, 'Mortgage availability'; 'How housing killed the Celtic Tiger'; Dellepiane, Hardiman and Heras, 'Building on easy money'; Turner, Banking in Crisis, pp. 93 – 9.

55   Case and Shiller, 'Is there a bubble?', 335.

56   Commission of Investigation into the Banking Sector in Ireland, Misjudging Risk, p. ii, 20.

57   Jiménez, 'Building boom', 263.

58   Mayer, 'Housing bubbles', 574.

59   Mian and Sufi, 'Credit supply and housing speculation'.

60   Financial Crisis Inquiry Commission, The Financial Crisis Inquiry Report, p. 6.

61   Glaesar, 'A nation of gamblers', 38.

62   Case and Shiller, 'Is there a bubble?', 321.

63   Case, Shiller and Thompson, 'What have they been thinking?'

64   Financial Crisis Inquiry Commission, The Financial Crisis Inquiry Report, p. 8.

65   Kelly and Boyle, 'Business on television', 237

66   Washington Post, 28 January 2016.

67   Commission of Investigation into the Banking Sector in Ireland, Misjudging Risk, p. 50.

68   Casey, 'The Irish newspapers'.

69   Knowles, Phillips and Lidberg, 'Reporting the global financial crisis'.

70   Mercile, 'The role of the media'.

71   Schifferes and Knowles, 'The British media', 43; Müller, 'The real estate bubble in Spain'.

72   Walker, Housing booms'; 'The direction of media influence'.

73   Glaesar, 'A nation of gamblers', 4.

74   Financial Crisis Inquiry Commission, The Financial Crisis Inquiry Report, p. 7; Turner, Banking in Crisis, p. 217; Munoz and Cueto, 'What has happened in Spain?', 212. 스페인 도시 및 마을 재정과 주택건설 간의 독립성과 관련해서는 다음 참고: Jiménez, 'Building boom', 266; Dellepiane, Hardiman and Heras, 'Building on easy money', 29.

75   Connor, Flavin and O'Kelly, 'The U.S. and Irish credit crises', p. 74; O'Sullivan and Kennedy, 'What caused the Irish banking crisis?', 230.

76   Parliamentary Commission on Banking Standards, Changing Banking for Good, p. 12.

77   Andrews and Sánchez, 'The evolution of home ownership rates', 208.

78   Béland, 'Neo-liberalism and social policy', 97 – 8.

79   Rajan, Fault Lines, pp. 35, 38.

80   Calomiris and Haber, Fragile by Design, pp. 234 – 5.

81   Wallison, 'Government housing policy', 401.

82   Financial Crisis Inquiry Commission, The Financial Crisis Inquiry Report, p. xxxvii.

83   Financial Crisis Inquiry Commission, The Financial Crisis Inquiry Report, p. 445; Wallison, 'Cause and effect'.

84   Dellepiane, Hardiman and Heras, 'Building on easy money', 29.

85   Belsky and Retsinas, 'History of housing finance', 2 – 3; Andrews and

Sánchez, 'The evolution of home ownership rates'.

86 Norris and Coates, 'Mortgage availability', 193.

87 Hansard, House of Commons Debate, 15 January 1980, Vol. 976, cols 1,443 – 575.

88 House of Commons Treasury Committee, Banking Crisis: Regulation and Supervision, p. 11.

89 주택버블 기간에 있었던 세 신용평가사의 역할에 관해서는 다음 참고: White, 'The credit-rating agencies'.

90 Parliamentary Commission on Banking Standards, Changing Banking for Good, p. 12.

91 Dellepiane, Hardiman and Heras, 'Building on easy money', 14, 20; Kelly, 'The Irish credit bubble', 24; Connor, Flavin and O'Kelly, 'The U.S. and Irish credit crises', 73 – 4; Ó Riain, 'The crisis', 503.

92 Kelly, 'What happened to Ireland?', 9.

93 McCarthy, Poole and Rosenthal, Political Bubbles, p. 83.

94 Johnson and Kwak, 13 Bankers, p. 5; Johnson, 'The quiet coup'; Financial Crisis Inquiry Commission, The Financial Crisis Inquiry Report, p. xviii.

95 Financial Crisis Inquiry Commission, The Financial Crisis Inquiry Report, p. xviii.

96 McCarthy, Poole and Rosenthal, Political Bubbles, p. 83.

97 Igan and Mishra, 'Wall Street'.

98

	2007~2009 사이 1인당 GDP 감소(%)	1인당 GDP가 2007년 수준으로 회복한 연도	실업률(%)			청년 실업률(%)	
			2007년 제1분기	2009년 제4분기	최고치(연도)	2007	최고치
아일랜드	11.2	2014	5.70	13.59	15.88(2012)	9.15	30.75
스페인	4.9	2018	8.09	18.83	26.25(2013)	18.10	55.48
영국(UK)	6.1	2015	5.48	7.70	8.19(2011)	14.25	21.25
미국	4.8	2014	4.50	9.93	9.93(2009)	10.53	18.42

표10.3 아일랜드, 스페인, 영국, 미국의 버블 이후 경제 불안정

(표10. 3) 출처 : OECD

99 OECD 데이터를 참고함.

100 Deaton, 'The financial crisis'.

101 Financial Crisis Inquiry Commission, The Financial Crisis Inquiry Report, p. 409.

102 Goodman and Mayer, 'Homeownership', 31.

103 Mian and Sufi, House of Debt, p. 26.

104 Purdey, 'Housing equity', 9.

105 BBC News, 'Negative equity afflicts half a million households', www.bbc. co.uk/news/business-26389009, last accessed 19 November 2019.

106 Duffy and O'Hanlon, 'Negative equity'.

107 Goodman and Mayer, 'Homeownership', 33.

108 Mian and Sufi, House of Debt, p. 22.

109 Kitchin, O'Callaghan and Gleeson, 'The new ruins of Ireland'; Financial Crisis Inquiry Commission, The Financial Crisis Inquiry Report, p. 408; Dellepiane, Hardiman and Heras, 'Building on easy money', 3; Munoz and Cueto, 'What has happened in Spain?', 209.

110 Kitchin, O'Callaghan and Gleeson, 'The new ruins of Ireland', 1,072.

11부

1 세계은행(World Bank) 경제지표 – 미국 달러 기준.

2 Steinfeld, Forging Reform in China; Zhan and Turner, 'Crossing the river'.

3 Huang, 'How did China take off?'; Zhu, 'Understanding China's growth'.

4 (그림11.1)Allen and Qian, 'China's financial system', 535.

5 Zhan and Turner, 'Crossing the river', 241.

6 Shanghai Stock Exchange Fact Book, 2017, pp. 217, 220; Shenzhen Stock Exchange Fact Book, 1998, pp. 6-7; Shenzhen Stock Exchange Fact Book, 2001, pp. 6-7; Shenzhen Stock Exchange Fact Book, 2007, pp. 6-7; Shenzhen Stock Exchange Fact Book, 2008, pp. 6-7; Shenzhen Stock Exchange Fact Book, 2016, pp. 6-7.

7 Zhan and Turner, 'Crossing the river', 238-9.

8 (그림11.2) 출처: 상하이와 선전증권거래소 자료 / 참고: 상하이종합지수는 1990년 12월 19일부터 기록되었고, 최초지수 100으로 시작했다. 선전종합지수는 1991년 4월 3일부터 기록되었고, 최초지수 100으로 시작했다. 이 그래프는 2015년 9월 말 버블이 모두 터져 바닥을 쳤을 때까지를 기록한 그래프이다.

9 Beltratti, Bortolotti and Caccavaio, 'Stock market efficiency', 126.

10 Liao, Liu and Wang, 'China's secondary privatization', 504-5.

11 Li, 'The emergence of China's 2006 – 2007 stock market bubble'.

12 Financial Times, 2007년 4월 19일, p. 1.

13 New York Times, 2008년 4월 2일.

14 Yao and Luo, 'The economic psychology', 684 – 5.

15 Financial Times, 2007년 6월 7일, p. 14.

16 Financial Times, 2007년 6월 7일, p. 14.

17 Yang and Lim, 'Why did the Chinese stock market perform so badly?'

18 The Economist, 2015년 5월 30일, pp. 69 – 70.

19 Carpenter and Whitelaw, 'The development of China's stock market', 234.

20 Financial Times, 2015년 8월 20일, p. 7.

21 Smith, 'Is China the next Japan?', 288.

22 Qian, 'The 2015 stock panic'.

23 Guardian, 2015년 7월 8일; Foreign Policy, 2015년 7월 20일.

24 Washington Post, 2015년 8월 22일; Salidjanova, 'China's stock market collapse'; BBC News, 'What does China's stock market crash tell us?', www. bbc.co.uk/news/business-33540763, 22 July 2015, last accessed 19 November 2019; The Economist, 2015년 5월 30일, pp. 69 – 70.

25 Financial Times, 2015년 6월 10일; Washington Post, 12 May 2015; Knowledge@Wharton, 'What's behind China's stock market gamble?', http:// knowledge.wharton.upenn.edu/article/whats-behind-chinas-stock-market-gamble/, last accessed 19 November 2019.

26 The Economist, 2014년 12월 13일, p. 73.

27 Lu and Lu, 'Unveiling China's stock market bubble'.

28 Washington Post, 2015년 7월 11일.

29 Knowledge@Wharton, 'What's behind China's stock market gamble?', https:// knowledge.wharton.upenn.edu/article/whats-behind-chinas-stock-market-gamble/, last accessed 19 November 2019; Foreign Policy, 20 July 2015; Financial Times, 10 June 2015, p. 30; Financial Times, 26 June 2015, p. 20; Financial Times, 30 July 2015, p. 7.

30 Qian, 'The 2015 stock panic'.

31 Shanghai Stock Exchange Fact Book, 2017, pp. 217 – 20; Shenzhen Stock Exchange Fact Book, 2016, pp. 6 – 7.

32 Lu and Lu, 'Unveiling China's stock market bubble', 148.

33 The Economist, 30 May 2015, pp. 69 – 70.

34   The Economist, 30 May 2015, pp. 69–70.

35   Financial Times, 2015년 5월 29일, p. 11.

36   Qian, 'The 2015 stock panic'; Financial Times, 20 June 2015, p. 11.

37   Financial Times, 20 June 2015, p. 20.

38   Qian, 'The 2015 stock panic'.

39   Salidjanova, 'China'sstock market collapse', p. 3; Qian, 'The 2015 stock panic'.

40   Qian, 'The 2015 stock panic'.

41   Financial Times, 29 August 2015, p. 7.

42   International Financial Law Review, 23 September 2015.

43   Washington Post, 7 July 2015, 11 July 2015.

44   Financial Times, 10 July 2015, p. 11.

45   Qian, 'The 2015 stock panic'.

46   Salidjanova, 'China's stock market collapse', 2.

47   Washington Post, 22 August 2015.

48   Lu and Lu, 'Unveiling China's stock market bubble', 148.

49   Financial Times, 11 April 2015, p. 9; Financial Times, 2 July 2015, p. 10.

50   Washington Post, 12 May 2015, 8 July 2015.

51   Washington Post, 22 August 2015

52   Financial Times, 10 July 2015, p. 10.

53   Washington Post, 7 October 2015.

54   Financial Times, 10 July 2015, p. 11.

55   Lu and Lu, 'Unveiling China's stock market bubble', 149.

56   Financial Times, 31 January 2007, p. 14; Financial Times, 7 June 2007, p. 14.

57   Financial Times, 31 January 2007, p. 17.

58   Lu and Lu, 'Unveiling China's stock market bubble', 152–3.

59   China Daily, 11 November 2015.

60   Qian, 'The 2015 stock panic'.

61   Washington Post, 8 July 2015; Smith, 'Is China the next Japan?', 291.

62   Lu and Lu, 'Unveiling China's stock market bubble', 151.

63   International Financial Law Review, 23 September 2015.

64   (그림11.3) 출처: hanghai Stock Exchange Fact Book, 2017, pp. 217, 220;
     Shenzhen Stock Exchange Fact Book, 1998, pp. 6–7; Shenzhen Stock
     Exchange Fact Book, 2001, pp. 6–7; Shenzhen Stock Exchange Fact Book,
     2007, pp. 6–7; Shenzhen Stock Exchange Fact Book, 2008, pp. 6–7;

Shenzhen Stock Exchange Fact Book, 2016, pp. 6-7.

65 Smith, 'Is China the next Japan?', 292; International Financial Law Review, 23 September 2015.

66 Financial Times, 10 July 2015, p. 11.

67 International Financial Law Review, 23 September 2015.

68 Andrade, Bian and Burch, 'Analyst coverage'.

69 Xiong and Yu, 'The Chinese warrants bubble'.

70 Shanghai Stock Exchange Fact Book, 2016, p. 13.

71 CNBC.com, 'CSRC boss Xiao Gang criticized for China's stock market mayhem', 10 January 2016, www.cnbc.com/2016/01/10/csrc-boss-xiao-gang-criticized-for- chinas-stock-market-mayhem.html, last accessed 21 August 2019.

12부

1 Foley, Karlsen and Putninᵡᵛ, 'Sex, drugs and bitcoin'.

2 www.coindesk.com/price/bitcoin, last accessed 19 November 2019.

3 Securities Exchange Commission, 'In the matter of Tomahawk Exploration LLC and David Thompson Laurence', www.sec.gov/litigation/admin/2018/33-10530.pdf, last accessed 25 November 2019; ICOdata.io.

4 www.coinbase.com, last accessed 19 November 2019.

5 https://crypto20.com, last accessed 19 November 2019.

6 Gornall and Strebulaev, 'Squaring venture capital valuations with reality'.

7 표 작성에 다음 자료가 영감을 주었음: Janeway, Doing Capitalism, p. 233.

8 자산관리 산업의 발전이 다양한 버블 이론에 어떻게 영향을 주는지에 대한 논의를 보려면 존스(Jones)의 '자산버블(Asset bubbles)' 참고.

9 Posen, 'Why central banks should not burst bubbles'.

10 Bernanke and Gertler, 'Should central banks respond to movements in asset prices?'; Trichet, 'Asset price bubbles'.

11 Bernanke, 'Asset price "bubbles" and monetary policy'.

12 Assenmacher-Wesche and Gerlach, 'Financial structure'.

13 Trichet, 'Asset price bubbles'.

14 Voth, 'With a bang, not a whimper'.

15 Tobin, 'A proposal'.

16 Keynes, The General Theory, chapter 12.

17 Brunnermeier and Schnabel, 'Bubbles and central banks'.

18 관련 참고문헌 개괄은 다음을 참고: Bordo, 'The lender of last resort' and Freixas et al., 'Lender of last resort'.

19 Kindleberger, Manias, Panics and Crashes, p. 146.

20 Calomiris and Haber, Fragile By Design.

21 de Tocqueville, Democracy in America, p. 600.

22 Tetlock, 'Giving content to investor sentiment'; García, 'Sentiment during recessions'; Griffin, Hirschey and Kelly, 'How important is the financial media?'; Walker, 'Housing booms'.

23 Akerlof and Shiller, Animal Spirits, p. 55.

24 Shiller, Irrational Exuberance, p. 105.

25 Gentzkow and Shapiro, 'Media bias and reputation'.

26 Dyck and Zingales, 'The bubble and the media'.

27 Dyck and Zingales, 'The bubble and the media'.

28 예시는 다음 참고: Gerard, Attack; https://davidgerard.co.uk/blockchain/, last accessed 19 November 2019; www.coppolacomment.com/, last accessed 19 November 2019. 뉴스 매체 보도의 형편없는 품질의 예외는 〈파이낸셜 타임스〉의 '알파빌(Alphaville)(오피니언 섹션 내 칼럼 이름-역주)'

29 텔레비전이 공개 담론을 좀먹게 하는 내용에 관해서는 다음 참고: Postman, Amusing Ourselves to Death.

30 Akerlof and Shiller, Phishing for Phools.

31 참고: Barberis and Huang, 'Stocks as lotteries'.

32 Wall Street Journal, 'Amazon's IPO at 20: That amazing return you didn't earn', 14 May 2017.

33 관련 참고: Hagstrom, Investing: The Last Liberal Art.

사진 출처

19쪽 셔터스톡

21쪽 위키피디아, https://sl.m.wikipedia.org/wiki/Slika:First_Folio,_Shakespeare_-_0203.jpg

26쪽 위키피디아, https://en.wikipedia.org/wiki/The_English_Constitution

29쪽 셔터스톡

34쪽 위키피디아, https://en.wikipedia.org/wiki/Charles_Mackay_(author)

38쪽 셔터스톡

44쪽 위키피디아, https://en.wikipedia.org/wiki/War_of_the_Spanish_Succession

45쪽 위키피디아, https://nl.wikipedia.org/wiki/Vrede_van_Utrecht_(1713)

48쪽 위키피디아, https://fr.wikipedia.org/wiki/Syst%C3%A8me_de_Law

54쪽 위키피디아, https://ko.wikipedia.org/wiki/%ED%8C%8C%EC%9D%BC:JohnLawCamp-Biloxi-1720.jpg

61쪽 위키피디아, https://en.wikipedia.org/wiki/The_Daily_Courant

64쪽 위키피디아, https://en.wikipedia.org/wiki/John_Aislabie#/media/File:JohnAislabie.jpg

71쪽 위피키디아, https://en.wikipedia.org/wiki/South_Sea_Company

74쪽 위키피디아, https://es.wikipedia.org/wiki/Burbuja_de_los_mares_del_Sur

80쪽 셔터스톡

87쪽 위키피디아, https://en.wikipedia.org/wiki/Gregor_MacGregor

88쪽 위키피디아, https://en.wikipedia.org/wiki/William_Bullock_(collector)

99쪽 셔터스톡,

106쪽 위키피디아, https://en.wikipedia.org/wiki/Thomas_Tooke

118쪽 위키피디아, https://en.wikipedia.org/wiki/Das_Kapital

119쪽 위키피디아, https://en.wikipedia.org/wiki/Locomotion_No._1,

124쪽 셔터스톡,

136쪽 위키피디아, https://ko.wikipedia.org/wiki/%EC%83%AC%EB%9F%BF_%EB%B8%8C%EB%A1%A0%ED%85%8C, 셔터스톡, https://en.wikipedia.org/wiki/Charles_Darwin

152쪽 위키피디아, https://en.wikipedia.org/wiki/Hoddle_Grid

163쪽 위키피디아, https://ba.wikipedia.org/wiki/%D0%9C%D0%B5%D0%BB%D1%8C%D0%B1%D1%83%D1%80%D0%BD, https://fr.wikipedia.org/wiki/Fichier:Melbourne_map_1855.jpeg

170쪽 위키피디아, https://en.wikipedia.org/wiki/History_of_Australia_(1851%E2%80%931900)

177쪽 위키피디아, https://en.wikipedia.org/wiki/Bank_of_Australasia

180쪽 위키피디아, https://en.wikipedia.org/wiki/History_of_Melbourne

186쪽 위키피디아, https://en.wikipedia.org/wiki/Penny-farthing, https://en.wikipedia.org/wiki/Safety_bicycle

187쪽 위키피디아, https://nl.wikipedia.org/wiki/Geschiedenis_van_de_fiets

199쪽 위피키디아, https://en.wikipedia.org/wiki/Rudge-Whitworth

203쪽 위키피디아, https://en.wikipedia.org/wiki/Safety_bicycle#/media/File:Safety_bicycle_1887.jpg

212쪽 위키피디아, https://en.wikipedia.org/wiki/Bicycling_and_feminism

216쪽 셔터스톡

217쪽 위키피디아, https://ko.wikipedia.org/wiki/%ED%8C%8C%EC%9D%BC:Douglas_Fairbanks_at_third_Liberty_Loan_rally_HD-SN-99-02174.JPEG

221쪽 위키피디아, https://en.wikipedia.org/wiki/History_of_Miami, https://ko.wikipedia.org/wiki/%EB%A7%88%EC%9D%B4%EC%95%A0%EB%AF%B8%EB%B9%84%EC%B9%98

229쪽 위키피디아, https://en.wikipedia.org/wiki/Wall_Street_Crash_of_1929

230쪽 museum of america finance

234쪽 위키피디아, https://ko.wikipedia.org/wiki/%EB%8C%80%EA%B3%B5%ED%99%A9

240쪽 위키피디아, https://eo.wikipedia.org/wiki/Munto%C4%89eno

250쪽 위키피디아, https://en.wikipedia.org/wiki/Harry_S._Truman

252쪽 셔터스톡

255쪽 위키피디아, https://ko.wikipedia.org/wiki/%ED%94%8C%EB%9D%BC%EC%9E%90_%ED%95%A9%EC%9D%98

261쪽 셔터스톡

282쪽 위키피디아, https://en.wikipedia.org/wiki/World_Wide_Web, https://pt.wikipedia.org/wiki/Ficheiro:Berners-Lee_announcing_W3F.jpg

284쪽 위키피디아, https://en.wikipedia.org/wiki/Netscape_Navigator

294쪽 위키피디아, https://en.wikipedia.org/wiki/Webvan

302쪽, 307쪽, 323쪽, 327쪽 셔터스톡

337쪽 위키피디아, https://en.wikipedia.org/wiki/Nationalisation_of_Northern_
Rock#/media/File:Birmingham_Northern_Rock_bank_run_2007.jpg

341쪽, 344쪽, 350쪽, 352쪽, 359쪽, 365쪽, 375쪽, 401쪽 셔터스톡

옮긴이 **최지수**

영어 및 독일어 번역가. 한국외국어대학교 통번역대학원 국제회의통역전공 석사 과정을 졸업하고 대기업과 공공기관에서 통역사로 일하며 경제, 법, 제약, 과학 등 다양한 분야의 문서를 번역했다. 현재 출판번역 에이전시 글로하나에서 영미서와 독일서 번역 및 리뷰에 매진하면서 한국외국어대학교 통번역대학원 통번역학 박사과정을 밟고 있다. 역서로는 『프렌드북 유출사건』 등이 있다.

버블: 부의 대전환

초판 1쇄 발행 2021년 1월 27일
초판 4쇄 발행 2021년 3월 3일

지은이 윌리엄 퀸, 존 D. 터너
옮김이 최지수
펴낸이 김선식

경영총괄 김은영
기획편집 봉선미 **크로스교정** 조세현 **책임마케터** 박지수
마케팅본부장 이주화 **마케팅1팀** 최혜령, 박지수
미디어홍보본부장 정명찬 **홍보팀** 안지혜, 박재연, 이소영, 김은지
뉴미디어팀 김선욱, 염아라, 허지호, 김혜원, 이수인, 배한진, 임유나, 석찬미
저작권팀 한승빈, 김재원
경영관리본부 허대우, 하미선, 박상민, 권송이, 김민아, 윤이경, 이소희, 이우철, 김재경, 최완규, 이지우
외부스태프 표지디자인 김희림 **본문디자인** 장선혜

펴낸곳 다산북스 **출판등록** 2005년 12월 23일 제313-2005-00277호
주소 경기도 파주시 회동길 490, 3층
전화 02-704-1724 **팩스** 02-703-2219 **이메일** dasanbooks@dasanbooks.com
홈페이지 www.dasanbooks.com **블로그** blog.naver.com/dasan_books
인쇄 민언프린텍

ISBN 979-11-306-3529-3(03320)